# 김박사 인사노무관리 with 경영학적 논술과 글쓰기 시리즈 I

## – 논술과 아이디어, 디자인 및 프레임웍 –

경영학 박사 **김 병 석**

서술답안 작성과
경영학적 문제의
해결능력 통합

고시계사

# 머리말

Step by Step Writing and Problem-solving

최근에 출제되는 문제를 풀기위한 기술은 단순 암기식을 탈피해야 한다. 인사노무와 연관된 경영현실의 실질적인 이슈나 문제에 대한 해결방법이나 한계점, 그리고 새로운 대안 혹은 설계 그리고  및 효과 등을 기술하기 위해서는 새로운 접근이 필요하다.

인사노무와 연관된 경영현실의 실질적인 이슈나 문제에 대한 해결방법이나 한계점, 그리고 새로운 대안 및 효과를 요구하는 최근의 문제를 설명하기 위해서는 차별화된 아이디어, 아이디어 추출방법, 절차, 현실이슈와 이론과의 비교 방법 등이 필요하므로. 이를 설명하기 위한 방법이나 기법이 라이팅 모델(Model of Writing Papers)이다.

인사노무의 주어진 문제에 들어있는 정보를 최대한 끌어내는 것이 가장 중요하다. 주어진 문제 유형에 따라서 설명, 논증, 그리고 설계 등의 방향인지를 확인 한다. 그리고 주어진 문제와 관련된 다양한 이슈와 배경 등을 탐색한다. 다음에 설명, 논증, 그리고 설계에 따라서 아이디어를 도출한다. 도출된 아이디어로부터 적절한 문제의 해를 제시하고, 그 해를 검증 혹은 논증하는 과정을 추론한다, 이 후 관련 이론 등을 제시하고 전체적인 글의 내용과 구조를 구성한다,

step 1. 문제의 유형을 분석한다(설명, 논증, 그리고 설계 등).
2. 제시된 문제에서 정보를 최대한 추출한다.
3. 문제와 관련된 다양한 이슈와 배경 등을 탐색한다.
4. 설명, 논증, 그리고 설계에 따라서 아이디어를 도출한다.
5. 도출된 아이디어로부터 적절한 문제의 해를 제시한다.
6. 그 해를 검증 혹은 논증하는 과정을 추론한다,
7. 관련 이론 등을 제시하고 전체적인 글의 내용과 구조를 구성한다,
8. 서론 본론 결론의 각 구성요소를 결정하여 논증이나 검정을 작성한다,

각각의 단계에 따라서 주어진 문제를 분석하고, 그 분석에 의해서 도출된 결과물은 다양한 도형과 기호 등을 사용하여 제시함으로써 이해하기 용이하게 구성하면서, 서론, 본론, 결론 등에 제시할 내용 등을 설계한다. 그리고 각각의 설계에 따라서 경영학적인 논술과 글쓰기를 시작한다.

이 경영학적인 논술 방법인 라이팅 모델(Model of Writing Papers)은 수험생 여러분에게 고득점을 보장하는 지름길을 제공할 것이다.

2017년 2월
김병석 드림

# 차례

# 제1부 논술이란

# 제1장

# 채점평과 경영학적 논술과 글쓰기

## 1. 경영학적 논술과 글쓰기 필요성
## : 모의고사 문제는 실제 기출문제로 출제되지 않는다.

수많은 수험생 여러분들이 경영학 과목인 인사노무관리론 2차시험을 대비하여 풀어본 문제, 즉 다양한 유형의 모의고사나 예상시험 문제는 절대로 시험에 나오지 않는다. 또한 정확하게 일치하는 시험문제의 유형 또한 출제되지 않는다.

유사한 유형의 문제가 출제되었다 할지라도 이미 풀어본 문제와는 같을 수 없다. 모의고사나 예상문제를 통하여, 답안을 작성하는 방법을 배우는 것이지 답안을 단순히 암기하는 것은 아니다.

| 모의 고사 문제와 실제 기출문제는 절대로 같을 수 없다.<br>→ 모범답안을 외우는 것은 실패의 지름길이다<br><br>그럼 어떻게 해야하는가?<br>채점평(고득점 가이드라인)에 기반하여<br>채점자을 설득할 수 있는 좋은 답안을 작성<br>그래서 논술과 글쓰기가 필요하다. |
|---|

모든 수험생은 모범답안이나 정답을 찾을 것이 아니라 채점자를 설득 할 수 있는 답안을 작성하는 방법을 배워야 한다. 채점자를 설득할 수 있는 답안이 좋은 답안이다.

따라서 모범답안이나 예상답안을 외우거나 암기해서, 2차시험에 출제된 문제에 적용하겠다는 것은 의미 없는 일이다. 정답이나 모범답안을 찾지 말고, 채점자를 설득할 수 있는 좋은(고득점) 답안을 작성하는 방법인 경영학적인 논술과 글쓰기를 반드시 학습해야 한다.

채점자를 설득할 수 있는 좋은(고득점) 답안을 작성하는 방법이 논술이다.

서술형 답안의 작성은 제한된 시간에 글로써 작성해야 한다. 답안을 작성하는 중간에 다시 수정할 수도 없고 한번 작성하면 그것으로 끝이다.

그러므로 서술형 답안을 잘 작성하기 위해서는 먼저 글부터 쓰는 것이 아니라 설계도면, 즉 프레임웍을 통해 답안의 틀을 만들어야 한다.

제품을 만들 때도 설계도면을 만들고, 설계도면을 사용하여 완성된 제품을 만든다. 서술형 답안 역시 설계도면이 필요하다. 이 설계도면을 만드는 방법이 논술이고, 설계도면에 따라 완성된 답안작성은 글쓰기, 즉 문장과 단락을 경영학적인 관점에서 사용해야 한다. 이 방법을 경영학적 논술과 글쓰기라고 한다.

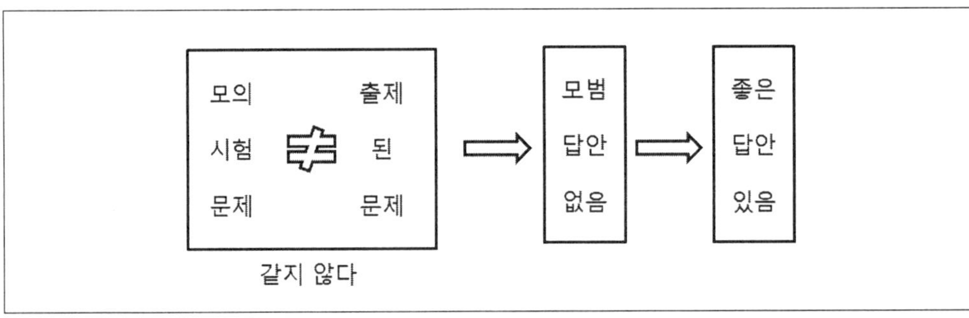


답안지를 작성하는 절차와 과정 그리고 고득점을 향한 독창적인 아이디어를 만드는 방법 그것이 논술이고 이 방법을 배워야 한다. 예상문제나 모의고사 등을 통하여 모범답안이나 예상답안을 암기하는 것이 아니라, 논술방법을 통하여 채점자를 설득하고, 고득점을 얻을 수 있는 좋은 답안을 작성하는 것이 중요하다.

경영학 과목의 제2차시험에서 고득점을 얻기 위해서는 채점에 대한 방향과 채점자의 특성을 이해하는 것이 무엇보다 중요하다. 다음에서 채점의 방향을 제시하는 채점평을 분석하여 좋은 답안이 가져야할 특성을 설명할 것이다.

채점평은 답안작성의 가이드라인이면 채점을 위한 평가의 기준이다.

## 2. 채점평에 나타난 고득점(좋은) 답안의 가이드라인

경영학 과목인 인사노무관리론 제2차시험의 2016년, 2015년과 2014년의 채점평을 분석하면 다양한 문제점과 해결책 등이 기술되어 있다. 채점평을 분석한 결과는 다음과 같다.

(1) 단순 암기와 기계식 나열(출제된 문제의 정확한 이해)
(2) 이론과 실무의 균형성(출제된 문제의 정확한 이해)
(3) 답안작성의 구성과 논리의 오류
(4) 정확하고 명확한 글쓰기
(5) 기타

채점평을 분석하여 고득점 답안작성 방법을 분석하고, 고득점 답안을 가이드라인 혹은 방법을 제시한다. 다음에서 고득점 답안작성 방법을 설명한다.

### (1) 단순 암기와 기계식 나열(출제된 문제의 정확한 이해)

인사노무관리론 제2차시험의 채점평에서 제기하는 문제점은 단순암기와 기계식 나열이다. 2016년~2014년 사이의 채점평에 나타난 기본적인 인사노무관리론시험 제2차 시험문제는 아래의 [표]에 발췌한 내용을 보면 알 수 있다.

**2016년**

그러나, 단순암기를 통해 기계적으로 나열한 답안 내용이 적지 않았고, 이론적 지식을 바탕으로 실무적 함의를 이끌어낼 수 있는 노력이 좀 더 필요한 것으로 판단

**2015년**

기본 원리나 현실에서의 적용가능성 보다는 단순암기에 의한 기계적으로 나열한 답안 내용이 적지 않았으며, 중략 인사노무전문가로서 전체적인 시각, 종합적인 지식, 그리고 내일이라도 바로 우리나라 산업현장에 활용가능한 실무능력을 배양하려는 노력이 보다 필요하다고 생각한다.

**2014년**

문제를 조금 돌려서 제시한 논술형 문제나 가장 기본적인 노동조합의 형태를 물어본 약술형 문제에서 기계적으로 외운 문제를 장황하리만큼 나열한 답안 내용이 있었는가 하면

출제된 문제에 제시되는 단순한 개념을 중심으로 암기된 내용으로 기계적 서술을 통한 답안작성 방법 때문이다. 아래의 [표]는 인사노무관리론 기출 문제이다.

**2016년(제25회) 인사노무관리론 제2차시험 기출문제**

1. 현대의 기업은 지식 및 역량 중심의 고성과팀에 의해 생존가능성이 증대된다. 과거와 다르게 변화된 기업 환경의 특성과 고성과팀에 관하여 각각 설명하고, 고성과팀을 동기부여 할 수 있는 방안을 인사노무관리 기능별(확보, 개발, 보상, 유지)로 나누어서 논하시오.(50점)

2. 모집활동의 효과성을 평가하고, 그것의 향상방안으로써 현실적 직무소개(realistic job preview)의 내용, 효과, 한계점에 관하여 각각 설명하시오.(25점)

3. 노사관계의 양면성과 경영참여 제동의 유형에 관하여 각각 설명하시오.(25점)

**2015년(제24회) 인사노무관리론 제2차시험 기출문제**

1. 기업은 해외활동에 필요한 인력으로 주로 본국인과 현지인을 활용하고 있다. 본국인과 현지인 활용의 장·단점을 설명하고, 본국인과 현지인의 활용과정을 인적자원관리의 기능 (확보, 개발, 평가, 보상, 유지) 관점에서 논하시오.(50점)

2. 우리나라 종업원지주제의 전개 과정, 문제점 및 신우리사주제도에 관하여 설명하시오.(25점)

3. 산업재해의 원인을 인적 요인, 환경적 요인, 관리적 요인으로 분류하여 설명한 후, 산업 재해의 예방대책을 요인별로 설명하시오.(25점)

채점평에 나타나는 문제의 유형은 크게 논술형과 약술형이다. 논술형은 50점짜리 문제이고, 약술형은 25점짜리 문제임을 채점평에 제시하였다.

- 논술형
- 약술형

논술형과 약술형의 출제경향은 채점평에 제시되어 있다. 이 유형에 따라 각각의 서술형 답안을 작성해야 됨에도 불구하고, 대부분의 수험자는 이에 대한 준비가 미약하다. 채점평 분석 결과, 논술형 문제는 범위가 너무 넓고 광대하므로, 단순 암기식으로 문제를 접근하여 기계적으로 기술하게 되면 고득점 답안이 아니고 저득점 답안이 된다.

고득점 작성방법은 다음에서 자세히 설명하였다.

### (2) 이론과 실무의 균형성

채점평에 나오는 다른 가이드라인이 이론과 실무의 균형성이다. 한국기업들에서 발생하는 당면문제들을 해결할 수 있는 이론적인 근거와 현장에서 활용 가능한 방법이나 기법들을 연결하여 실질적인 문제 해결능력을 제시해야 한다.

**2016년**

인적자원관리와 노사관계분야의 이론적 관점에서 현재 우리나라 기업들과 근로자들에게 당면한 문제를 출제하려 노력

**2015년**

인사관리와 노사관계론의 이론과 실무(특히 한국기업에의 적용)의 적정한 균형을 기하도록 노력 —중략--인사노무전문가로서 전체적인 시각, 종합적인 지식, 그리고 내일이라도 바로 우리나라 산업현장에 활용가능한 실무능력을 배양하려는 노력이 보다 필요하다고 생각한다.

**2014년**

전문가로서 전체적인 시각과 내일이라도 바로 노동현장에 활용가능한 실무능력을 배양하려는 노력이 보다 필요하다고 생각합니다.

경영학과목 제2차시험에서 수험자들은 최근의 경영이슈에 민감하게 반응해야하고, 이런 현실이슈들을 기초해서 제2차시험 문제에 답안을 작성하면 고득점 답안이 된다.

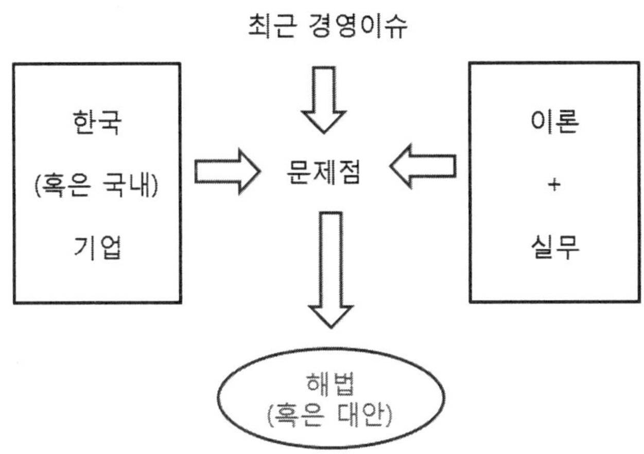


### (3) 답안작성의 구성과 논리의 오류

채점평에서 나오는 가이드라인 중에서 다른 하나는 답안작성의 구성과 논리 등의 오류이다.

**2016년 / 2015년**

답안 작성의 구성에 신경써야 할 것 같다. 일부 답안의 경우 답안 전부를 하나의 문단으로 완성한 경우가 있었다. 자신이 이해한 것을 명확하게 제시할 수 있도록 체계와 구성을 갖추어야 한다.

**2014년**

조금만 더 주의를 기울이거나 약간의 응용능력만 보인다면 비교적 쉽게 답할 수 있다고 생각했던 문제들도 속단한 나머지 전혀 다른 방향으로 논리를 전개하거나 오답을 전개하는 일이 꽤 있어 아쉬움이 남습니다.

채점평의 내용처럼 출제된 인사노무관리론 제2차시험 문제의 논리와 구성을 세우기 위해서 가장 먼저 답안전체에 대한 청사진, 즉 밑그림을 그려야 한다.

답안작성의 전체 밑그림은 논리적인 흐름으로 추론(inference)과정이다. 추론과정이란 출제된 문제에서 논지를 찾아서 그 문제제기를 하고, 적합한 대안을 제시하고 대안의 타당성을 논하는 과정이다.

이 추론 과정을 논술의 기본구조라고 정의한다.

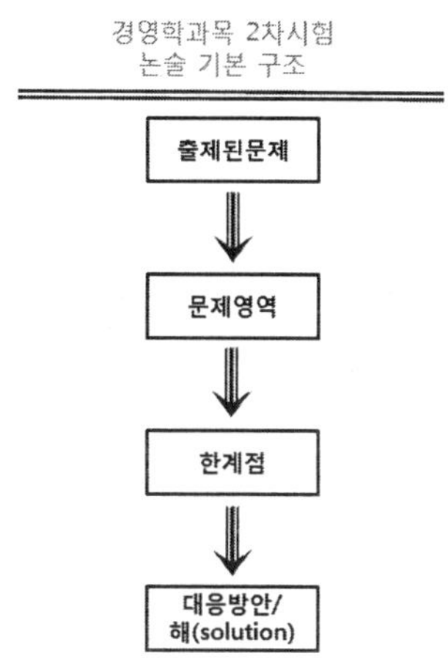


출제된 인사노무관리론의 제2차시험 문제의 범위가 너무 넓다, 넓은 범위의 문제는 답안작성이 어렵다. 답안작성을 위해서는 문제의 범위를 줄여야한다. 넓은 범위의 문제를 좁은 범위의 문제로 만드는 과정이 문제영역이고, 이 과정을 통하여 설명 가능한 영역으로 변환을 주면서, 문제영역에서 기존 경영이론이나 기업실무 등의 한계점을 제시하여 이 한계점을 극복하는 논지를 제시하고, 이 과정에서 참신한 아이디어를 도출하는 것이 중요하다. 이 참신한 아이디어를 발전시켜 논지에 적합한 대안으로 만들고, 이 논지와 대안에 대한 타당성을 제시하는 것이 고득점 답안을 작성하는 논리이며 구성이다.

답안작성의 논리와 구성의 오류 없이 고득점 답안을 만드는 방법이 경영학적 논술이다.

논술의 기본구조는 다음에서 세밀하게 설명하였다.

### (4) 정확하고 명확한 글쓰기

채점평의 가이드라인 중의 다른 하나는 정확하고 명확한 글쓰기이다. 대단히 좋은 논지와 문제제기 그리고 독특한 아이디어를 논리적으로 구성하여도, 글로 표현되지 않으면 아무 소용이 없다. 말하기보다 글쓰기는 너무 어렵다.

> **2016년 / 2015년**
>
> 채점자가 글을 읽을 수 있도록 글씨를 작성하여야 할 것 같다. 글자를 알아 볼 수 없을 정도로 휘갈겨 쓰거나 깔끔하지 못한 필체가 상당수 있어 채점에 어려움이 있었다는 것입니다.

글쓰기와 표현에 대한 연습도 수험생들은 진행해야 한다. 특히 단기적으로 많은 글을 작성하기 위해서는 사전에 많은 훈련이 필요하다. 짧은 순간에 많은 글을 단기적으로 작성하기 위해서는 문장을 만들고 문장의 집합은 단락에 대한 연습이 필요하다.

> 예를 들어
>
> **문 1. 저출산 고령화에 따른 인력 시장 변동에 따른 노동 시장의 변화가 전략적 인적자원관리에 미치는 영향에 대하여 설명하시오.**
>
> > 1. 서론
> >
> > 저출산 고령화로 인한 노동시장의 축소로 우수인재에 대한 기업의 수요 증가에 따른 공급 감소 등이 발생한다. 특히 환경변화로 개별 인재의 능력이 중시되고, 우수 인력이 가지고 있는 노하우의 조직내 축적 및 이동, 그리고 축적된 노하우에서 새로운 전략적 정보의 추출 관리가 필요하다.

실제로 답안에 작성하는 구체적인 문장과 내용을 기술을 해야 한다. 그러기 위해서는 답안지에 적정하게 작성되는 위치와 문장과 문장의 집합이 단락으로 표현되어야 한다.

### (5) 기타

기출문제에 대한 분석이 필요하다. 기출문제를 통하여 출제된 문제의 난이도와 특징을 이해해야 한다.

> **2016년 / 2015년**
>
> 문제를 정확히 이해하고 답안을 서술해야 할 것 같다. 핵심적인 사항에 대해서는 기출문제를 적절히 활용하여 수험생들의 예측 가능성을 높이기 위해 노력하였다.

최근 출제된 문제는 전체적이고 종합적이며, 과학적인 사고를 기반하여 실무적인 대안을 제시하는 이론과 실무 통합형 문제가 제시된다. 이론과 실무 통합형은 출제된 문제를 분석하여 출제 의도에 적합한 대안 해를 제시하고 이를 논리적으로 검증하거나 타당성을 제시해야 한다.

## 3. 고득점(좋은) 답안 vs 저득점(나쁜) 답안

채점평에 대한 분석을 통하여 전체적으로 단순 암기나 기계적 배열에 의한 기술을 피하고, 논리적인 구성과 이론 및 실무를 적절하게 조화시키며, 정확하게 표현되는 글쓰기를 통하여 명확하게 논지를 제시하고, 논지에 적합한 아이디어를 제시하고 논리적으로 설명하거나 타당성을 제시하는 것이 고득점(혹은 좋은) 답안이다.

> 따라서 인사노무전문가로서 전체적인 시각, 종합적인 지식, 그리고 내일이라도 바로 우리나라 산업현장에 활용가능한 실무능력을 배양하려는 노력이 보다 필요하다고 생각한다.

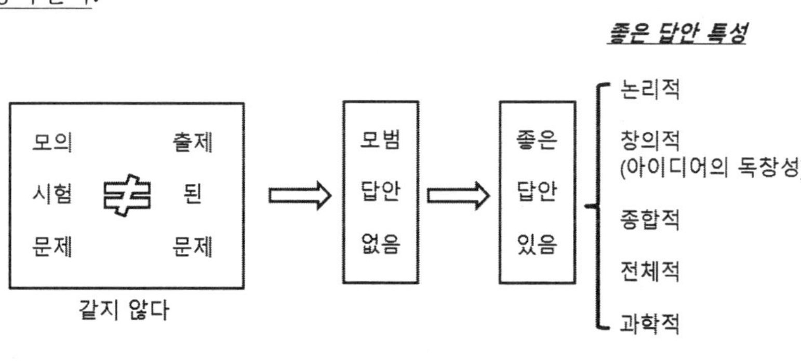

전체적인 채점평의 분석 내용을 통하여, 좋은 답안의 특성이 잘 설명되어 있다. 좋은 답안은 창의적인 아이디어를 논리적으로 구성하여, 경영학의 학문적 특성에 맞게 종합적, 전체적, 과학적으로 타당성을 제시하도록 추론하여 논증하면 된다. [표]에 고득점(좋은) 답안과 저득점(나쁜) 답안을 비교하였다.

| 고득점(좋은) 답안 | 저득점(나쁜) 답안 |
|---|---|
| 종합적이고, 전체적이며 | 단순암기 |
| 과학적 사고에 기초한 추론과 논리적 구성 | 단순 보고서 방식 구성 |
| 창의적 아이디어 | 개념의 기계식 기술 |
| 정확하고 명확한 글쓰기 | 알아볼 수 없는 글쓰기 |
| 실무 능력 중심의 사례 | 개인 경험 기반의 사례 |

## 4. 채점자의 배경과 특성을 이해해야 한다.

채점자들은 경영학 출신의 대학교수이거나 이와 유사한 경력을 가진 사람들이 출제하고, 채점하게 될 것이다. 대학에서 가르치는 경영학은 학문적인 특성과 더불어 실무적인 특성인 직무특성을 강조한다. 경영학의 학문적 특성은 경영 현상에 내재되어 있는 다양한 원리와 패턴, 및 규칙 등을 설명하고 이해할뿐만 아니라, 현실적인 다양한 경영 이슈 및 실무에 적용하는 실천적인 측면도 있다.

경영학 과목의 제2차시험 답안지 작성에서 중요한 시각이 경영학적인 논술과 글쓰기이다. 채점자들은 경영학적인 사고와 분석 방법을 가지고 있는 사람들이다. 따라서 경영학적인 논술과 글쓰기에는 경영학적인 사고와 분석 방법 등이 요구된다.

경영학적 논술과 글쓰기와 더불어 제2차시험에서는 경영학적인 용어를 정확하게 기술하여야 한다. 예를 들어 생산관리에서는 일(work)이나 작업장(workplac)라는 용어를 사용하지만 인사관리 혹은 인적자원관리 등에서는 직무(jobs) 이라는 용어를 사용하고, 전략이나 마케팅 및 MIS(경영정보시스템) 분야에서는 업무활동(activities) 등의 용어를 사용한다. 물론 각각의 용어가 엄밀하게 구분되어 있는 것은 아니지만 각각의 경영학 각론 등에서 많이 사용되는 용어에 기초해서 사용하는 것이 중요하다.

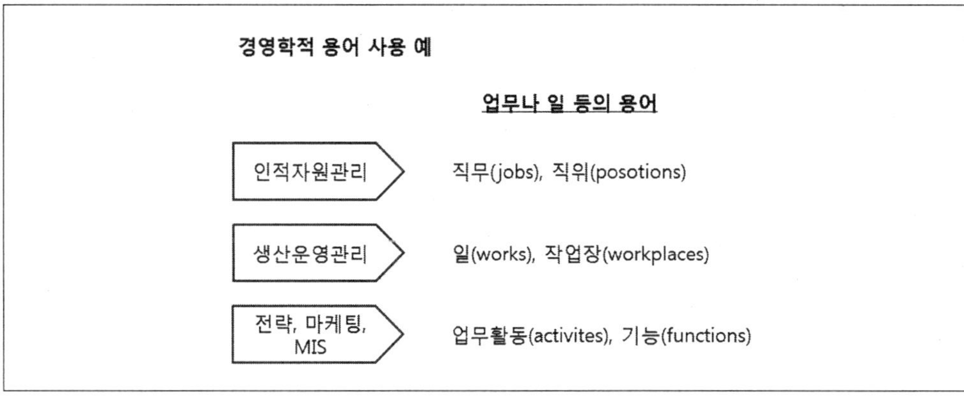


채점자들의 배경과 특성을 이해하는 가장 중요한 이유는 경영학 분야는 다른 분야와는 다른 독특한 특성을 가지고 있고, 경영학적인 현상은 다른 사회 현상과는 구분된다. 경영학의 연구 대상은 기업이다. 이런 기업의 다양한 활동을 연구하고, 실제 기업활동에 적용하는 학문이다. 아래의 [그림]처럼 수익성을 목표하는 기업이 연구대상이다.

경영학은 학문적인 문제와 실제적 혹은 실천적인 문제를 해결하는 두 가지의 관점이 중요하다. 채점평에도 제시되어 있듯이 현장에서 필요한 실무 능력을 중요성을 강조하고 있다. 따라서 수험생들은 경영학 제2차시험 과목인 인사노무와 조직 이론 등의 경영일선에서의 핵심적인 이슈와 최근의 연구 동향 등에 대한 관심을 지속적으로 유지하면서, 제2차시험 답안에 이를 어떻게 적용할 것인가를 학습하고, 이를 활용하기 위한 경영학적인 글쓰기와 논술을 연습해야 한다.

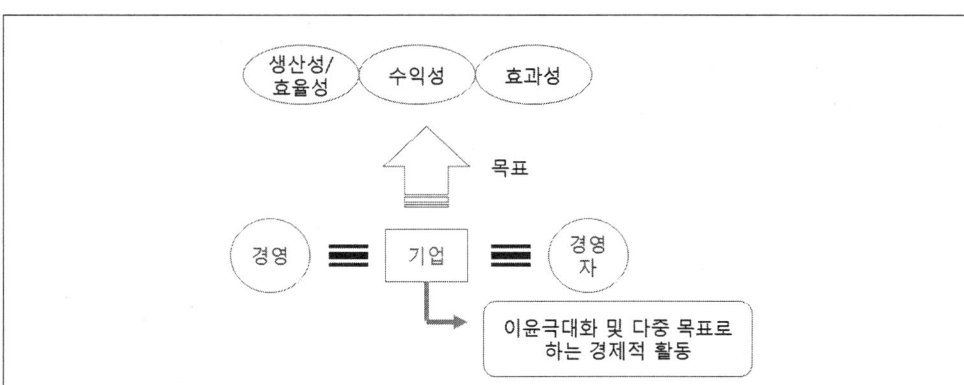

> **2016년 / 2015년**
>
> 전문가로서 전체적인 시각과 내일이라도 바로 노동현장에 활용가능한 실무능력을 배양하려는 노력이 보다 필요하다고 생각합니다.

경영학적인 논술과 글쓰기의 핵심은 경영현상에 대한 문제 해결 능력과 일반화의 특성을 조화롭게 통합하는 것이 가장 중요한 이슈이다.

- 경영문제 진단
- 경영문제 해결(독창적이고 독특한 아이디어)
- 경영과 문제 해결의 통합

출제된 문제의 핵심적인 이슈가 무엇인가를 진단하고, 진단을 기초해서 아이디어를 도출하여 아이디어를 정립하고, 논증하여 아이디어의 참신성과 차별성을 부각하는 과정이 경영학적 논술이며, 이를 구체적인 경영 표현으로 답안을 작성하는 것이 경영학적 글쓰기이다.

## 5. 출제경향을 분석한다.

인사노무론 2차시험의 최근 출제된 문제유형은 단순 암기식에 대한 요구보다는 다양한 경영현상의 복잡한 문제들에 대한 대안을 제시하기 위한 복합적이며 종합적인 사고를 요구하는 문제가 출제되는 경향이다. 복합적이며 종합적인 사고는 경영현상에 내재되어 있는 복잡한 원리와 패턴의 특성을 기업의 특수성과 경영이론 / 개념 등을 조합하여 설명하는 것을 의미한다.

> **2016년(제25회) 인사노무관리론 제2차시험 기출문제**
>
> 1. 현대의 기업은 지식 및 역량 중심의 고성과팀에 의해 생존가능성이 증대된다. 과거와 다르게 변화된 기업 환경의 특성과 고성과팀에 관하여 각각 설명하고, 고성과팀을 동기부여 할 수 있는 방안을 인사노무관리 기능별(확보, 개발, 보상, 유지)로 나누어서 논하시오.(50점)

**2015년(제24회) 인사노무관리론 기출문제**

1. 기업은 해외활동에 필요한 인력으로 주로 본국인과 현지인을 활용하고 있다. 본국인과 현지인 활용의 장·단점을 설명하고, 본국인과 현지인의 활용과정을 인적자원관리의 기능(확보, 개발, 평가, 보상, 유지) 관점에서 논하시오.(50점)

인사노무관리론 기출문제에서 나타나듯이 위의 기출문제에 대한 논술과 글쓰기의 정답이 과연 존재할까? 즉 단순 암기는 위험한 선택이다.

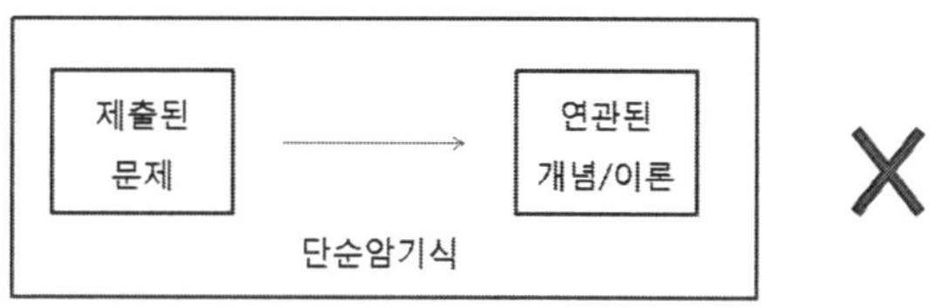


즉, 기출문제에 대한 정답은 무수히 많다는 것이다. 왜 정답이 무수히 많이 존재하는가를 이해해야 한다.

2016년 고성과팀을 설명하고 고성과팀에 동기부여하는 것이 주된 질문이다. 고성과와 저성과는 어떻게 구분할 것인가에 따라 동기부여 방법은 수업이 많이 존재한다. 또한 2015년 기출문제에 나타나는 기업의 해외활동의 예를 들어보자. 기업의 해외활동은 다양하게 존재한다. 글로벌 기업들의 비즈니스 활동은 제조업이나 서비스업이냐에 따라서도 다를 것이고, 해외활동의 유형에 의해서도 차이가 있을 것이다. 즉 기업 사항에 따른 각각의 특수성이 영향을 미칠 것이다. 또한 해외인력에 대한 다양한 개념과 이론도 역시 존재한다. 이 이론과 개념을 기업의 특수성 등과 연관 짓게 되면 무수히 많은 대안(alternatives)과 해(solution)가 존재한다. 따라서 암기하지 마라. 어떤 유형의 문제가 나와도 풀 수 있게 준비를 해야 한다. 바로 그것이 경영학적 논술과 글쓰기이다. 단순암기를 벗어나 출제된 문제에 내재되어 있는 경영학적인 원리 즉, 인사노무론에 나타나는 다양한 패턴과 원리를 설명하고, 그 설명에 대한 근거와 해(solution)에 대한에 독창적이며, 창의적인 사고를 불어넣어야 한다.

## 6. 독창적인 아이디어를 만들어야 한다.

최근에 출제되는 문제를 풀기위한 기술은 단순 암기 및 기계식 서술을 탈피해야 한다. 인사노무와 연관된 경영현실의 실질적인 이슈나 문제에 대한 해결방법이나 한계점, 그리고 새로운 대안 혹은 설계 그리고 및 효과 등을 기술하기 위해서는 새로운 접근이 필요하다.

### 인사노무론 제2차시험 답안작성의 고득점 논리

공인노무사 인사노무론 제2차시험 문제는 단순한 암기로는 해결되지 않는다. 왜냐하면 출제된 문제에 된 종합적이며 과학적인 사고가 요구되기 때문이다. 수험자가 가지는 다양한 관점이나 객관화된 증거를 사용하여 논증해야 한다. 개인적인 생각과 감정을 배제하고 출제된 문제에 나타나는 인사노무관리론의 이론과 실무를 통합하여, 논리적이며 창의적으로 기술하고, 또한 독창적인 대안이나 방안 등을 제시해야 한다.

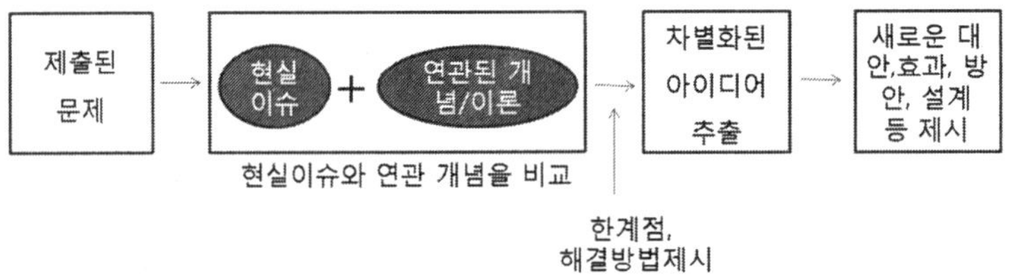


최근 출제되는 문제에 대한 서술형 답안작성은 문제의 성격을 분석하는 것이 우선이다. 예를 들어 직무분석의 활용방안을 인적자원관리 기능(확보·개발·평가·보상·유지·방출)에 적용하기 위한 방안은 무수히 많다. 문제를 분석하면 우수인재, 유연한 업무, 조직의 효율성 등 수많은 관점을 가지고 있으므로 이를 선택하기 위해서 직무분석과 인적자원관리 기능과 연관된 이론 / 개념과 현실적인 이슈(예를 들어 우수인재, 지식경영 등)를 비교하여 현실적인 한계나 이론 / 개념 등의 문제점을 도출하는 데 이때 반드시 필요한 것이 차별화된 아이디어가 요구된다.

아이디어가 중요한 이유는 아이디어를 통해서 논지와 문제제기를 만들고, 수험생이 답안을 작성하는 방향을 제시해주기 때문이다. 또한 아이디어가 다른 수험생들의 답안과 자신의 답안을 차별화 시켜 주는 역할을 수행한다.

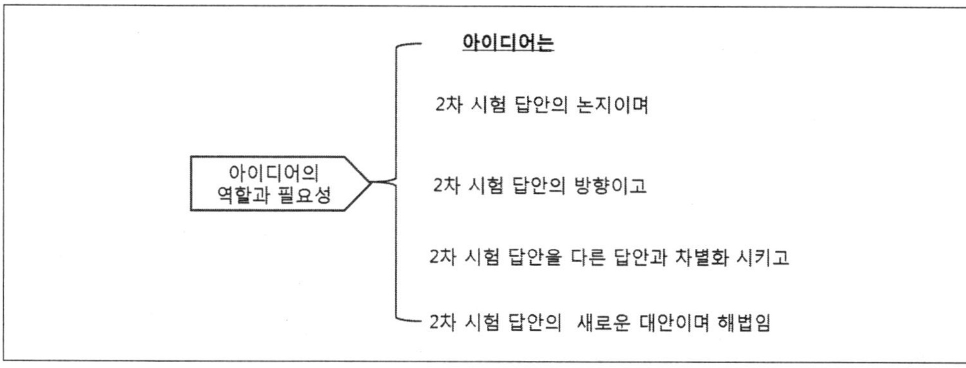


차별화된 아이디어로부터 의미나 해결방법이나 한계점, 그리고 새로운 대안 및 효과 등을 도출한다. 이것이 바로 논술이다. 즉 주어진 문제로부터 독창적인 아이디어를 도출하는 것이 바로 논술이다.

# 제2장

# 경영학적 논술과 글쓰기

## 1. 제2차시험 답안작성 시 유의사항

채점평은 채점자가 수험생의 답안을 채점한 결과를 논평한 글이다. 이 채점평에는 답안작성 방법과 채점의 전반적인 기준 등이 나타난다. 2차시험 고득점을 위해서는 채점평을 분석해야 한다. 채점평의 분석은 위에서 설명하였고, 분석된 내용을 토대로 하여 나타나는 제2차시험 답안작성시 유의사항은 다음과 같다.

- 모의고사 문제는 나오지 않는다.
- 출제경향이 논술형이다.
- 독창적인 아이디어가 있어야 한다
- 말하기보다 글쓰기가 어렵다.
- 논술은 과정이다.
- 논술은 의사소통이며 의사결정이다.

출제경향이 논술형이라는 점에 초점을 맞추어야 한다. 2014년과 2015년 및 2016년 제2차시험 채점평 등에도 설명되었듯이 단순암기식으로 답안을 작성하면 좋은 점수를 받을 수 없기 때문이다. 단순 암기식 및 기계식 서술의 문제점은 경영학에 대한 이해 부족과 출제경향에 대한 이해 부족 때문에 생긴다.

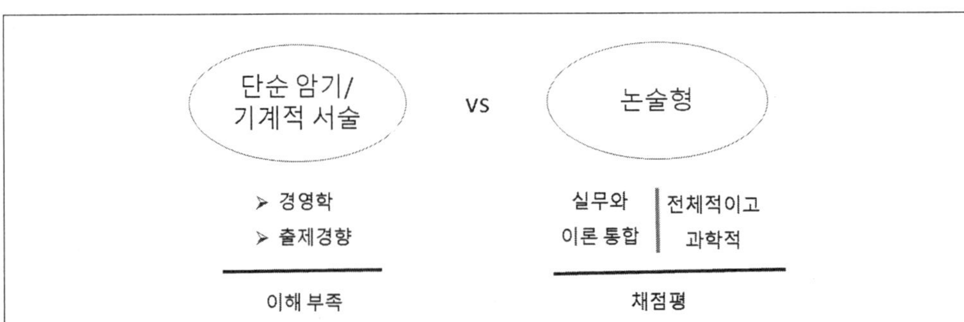

논술형은 실무와 이론의 통합을 전체적이고, 과학적인 시각에서 제2차시험 답안을 작성하는 것이다. 채점평을 통하여 논술형 답안작성의 전체적인 가이드라인을 알 수 있다.

그러나 출제되는 논술형 문제의 특성은 문제의 범위가 너무 넓다. 문제의 범위가 너무 넓으면 어떻게 답안 작성 방향을 설정하고 논지와 논점 및 문제제기가 어려워진다. 논술형 문제는 논지와 문제제기를 수험생이 원하는 방향으로 정확하게 제시하기 위해서 반드시 필요한 것이 문제의 범위를 줄이는 작업이 필요하다.

즉 출제된 문제의 범위를 축소하는 초점과 시각이 필요하다.

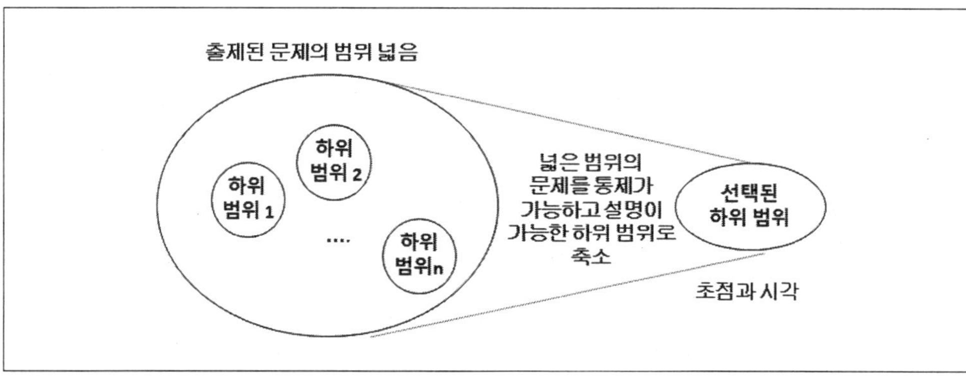


최근 출제되는 기출문제의 논술형은 문제의 범위가 너무 넓다. 넓은 범위는 수많은 하위의 다양한 문제로 분류될 수 있다. 분류를 위한 기준은 인사노무관리론의 이론 / 개념을 활용하여 논리적인 타당성을 확보해야 한다. 그리고 분류된 하위 범위 중에서 답안작성을 위한 범위를 선택하기 위해서는 초점 / 시각이나 현안 문제나 이슈 등에 대한 기본적인 분석이 요구된다.

따라서 단순 암기식이나 기계적인 서술방식을 벗어나 논술형 답안을 작성하기 위해서는 다음과 같은 절차가 요구된다.

- 출제된 문제분석
- 문제의 범위와 하위 범위(하위범위 분류를 위한 기준 선정)
- 하위 범위 선택을 위한 초점과 현실 이슈 비교
- 답안작성을 위한 초점, 범위 선정
- 답안작성 방향결정

출제된 문제를 논술형으로 답안을 작성하기 위해서는 문제의 범위를 줄이고 하위범위를 선택해야한다. 그러기 위해서는 출제된 문제의 전체적인 답안의 밑그림이 필요하다, 출제된 문제를 분석하고 전체적인 답안의 밑그림을 그리고, 이를 상세하게 설계하여 설계된 답안에 따라서 경영학적인 표현을 통해 논술형 답안을 작성해야 한다. 첫 번째 시작은 밑그림을 그리는 논술의 기본구조를 이해해야 한다.

## 2. 논술의 기본구조

논술구조를 이해하는 것은 인사노무관리론 제2차시험의 출제된 문제의 전체적인 밑그림과 논술의 방향을 설정하기 위한 방법이다.

건축물을 지을 때 조감도가 필요하듯이 전체 밑그림이 필요하다.

**논술구조의 의의**

건축물을 만들 때 제일 먼저 보게 되는 것이 청사진이다, 논술형 문제에서도 우선적으로 해야 할 일이 전체에 대한 청사진을 만드는 것이다. 즉 제2차시험 문제를 풀기 위해서 제일 먼저 할 일이 청사진, 즉 전체에 대한 밑그림을 그리는 것이다.

논술 구조
→ 논술 전체의 청사진 혹은 밑그림

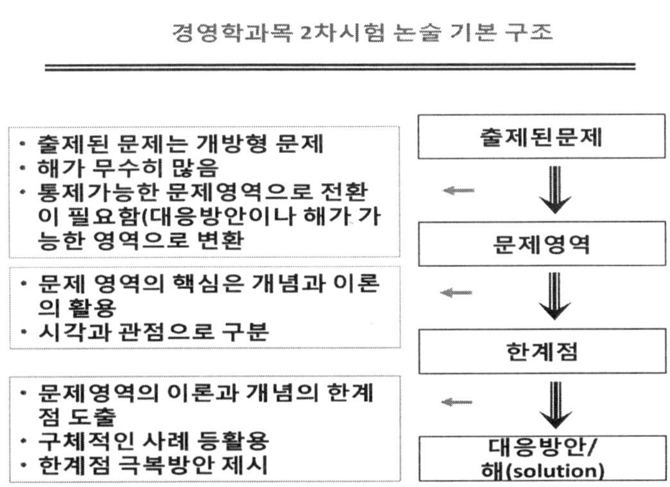


[그림] 논술의 기본구조

제2차시험 문제를 제한된 시간에 독창적이며 논리적으로 완성하기 위해서는 전체적인 밑그림을 빠른 시간 안에 그려내야 한다. 논술구조는 그 방법을 제공한다. 논술구조를 통하여 글 전체에 대한 이해와 어떻게 진행할 것인가에 대한 방향성의 전략적 큰 틀을 제시해주고, 이것이 전체에 대한 나침반 역할을 할 것이다. 논술기본 구조는 다음의 단계로 구성된다.

- 출제된 문제 분석
- 문제영역
- 한계점
- 대응방안 / 해(solution)

### (1) 출제된 문제분석

우선 제일 먼저 확인하는 것은 출제된 문제의 분석이다. 출제된 문제의 특성을 분석하는 것이 가장 중요하다. 약술형의 문제와 논술형의 문제에 따라서 답안을 작성하는 요령이 다르다. 전체의 글을 어떻게 기술할 것인가에 대한 계획을 잡는 것을 논술 디자인(design)이라고 한다. 이런 디자인 전략이 다르다.

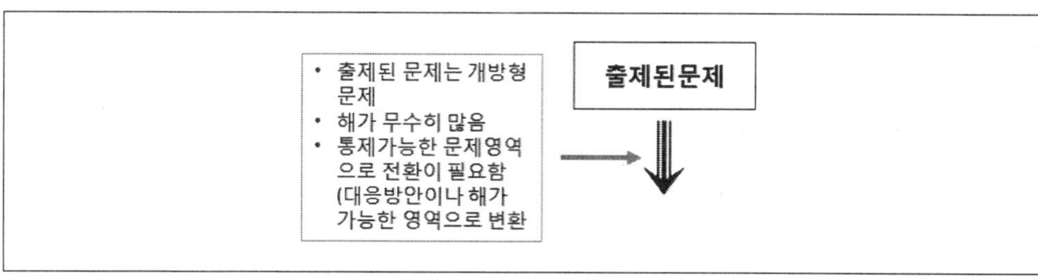


출제된 문제의 논술형은 특히 개방형 문제이다. 이런 유형의 문제는 답 혹은 해가 없는 것이 아니라 너무 많은 것이 문제이다. 어떠한 답이나 해(solution)도 만들어질 수 있다는 것이다. 핵심적인 문제는 답이나 해가 너무 많다는 것이다. 더욱이 단순 암기식이나 개념이나 이론의 단순한 나열은 전혀 독창적이지 않고 특색도 없다. 이런 유형의 답안은 고득점을 받을 수 없다.

논술형 문제인 개방형 문제의 또 다른 문제는 범위가 너무 넓다는 것이다. 즉 문제의 범위가 너무 넓으므로 수험생은 이 넓은 범위를 적절하게 혹은 자신이 통제 가능한 영역으로 좁혀야 한다. 기출문제를 분석해보자.

## & 기출 문제

제2차시험 문제의 풀이는 제한된 시간을 누가 효율적으로 사용하는 것이 전체 승패에 중대한 영향을 끼친다. 건축물을 만들거나 제품을 만들거나 등의 무엇인가를 만드는 과정은 큰 청사진을 먼저 그리고 그 다음 설계(design) 과정을 통하여 세부적인 설계도면을 만들고 그리고 설계도면에 따라서 최종 제품을 만든다.

기출문제 분석을 통하여 경영학 제2차시험 답안지 작성에서 논술구조가 전체적인 밑그림이나 청사진을 어떻게 만들어 가는 지에 대한 과정을 설명할 것이다.

**2016년(제25회) 인사노무관리론 제2차시험 기출문제**

1. 현대의 기업은 지식 및 역량 중심의 고성과팀에 의해 생존가능성이 증대된다. 과거와 다르게 변화된 기업 환경의 특성과 고성과팀에 관하여 각각 설명하고, 고성과팀을 동기부여할 수 있는 방안을 인사노무관리 기능별(확보, 개발, 보상, 유지)로 나누어서 논하시오. (50점)

**2015년(제24회) 인사노무관리론 제2차시험 기출문제**

1. 기업은 해외활동에 필요한 인력으로 주로 본국인과 현지인을 활용하고 있다. 본국인과 현지인 활용의 장·단점을 설명하고, 본국인과 현지인의 활용과정을 인적자원관리의 기능(확보, 개발, 평가, 보상, 유지) 관점에서 논하시오. (50점)

경영학 제2차시험에 출제된 문제를 분석해보자, 2016년과 2015년의 문제 중에서 특히 1번 문제는 논술형이다. 이 논술형 문제의 핵심이 무엇인가를 분석해야 한다. 기출문제의 핵심적인 특징은 다음과 같다.

**2016년(제25회) 인사노무관리론 2차시험 기출문제**

- 변화된 기업 환경의 특성과 고성과팀에 관하여 각각 설명
- 고성과팀을 동기부여 할 수 있는 방안을 인사노무관리 기능별(확보, 개발, 보상, 유지)로 나누어서 논하는 것

### 2015년(제24회) 인사노무관리론 2차시험 기출문제

- 본국인과 현지인 활용의 장·단점
- 본국인과 현지인의 활용과정을 인적자원관리의 기능(확보, 개발, 평가, 보상, 유지) 관점에서 논하는 것

핵심적인 특성이 분석되면 문제의 범위를 줄이기 위해서 다음 단계인 문제 영역단계로 넘어가야 한다.

### (2) 문제영역

출제된 문제의 분석을 통하여 문제를 분석하고, 통제 가능한 영역과 범위로 출제된 문제를 해석하는 것이 중요하다.

이렇게 통제 가능한 영역을 문제영역(problem area)이라 한다.

문제영역은 수험생 자신이 출제된 문제를 분석하여 범위를 줄여서 만들어 내야 한다.

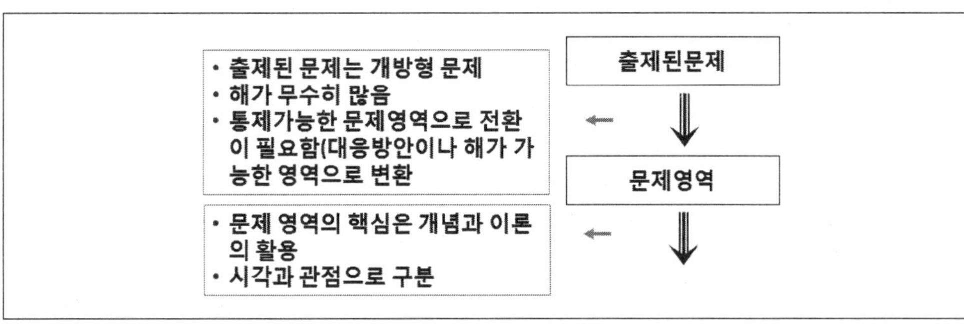


출제된 문제와 연관된 개념과 이론을 어떤 관점과 시각으로 설명할 것인가를 분석하고, 분석된 결과를 기초하여, 문제영역에 대한 타당성과 축소된 범위와 전체 문제와의 연관성을 제시한다.

기출문제를 통하여 문제영역을 구축하는 방법을 다음에 설명하였다.

## & 기출 문제

인사노무관리론 제2차시험의 최근 출제된 문제를 분석해 보자. 최근 출제된 문제는 논술형 문제가 중심이다. 논술형 문제를 풀기위해서는 핵심적인 질문이 무엇인가를 분석해야 한다.

### 2016년(제25회) 인사노무관리론 제2차시험 기출문제

1. 현대의 기업은 지식 및 역량 중심의 고성과팀에 의해 생존가능성이 증대된다. 과거와 다르게 변화된 기업 환경의 특성과 고성과팀에 관하여 각각 설명하고, 고성과팀을 동기부여 할 수 있는 방안을 인사노무관리 기능별(확보, 개발, 보상, 유지)로 나누어서 논하시오. (50점)

출제된 문제의 핵심적인 질문은 크게 두 개의 범주이다.

- 변화된 기업 환경의 특성과 고성과팀에 관하여 각각 설명
- 고성과팀을 동기부여 할 수 있는 방안을 인사노무관리 기능별(확보, 개발, 보상, 유지)로 나누어서 논하는 것

경기침체, 보호무역 및 새로운 경쟁자 등 기업을 둘러싼 다양한 환경들이 최근 급변하고 있다. 지식 및 역량 중심의 고성과팀은 기업경영에서 중요한 이슈이다. 지식과 역량은 환경변화에 대응하기 위한 주요한 경쟁 무기이다. 이런 경쟁 무기를 통제하고 조정할 수 있는 고성과팀은 기업생존가능성과 미래의 지속가능한 성장 동력을 제공한다.

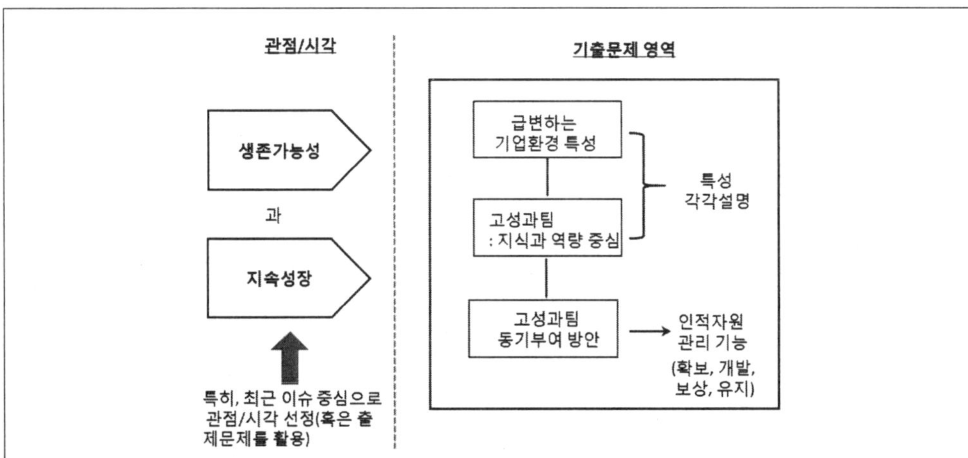

즉 "논술 전체의 방향을 생존가능성과 지속성장의 관점에서 기술하겠다." 등등의 관점을 세우고, 문제의 영역과 범위를 줄이는 과정이고, 이것이 문제 영역 단계이다,

## 2015년(제24회) 인사노무관리론 제2차시험 기출문제

1. 기업은 해외활동에 필요한 인력으로 주로 본국인과 현지인을 활용하고 있다. 본국인과 현지인 활용의 장·단점을 설명하고, 본국인과 현지인의 활용과정을 인적자원관리의 기능(확보, 개발, 평가, 보상, 유지) 관점에서 논하시오. (50점)

출제된 문제의 핵심적인 질문은 크게 두 개의 범주이다.

- 본국인과 현지인 활용의 장·단점
- 본국인과 현지인의 활용과정을 인적자원관리의 기능(확보, 개발, 평가, 보상, 유지) 관점에서 논하는 것

출제된 문제에 대한 분석이 끝이 나면 문제를 풀기 위한 초점(focus)을 맞추어야 한다. 인사노무관리론(2015년) 기출문제의 핵심은 글로벌 인재경영이며 관리이다. 주어진 문제에서 핵심은 본국인과 현지인을 비교하는 것이다,

글로벌 인재경영의 핵심적인 이슈는 수 없이 많다. 예를 들어 문화의 차이와 창조적 경영, 문화 차이와 경영전략 등 수많은 이슈와 연관되어 있다. 이 수 많은 이슈 중에서 무엇을 선택할 것인가를 판단해야 한다.

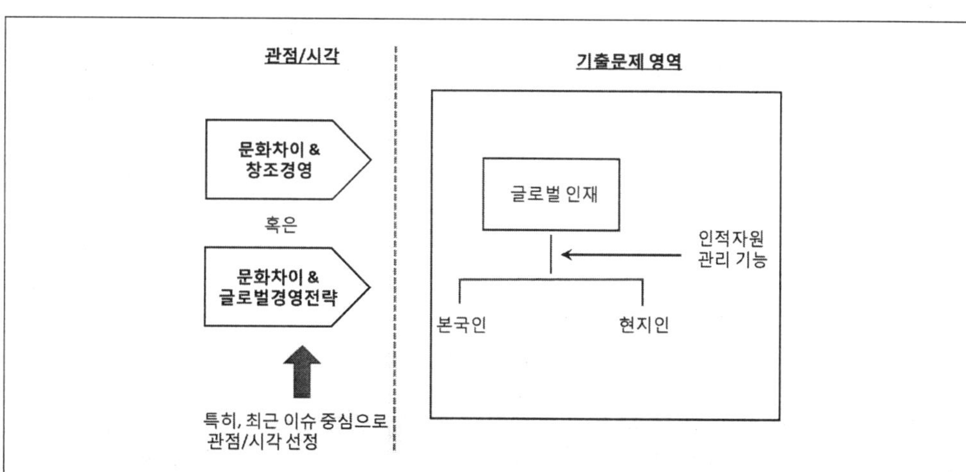

문화차이와 창조적 경영이나 문화차이와 글로벌 진출 전략 등 수 많은 이슈 중에서 수험자 본인이 주로 많이 활용하고 연습한 방향을 중심으로 분석하고 초점을 맞추어야 한다.

"논술 전체의 방향을 문화의 차이와 창조적 경영 관점에서 기술하겠다." 등등의 관점을 세우고, 문제의 영역을 줄이는 과정이 문제 영역 단계이다.

관점과 방향을 통하여 문제의 범위와 초점을 선택하여 문제영역을 선정해야 한다.

### (3) 한계점

출제된 문제에 문제영역이 선택이 되면 다음 단계는 새로운 아디디어를 만드는 것이다. 이 새로운 아이디어를 만드는 단계가 한계점이다. 출제된 문제를 분석하고, 통제 가능한 문제영역을 제시하였으면, 이 문제영역으로부터 한계점을 찾아내야 한다. 이 과정은 새롭고, 독창적인 아이디어를 만들기 위해서 반드시 필요한 과정이다.

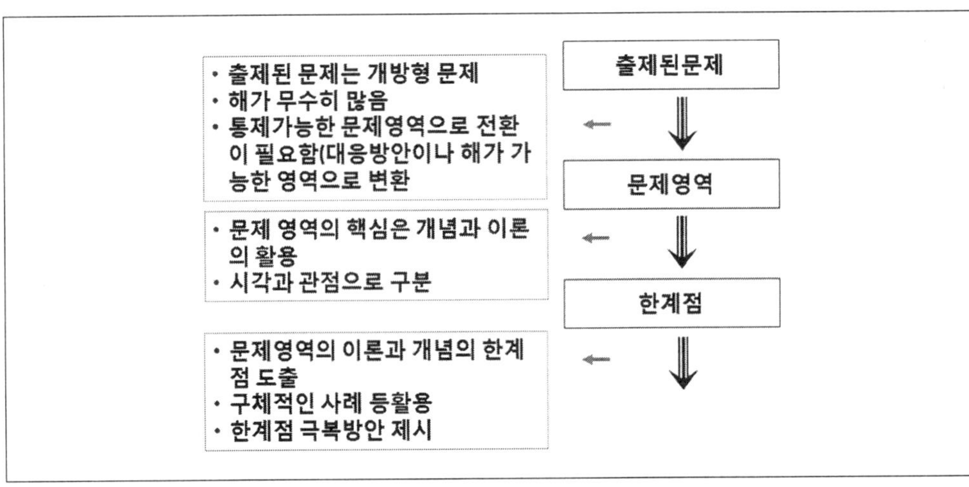


모든 이론 혹은 개념 등은 한계점을 가지고 있다. 특히 경영학의 이론이나 개념은 모든 영역에서 보편적으로 사용되기는 어렵다. 기업을 경영하는 현실에서 사용되는 다양한 제도나 방법 역시 시간이 지나고 새로운 경영기법 등에 의해서 한계점이 노출되고, 이를 통해서 기업은 새롭게 운영된다.

따라서 인사노무관리론 제2차시험의 답안지 작성에서 문제영역을 선택하고, 선택된 영역에서 현실이슈나 이론 등을 비교하여 기존의 이론이나 경영기법의 한계점을 제시하고 이 한계점을 극복하기 위한 아이디어를 도출하여 새로운 대안 등을 제시하는 가장 중요한 점이다.

논술의 가장 중요한 포인트이며 출발점이다. 즉 무엇이 한계점이고 그 한계점을 극복하기 위한 대안은 무엇인가를 밝혀주는 것이 가장 중요한 포인트이다.

## & 기출 문제

### 2016년(제25회) 인사노무관리론 제2차시험 기출문제

출제된 문제의 핵심적인 질문은 크게 두 개의 범주이다.

- 변화된 기업 환경의 특성과 고성과팀에 관하여 각각 설명
- 고성과팀을 동기부여 할 수 있는 방안을 인사노무관리 기능별(확보, 개발, 보상, 유지)로 나누어서 논하는 것

고성과팀 관리는 경영의 다양한 핵심적인 이슈들과 연관되어 있다. 예를 들어 생존가능성과 지속적인 성장은 기존기업과의 경쟁, 새로운 시장진출, 조직문화 등 수많은 이슈와 연관되어 있다. 이 수 많은 이슈 중에서 무엇을 선택할 것인가를 판단해야 한다.

출제된 문제를 중심으로 생존가능성과 지속적인 성장의 관점을 중심으로 대안을 탐색하고 설명하고자 한다. 선택된 영역이 가지는 의미를 다시 한 번 확인하는 과정을 통하여 무슨 의미와 한계점을 가지고 있고, 이 한계점으로부터 무엇을 설명할 것인가에 대한 재 정의가 필요하다.

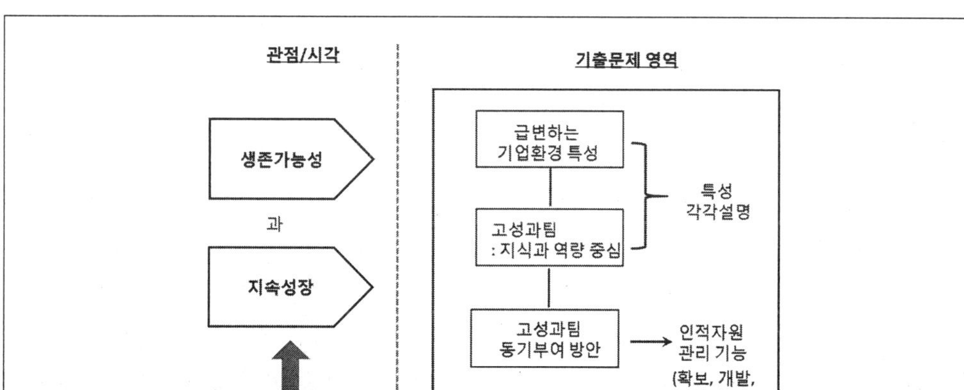

지속성장의 관점에서 전통 vs 현대 기업의 고성과와 저성과를 비교하여 각각의 인적자원 관리 기능의 관점에서 비교한다.

→ 성과의 관점을 전통적 기업과 현대적 기업을 비교하여 아이디어를 창출

| | | 전 통 | 현 대 |
|---|---|---|---|
| 인적자원 관리기능 | 확 보 | 많은 인원 수 범위 등 양적 특성 중시 | 수시 확보를 통한 질적 특성 중시 |
| | 개 발 | 조직 내적인 요인을 중시 | 환경변화에 따른 대응 능력과 역량 중심 |
| | 보 상 | 연공급제 중심 | 성과급 및 직무급 중심 |
| | 유 지 | 조직내 인간 관계 중심 | 조직 내외의 인간관계중심 |
| 성과 특성 비교<br>질적 특성과 환경 변화, 및 조직 내외 활동 등에 대한 성과 특성을 중심으로 답안 작성<br>→ 문제 제기의 내용이며 논지의 방향을 제시함 | | | |

## 2015년(제24회) 인사노무관리론 제2차시험 기출문제

출제된 문제의 핵심적인 질문은 크게 두 개의 범주이다.

• 본국인과 현지인 활용의 장·단점
• 본국인과 현지인의 활용과정을 인적자원관리의 기능(확보, 개발, 평가, 보상, 유지) 관점에서 논하는 것

글로벌 인재 경영의 핵심적인 이슈는 수없이 많다. 예를 들어 문화의 차이와 창조적 경영, 문화 차이와 경영전략 등 수많은 이슈와 연관되어 있다. 이 수 많은 이슈 중에서 무엇을 선택할 것인가를 판단해야 한다.

수많은 이슈 중에서 예를 들어 문화차이와 창조 경영의 관점을 선택하였다. 선택된 영역이 가지는 의미를 다시 한 번 확인하는 과정을 통하여 무슨 의미와 한계점을 가지고 있고, 이 한계점으로부터 무엇을 설명할 것인가에 대한 재 정의가 필요하다.

글로벌 인재의 관리를 본국인과 현지인에 대한 활용의 특성이나 의미를 문화 차이와 창조 경영의 측면에서 가지는 의미를 설명하고 그 의미로부터 한계점과 대안점을 제시하여 인적자원관리 기능의 측면으로 활용할 수 있는 측면을 설명해야 한다. 이 장에서는 의미를 간단하게 설명하고 자세한 내용은 다음 장에서 설명할 것이다.

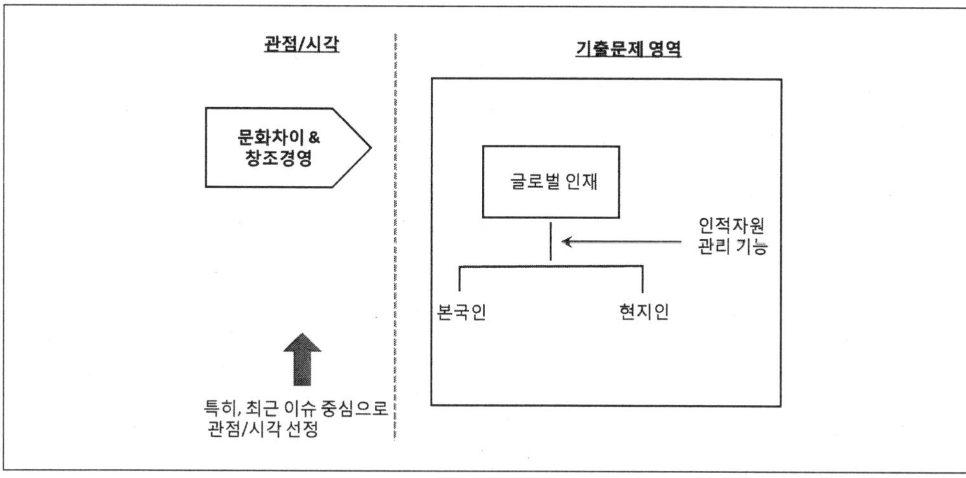


전체적으로 의미를 재해석해보면 글로벌 인재경영의 관점에서 본국인과 현지에 대한 차이와 활용을 두 가지 측면에서 분석해본다. 문화차이와 창조경영의 관점에서 보면 본국인과 현지인의 문화적 차이는 존재하고, 이 차이에 의해서 새로운 아이디어와 다양한 제도 등이 만들어 질 수 있으며, 기존의 인적자원관리는 글로벌 환경에서 문화차이와 창조경영을 위한 새로운 제도가 요구되고 있고, 이 새로운 제도를 관리하기 위해서는 인적자원관리 기능인 확보, 개발, 평가, 보상, 유지 등의 새로운 방법이 요구된다. 예를 들어 글로벌 인재의 확보의 관점에서 본국인과 현지인을 선발하는 제도에 변화가 주어져야 한다. 인터넷의 활용 등의 새로운 방법을 도입한다. 큰 그림을 우선적으로 그리고 그에 대한 세부적인 방법이나 대안 등은 대응방안 단계에서 만든다.

### (4) 대응방안

논술의 기본구조는 최종적으로 기출문제의 아이디어를 대안이나 해(solution, 解)로 변환시키는 과정이다. 단순한 개념이나 암기의 나열이나 기술의 틀을 벗어나기 위해서는 논술의 기본과정을 연습해야 한다.

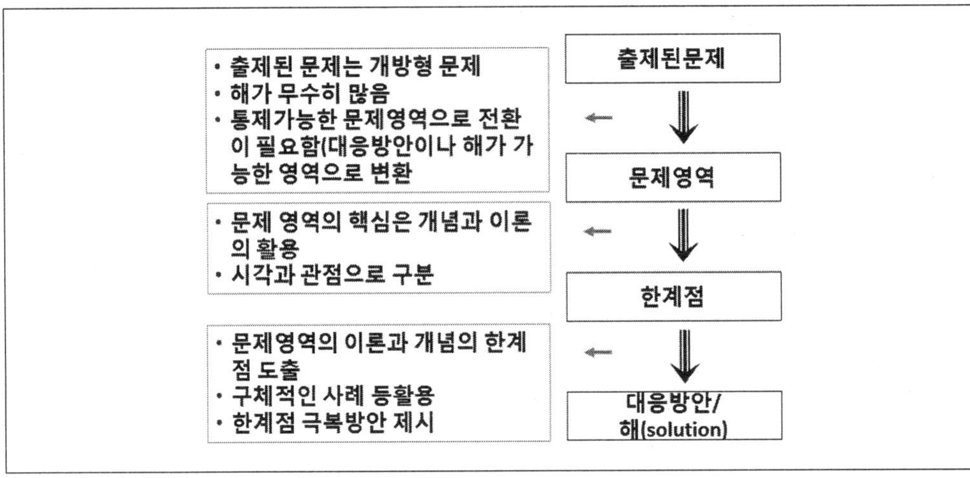


논술의 기본과정은 출제된 경영학과목 제2차시험을 어떻게 접근할 것인가에 대한 기본시각을 제시한다. 기본적으로 출제된 문제의 영역을 통제 가능한 영역으로 초점(focus)을 옮기고, 초점의 이동을 통하여 문제영역과 한계점을 통하여 새로운 아이디어를 제시하고 이 아이디어를 발전시켜서 구체적이고, 실증적이며 그리고 현실적인 대응방안이나 해(solution, 解)을 제시하는 것이다.

## 3. 답안작성 방법과 구성

답안작성 방법 중에서 다양한 보고서 등에 적용하는 보고서 방법과 논술 방법이 있다. 보고서 방법은 이론이나 개념에 대한 단순 암기나 기계식 서술 등에서 나타나는 방법이다. 보고서 방법에 기반해서 인사노무관리론 2차시험에 답안 작성을 하게 되면 채점평에서 제시했던 것처럼 단순 암기식이나 이론이나 개념의 기계식 나열로 기술될 수밖에 없다. 논술방법은 논술구조를 통해 분석된 문제제기와 해결방안 그리고 이론적 배경과 이를 통한 논증의 과정을 통한 해결방안의 타당성 등을 제시한다.

[표] 보고서 방법과 논술 방법 비교

| 보고서 양식 | 논술 방법 |
|---|---|
| 목차 형태로 작성(예를 들어)<br>I. 직무특성과 분류<br>II. 직무특성이론<br>III. 식부설계와 식부 특성 이론<br>IV. 결어<br><br>→ 보고서 양식은 주로 현장에서 특정한 경영상의 문제에 대한 해결 방안 등을 제시하는 방법으로 논증이나 추론 등에는 부적절한 방법입니다. | 서론 : 문제제기와 해결방안<br><br>본론 : 이론적 배경과 해결방안 논증<br><br>결론 : 해결방안 요약과 재해석<br><br>→ 문제제기를 통한 논증과 추론은 논리적 흐름으로 이에 적합한 절차와 방법이 요구되고, 적절한 구성요소인 이론과 개념을 통한 분석과 논증이 요구되어, 논증 등에 적합한 방법입니다. |

출제된 문제에 대하여 답안 작성은 논술 방법에 따른 구성으로 서론, 본론 결론으로 기술한다. 구체적으로 글쓰기와 문장을 구성하는 방법은 시리즈 II에서 자세한 방법 등을 설명하였다. 서론, 본론, 및 결론 각각의 구성요소에 대하여 다음에서 설명하였다.

- 서론
- 본론
- 결론

### (1) 서론

서론 답안 전체에 대한 방향을 제시한다. 이 전체의 방향성에는 출제된 문제로부터 통제 가능한 영역으로 초점을 전환한 문제영역과 한계점을 제시하고 한계점으로부터 아이디어를 제시한다. 아이디어를 발전한 해와 대안 등에 대한 큰 밑그림과 관련 이슈나 이론 및 개념 등의 연관성을 제시하면서 전체적인 방향성을 제시해야 한다.

서론은 가장 먼저 채점자가 보게 되는 부분이다.

즉, 서론에서 채점자의 시각을 붙잡아야 한다. 10~15장 내외로 답안을 작성해야하는 수험자들은 반드시 서론에서 채점자의 시각을 붙잡아서 읽게해야만 고득점을 얻을 수 있다.

채점자는 제한된 시간에 많은 답안지를 채점하게 된다, 그러므로 다른 수험자와는 차별화된 답안을 작성해야만 시각을 붙잡을 수 있는 것이다, 단순 암기식으로 답안을 작성하면 수험자들 사이에 차별성도 없고, 부각된 이미지도 채점자에게 제시할 수 없다. 서론은 전체 글의 방향성과 새롭고 독특한 아이디어와 그 근거로서 채점자의 시각을 붙드는 것이 고득점을 향하는 지름길이다.

서론에서는 다음과 같은 내용이 담겨있어야 한다.

- 경영학과목 2차 시험 논술 답안의 방향성 제시
- 문제제기와 문제영역과 아이디어
- 한계점과 대응방안 및 전략
- 전체 요약

서론에서 가장 중요한 것은 독창적이며, 채점자의 시선을 묶어둘 수 있는 아이디어를 논리적으로 도출하는 것이다. 수험생의 직관이나 경험에 의존하는 아이디어가 아니라 다른 개념과 이론 등의 한계점, 혹은 현실 사례 등에 나타나는 한계점이나 문제점을 찾아서 논리적으로 추론된 아이디어야 한다.

즉, 개인적인 생각이나 경험에 기반한 아이디어는 절대로 제시해서는 안된다.

경영학 과목의 제2차시험 답안지 작성은 개인적인 경험이나 생각을 기술하는 것이 아니라 인사노무관리 혹은 경영조직이론이나 개념 등과 비교하여 한계점을 찾아내고 그 한계점으로부터 아이디어를 도출하여야 한다. 이런 시각을 과학적 시각이라 하고, 관찰한 사실에서 나타나는 규칙과 패턴에 대한 객관적인 진술이 되어야 한다.

### (2) 본론

본론은 논술에서 몸체이다. 즉 제시된 아이디어를 논증하는 것이다. 아이디어가 해로 바뀌는 과정 전체에 대한 논리적인 추론이며 논증하는 부분이다.

채점자들은 본론의 내용에 심혈을 기울이는 데, 생각해보자. 여러분이 채점자라면 본론부터 읽을 것인가 서론부터 읽을 것인가.

아마도 대다수의 사람들은 서론부터 읽을 것이다. 채점자들도 역시 서론부터 읽을 것이다. 물론 본론을 대충 작성하라는 이야기는 절대로 아니다. 서론의 내용을 설명하고 이론을 제시하며 의미있는 결과가 되도록 추론하는 과정이 기술되는 부분이 본론이다. 본론의 내용은 다음과 같다.

- 문제영역에서 대응방안까지 논술 및 논증
- 논술 및 논증에 대한 이론과 개념을 기술
- 문제영역과 한계점에 대한 논리적 기술
- 한계점 극복을 위한 대안(논술 모델 등)을 제시
- 전체적인 논증 과정

본론 내용의 핵심은 답안지 전체의 이론적 개념적 내용과 아이디어를 해 혹은 대안 등의 논증과정이다. 이를 통해 다른 수험자와 구별되는 논리적인 흐름과 추론과정을 제시해 주어야 한다.

### (3) 결론

결론은 전체 내용을 간략하게 요약하면서 대응방안이나 해(solution)에 대한 의미를 다시 한번 제기하는 부분이다. 결론은 문제영역으로부터 한계점이 어떤 의미를 가지고 있고, 대응방안은 무엇이며, 대응방안이나 해가 어떻게 출제된 문제를 해결하는 데 유용함을 제시하는 것이다. 즉 아이디어를 해로 전환하면서 가지는 의미 등을 전체적으로 재해석하고, 그에 다른 현실 이슈와의 관계 등을 다시 한 번 설명해준다.

| 경영학 과목 제2차시험 고득점(좋은) 답안의 기본구성 |
|---|
| 서론 : 문제의 중요성 및 의의<br>→ 출제된 문제의 영역과 개념 및 이론, 그리고 현실 이슈 등을 고려하여 아이디어를 탐색하고 해로 전환되는 과정에 대한 논지 제시<br>→ 출제된 문제에서 추출된 이론과 개념의 중요성과 의미 등과 전체 본론에서 무엇을 설명할 것인가에 대한 내용을 간략하게 설명<br><br>본론 : 문제의 이론과 개념 설명<br>---------------------- + 발전방향이나 활용방안 근거로 사례 등도 제시<br>→ 문제의 이론과 개념에 대한 설명과 지식체계를 구축하고 발전방향이나 활용방안을 제시<br>→ 문제의 해인 발전방향이나 활용방안 등의 출제된 문제에 따라 상이한 특성에 맞게 논증하고 이에 대한 타당성 등을 위한 근거 등제시<br><br>결론 : 문제의 중요성 요약과 재해석<br>→ 전체적으로 경영학적 논술과 글쓰기 방법으로 답안 작성 |

## 4. 표현 능력(글쓰기)

경영학적인 논술과 글쓰기 중 하나는 글로 표현하는 능력이다. 채점자가 수험생을 평가하는 가장 중요한 요소는 답안지를 글로 작성하는 능력이다.

출제된 문제를 분석하고 진단된 이론과 아이디어를 어떻게 논리적으로 연결할 것인가의 논리적인 과정인 추론 방법을 사용한다. 또한 글쓰기에서 핵심은 경영학적인 용어와 문장을 사용하여 경영학적인 의미전달이 될수록 표현하는 것이다. 이런 표현으로서의 경영학적인 용어와 문장의 사용이 채점자에게 전달하고자 하는 내용을 명확하게 전달하게 될 것이다.

문장과 의미단위인 문장의 집합인 단락을 종이위에 문자로 기술하는 것이 최종적으로 가장 중요하다. 시간에 쫒기게 되면 글씨가 엉망으로 작성됨으로 명확한 의미 전달이 되지를 않는다. 그래서 평소에 사용하는 글쓰기 연습을 꾸준히 해야 한다.

# 제3장

# 경영학적 논술과 글쓰기 모델

## 1. 경영학적 논술과 글쓰기 모델이란

인사노무관리론 제2차시험은 감정이나 감성에 호소하는 글이 아니라, 이성에 호소하는 글이다. 인사노무 과목 2차시험에서 출제되는 문제의 논리적이며 이성적인 해(solution), 즉 답안작성은 출제된 문제와 관련된 이론 혹은 개념 등에 대한 인사노무의 경영학적 지식과 현실 이슈와의 관계를 분석하여 얻어진다.

출제된 문제를 분석하고 진단하는 것은 경영학적인 관점에서 출제된 문제에 나타나는 경영학적 특성의 규칙성을 찾는 것이다. 분석된 결과를 기반하여 제시된 문제의 해법을 제시하거나 새로운 대안이나 방안을 만들어 이를 검증하거나 주장하기 위한 글이 인사노무 2차시험의 답안작성이다.

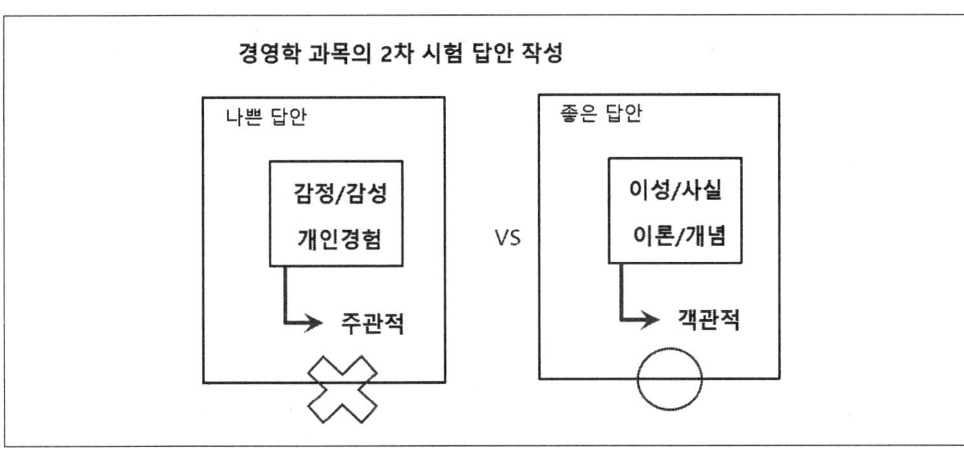


인사노무의 경영학과목 제2차시험의 출제경향은 경영 및 기업과 연관된 다양한 인사노무 특정 경영 현상(직무분석, 노조 문제 등)에 대해 이론과 실무적인 관점을 함께 이해하고 활용할 수 있는 능력을 검증하기 위해 출제된다. 이런 출제경향에 맞추어 2차 시험의 답안을 작성하기 위해서는 수험생의 경영학적 견해나 주장이 객관적인 사실이나 경영이론/개념에 기반한 논리를 중심으로 현실적인 경영과 기업현상에 대한 관찰된 규

칙과 패턴에 대한 진실 및 진위를 검증된 사실인 이론과 개념 및 사례 등을 기반하여 출제된 문제의 해법을 제시하는 것이다.

인사노무관리론 제2차시험은 주관식이다. 즉 4지선답형의 객관식 문제가 아니라 문자 즉 글로 표현하는 서술형 문제이다. 채점평에도 설명하였듯이 인사노무관리론 제2차시험은 인사노무관리론의 이론 / 개념에 대한 이해와 직무 능력 즉 실무적인 능력을 평가하기 위한 문제이다.

인사노무관리론의 경영학 이론 / 개념과 현실 문제를 연관해서 글로 표현해야 한다. 글로 표현하기 위해서는 경영학 지식인 이론과 개념 및 현실 이슈 등을 분석하고 진단하여, 아이디어를 만들고 아이디어를 발전시켜 다른 수험자와 차별화된 답안을 작성하고, 이를 글로 표현하기 위한 방법으로 시각화된 글쓰기 모델을 제시한다.

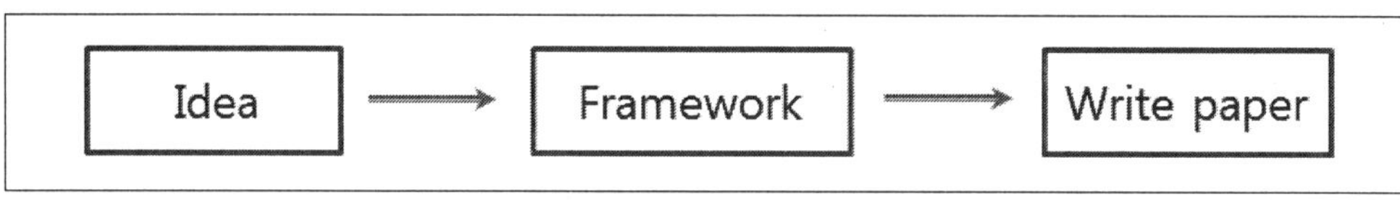


위 [그림]처럼 아이디어를 도출하고 아이디어를 발전시키기 위한 프레임웍인 글 전체의 틀을 만들고, 구체적으로 이 과정을 답안지에 작성하는 글쓰기 과정이 논술과 글쓰기 모델이다.

## 2. 경영학적 논술과 글쓰기 모델과 논리적 전개

경영학은 인사노무 등의 다양한 경영 및 기업현상(직무분석, 노조 문제 등)에 대한 이해와 설명을 위한 이론과 개념 및 이를 해결하기 위한 수많은 경영기법이나 제도 등을 다루는 학문이다. 인사노무관리론의 경영학 과목의 제2차시험은 다양한 경영현상을 설명하는 이론 / 개념 및 실무적인 경영능력의 활용을 평가한다.

인사노무관리론의 제2차시험은 경영이론과 실무적인 현장능력을 평가하는 시험이므로, 단편적이고 단순한 이론과 개념의 단순암기가 아닌 경영현장에서의 문제를 해결하는 과정과 새로운 대안을 제시하는 방법을 설명해야 한다. 이런 새로운 대안이나 방법을 설명하는 과정은 흐름이 필요하다. 이 흐름이 논리적 전개이며, 이를 추론과정이라고 한다.

제2차시험의 목적은

단순히 자신의 견해나 주장을 다른 사람에 상기시키기 위한 것은 아니다.

→ 흐름이다.

다루고자 하는 문제에 대해 필요한 해에 대하여 물 흐르듯이 상대방에게 전달되어야한다. 즉, 아이디어의 의사소통이다.

전달자로부터 송신자에게 메시지를 글쓰기 즉 논술이라는 채널을 통하여 자연스럽게 흐르면서 공감대를 형성해야한다.

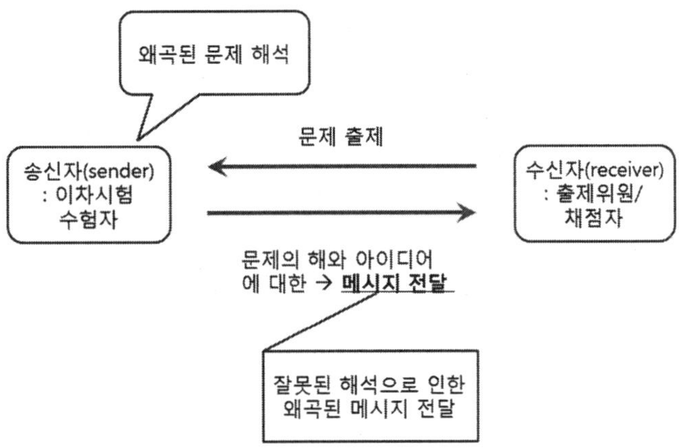


잘못된 문제해석을 통한 메시지 전달은 효과적인 의사소통과 아이디어 전달을 방해한다.

논술과 글쓰기 모델은 세 단계로 구성된다. 다음 장들에서 각각의 내용을 자세히 설명할 것이다.

- 아이디어
- 디자인
- 프레임웍

| | |
|---|---|
| **아이디어** | 답안의 차별성과 방향 |
| **디자인** | 답안의 전체에 대한 설계 및 논증 방법 |
| **프레임웍** | 답안작성의 설계 도면 |

아이디어는 전체 답안의 방향이고 이 아이디어를 발전시켜서 답안을 작성한다. 아이디어를 발전시키는 방향이며 또한 검증 혹은 논증하기 위한 전체의 설계는 디자인이고, 설계의 틀 즉 설계 도면이 프레임웍이다.

# 제4장

# 아이디어

## 1. 아이디어란

인사노무의 경영학 이론은 다양한 경영 및 기업 활동에 대한 다양한 이론적인 체계를 제시하고 있지만, 개별 기업에서 적용하는 방법이나 운영하는 방법에는 많은 차이가 있다. 또한 기업의 변화와 발전과정에서 새로운 제도 등도 끝없이 생성되고, 그리고 필요에 따라서 폐기하는 등의 다양한 변화가 있다. 즉 새로운 경영이론, 기법, 제도 및 방법 등은 끊임없이 기업의 경영활동에 따라서 변화된다.

특히 최근의 기업들은 예측하기 어려운 기업 환경 속에서 생존하고 발전해야 한다. 기존의 다양한 경영기법이나 방법이 새로운 환경 등에서 적응하기 어렵고, 새로운 방안 등이 요구되는 환경변화 속에서 이런 변화를 이해하고 설명하기 위해서 가장 중요한 것이 아이디어(Idea)다.

"가슴속에 담겨 있는 아이디어는 무의미하다."

인사노무관리론 제2차시험은 기업과 경영의 이론적 실무적인 능력과 활용의 평가이므로 새로운 대안이나 방법이나 이론적인 특성 등이 출제된다. 이런 출제경향에 맞추어 새로운 대안이나 이론 특성 등을 설명하기 위해서는 다른 수험생들과는 차별화된 아이디어가 중요하다.

차별화된 아이디어란 기존의 경영이론이나 새로운 제도나 경영기법과는 차별화된 이론이나 경영제도나 경영기법을 등을 의미하게 된다. 예를 들어 전통적인 기업에서 인사노무관리에서 인재는 비용의 관점이지만, 현대기업의 전략적 인적 자원관리에서 인재는 투자의 관점이다. 인재관리에서 전통적 관점은 비용이고 현재 기업은 투자라면 이 두 관점의 차이로부터 인재를 투자의 관점에 설명해야하는 이유와 비용의 관점에서 바라볼 때의 한계점은 무엇인가를 제시해야 한다. 이 관점의 차이를 설명하고 투자의 관점에서 기업을 운영하게 되는 방법과 이유를 설명하는 것이 중요하다. 이 비용과 투자의 차이를 설명하기 위해서 필요한 것이 아이디어다.

결국 차별화된 아이디어를 도출하고 발전시키는 것이 경영학 과목에서 고득점을 달성할 수 있는 방법이고 이것이 경영학적 논술과 글쓰기를 배우는 이유이며, 이 과정을 설명하기 위한 방법이 라이팅 모델이다.

라이팅 모델을 통하여 아이디어를 도출하는 방법과 아이디어를 발전시키는 방법인 디자인(design)과 글 전체의 틀을 구출하는 프레임웍(Framework)을 학습하게 될 것이다. 고득점(좋은) 답안을 작성하기 위해선 가장 우선적으로 해야 할 일은 아이디어를 도출하는 것이다.

아이디어를 도출하기 위해서 온갖 것을 다 집어넣지 마라. 모든 것을 다 집어넣으면 오히려 글의 방향이 모호해지고, 마지막 부분에 결론을 내리기도 애매해지는 상황이 벌어진다. 아이디어를 도출하기 위해서는 출제된 문제에 대한 이해가 우선되어야 하고, 출제된 문제에서 제시된 경영이론을 중심으로 아이디어를 도출해야 한다.

아이디어를 도출하기 위하여
→ 생각나는 모든 것을 기록하려 들지 마라.

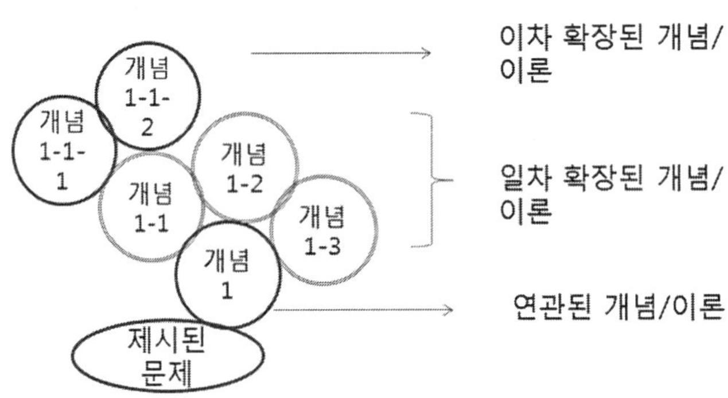


너무 많은 개념과 내용을 확장하는 것은 아이디어를 더욱 더 모호하게 만든다.
→ 2차시험 답안지에 모든 것을 담으려고 하지마라.
→ 아는 것을 전부 쓰면, 아무런 내용도 없고 아이디어도 사라진다.
→ 출제된 문제와 관련 이론과 현실 이슈 중심으로 구축해야 한다.

생각 혹은 머리 속에 있는 아이디어를 글로써 표현해야만 비로써 가치를 가지게 된다. 글쓰기의 시작은 아이디어부터 출발한다. 어떤(what) 아이디어와 어떻게(how) 아이디어를 도출할 것인가가 가장 중요한 문제이다. 글쓰기는 이 아이디어를 단지 발전시키고 전개하는 과정이다.

> 글쓰기의 목적은(the purpose of writing paper is )
> 아이디어를 전달하는 것이다.(to convey your idea)
>
> 아이디어는 여러분의 머리로부터 → 답안지로 → 출제위원 / 채점자에게로 명확하게 전달되어야 한다.

## 2. 아이디어의 도출

아이디어를 도출하기 위해서는 어떤 것이 가장 홍미로운 탑픽(topic)인지 혹은 주제 영역인지를 인지하고, 현재 상항에서 현실적인 이슈가 되는 것이 무엇인지를 우선적으로 제시해야 한다.

### ◈ 아이디어의 의의와 특징

• 문제에 초점을 맞추어라
• 아이디어는 명확하고 분명해야 한다.
• 아이디어는 쉽게 이해할 수 있어야 한다.
• 아이디어는 공감할 수 있는 현실적인 문제와 연관되어야 한다.
• 아이디어는 창의적이며, 현실문제(인사노무 현상)를 해결할 수 있는 해법을 담아야 한다.

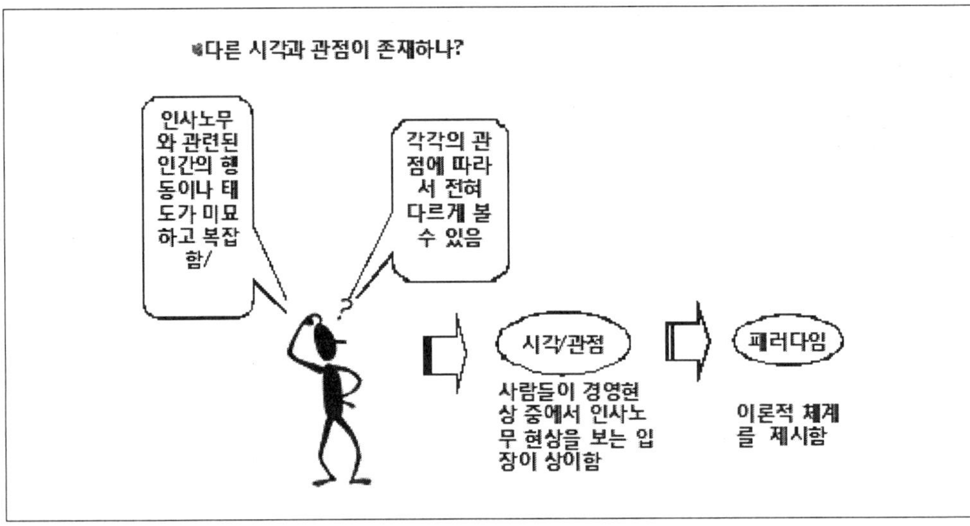


아이디어가 명확하게 되기 위해서는 이론과 개념 및 동시대적인 패러다임[1]에 기반해서 제시되어야 한다. 또한 시각과 관점[2]의 측면에서 전체적인 내용의 동질성과 논리성을 갖출 수 있게 한다.

단지 아이디어의 제시만으로 문제에 대한 해가 제시되지 않는다. 이 아이디어를 어떻게 전개하고 발전시키는 것이 대단히 중요하다. 다음 장에서 아이디어를 발전시키고 전개하는 과정을 다룰 것이다.

아이디어의 도출의 핵심은 비교이다. 이론과 이론을 비교하거나 기업 사례와 사례를 비교하거나, 이론과 현실 이슈 등을 비교, 혹은 기업사례와 현실을 비교하는 것이다.

---

1) 패러다임은 어떤 한 시대 사람들의 견해나 사고를 근본적으로 규정하고 있는 테두리로서의 인식의 체계, 또는 사물에 대한 이론적인 틀이나 체계를 의미하는 개념이다(위키백과).
경영패러다임은 특정 시대에 기업경영에서 나타나는 수많은 현상들을 이해하는 이론적이며 사고의 틀이며 체계이다. 경영환경의 변화는 새로운 경영패러다임의 변화를 유도하고, 그로 인해 지배적인 가치판단 기준 및 성공적 기업경영을 위한 원리의 변화를 요구하며, 또한 새로운 이론적인 개념과 체계를 요구하게 된다. 예를 들어 인사노무의 기업현상에서도 전통적인 인적자원관리 기능 중심에서 전략적인 인적자원관리의 개념으로 진화하고 발전하고 있다.

2) 시각과 관점
사물이나 현상을 관찰할 때, 그 사람이 보고 생각하는 태도나 방향을 의미한다. 사물이나 현상에 대하여 유사하거나 상이한 관점이나 시각이 나타나게 된다.

• 이론과 이론 비교
• 기업사례와 사례
• 이론과 현실 이슈
• 기업사례와 현실이슈 등

예를 들어, “멘토링(mentoring)제도의 내용, 한계 및 효율적 활용방안에 대하여 설명하시오(2012년. 25점).”

<u>멘토링 제도의 흥미로운 사례 등의 현실적인 이슈와 연관해서 아이디어를 도출해 본다.</u>

**멘토링의 의미**

→ 기업을 둘러싼 환경이 급변화고 예측하기 어려우므로 우수 인재에 대한 관심이 더욱 고조되고 있다.

이런 환경 변화 속에서  인재 육성에 대한 기업들의 관심이 더욱 가속화되고 있다. 구성원들의 실력을 높이고, 잠재 역량을 개발하기 위해서는 실제 일을 통한 학습이 무엇보다 중요하다.

이러한 일을 통한 학습 방법에는 여러 가지가 있겠으나, 그 중 하나가 바로 멘토링 제도( Mentoring Program )이다.

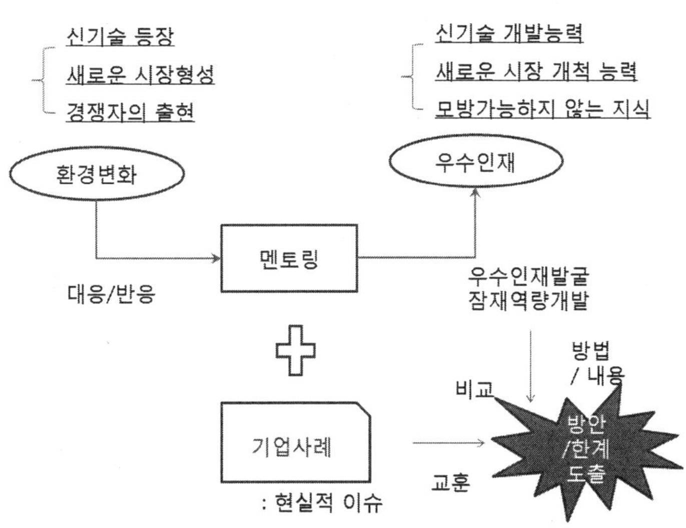

우선 전체의 내용을 이해하기 쉽게 도식 혹은 시각적으로 그래픽하게 표현한다. 이런 방법을 그래픽 모델링 기법[3]이라고 한다.

멘토링의 목적을 우수인재의 관점에 맞추었다.
우수인재의 필요성을 기업의 환경변화의 시각에서 설명하였다.

환경변화와 우수 인재 관점에서 방안과 한계를 도출
- 문제점은 환경 변화를 예측할 수 있는가이고
- 이에 대한 대안이 강점 경영과 지식경영으로서 우수 인재 확보와 발굴이다.

3) 그래픽 모델링 기법은 생각이나 아이디어를 표현하는 방법이나 기법을 말한다.

# 제5장
# 디자인

## 1. 디자인의 의미

프레임웍(framework)이 필요한 것은 아이디어를 발전시키고 전개하기 위해서다. 아이디어 자체는 문제에 대한 해가 아니고 그를 발전시켜서 문제에 대한 해(solution)를 제시해야 한다.

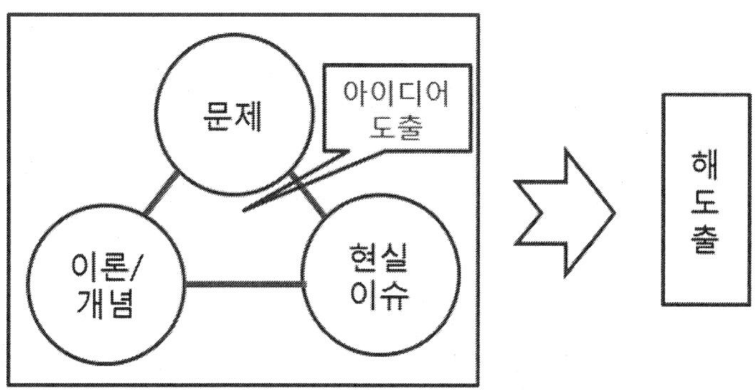


세 가지의 영역과 아이디어를 연결하여 문제에 적합한 해를 제시하고 그해에 대한 근거를 제시하는 것이 중요하다. 전체적인 논술이나 기술의 방향을 설계하는 개념이 디자인이다.

## 2. 디자인(design)

디자인을 통하여 출제된 문제의 전체적인 방향을 제시하고, 출제의도에 적합한 해를 도출하는 일관성을 제시하며, 아이디어를 더욱 더 돋보이게 하는 전체 구조의 형상을 제시하는 중요한 도구이다.

## (1) 디자인의 필요성

디자인의 설명하고자 하는 경영현상의 특성을 일관성 있는 논리를 제시하는 전체적인 방향과 개념 및 이론의 관련성과 적절한 사례 등을 통한 검정을 제시하는 전체적인 방향을 제시한다.

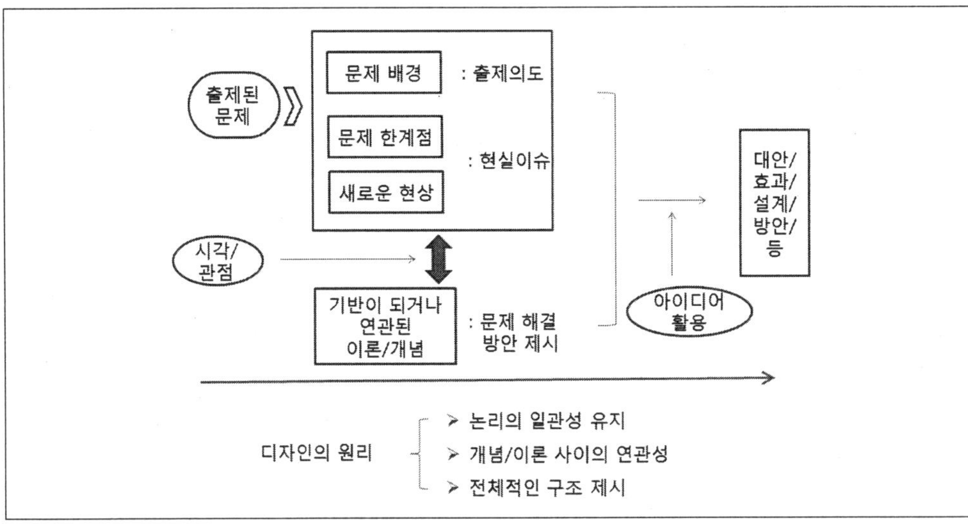


- 출제된 제2차시험 문제에 대한 객관적인 기술과 글쓰기 과정에서 사용되고 활용될 객관적인 이론 / 개념 사이의 연결방법을 제시
- 출제된 제2차시험 문제가 일관성 있게 기술될 수 있는 과정을 위한 전체의 틀 혹은 프레임워크를 제기
- 출제된 제2차시험 문제에 대한 해결방법을 제시하는 데 요구되는 전체적인 논리의 구조와 절차에 대한 계획 제시
- 즉, 디자인은 제2차시험 문제에 대한 현실적인 이슈와 배경 등을 고려하여 요구되는 개념/이론에 대한 제기와 이를 기반하여 아이디어를 도출하고 그를 통하여 적정한 해(대안, 설계, 효과, 방안 등)를 제시하는 논리적인 구조와 절차에 대한 계획과정이다.

### (2) 디자인과 도구, 방법, 절차

2차시험의 전체적인 방향을 설정하도록 논술 혹은 기술 등에 대한 디자인을 좀 더 활용하기 위해서는 디자인과 연관된 도구, 방법, 절차 등에 이해가 필요하다.

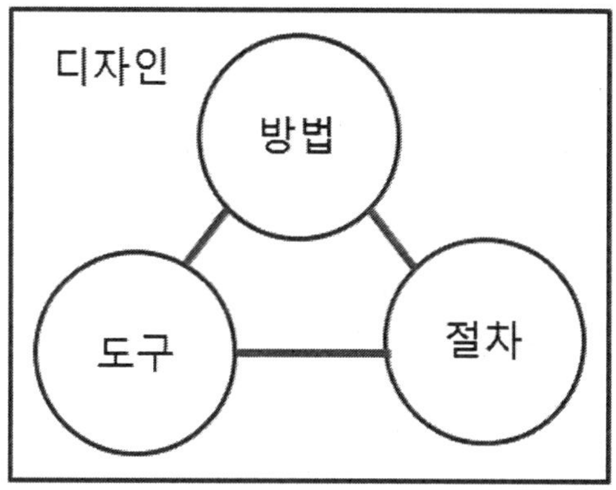


> 디자인이란 일련의 방법들을 논리적으로 구성한 체계로 정의 되고, 제2차시험에서 해를 도출하기 위하여 의미 / 가치 있는 설명, 대안 구축 및 설계 분석 등과 관련된 방법들의 체계적인 집합을 의미한다.
>
> 방법 : 제2차시험을 작성하기 위한 기술적이며 기교적인 방법(how to)을 제공
> 이론과 개념, 구성개념의 추출과 활용
> 도구 : 이론과 개념 방법의 표시와 연결하는 그래픽한 도형과 기호의 사용
> 절차 : 적용된 방법들과 그에 따른 결과물, 즉 산출물의 높은 품질을 얻기 위한 절차

## 3. 개념 / 이론 및 논리의 일관성 및 타당성

경영학 과목 2차시험의 문제에서 제기되는 문제가 2차시험이 시작되는 영역이다. 2차시험에서 문제에 대한 해가 제시해야 되는 사실과 현상의 영역이 2차시험의 영역이다. 2차시험이 이루어지는 문제 혹은 주제영역은 외적인 세계에 대한 이해와 내적인 세계의 이해가 중요하다.

개념 / 이론 및 논리의 일관성 및 타당성을 얻기 위하여 문제의 방안을 논리적으로 표현하기 위한 방법으로 시각적 표현 방법을 활용한다. 2차시험 질문에 나온 문제에 활용될 개념이나 지식을 시각적으로 표현한다.

예를 들어) 2011년 (20회) 기출 문제

인적자원관리의 확보·개발·평가·보상·유지 관리 등 다섯 가지 기능별 영역에서 전통적 공동체 지향의 기업문화를 계승하고 지식정보화 사회에 대응할 수 있는 방안을 시스템적 관점에서 설계하시오.(50점)

### (1) 우선 연관된 개념이나 이론을 먼저 문제로부터 추출한다.

출제된 문제를 탐색하고 기술 / 논술을 위해 문제 탐색결과로부터 문제제기를 하고, 문제제기에 관련된 정보의 원천과 형태를 선택한다.

→ 문제제기는 반드시 구체적으로 진술한다.

→ 즉 연관된 개념이나 이론을 먼저 문제로부터 추출한다.

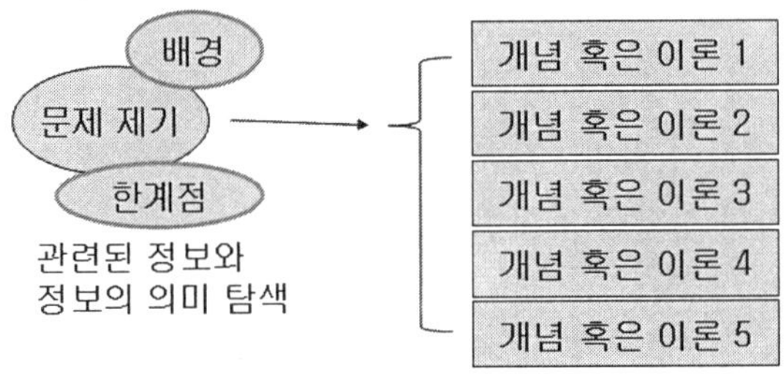


탐색 단계에서 구체적으로 정의된 내용과 모델에 따라 구체적인 의미를 시각적으로 혹은 세밀하게 제시하여 전체적인 방향과 틀(프레임웍, Framework)을 제시한다.

→ 이 틀을 마련한 후에 어떻게 개념 및 이론을 추출 혹은 도출 할 것인가를 결정한다.

- 개념 및 이론을 위하여 사용할 기술은 무엇인가?
- 어떻게 개념 및 이론을 추출할 것인가?
- 어느 정도의 범위로 개념 및 이론을 추출 할 것인가?

문제와 연관된 개념 / 이론 영역

→ 인적자원관리 5가지 기능영역(확보·개발·평가·보상·유지 관리)
→ 전통적 공동체 지향의 기업문화
→ 지식정보화 사회
→ 시스템적 관점

## (2) 문제에 따라 개념 간(사이)에 관계를 설정한다.

→ 2차시험 문제에 질문을 단순화 시켜라

인적자원관리 5가지 기능영역에 대한 대응방안 설계

→ 질문에 대한 전체 개념도를 그려라

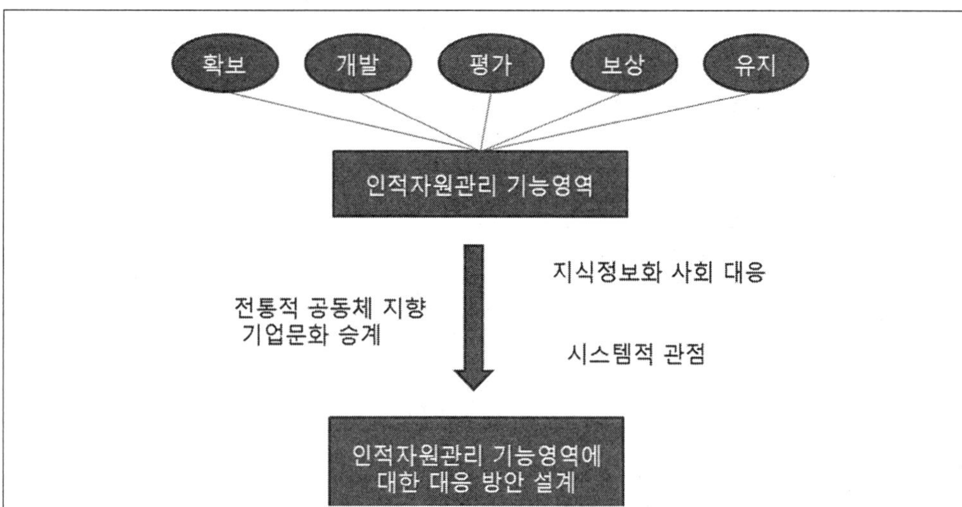


→ 각각의 개념에 대한 세부적인 개념도를 그려라.
→ 대립되는 개념을 찾아라. 그리고 비교하라.

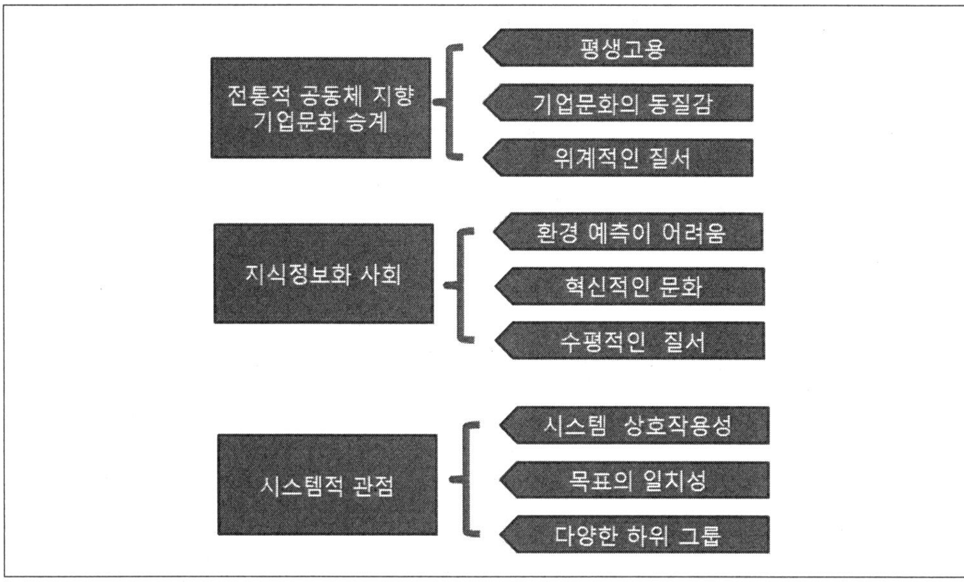


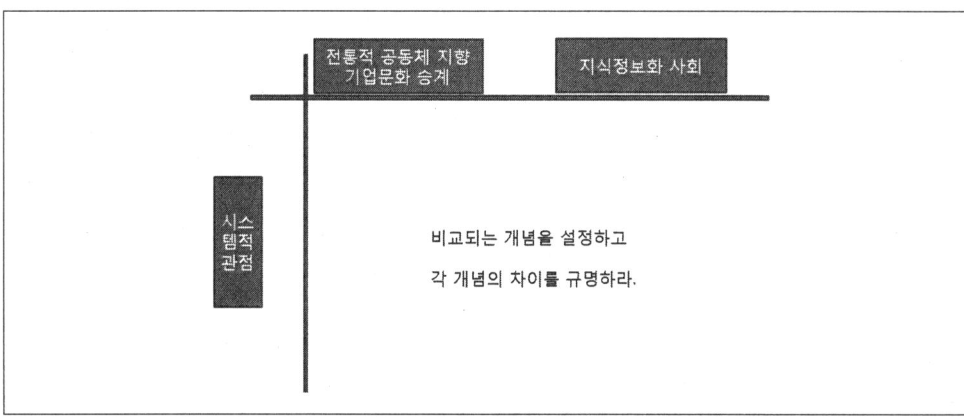


→ 대립되는 개념으로부터 문제 해법을 설계하라.

- 개념에 대한 설명은 정의를 이용하라.

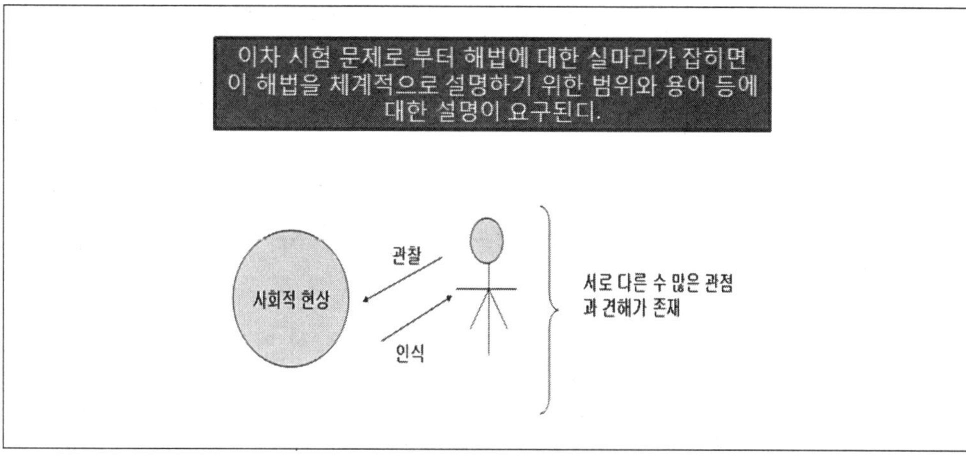
이차 시험 문제로 부터 해법에 대한 실마리가 잡히면
이 해법을 체계적으로 설명하기 위한 범위와 용어 등에
대한 설명이 요구된다.
관찰
사회적 현상
인식
서로 다른 수 많은 관점
과 견해가 존재

# 제6장

# 프레임웍과 구축 모델

2차시험을 위한 라이팅 모델(Model of Writing Papers)에서 경영학적 논술과 글쓰기는 어떻게 논술 혹은 기술 할 것인가에 대한 방법을 제공하는 것이다. 즉 논술이나 기술 등을 위한 글쓰기에서 중요한 것은 프레임웍 절차이다. 프레임웍(framework)이 필요한 것은 아이디어를 발전시키고 전개하기 위해서다. 아이디어 자체는 문제에 대한 해가 아니고 그를 발전시켜서 문제에 대한 해(solution)를 제시해야 한다.

프레임웍은 2차시험 답안지의 설계도면이다.

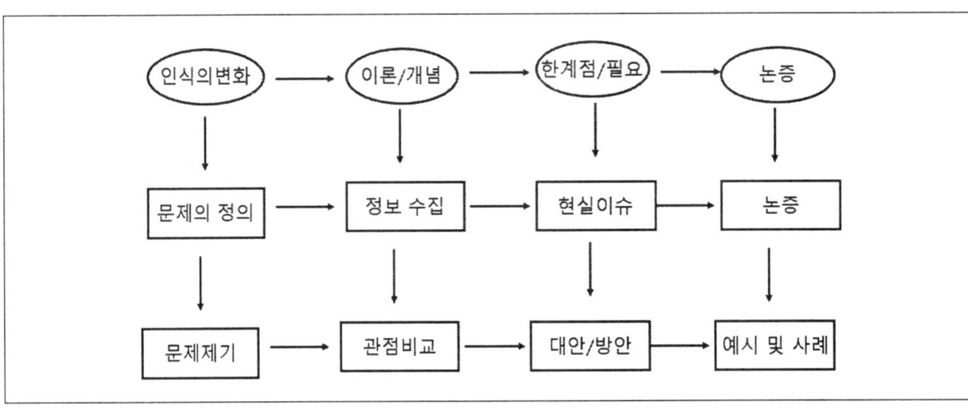


## 1. 라이팅 모델(Model of Writing Papers)의 프레임웍

- 논술문제로부터 문제 영역 탐색
- 문제영역에 대한 정의 및 의미를 제시하고 논점 제시
- 문제영역에 관점과 이론의 차이를 설명
- 관점과 이론으로 부터 문제영역 혹은 한계점을 통하여 아이디어 도출
- 아이디어로부터 자신의 주장은 반드시 문제에서 원하는 설계, 대안, 효과 등을 제기

• 자신의 주장은 반드시 문제에서 원하는 설계, 대안, 효과 등에 적합한 사례를 제시하거나 현실 사례로부터 근거를 제시하거나 혹은 논증을 통해 타당성 제기
• 마지막으로 결과 및 결론을 맺음

## 2. 프레임웍 구축모델 : Step by Step Writing and Problem-solving

경영학과목 출제된 문제에 들어있는 정보를 최대한 끌어내는 것이 가장 중요하다. 주어진 문제 유형에 따라서 설명, 논증, 그리고 설계 등의 방향인지를 확인한다. 그리고 주어진 문제와 관련된 다양한 이슈와 배경 등을 탐색한다. 다음에 설명, 논증, 그리고 설계에 따라서 아이디어를 도출한다. 도출된 아이디어로부터 적절한 문제의 해를 제시하고, 그 해를 검증 혹은 논증하는 과정을 추론한다, 이 후 관련 이론 등을 제시하고 전체적인 글의 내용과 구조를 구성한다.

step 1. 문제의 유형을 분석한다(설명, 논증, 그리고 설계 등).
2. 제시된 문제에서 정보를 최대한 추출한다.
3. 문제와 관련된 다양한 이슈와 배경 등을 탐색한다.
4. 설명, 논증, 그리고 설계에 따라서 아이디어를 도출한다.
5. 도출된 아이디어로부터 적절한 문제의 해를 제시한다.
6. 그 해를 검증 혹은 논증하는 과정을 추론한다.
7. 관련 이론 등을 제시하고 전체적인 글의 내용과 구조를 구성한다.
8. 서론 본론 결론의 각 구성요소를 결정하여 논증이나 검정을 작성한다.

출제된 문제를 분석하여 아이디어를 도출하고, 도출된 아이디어를 기초하여 전체적으로 어떤 방향으로 논증할 것인가에 대한 디자인을 통하여 구상과 설계가 이루어지면 프레임웍으로서 전체에 대한 구체적인 설계도면이 필요하다. 이 설계도면을 만들기 위한 방법으로 8가지의 단계를 제시한다.

step 1.
2.
3.
4. → 시리즈 I에서 논술 관점에서 방법을 제시
혹은
5.

→ 나머지 step 들은 시리즈 II에서 구체적으로 다루어질 것이다.

### step 1. 문제의 유형을 분석한다(설명, 논증, 그리고 설계 등).

출제된 문제가 논술형인지 약술형인지를 확인하고, 문제의 유형이 논하는 것인지 설계하는 것인지 혹은 설명하는 것인지를 확인한다.

### Step 2. 제시된 문제에서 정보를 최대한 추출한다.

문제에 제시되어 있는 정보를 최대한 추출한다. 출제된 문제에 나와 있는 관련 이론과 개념 및 현실 이슈 등을 탐색하는 단계이다.

### Step 3. 문제와 관련된 다양한 이슈와 배경 등을 탐색한다.

문제와 연관된 이슈와 배경을 기술함을 통하여 효율적인 관리 방안에 대한 방향과 제도 등에 대한 문제제기와 해를 도출할 수 있는 기본적인 아이디어가 구성된다. 이때 수험자들은 어떤아이디어를 도출 할 것인가에 대한 기본 준비를 염두에 두고 관련이슈와 배경 등을 탐색해야 한다. 수험자는 전체적인 문제의 해결방안 등 즉 해를 고려하여, 수험자 자신의 판단에 근거하여 다양한 이슈와 배경 등을 제시한다.

이슈와 배경 등을 적용하는 이유는 문제 해결을 위한 방향성과 문제가 확대되는 것을 방지하고 문제 전체의 논증에 대한 일관성을 부여하는 매우 중요한 역할을 제시한다. 즉 수많은 이슈 중에서 어떤 이슈를 선택할 것인지는 수험생이 판단해야 한다.

### Step 4. 설명, 논증, 그리고 설계에 따라서 아이디어를 도출한다.

이 단계에서는 어떤 아이디어를 도출할 것인가를 문제의 기본정보와 수험자가 제시하는 관련 이슈 및 배경을 연결하여 아이디어를 도출한다. 너무 넓은 범위에서 도출하지 말고 한 두가지 이슈나 배경 등에 그 초점을 맞추어라.

### Step 5. 도출된 아이디어로부터 적절한 문제의 해를 제시한다.

돌출된 아이디어를 좀 더 구체적으로 설명할 수 있게 변환시키는 과정이며, 전체적으로 어떻게 논증하거나 검증할 것인가를 분석한다.

### Step 6. 그 해를 검증 혹은 논증하는 과정을 추론한다.

아이디어를 구체적으로 구성하기 위한 과정을 이론 중심으로 제시할 것인가 사례 등을 중심으로 기술할 것인가를 결정한다.

### Step 7. 관련 이론 등을 제시하고 전체적인 글의 내용과 구조를 구성한다.

관련된 이론 등을 전체적으로 한 단계 더 적용할 내용 등을 기본정보를 확장하여 제시한다. 전체적인 방향과 과정 등을 기술하고 묘사하여 본다.

### Step 8. 서론 본론 결론의 각 구성요소를 결정하여 논증이나 검정을 작성한다.

전체적인 구성과 방향이 설정되었으면 서론, 본론, 결론의 구성 요소에 맞추어서 개별적인 내용 등을 개략적으로 작성한다. 모든 구성요소를 전체적으로 구성하는 것이 아니라 수험자가 문제의 출제 유형에 따라서 적절하게 구성 요소를 파악한다.

각각의 단계에 따라서 주어진 문제를 분석하고, 그 분석에 의해서 도출된 결과물은 다양한 도형과 기호 등을 사용하여 제시함으로써 이해하기 용이하게 구성하면서, 서론, 본론, 결론 등에 제시할 내용 등을 설계한다. 그리고 각각의 설계에 따라서 글쓰기 그리고 논술을 시작한다.

다음에서 예제 문제를 풀이 하였다.

## & 예제 문제 풀이

step 1～5까지 분석 단계를 적용하여 문제를 분석하여 연습지에 기록함

1. 기업환경변화와 맞물려 인적자원관리의 패러다임이 변화하는 과정에서 직무분석의 중요성이 증가하고 있는 데도 많은 기업들이 직무분석에 실패하고 있다. 이에 대한 최근의 새로운 직무분석경향과 인적자원관리의 활용방안에 대하여 논하시오.(50점)

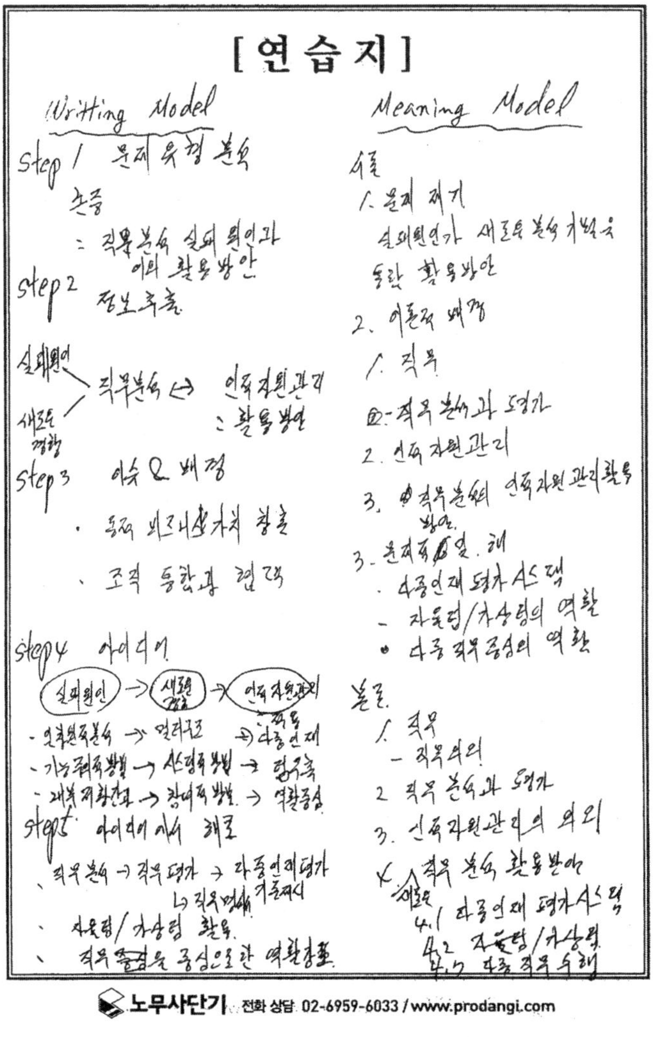
[연습지]

Writting Model

step 1 문제 유형 분석
논증
: 직무분석 실패 원인과 이의 활용 방안
step 2 정보 추출
실패원인 / 새로운 경향 — 직무분석 ↔ 인적자원관리 : 활용방안
step 3 이슈 & 배경
· 동적 비즈니스가치 창출
· 조직 통합과 협력
step 4 아이디어
실패원인 → 새로운 경향 → 인적자원관리
step 5 아이디어 체계화

Meaning Model

서론
1. 문제 제기
2. 이론적 배경
1. 직무
2. 직무 분석과 평가
2. 인적자원관리
3. 직무분석의 인적자원관리 활용 방안
3. 문제점 및 해
· 다중인재 평가 시스템
· 자율형/자생형의 역할
· 다중 직무 중심의 역할
본론
1. 직무
- 직무의의
2. 직무 분석과 평가
3. 인적자원관리의 의의
4. 직무 분석 활용방안
4.1 다중인재 평가시스템
4.2 자율형/자생형
4.3 다중 직무 수행

노무사단기 전화 상담 02-6959-6033 / www.prodangi.com

# 제2부 불확실성 시대에서의 인적자원관리

# 제1장

# 인적자원관리의 개념

## 제1절 인적자원관리의 개념

- 기업의 경쟁력확보를 위해 사람관리가 중요해지면서 기업의 인사부서의 역할과 기능에 많은 변화가 오고 있음
- 인적자원관리는 기업의 성공과 실패를 좌우하는 중요한 척도

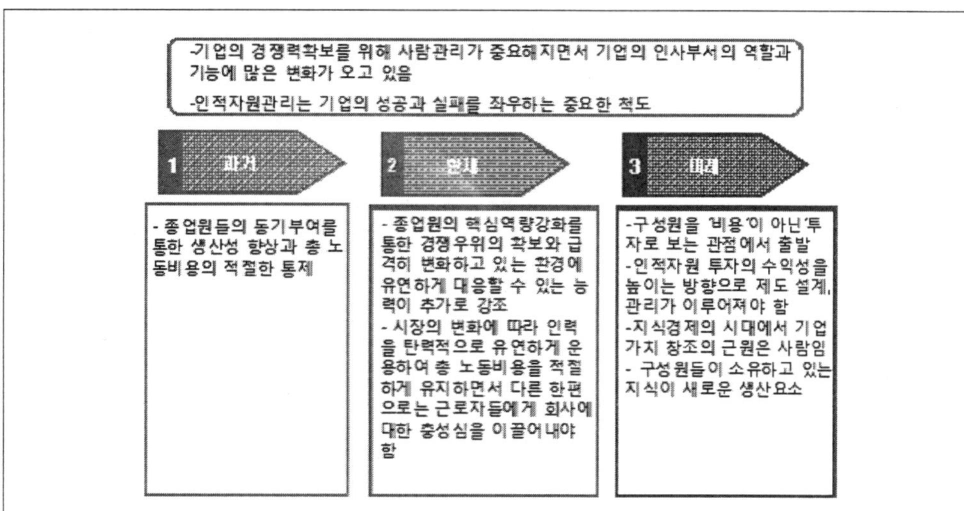


기업의 경영 자원은 유형 자원(인적 자원, 물적 자원 등), 무형자원(정보, 노하우, 지식 등)으로 크게 구분할 수 있다. 유형 자원으로서 인적자원은 반복적이고 규칙적인 업무를 수행하는 종업원, 중간 관리자, 최고경영자 등으로 구분되고, 또한 전체 기업 구성원으로서의 인력은 개별 구성원들인 인재들에게 내재되어 있는 경험, 지식, 노하우와 같은 무형자원의 특징 등 양면적인 특성을 갖고 있다. 특히 무형자원[1)]을 창출하는데 있어서 인적자원은 매우 중요한 전략적 혁신적 미래적 가치를 가진다.

1) 무형자원의 핵심요소는 정보, 지식, 노하우(know-how)이고 이를 통제할 수 있는 능력이 중요하며, 지식경영 및 정보자원과 연관되어 있다.

물적 자원인 설비나 기구, 건물에 대한 투자 등도 중요하지만, 투자 중에서 인적자원에 대한 투자가 중요시되고 있고, 이런 투자는 기업생산성과 이익을 달성하는 데 중요한 역할을 수행하고 있다. 조직 구성원인 인적자원으로부터 이윤창출, 신제품생산 등을 통하여 기업 전략적 우위라는 목표가 달성될 수 있다. 그러므로 인적자원을 단순히 인건비가 지불되는 비용으로 간주하는 '역사적 원가주의(historical cost)적 시각'으로부터 기계화, 자동화, 각종혁신을 통해 단기적인 인건비를 줄이고자 하는 방법 등과 더불어 무형의 자원인 지식, 정보, 노하우 등을 창출하고 소유하고 있는 자원으로의 시각 변화는 인적자원요소의 잠재적 가능성의 개발을 통하여 경쟁력을 확보할 수 있는 전략적 중요성 등이 더욱 더 강조되고 있다. 현대의 기업은 미래의 불확성이 높은 경영환경에 처해 있고 이러한 환경으로부터 기업이 지속가능한 성장을 구현하기 위해서는 인적자원에 내재되어 있는 무형자산인 경험, 지식, 노하우 등의 가치가 창출과 증대는 시대적인 요청이며, 이런 무형 자산의 가치 특성을 가지고 있는 인적 자원의 가치는 더욱 더 증대되고 있다.

| 전통적 인사관리 | | 현대적 인적자원관리 |
|---|---|---|
| 일상적, 운영적(routine, operational) | ⟶ | 장기적, 전략적(long-term, strategic) |
| 통제적(policing) | ⟶ | 동반자적(partnering) |
| 행정적(administrative) | ⟶ | 컨설팅(consulting) |
| 기능중심적(functionally oriented) | ⟶ | 성과중심적(performance-oriented) |
| 내향적(inward-looking) | ⟶ | 외향적(outward-looking), 고객중심적 |
| 반응적(reactive) | ⟶ | 선제적(proactive) |
| 활동중심적(activity-focused) | ⟶ | 문제해결지향적(solution-focused) |

1) 이학종/양혁승, 전략적 인적자원관리(박영사), p12~17

** 인적자원(human resources) : 종업원의 능력·지식·기술·태도·동기 등 기업의 종업원에 관련된 모든 유용한 자원

** 인적자원관리(human resources management) : 기업의 인적자원을 관리하는 기능으로서, 구체적으로는 기업경영에 필요한 모든 인적자원을 확보·개발·보상·유지하기 위한 일련의 과정과 활동을 의미한다.

** 전략적 인적자원관리(strategic human resources management) : 기업의 인적자원관리 활동은 반드시 기업의 경영전략에 따라서 체계적으로 이루어져야 한다는 점을 강조한다. 그렇게 해야만 기업이 시장에서 경쟁우위를 차지할 수 있고 기업목표를 원활히 달성할 수 있다.

** 인적자원관리는 인사관리(personnel management)와 사실상 큰 차이가 없다. 그럼에도 불구하고, 인적자원관리를 주요 용어로 채택한 데에는 다음과 같은 중요성이 있기 때문이다.

첫째, 인적자원관리가 비교적 새로운 개념으로서 최근에 거의 일반적으로 사용되고 있다.

둘째, 전략적 인적자원관리는 전통적 인사관리의 연구영역을 넘어서 새로운 영역을 개척하며, 기존의 인사관리활동에 대해 새로운 의미와 방법으로 접근한다.

셋째, 인적자원관리의 '자원'이란 개념은 인적자원이 일종의 비용에 대한 대가로서 효과적인 관리가 필요함을 표현할 뿐만 아니라, 일종의 투자대상으로서 합리적인 회수가 요구된다는 점이 강조되기도 하는 등 복합적인 의미를 지니고 있다.

넷째, 인적자원관리는 비교적 동태적이고 적극적인 의미가 엿보이는 개념으로서 이 책에서 중요하게 다루고 있는 인적자원의 전략적 관리, 즉 인적자원관리의 환경적합성·통합성·기동성·변화지향성 등의 신념과 일치한다.

## 1. 인적자원관리(Human resource management) 란

### (1) 인적자원관리(Human resource management)의 정의

조직 내 구성원들로 하여금 기업 내적인 효율성의 증대와 불확실이 증대하는 외부 환경변화에 능동적으로 대응하고 반응하면서 전사적인 기업조직 목표 달성에 이바지하고, 기업조직의 지속적인 발전과 조직 구성원 각자의 목표 달성과 만족 및 발전을 동시에 달성케 하는 경영 전략이며, 이를 실현하는 관리, 제도 및 기술의 전체적인 시스템이다.

* 인적자원관리의 기본적인 의미

- 기업의 경쟁우위[2] 확보, 유지의 원천으로서의 인적자원에 대한 관심 증대
- 목표를 달성하기 위해 조직이 필요로 하는 인력을 조달하고 유지개발 활용하는 계획적이고 조직적인 관리활동의 체계

2) 경쟁우위는 다른 기업보다 상대적 혹은 절대적으로 월등하게 경쟁능력이 우위에 있는 것을 말한다. 특히 경쟁(능)력은 지식과 정보 자산 때문에 생기고, 또는 다른 기업들이 접근 할 수 없는 특수한 자원에 접근할 수 있거나 이미 보유한 자원들을 더 효율적으로 사용할 수 있는 경우에 생기며, 수익 성장, 수익성, 생산성 향상, 측면에서 월등하여 장기적으로 경쟁 기업들에 비해 높은 기업 가치로 나타난다.

- 조직목표달성에 필요한 종업원을 선발하고 육성, 그들이 조직을 위해서 자발적으로 최선을 다해 일하도록 만드는 것
- 사람이 조직에 들어오면서부터 퇴직할 때까지 조직에서 발생하는 사람과 관련된 모든 의사결정

전통적 인적자원관리에서는 인력의 모집, 선발, 평가, 개발, 보상, 유지, 노사관계와 관련된 제반 의사결정 및 활동에 관심을 가지고, 최근 즉 현대적인 인적자원관리는 경쟁력 확보 차원에서 전사적인 기업 전략과 인적자원관리의 통합이 강조되는 전략적 인적자원관리에 대한 관심이 증대되고 있다.

### (2) 인적자원관리의 성격

기업에서 인적자원관리의 핵심적인 주체이며 대상은 사람 즉 인간이며, 인간 상호작용에 의해서 기업의 목표 달성과 혁신 등의 새로운 가치가 창출된다.

- 인적자원관리의 대상이 인간임
- 인적자원관리의 주체 역시 인간임
- 주체와 객체가 인간이므로 인적자원관리는 인간상호작용의 관계에 관심을 기울이게 됨
- 인적자원관리의 실행은 자발성과 자율성이 강조되는 활동
- 인적자원관리는 현재의 상황을 다양한 조작활동을 통해 조직의 목적에 부합되는 제도를 만들고 운영해나가는 것을 주요특성으로 함

### (3) 인적자원관리의 중요성

인재상의 시대별 변화

**1960~70년대 수출입국이 강조 시대**

→ 강한 책임감, 근면 / 책임, 지구력과 끈기, 인화단결, 원만한 동료애 기반의 인간관계

**1980년대 고도 성장에 기반한 경제성장과 노조활동 변화**

→ 협동 및 팀웍, 투철한 사명의식과 책임관, 직업의식, 집단 중의

**1990년대 능력주의(직급 파괴 및 연봉제)의 시대 도래**

→ 도전정신, 창의성, 전문성, 글로벌화, 능력 중심

> **20000년대 불확실성 시대와 우수 / 핵심 인재**
> → 환경대응능력, 정보 수집 및 분석 능력, 변화관리능력, 기업가 정신, 투명성과 신뢰, 열정 유연성. 상식 밖의 창조적인 글로벌 인재

- 기업이 어떤 방향으로 인적지원을 관리하는기는 각 종업원들의 개인적인 인생의 목적 실현에도 중요한 의미를 가지게 됨
- 기업이나 조직의 입장에서 인적자원관리활동은 조직의 존속과 발전에 기여하는 바가 큰 활동
- 기업이 인적자원관리를 잘 함으로써 기업의 성과를 높일 수 있다면 기업은 고객에게 양질의 재화나 서비스를 보다 유리한 조건으로 제공하게 됨으로써 궁극적으로 전체 사회의 복지를 향상시킴
- 사회정의실현을 위한 균형 잡힌 가치창조의 방향을 추진해 나가는데 영향을 미치게 됨

## 2. 인적자원관리의 목표

** 전통적 인적자원관리 : 기업에서 업무적 지원의 역할에 편중하여 왔다. 따라서 과거에는 인적자원관리의 목표가 종업원을 충분히 확보하고, 부지런하게 근무하도록 하며, 인력손실이 많지 않게 하며, 종업원을 단순히 만족시키는 데에 중점을 두었다.

** 현대적 인적자원관리 : 기업의 경영전략과 접목됨으로써 기업의 경영목표가 곧 인적자원관리의 목표가 되고 있다.

### (1) 종업원의 확보와 유지

** 인적자원관리의 중요한 역할의 하나는 기업에 필요한 인적자원을 확보하여 과업을 성공적으로 완수하는 일이다.

#### 1) 적합한 인재의 확보

** 인적자원관리의 성과에 관한 가장 기본적인 지표의 하나는 조직의 직위에 결원이 발생하면 적시에 적합한 사람으로 그 빈자리를 채울 수 있는가 하는 것이다.

** 또한 조직의 모든 직위 상에 항상 결원이 발생하지 않는다고 하더라도 자리를 차지하고 있는 사람들이 해당 직무를 수행하기에 적합한 인재인지도 자세히 살펴보아야 한다.

2) 종업원 결근문제의 해결

** 기업에서 종업원의 결근이 많아지면 업무에 지장을 가져올 뿐만 아니라 집단의 사기에도 부정적인 영향을 미치게 되어 결국 기업 전체의 생산성이 저하된다.

** 결근의 원인은 아래의 [그림]에서 보는 바와 같이 일반적으로 동기적 원인(motivation)과 선택(choice)으로 분류할 수 있다.

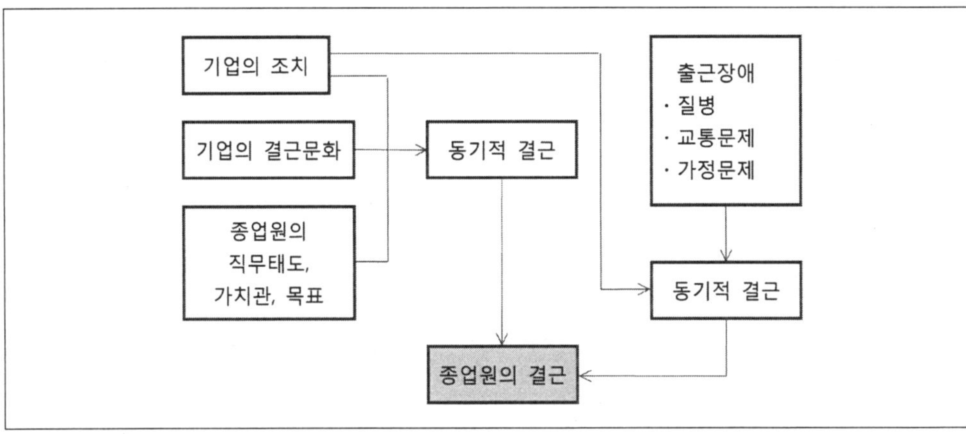


[그림] 결근의 원인, 참조 : 「현대 인적자원관리」(박영배, 2014), 청람

3) 종업원 이직문제의 해결

** 이직(separation)은 종업원이 어떤 이유 때문에 회사를 떠나는 것을 말한다.

** 기업에서는 우선적으로 좋은 인력을 확보하는 일이 중요한 것처럼, 회사를 떠나는 종업원에 대해서도 관심을 가져야 한다는 것은 기업에서 필요로 하는 인적자원을 적절히 유지하는 측면에서 매우 바람직하기 때문이다.

### (2) 종업원 직무만족의 제고

** 직무만족과 관련하여 기업에서는 특히 다음과 같은 점에 주의를 기울여야 한다.

첫째, 직무만족은 개인차가 크다는 점이다.

둘째, 직무만족의 정도는 개인이 가지고 있는 이상과 실제로 경험하는 현실 사이의 차이로 나타난다.

셋째, 직무만족의 결과에 대해 과장하는 경향이 있다. 기업에서 직무만족이 중요한 이유는 이것이 직무성과의 향상과 관계가 있는 종업원의 행동, 즉 직무협조, 결근률, 이직률, 상호협력, 기업조치의 이행 등과 밀접히 연관되어 있기 때문이다.

#### (3) 기업 경쟁우위의 확보

** 기업이 시장에서 경쟁우위를 확보하려면 경쟁에 필요한 인력·기술력·재력 등과 함께 전략적 지원이 이루어져야 한다. 기업의 경쟁우위는 경쟁전략에 따라 달라지며, 경쟁전략은 인적자원의 전문적 능력과 노력이 없이는 성공적으로 추진될 수 없는 것이다.

#### (4) 기업 경영효율성의 증대

** 인적자원관리의 또 하나 중요한 목표는 기업이 보다 효율적으로 자원을 사용할 수 있도록 지원하는 것이다. 직무설계, 종업원의 선발과 배치, 종업원의 교육과 훈련 등과 같은 인적자원관리의 업무는 기업의 경영효율성에 직접적으로 영향을 미친다.

#### (5) 기업 이미지의 개선

** 좋은 기업이미지를 창출하고 개선하기 위해서는 많은 시간과 노력이 필요하다. 그리고 기업이미지는 종업원이 지속적으로 사람과 일을 어떻게 대하고 처리하는가에 따라 달라지는데, 인적자원관리가 종업원의 이와 같은 태도와 행동을 조성하고 변화시키는 데 매우 중요한 기능으로 작용한다.

## 제2절 인적자원관리의 전개과정

### 1. 기계론적 접근방법(생산성 강조시대)

- 노동도 자본이나 토지와 같이 가능한 한 싸게 획득하는 생산의 한 요소
- 종업원행동은 완전히 예측할 수 있고 통제 가능
- 인적자원관리활동에 간섭을 해올지 모르는 정부와 노동조합 등의 외부 세력과 기업을 차단시킬 필요가 있음

### 2. 가부장적 접근방법(인간성 강조시대)

- 기계론적 접근방법은 능률향상이란 측면에서 기업에 긍정적인 효과를 가져왔지만 노사분규가 급증하고 노동조합 숫자가 크게 증가하는 현상이 빈번해지면서 종업원의 사기를 높이며 노조를 위축

- 경영자가 일방적 의사를 통해 종업원들의 충성심을 사는 형태의 인적자원관리 활동인 가부장적 접근방법 대두
- 관리목표를 감정의 논리를 중심으로 한 개인적인 만족의 증대에 두고 인센티브와 교화 등의 수단을 사용

## 3. 개방체계적 접근방법(생산성과 인간성의 동시추구시대 : 현대 인적자원관리

- 인적자원관리문제는 다양하며 때로는 갈등적인 세력관계를 포함하는 복잡한 구조를 갖는 체계라는 인식에 기초
- 조직 또는 기업을 외부확장체계로 불려질 수 있는 복잡한 환경과 상호작용을 하는 개방체계로 인식
- 기업내부의 변환과정에는 기업고유의 다양한 활동들이 포함되고 이중 기업 활동의 한 부분 즉 하위시스템으로서 기업성과향상이라는 목표를 달성하고자 하는 인적자원관리활동이 존재

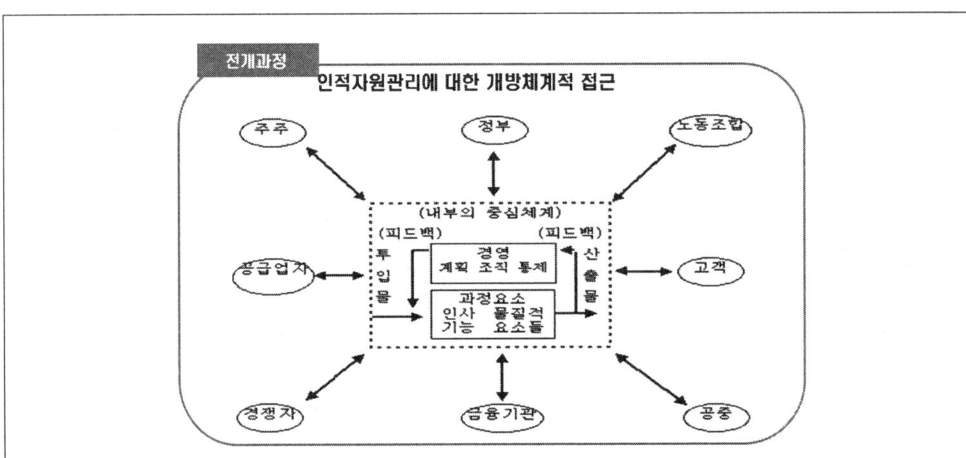


자료: 김석현, 인사관리론, 무역경영사, 1999

## 4. 최근의 추세

### (1) 최근 추세의 배경

다양한 형태의 시장에서 경쟁이 치열해지면서 인적자원의 관리가 기업의 경쟁우위 확보의 핵심적인 역할을 수행한다는 인식 변화

정보기술이 발전하면서 그 결과가 기업에 도입되면서 조직재구축과 인원감축 등 조직구조 변화와 함께 종래의 수직적 통제에서 자율적 관리로의 전환

개인주의적 가치가 확산되면서 다양한 개별적 관리의 필요성이 증가

- 1970년대 말을 기점으로 인적자원관리의 전략적 중요성이 증가하면서 인적자원관리에 대한 전략적 접근이 부각
- 기본논리 : 외부환경의 변화에 대한 내부 적응능력향상을 통한 성과의 향상

| 항 목 | 전통적인적자원관리 | 현대적인적자원관리 |
|---|---|---|
| 초 점(1) | 관리적 | 전략적 |
| 초 점(2) | 생산중심 | 서비스중심 |
| 행 동 | 반응적 | 선도적 |
| 기업사명과의 관계 | 분리되고 격리된 상태 | 주요한 부분을 차지 |
| 조 직 | 권한의 수직라인을 지닌 조직 | 과정중심 조직<br>· 수평적 책임의 제네럴리스트<br>· 스페셜리스트의 기업 팀 |
| 인간을 보는 관점 | 비용으로서의 인간 | 투자로서의 인간 |

# 제3절 성과주의 인적자원관리 접근법[3)]

## 1. 성과주의 인적자원관리의 개념

현대 경영에 있어서 경쟁무기이며 핵심 역량은 사람 즉 인재이다. 특히 인재에게 내재되어 있는 무형의 자원인 노하우, 지식, 경험은 누구도 쉽게 모방할 수 없는 핵심적인 자원이다. 이런 무형자원은 기업에게 경쟁우위를 달성할 수 있는 경쟁무기이며 다른 조직이나 기업이 쉽게 모방할 수 없는 자원이므로 이런 인재를 양성하고 관리하는 것은 기업의 성과달성에 핵심적인 요소이다.

"획일화된 경영, 획일화된 인재상을 버리고 다양하고도 유연한 경영, 다양한 인재 양성에 주력해야 한다."〔허드슨 연구소(미국), 근로인력 2000(workforce 2000)프로젝트 보고서〕

IMF여파로 인한 세계적 흐름인 성과주의의 지향, 극심한 경쟁으로 인한 생존의 위협 속에서 인적자원의 성과지향이란 동기부여를 통해, 경쟁력 있는 인재확보와 이직방지, 정보기술(IT: Information technology) 및 스마트기기(Smart Devices)등의 첨단 기술발달로 인해 환경변화는 동적으로 변화되고 있고, 이에 대응하기 위해서는 과감한 경영활동을 통한 성과달성이 더욱 더 중요하게 인식되었다.

## 2. 성과주의 개념

정형화되고 표준화된 작업공정과 사전에 정의된 제품을 생산하는 전통적인 기업에서는 정형화된 업무절차를 수행하는 숙련된 사람들이 중요하다면, 환경이 불확실하고 예측하기 어려운 현대에서는 혁신적인 변화와 환경변화에 능동적인 인재가 중요하다. '연공서열 위주의 인사가 아닌 능력과 성과에 의해 평가하고 이를 근거로 급여지급, 능력개발 등이 이루어지는 과거 연공주의에 비교되는 인사관리 흐름' 이다.

성과주의 인적자원관리의 특성은 다음과 같다.

개인들의 다양한 능력을 조직의 목표에 부합시키고, 이를 다시 개인의 능력을 발전시키는 순화적인 구조이며 사람들의 능력을 극대화시킬 수 있는 것이 성과주의 인적자원관리이다.

---

3) 김염재 · 김성국 · 김강국, 인적자원관리, 삼영사, 2006

① 개인화 및 환경변화에 대응하기 위함에 유연한 경영
② 21세기에 조직이 필요로 하는 다양하고 우수한 인재를 확보, 양성하는 데 적합
③ 개인 및 조직의 가치를 높이는데 기여
④ 개인의 개성, 창의력, 잠재력, 고용가능성을 높임

## 3. 성과주의 인적자원관리의 지향

동적으로 변화되는 환경에 대응하기 위해서는 무형의 자원을 창출하고 관리할 수 있는 인재는 능력 중심의 평가와 이를 뒷받침해줄 수 있는 다양한 제도적인 보완 없이는 확보하고 유지하는 것은 더욱 더 어려울 것이다. 아래의 [표]에서 연공주의와 성과주의 기본적인 특징의 차이를 설명하였다.

| 구 분 | 연공주의 | 성과주의 |
|---|---|---|
| 확보관리 | 학력, 남성위주, 정시모집, 신입사원위주, 인사부서중심채용 | 자격이나 직무, 수시채용의 활성화, 경력사원중심, 현장부서 및 직무 중심으로 우수인력확보 |
| 경력관리 | 과나 부서위주의 집단 및 제너럴리스트(generalist) 중심의 경력개발 | 개인적이며 맞춤식 경력개발로 스페셜리스트(specialist) 중심의 경력개발 |
| 급여관리 | 나이, 성별, 직위별에 따른 연공급 중심 | 직무수행능력과 성과에 따른 직무급, 능력급, 연봉제 등의 인센티브제도 지향 |
| 인사고과 | 상, 벌 중심의 감점주의 | 현재수준파악을 통한 능력개발에 초점을 두는 가점주의 |
| 교육 및 훈련 | 일괄적이고 집단적 교육훈련 | 우수인재와 지식근로자의 양성을 위한 방편과 개개의 능력에 맞는 맞춤식 훈련(training) |
| 복리후생 | 일괄된 복리후생 | 동기부여를 강조하는 카페테리아 등의 복리후생 |
| 업무형태 | 풀타임, 정규직 중심의 형태 | 시간제, 파견근로자, 외주를 통해 생산성과 비용편익의 이점을 이용 또는 유연근무제 |
| 국제화 | 자국중심인력 운용 | 글로벌화된 인적자원의 내외국인 구분이 없음 |
| 정보화 인력 | IT활용능력은 일부에 제한적 | IT활용능력 및 정보 수집 / 분석 등이 개인의 능력일 정도로 큰 비중차지 |

## 4. 성과관리의 과정

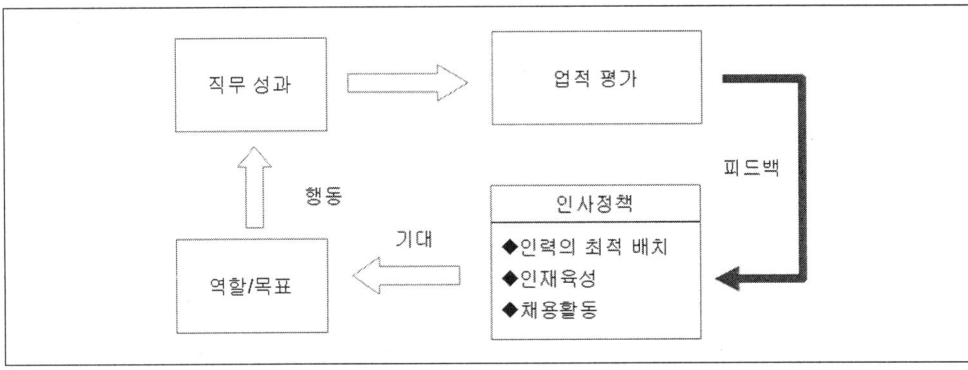


다양한 인사정책을 통하여 종업원에게 역할과 목표를 설정하고, 이를 통해 수행된 직무의 성과를 측정하여 전체적인 업적평가가 이루어지고, 이 업적평가는 인사정책에 반영된다.

# 제2장

# 불확실성시대와 전략적 인적자원관리

## 제1절 경영전략과 조직구조 및 인적자원관리

### 1. 경영전략과 인적자원관리

(1) 현대 기업에서는 인적자원관리가 조직의 성과요인이며, 더욱이 기업의 경쟁우위의 요소이므로 인적자원의 효율적이며 전략적인 관리가 요구된다.

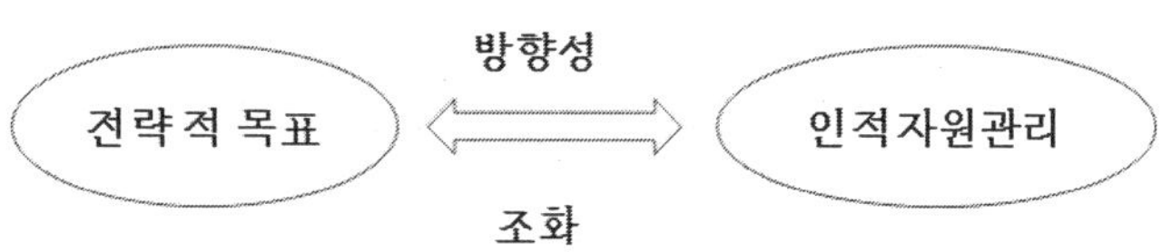


(2) 인적자원관리는 조직경영의 한 대상으로서 기업의 경영전략[4], 환경, 및 조직 구조와 연관되어 있으며 조직의 목표달성에 중요한 역할을 수행한다.

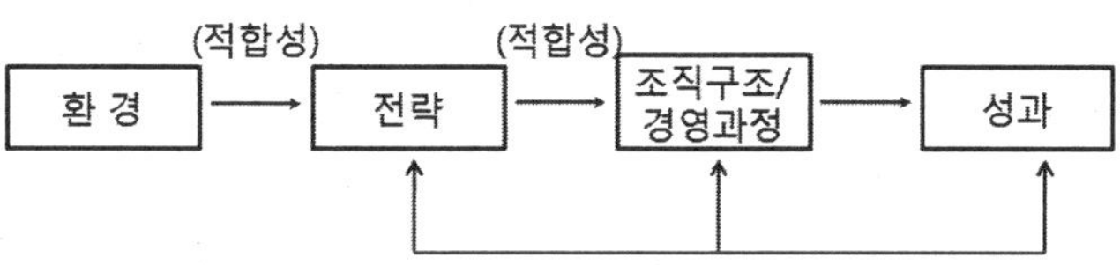


환경, 전략. 조직구조 / 경영과정 및 성과(첸들러 모형)

4) 경영전략은 환경이 요구하는 기업내의 필수적인 변화를 촉진시킬 뿐만 아니라 기업내 모든 구성원들의 협동 그리고 기업이 나아가야할 방향 및 기업의 목적을 제공하면서 기업의 목적을 제공하면서 기업의 모든 중요한 활동들을 포함하는 다차원적 개념

(3) 인적자원관리가 조직성과와 경쟁우위를 달성하려면 조직의 전략형성과정에 인적자원요소들이 고려되어야하고, 전략수행과정에서 조직의 전략목적이 인적자원관리에 직접 반영되어 인적자원관리가 전략경영과 연계되어 전개되어야 한다.

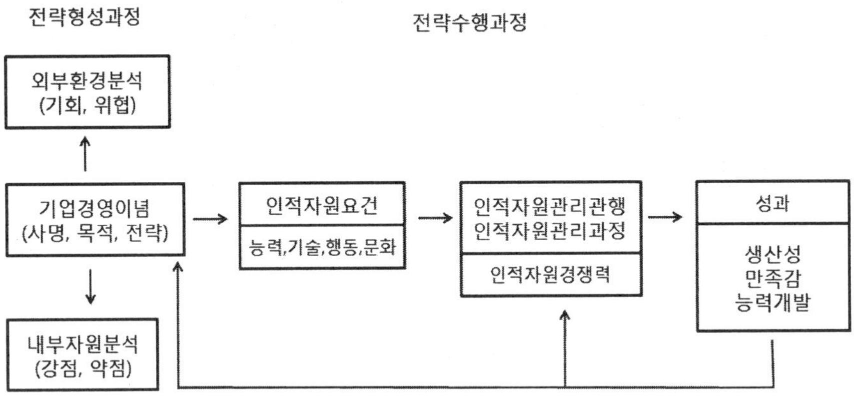


전력경영과정(출처 : 이학종 · 양혁승, 전략적 인적자원관리, 전영사, 2005)

(3) 인적자원관리와 전략경영과의 통합은 가치중심적 인적자원관리를 전제로 한다. 또한 인적자원요건과 인적자원 경쟁력과의 통합적인 관계를 중시한다. 기업의 전사적인 전략과 부합된 인적자원관리는 현대경영에서 중요하다.

## 2. 경영전략과 조직구조

(1) 전략적 인적자원관리의 가장 중요한 기능의 하나는 기업 전사 목적을 달성하는데 필요한 인적자원을 확보하는 것이다.

(2) 조직에서 요구되는 인적자원은 고정되어 있지 않고 조직의 상황에 따라 변화되고, 영향을 받는다.

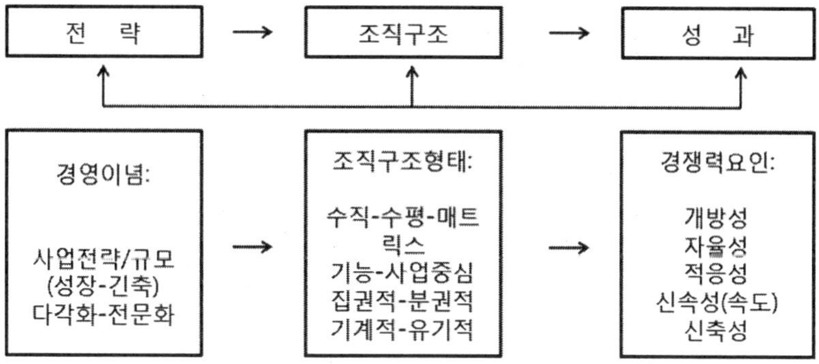


전략 · 조직구조 성과의 관계(출처: 이학종 · 양혁승, 전략적 인적자원관리, 전영사, 2005)

# 3. 전략적 인적자원계획 및 관리

(1) 전략적 인적자원계획(strategic human resource planning)은 조직의 목적(혹은 전략)을 달성하는 데 필요한 인적자원을 적시에 확보하기 위한 인적자원관리 과정이다.

(2) 기업은 조직에서 요구되는 인력의 자질과 수요를 내부의 기존인력이나 외부 인력으로 충당하고, 불필요한 인력은 통제나 조정함으로서 인적자원을 관리한다.

(3) 인적자원계획은 외부 인력 고용을 위해 모집과 선발, 내부인력의 장·단기 훈련 / 개발, 스잇 / 배치, 및 해임 / 조정, 및 조직계획과 조직구조설계 등 필요인력 확보와 조달에 관련되 인적자원관리 기능의 총합이다.

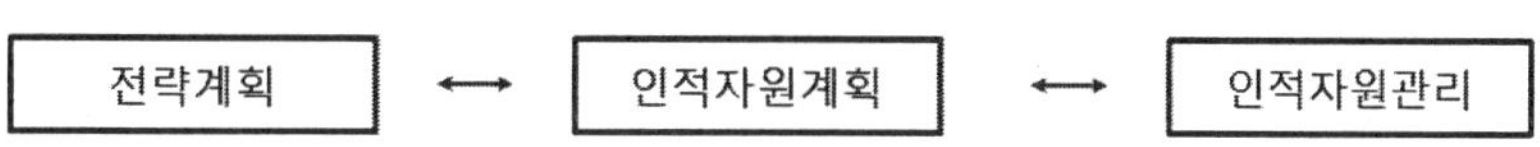


(4) 인적 자원은 조직이 필요로 할 때 즉각적으로 대처하기는 어려운 점이 있다.

(5) 필요한 인적자원을 확보하려면 전력계획과 연계 하에서 조직의 인력수요를 예측하여 장기적인 목표 하에서 인력을 개발하고, 수요 인력에 따라 외부 인력을 장기적으로 충원하는 체계적이고 지속적인 관리 과정이 필요하다.

# 제2절 인적자원관리의 관점

인적자원관리의 인사관리(PM : Personnel Management)에서 인적자원관리(HRM : Human Resources Management)로 발전하였고, 최근에는 전략적 인적자원관리(SHRM : Strategic Human Resource Management)로 발전하였다. 또한 정보기술과 결합한 e-HRM의 중요성이 강조되고 있다.

## 1. 인사관리(PM : Personnel Management)

(1) 산업혁명 이후 생산공장이 세계 도처에 등장하면서 이를 어떻게 효율적으로 관리하느냐가 기업의 주요관심사 이므로 이를 관리하기 위해서는 통제의 강화와 기능의 전문화를 가져왔다. 이 시대에 종업원에 대한 관리가 인사관리이다.

(2) 인사관리(PM)란 인적자원이 단순한 노동력의 의미만을 가지는 인력을 조달하여 이를 효율적으로 관리하고 통제하는 것을 기본으로 하며, 개별적 인사기능의 강화, 체계, 인사전문화 등을 강조하던 패러다임이다.

(3) 인적자원에 대한 중요성을 크게 인식하지 못하였고, 인적자원의 부분 간 통합된 시스템의 관점에서 바라보지 못하여 각 기능 간 연계가 미흡했다.

## 2. 인적자원관리(HRM : Human Resources Management)

(1) 기업 내 / 외부 환경변의 속도가 빠르게 대응하고, 내적인 효율성과 정확성이 더욱더 중요해짐에 따라 각각 독립적으로 운영되던 개별적인 인사기능들을 하나의 유기적 시스템으로 통합관리 및 운영하여 전사 목표 달성을 위한 시너지효과를 높이고자 발전하였다.

(2) 인적자원관리란 조직의 구성원들이 내 / 외부 환경변화에 능동적으로 대응하면서 조직의 목적달성에 적극적으로 기여하게 하여 조직의 발전과 함께 개인의 목표달성과 발전을 동시에 달성케 하는 개념이며 이를 실현하기 위한 관리방법, 제도 및 기술의 체계이다.

(3) 인사부서의 활동이 전사적인 다른 부서와의 상호간의 활동은 활발했으나 인사부서가 기업의 전략부서와의 긴밀한 협조가 필요함에도 불구하고 별개의 독립적 활동과 기능을 하는 차원에만 머물렀다.

★ 인사관리(PM) vs. 인적자원관리(HRM)

| 차 원 | 인사관리 | 인적자원관리 |
|---|---|---|
| 인력관리업무 | 통제, 지시명령, 타율,<br>정형화된 업무 | 육성, 몰입, 자율,<br>비정형화된 업무 |
| 핵심관계 및<br>의사결정 속도 | 노동자 - 관리자<br>느림 | 고객<br>빠름 / 실시간 |
| 핵심 관리자와<br>의사소통 | 인사, 노사 전문가<br>간접적 | 총괄 / 사업 / 라인 관리자<br>직접적 |
| 임금, 노무관리,<br>직무분류 및 등급,<br>의사소통 및<br>훈련 및 개발 | 직무평가<br>단체협약에 의한 계약 많음<br>통제된 흐름<br>과정들에 대한 통제된 훈련개발<br>수동적대응 | 성과와 관련됨<br>개인 지향적 계약 적음<br>증대된 흐름<br>학습하는 회사<br>유연성 / 대응성 / 반응성 |

## 3. 전략적 인적자원관리(SHRM : Strategic Human Resource Management)

1980년대는 세계화 및 글로벌화의 추진은 기업의 경쟁 환경이 무한경쟁의 시대로 돌입하였고, 이로 인해 기업의 경쟁우위확보를 위한 우수인재 확보 및 개발에 대한 관심이 증대되었다. 이는 인사부서가 기업의 전략과 목표를 수립하고 집행하는데 중요한 역할을 담당하도록 하는 계기를 형성했다.

전략적 인적자원관리(SHRM : Strategic Human Resource Management)란 성장전략이나 경쟁전략의 형성 및 집행과정에 인사전략을 통합시킴으로써 인사전략의 일관된 방향성을 설정하는 것으로 인적자원의 부가가치를 최대한 이끌어 내어 기업의 전략적 목표를 이루는 것이다.

# 기존의 인사관리나 인적자원관리와의 차이점
-경영환경과의 적합성을 지녀야 하며
-기업전략과의 일관성 확보하여야 하고
-제반 인사제도와의 유기적 관계를 유지해야 한다.

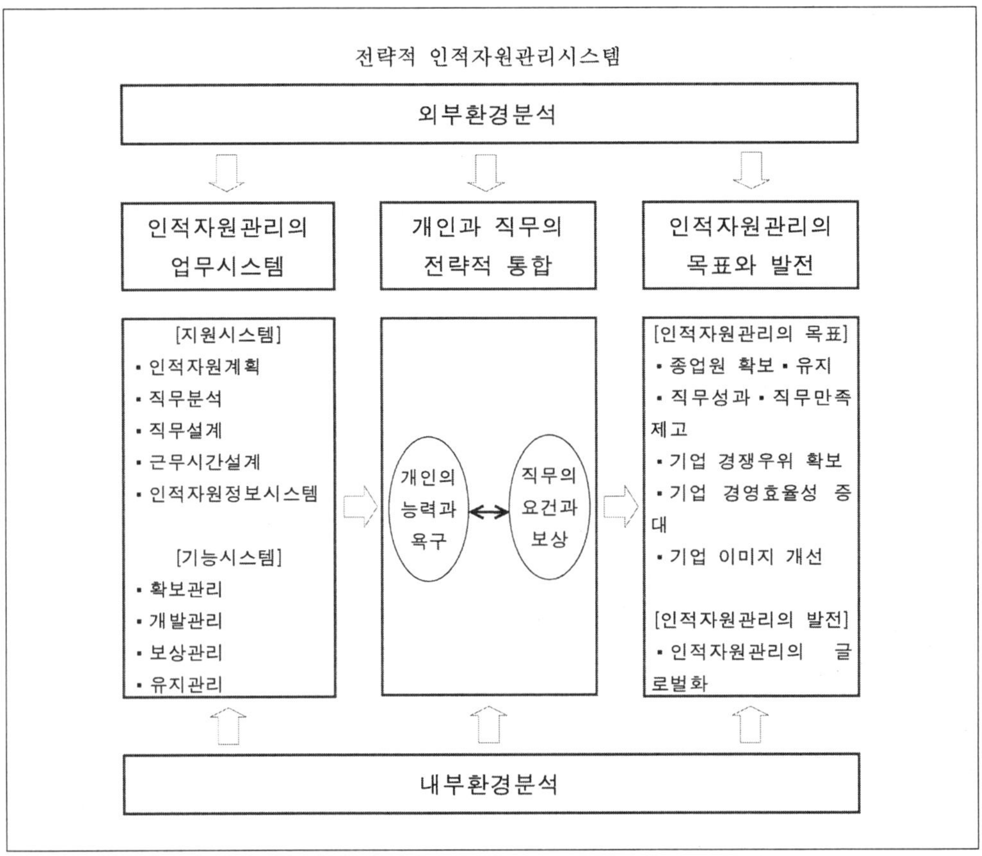


참조 : 「현대 인적자원관리」 박영배(2014), 청람

위의 [그림]은 기업이 인적자원관리를 실무적·체계적으로 응용하고 학습하는 데 도움이 되도록 설계한 '전략적 인적자원관리시스템'의 모형을 나타낸다.

** 전략적 인적자원관리시스템은 환경분석시스템에서 기업의 외부환경과 내부환경을 분석하는 일에서부터 시작된다. 그런 다음에는 지원시스템을 통해 기능시스템에서 이루어지는 다양한 업무를 준비하고 지원한다.

### (1) 경쟁우위와 인적자원관리

외부 환경변화가 예측할 수 없고 동적인 환경에서 인적자원은 경쟁우위를 획득할 수 있는 주중요한 자원이다. 경쟁우위를 가질 수 있는 인적자원의 획득과 관리는 기업이 미래의 성장 동력이며 혁신의 무기이다.

### (2) 인적자원관리전략의 유형

기업의 인적자원관리전략은 유지전략·개발전략·참여전략 등으로 분류할 수 있다.

#### 1) 유지전략

** 유지전략(inducement strategy)을 사용하는 기업은 통상 가격경쟁력을 경영전략의 핵심으로 삼는다. 그리고 이와 같은 기업의 조직구조는 대부분 중앙집권적이며, 생산기술은 상당히 안정적인 특징을 보인다.

** 이와 같은 기업에서는 주로 보상시스템을 통해 종업원의 태도와 행동을 관리하게 되는데, 가장 자주 사용되는 것으로 표창제도, 이윤분배제도, 성과증진인센티브제도 등이 있다.

#### 2) 개발전략

** 개발전략(development strategy)을 사용하는 기업의 기업내부환경 특성은 유지전략을 사용하는 기업과 큰 차이가 있다. 개발전략은 혁신적 제품(innovative product)을 경영전략의 핵심으로 삼으며, 생산기술이 매우 복잡하다는 특징이 있다. 따라서 시장과 생산기술의 빠른 변화에 적응하기 위해 기업에는 계속적으로 성장과 혁신의 환경이 조성된다.

** 개발전략을 구사하는 기업은 이와 같은 기업환경을 창출하고 경영전략과 조화를 이루기 위하여 항상 필요이상의 종업원을 채용하는 경향을 보이는데, 이는 기업의 유연성을 높이고 다수의 전문기능인력을 비축하기 위해서이다. 또한 기업에서는 종업원의 교육훈련과 개발이 경영자의 중요한 과업이 되며, 기업과 종업원 간에는 통상적으로 장기적인 고용관계가 형성되기 때문에 기업은 종업원을 가장 생산적인 투자대상으로 보고 중요시하게 된다. 그리고 이와 같은 기업에는 보통 노동조합이 만들어지지 않거나, 있더라도 큰 힘을 발휘하지 못하게 된다.  미국의 IBM과 우리나라의 삼성그룹이 대표적이라고 할 수 있다.

3) 참여전략

** 참여전략(involvement strategy)을 사용하는 기업의 특징은 기업에서 이루어지는 의사결정의 많은 부분을 종업원에게 위양한다는 점이다. 즉, 이와 같은 기업에서는 종업원을 중요한 의사결정과정에 참여시킴으로써 그들의 주체성과 소속감을 높이고 혁신성을 개발한다.

** 참여전략은 직무재설계를 통해 종업원에게 의사결정에 참여할 수 있는 기회를 제공하는 데 중점을 둔다. 예를 들면, 기업은 자율적 작업집단(autonomous work group)을 결성하여 그 구성원에게 작업수행에 대한 모든 권한을 부여한다.

## 4. e-HRM

### (1) 개요

정보기술(IT)의 급격한 발달로 인하여 스피드경영을 하지 않으면 급변하는 환경에 능동적대처가 어렵게 되었고 이는 기업의 생존을 위협하는 요소로 등장하게 되었다. 따라서 빠르고 다양한 의사소통을 통한 정보의 획득과 공유는 필연적 요소가 되었고 이의 매개체로서 e-HRM이 등장하였다.

e-HRM은 회사의 인트라넷 또는 인터넷 등을 통해 효과적으로 인사서비스를 제공하고 구성원들과 양방향으로 의사소통하는 시스템을 일컫는다. 따라서 전통적인 인사행정업무는 축소되거나 사라지고 구성원이 직접 서비스를 찾아 컨설팅을 받을 수 있게 된다.

### (2) e-HRM의 활용방법

1) 정보유지 및 관리

과거의 서류양식에서 탈피하여 조직과 구성원사이의 정보를 유지시킬 수 있고 전자화된 DB구축을 통해 효과적으로 정보를 관리 할 수 있게 한다.

2) 커뮤니케이션

채팅과 메신저, 홈페이지, e-메일 등을 이용하여 거리와 입지를 초월한 실시간 커뮤니케이션이 가능해 진다.

3) 교육관리

이 또한 시간적, 공간적 제약에서 벗어나 온라인 강의, 연수를 통해 비용절감과 능동적인 교육, HR의 개발을 가능하게 한다.

4) 급여관리

복잡한 급여계산을 용이하게 하고 직원 스스로 급여명세서의 확인을 통해 투명한 임금관리가 가능해 진다.

5) 온라인 채용(on-line recruitment)

홈페이지나 전자우편으로 모든 채용을 관리함으로써 많은 인재를 보다 빨리 신발할 수 있는 계기가 되었다.

6) 웹기반 인사평정(web-based assessment)

과거에는 상급자가 고과자가 되어 주관적으로 인사고과를 했다면 e-HRM 도입으로 360도 평가를 익명성을 가지고 평가함으로써 인사평가의 신뢰성과 타당성을 더 높일 수 있다.

## 제3절 인적자원관리 활동의 체계

인적자원관리 활동의 체계는 전사적 / 전략적 목표달성을 위한 우수 인적자원의 계획, 확보, 개발, 활용, 보상, 유지 및 이직관리와 관련된 관리 활동이다. 또한 전사적 / 전략적 목표를 세우는 것도 사람이고, 물적 자원인 설비나 기계 등을 투자 및 조달하고 운용하는 것도 사람이다. 그리고 전략을 세우고 정보를 관리하는 것도 사람, 관리의 주체도 대상도 모두 사람이라는 특징이 있다.

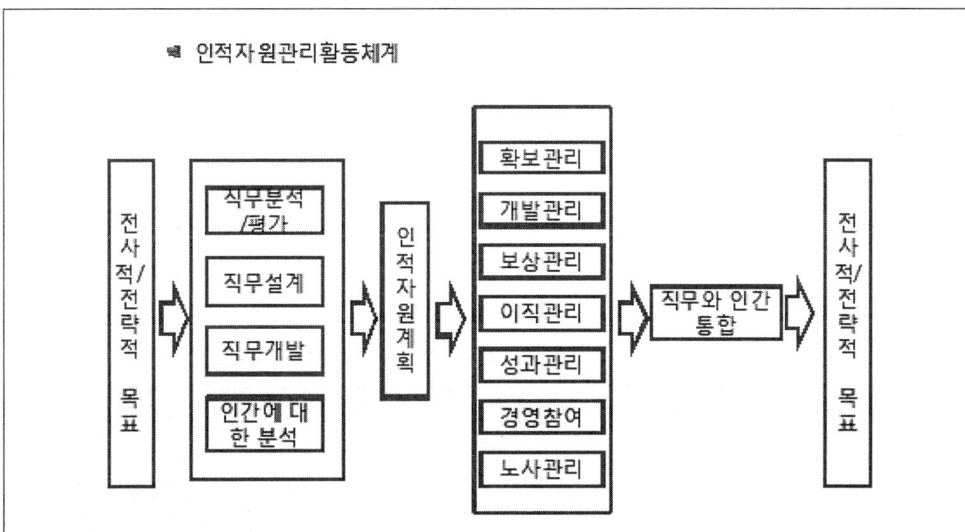

# 제4절 인적자원관리의 환경(environment)

**기업환경의 중요성**

** 오늘날 기업의 경영자는 반드시 자기가 생존하고 있는 환경을 철저하게 이해하지 않으면 안 된다. 왜냐하면 그러한 지식을 근거로 하여 자신이 몸담고 있는 기업이 수행해야 할 역할을 결정해야 하기 때문이다.

** 기업은 변화하는 환경에 적응해야 할뿐만 아니라, 자기의 힘으로 또는 다른 조직들과의 적극적인 협력과 계획적인 노력을 통하여 불리한 환경요인을 변화시킬 수 있어야 한다.

## 1. 내부환경

이미 형성된 조직 내부의 역사적 특성과 장래의 변화경향, 직의 강점과 약점

### (1) 조직전략

① 기업전략과 인적자원관리를 적합시키고자 하는 노력이 증가
② 상황에 따라서는 인적자원관리를 통한 인적자원의 역량축적이 전략의 형성과 실행을 가능하게 하는 경우도 발생

### (2) 조직의 라이프싸이클

각 단계별로 상이한 인적자원관리 활동이 필요

| 구분 | 도입기 | 성장기 | 성숙기 | 쇠퇴기 |
|---|---|---|---|---|
| 지배적가치 | 기업가 정신 | 영업 | 경쟁력 | 비용통제 |
| 고용 | 우수한 기능공, 전문가의 영입 | 내부 노동시장의 급속한 성장 | 이직장려, 배치전환 강조 | 인력감축계획과 실행, 종업원 배치전환 |
| 훈련과 개발 | 미래의 기능요건 확인과 경쟁경로 설정 | 경영자 개발을 통한 효과적인 경영팀 개발, 조직개발 | 고령인력의 기능과 유연성을 유지 | 재훈련실시와 경력상담 |

| 인사고과 | 사업계획 달성도 기준 | 시장점유율 등 성장성 기준 | 효율성 및 이윤기준 | 원가절감기준 |
|---|---|---|---|---|
| 보상 | 고임금 또는 경쟁적 임금수준 혹은 주식배분으로 인력유인 | 외적 경쟁성유지, 내적 공정성 확립, 공식적 임금구조 확립 | 비용통제 | 엄격한 비용통제 |
| 노사관계 | 노사관계의 기본철학 정립과 조직계획 | 산업평화의 읇지와 종업원 동기부여 및 사기의 유지 | 노무비 통제와 산업평화의 달성, 생산성 개선 | 작업규칙의 유연성 확보와 생산성 증진, 직무안전과 고용조정정책의 협상 |

### (3) 기업의 지배구조

① 기업을 둘러싼 주주, 종업원, 경영자 , 은행 등 채권자, 고객, 공급업자, 지역사회, 정부 등 이해관계자들간의 기업지배권 또는 통제권의 분포형태

② 기업지배권한이 이해관계자들간에 명시적 혹은 암묵적으로 어떻게 분포되어 있는가를 의미

③ 전통적으로 기업지배권은 주주에게 귀속된다는 입장이었으나 최근에는 주주뿐 아니라 종업원과 경영자, 채권자도 포함되는 이해관계자들에게 귀속되어야 한다는 주장이 대두

## 2. 외부환경

앞으로 조직의 유지·발전에 영향을 미칠 조직외부의 조건, 기회, 위험요인

### (1) 정치적 환경

정부는 기업을 둘러싼 다양한 이해관계자들의 이해를 조정하기 위해 고용과 임금, 보건과 안전, 제품의 가격, 환경오염 등에 직접적으로 개입

### (2) 경제적 환경

1) 호황

활발한 생산활동이 이루어지게 되고 이를 충족시키기 위한 인력수요도 증가, 기업은 경쟁우위확보를 위해 유능한 인력확보가 필요하고 이를 위한 임금, 승진, 복지 후생 등의 고용조건도 상향

2) 불황

생산활동이 위축되고 자연인력수요가 감소하며 심한 경우 유휴인력문제가 주요한 이슈로 부각, 기업의 고용조정이 본격화되며 사회적으로 실업문제가 반향을 일으킴

### (3) 정보기술 환경

① 경영정보시스템, 사무자동화 등을 통해 종업원들의 업무처리방식에도 변화를 가져옴

② 정보기술은 작업자 및 작업자와 관리자간의 상호작용 및 의사소통 유형의 변화를 촉진시킴

③ 관리자의 역할을 변화시키고 분권화를 촉진시키게 되면 결국 조직을 평면적 조직으로 변화시킴

### (4) 사회·문화적 환경

① 개개인의 가치관 변화로 조직보다는 개인을 우선시하는 방향으로 선회

② 기업은 개인중시, 직무재설계, 인간관계 개선방안의 도입, 공정한 평가제도의 확립, 승진과 보상기준의 재정, 노동생활의 질을 향상시키는 등 인적자원관리활동에서 노력을 함

참고

**환경**

- 체계에 영향을 주는 모든 것을 의미
- 기업 혹은 조직은 개방체계로 조직이 자신을 둘러싼 다양한 환경요인으로부터 많은 영향을 주고 받으며 이에 능동적으로 대처할 것이 요구됨

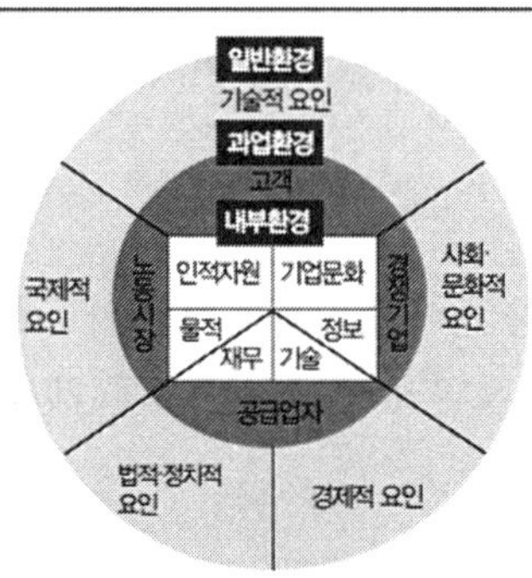

## 3. 노동시장

### (1) 노동시장의 변화

첫째, 노동참여율의 측면에서 보면, 최근에 교육이 널리 보급되고 생활수준이 향상되면서 여성인력이 대량으로 노동시장에 투입되기 시작하였다.

둘째, 현대에는 양호한 위생환경과 의학의 발달로 사람의 평균수명이 갈수록 증가하고 있다.

셋째, 직장에서의 근무시간이 짧아지고 있다.

넷째, 사람들의 교육수준과 자질이 향상되고 기업의 교육훈련이 강화되면서 종업원의 생산력이 크게 증가하였다.

다섯째, 노동력의 양과 질에 대한 수요는 국가의 경제발전단계와 밀접한 관계가 있다. 개발국의 경험에 의하면, 제조산업이 안정적으로 발전한 후에는 일반적으로 서비스 산업이 뒤따라 확대되고 활성화된다.

### (2) 노동력의 이동

** 기업의 경영 상태와 제품시장의 변화, 노동력의 질, 노동시장의 정보, 실업, 종업원의 이직 등 기업 안팎의 여러 요인이 노동시장과 기업 사이에 이루어지는 노동력의 이동에 영향을 미친다.

** 다음의 [그림]에서 보는 바와 같이, 시장의 제품수요는 기업의 생산량과 인력수요를 결정한다. 그리고 인력수요가 현재의 종업원 수를 초과하면 기업 내에 새로운 직무기회는 필연적으로 발생하게 된다. 이때의 직무기회는 통상 종업원의 이직으로부터 만들어진다. 한편, 이직으로 직장을 떠난 사람과 학교를 졸업하고 직장을 구하지 못한 사람들은 모두 실업인력으로 분류되는데, 이들은 다시 노동시장에서 인력공급의 원천이 된다.

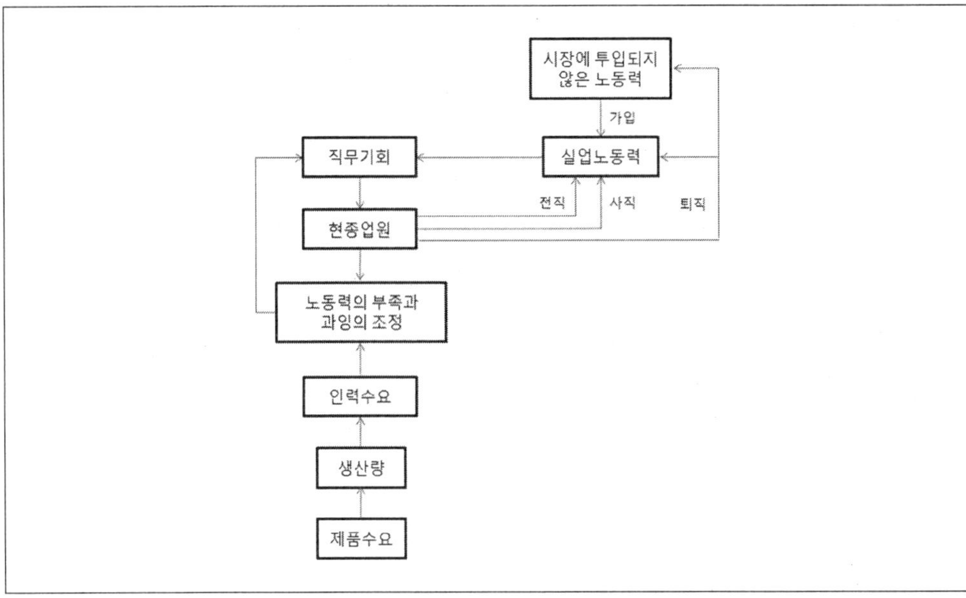


[그림] 노동력의 이동경로

## 4. 노동정책과 노동조합

### (1) 정부의 노동정책

** 정부는 노동자의 이익을 보장하고 노사간의 평등과 화합을 유지하기 위하여 정책을 수립하고, 이것을 법적으로 뒷받침하기 위하여 각종 법률을 제정하게 된다. 우리나라에서 이와 같은 목적으로 정부의 주도하에 제정된 것이 노동관계법이다. 노동관계법은 대체적으로 다음과 같은 부문에 중점을 두고 있다.

① 고용부문
② 근로조건부문
③ 안전보건부문
④ 노사관계부문

### (2) 노동조합

** 현대의 노동조합은 종업원의 채용과 고용조건, 교육훈련, 임금과 복지 등과 같은 전반적인 인적자원관리 업무뿐만 아니라 경영참여와 같은 소유자와 주주의 고유권리에 까지 영향력을 행사하기에 이르렀다.

① 기업은 개인에 대한 개별적인 관리뿐 아니라 집단적인 차원에서 종업원들의 대표권한을 가진 노동조합과 필요한 교섭을 하는 상황에 처하게 된다.
② 특성에 따라 노사 간 극도의 대립을 통해 합리적인 인적자원관리를 어렵게 할 뿐만 아니라 기업경영전반에 어려움을 가중시킬 수도 있으므로 적절한 노사관계의 유지도 중요한 과제가 된다.

## # 예상문제 : 프레임워 연습

### 경영학적 라이팅 모델 : Step by Step Writing and Problem-solving

제2차시험의 출제된 문제를 충실히 분석하는 것이 좋은 답안을 작성하는 데 있어서 가장 중요하다. 출제된 문제에 들어있는 정보를 최대한 찾는 것이 가장 중요하다. 또한 출제된 문제와 너무 지나치게 연관 없는 정보는 무의미하다. 출제된 문제 유형이 설명, 논증, 그리고 설계 등 인지를 확인한다. 출제된 문제에서 추출된 정보로부터 이론 및 개념, 관련된 다양한 이슈와 배경 등을 탐색한다. 다음에 설명, 논증, 그리고 설계 등의 문제 유형에 따라서 아이디어를 도출한다. 도출된 아이디어로부터 적절한 문제의 해를 제시하고, 그 해를 검증 혹은 논증하는 과정을 추론한다. 이 후 관련 이론 등을 제시하고 전체적인 글의 내용과 구조를 구성한다,

step 1. 문제의 유형을 분석한다(설명, 논증, 그리고 설계 등).
2. 제시된 문제에서 정보를 최대한 추출한다.
3. 문제와 관련된 다양한 이슈와 배경 등을 탐색한다.
4. 설명, 논증, 그리고 설계에 따라서 아이디어를 도출한다.
5. 도출된 아이디어로부터 적절한 문제의 해를 제시한다.
6. 그 해를 검증 혹은 논증하는 과정을 추론한다,
7. 관련 이론 등을 제시하고 전체적인 글의 내용과 구조를 구성한다,
8. 서론 본론 결론의 각 구성요소를 결정하여 논증이나 검정을 작성한다,

각각의 단계에 따라서 주어진 문제를 분석하고, 그 분석에 의해서 도출된 결과물은 다양한 도형과 기호 등을 사용하여 제시함으로써 이해하기 용이하게 구성하면서, 서론, 본론, 결론 등에 제시할 내용 등을 설계한다. 그리고 각각의 설계에 따라서 글쓰기 그리고 논술을 시작한다.

## 문 1) 자원관점에서 전략적 인적 자원관리에 대하여 논하시오(50점).

step 1. 문제의 유형을 분석한다(설명, 논증, 그리고 설계 등).

| 자원관점과 전략적 인적자원관리<br>→ 인적자원관리를 자원관점과 전략적 관점에서 논증 |
|---|

전략적 인적자원관리는 인적자원의 경쟁력을 높이고, 경쟁관계에서 우위를 점하기 위한 것인데, 인적자원의 특성을 자원관점에서 논하는 것이다.

step 2. 제시된 문제에서 정보를 최대한 추출한다.

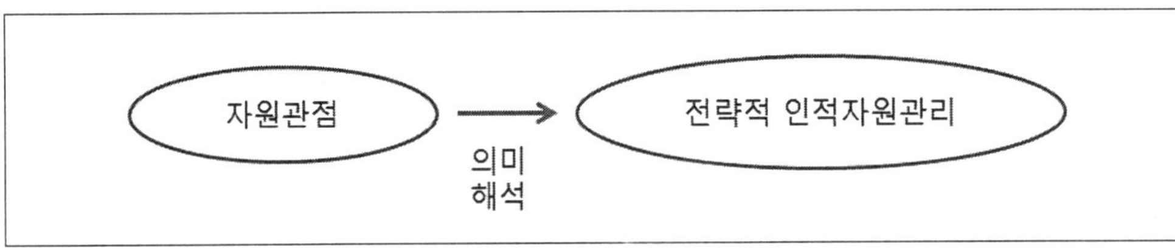


문제에 제시되어 있는 정보를 최대한 추출하여 이를 도식 및 그림으로 표현한다.

step 3. 문제와 관련된 다양한 이슈와 배경 등을 탐색한다.

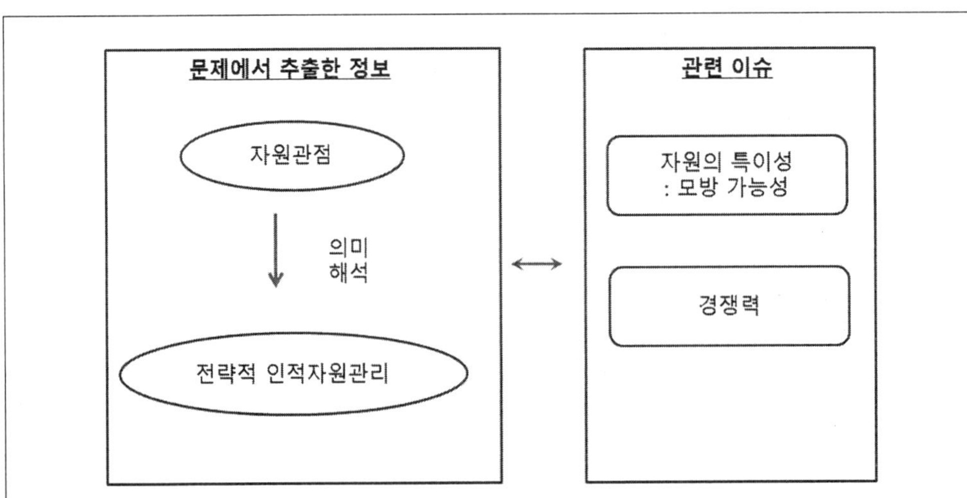

문제와 연관된 이슈와 배경을 기술함을 통하여 효율적인 관리 방안에 대한 방향과 제도 등에 대한 문제제기와 해를 도출할 수 있는 기본적인 아이디어가 구성된다. 이때 수험자들은 어떤 아이디어(idea)를 도출 할 것인가에 대한 기본 준비를 염두에 두고 관련 이슈와 배경 등을 탐색해야 한다.

특히 최근의 이슈 등을 중심으로 배경 등을 탐색한다.

step 4. 설명, 논증, 그리고 설계에 따라서 아이디어를 도출한다.

이 단계에서는 어떤 아이디어를 도출할 것인가를 문제의 기본정보와 수험자가 제시하는 관련 이슈 및 배경을 연결하여 아이디어를 도출한다. 너무 넓은 범위에서 도출하지 말고 한두 가지 이슈나 배경 등에 그 초점을 맞추어라.

경쟁력의 관점에서 전통적인 시각과 전략적인 시각을 비교하였다. 아이디어 도출에서 가장 중요한 점은 비교이다. 관련이슈나 이론 등을 통하여 현실적으로 가장 최근이나 관심이 높은 분야를 중심으로 두 가지의 개념을 비교하여서 의미를 도출한다.

| | 전통적 | 전략적 |
|---|---|---|
| 인적자원관리 | 단기적 | 장기적 |
| | 경쟁적 | 협력적 |
| | 수동적 | 창의적 |
| | 연공중심 | 능력중심 |

step 5. 도출된 아이디어로부터 적절한 문제의 해를 제시한다.

자원관점에서 기업의 경쟁력과 무형 자원을 중심으로 한 인적자원의 모방가능성을 중심으로 아이디어 등을 제시한다.

- 창의적인 인재 양성
  : 환경변화에 능동적인 인재 육성
  : 다양한 지식과 경험을 개발할 수 있는 인재 개발
  : 미래의 성장 동력을 위한 성과관리
- 능력 중심의 인재관리
  : 지속적인 기업 경쟁력 유지를 위한 인재 관리
  : 무형 자원을 중심으로 한 다차원인 직무 수행 능력 관리

# 연습지 활용

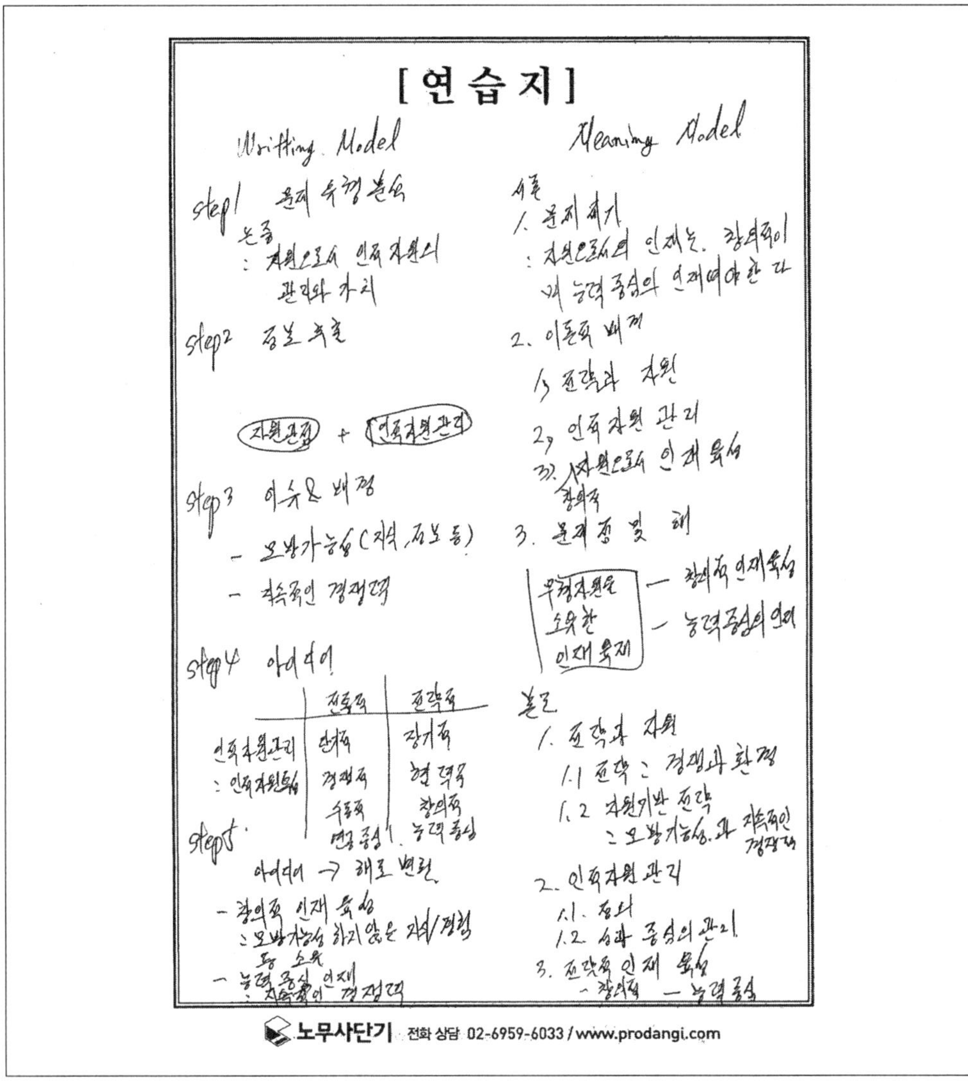
[연습지]

Writting Model　　Meaning Model

step1 문제 유형 분석
step2 정보 추출
step3 이슈 & 배경
step4 아이디어
step5

서론
1. 문제 제기
2. 이론적 배경
3. 문제 풀 및 해

본론
1. 전략과 자원
2. 인적자원 관리
3. 전략적 인재 육성

노무사단기 전화 상담 02-6959-6033 / www.prodangi.com

## 2. 저출산 고령화에 따른 노동 시장의 변화가 전략적 인적자원관리에 미치는 영향에 대하여 논하시오(50점).

→ 논술을 위한 기본 과정에 맞추어 글 전체에 대한 구성과 방향 등을 Step by step으로 실행한다.

step 1. 문제의 유형을 분석한다(설명, 논증, 그리고 설계 등).
2. 제시된 문제에서 정보를 최대한 추출한다.
3. 문제와 관련된 다양한 이슈와 배경 등을 탐색한다.
4. 설명, 논증, 그리고 설계에 따라서 아이디어를 도출한다.
5. 도출된 아이디어로부터 적절한 문제의 해를 제시한다.
6. 그 해를 검증 혹은 논증하는 과정을 추론한다,
7. 관련 이론 등을 제시하고 전체적인 글의 내용과 구조를 구성한다,
8. 서론 본론 결론의 각 구성요소를 결정하여 논증이나 검정을 작성한다,

step 1. 문제의 유형을 분석한다(설명, 논증, 그리고 설계 등).

저출산과 고령화로 인한 노동시장의 변동과 변화
→ 노동 시장의 변동에 따른 전략적 인적자원관리에 미치는 영향을 논증 혹은 검증

step 2. 제시된 문제에서 정보를 최대한 추출한다.

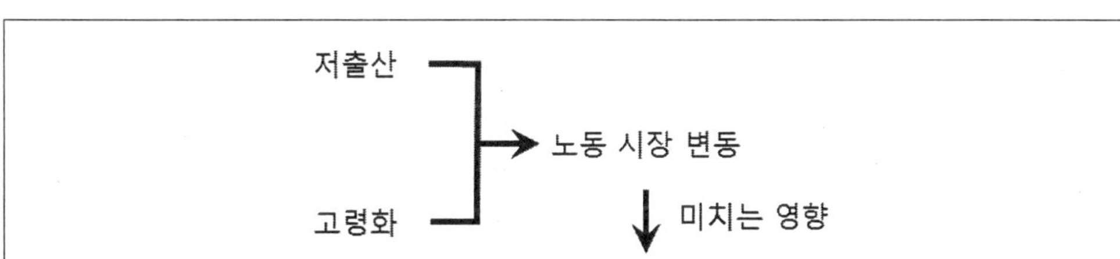


문제에 제시되어 있는 정보를 최대한 추출하여 이를 도식 및 그림으로 표현한다.

step 3. 문제와 관련된 다양한 이슈와 배경 등을 탐색한다.

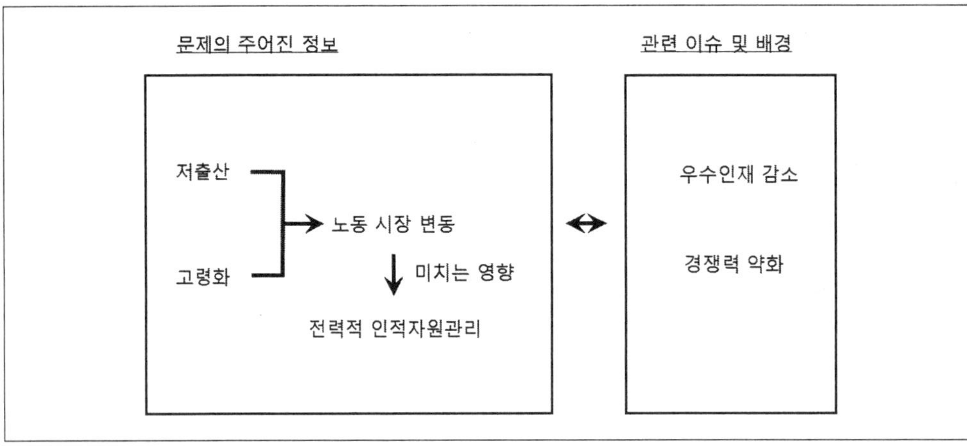


문제와 연관된 이슈와 배경을 기술함을 통하여 효율적인 관리 방안에 대한 방향과 제도 등에 대한 문제제기와 해를 도출할 수 있는 기본적인 아이디어가 구성된다. 이때 수험자들은 어떤 아이디어(idea)를 도출할 것인가에 대한 기본 준비를 염두에 두고 관련 이슈와 배경 등을 탐색해야 한다.

step 4. 설명, 논증, 그리고 설계에 따라서 아이디어를 도출한다.

이 단계에서는 어떤 아이디어를 도출할 것인가를 문제의 기본정보와 수험자가 제시하는 관련 이슈 및 배경을 연결하여 아이디어를 도출한다. 너무 넓은 범위에서 도출하지 말고 한 두가지 이슈나 배경 등에 그 초점을 맞추어라.

저출산 고령화 → 젊은 인력 감소<br>
→ 실버 인력 증가<br>
→ 젊은 인력과 실버 인력 간의 경쟁 관계 형성<br>
이로 인한 노동 시장 변동 ←→ 전략적 인적자원 관리 대응방안<br>
: 우수 인재 확보가 어렵고<br>
: 실버 인력의 활용이 요구되며<br>
: 지속적인 성장 동력원 창출 중심으로

step 5. 도출된 아이디어로부터 적절한 문제의 해를 제시한다.

| | 전통적 노동시장 | 현대적 노동시장<br>: 저출산, 고령화 |
|---|---|---|
| 우수인력의 평가 | 기업의 기여도가 큰 인력 | 다차원적인 기여도 |
| 우수인력의 확보와 운영 | 직무 능력이 뛰어난 인재중심 | 다양한 환경에 적응능력이 뛰어난 인재 |
| 우수인력의 지적 자원의 활용 | 기업 내의 노하우 축적 | 노하우 축적, 이동<br>노하우 속에서 새로운 정보 채굴 |
| 실버인력활용 | 퇴임 | 임금피크제 등을 통한 활용 |

우수인력 확보와 실버 인력의 활용 방안을 중심으로 아이디어를 만들어서 전통적인 기업과 현대적 기업 사이의 차이 등을 제시한다.

# 제3장 직무분석

## 제1절 직무분석의 의의

(1) 현대 인적자원(인사)관리의 특징은 우선 조직이 요구하는 직무의 내용을 정의하고 이에 따라 적합한 사람을 배치해 나가는 것이 원칙이다. 직무 분석은 인적자원관리의 모든 것과 관련되는 기본적인 틀이다. 직무 분석은 직무 성격에 관련된 중요한 정보를 수집하고, 정보를 인적자원관리 목적에 부합 혹은 적합하게 정리하는 체계적인 과정이다.

(2) 직무분석(Job Analysis)이란 직무에 대한 정보를 수집하고 수집된 정보를 분석하여 직무의 내용을 파악한 다음, 각 직무의 수행에 필요한 지식, 능력, 숙련, 책임 등의 제 요건을 명확히 하는 일련의 과정을 의미한다. 직무 분석은 조직이 요구하는 일의 내용을 정리, 분석하는 과정이다. 직무분석은 그 자체로서 뿐만 아니라 다양한 인적자원을 관리하기 위한 정보로서 사용된다.

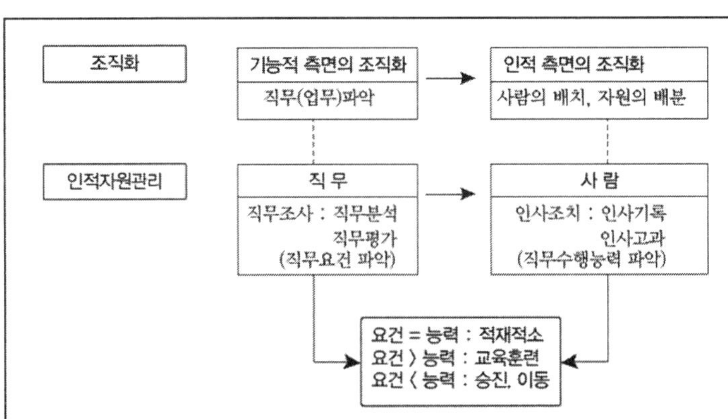


장영광, 정기만(2014), 생활속의 경영학, 범문에듀케이션

참고

**직무분석(Job Analysis)**

특정 직무의 특성과 내용, 즉 직무를 수행하는 데 필요한 지식과 능력, 숙련도, 책임 등과 같은 직무상의 모든 요건을 체계적으로 결정하는 과정

- 직무 분석과 인적 자원관리 기능

** 직무분석은 인적자원관리 업무의 기초가 되는 작업이고, 종업원의 모집 / 선발과 배치, 직무평가, 임금관리, 산업안전, 노사관계 등과 같은 주요 기능을 계획·통제·지휘하는 데 필요한 정보를 제공하게 된다.

## 1. 직무용어

### (1) 동작요소(element)

어떤 직무와 관련된 motion(동작), 움직임, 정신적인 과정 등 더 이상 나누어질 수 없는 최소단위 작업을 말한다(예 : 집어들기, 기계에 넣기, 크랭크 돌리기 등).

### (2) 과업(task)

① 종업원에게 할당된 일의 한 부분으로서, 동작요소로 구성되어 있으며 독립된 목적으로 수행되는 하나의 명확한 작업활동이다(예 : 데이터분석, 기계운전).

② 독립된 목적으로 수행되는 하나의 명확한 작업(예 : 타이어 끼워넣기, 컴퓨터 화면에 자료 입력)

### (3) 직위(Position)

① 특정시점에서 특정조직의 한 개인이 수행하는 하나 혹은 그 이상의 의무로 구성된다. 특정 개인에게 부여된 모든 과업의 집합이다(예 : 3명의 선반공, 선반공 직위 3개).

② 개인에게 할당된 과업의 집합으로써 개인마다 주어지는 과업이 있듯이 종업원의 수가 직위의 수가 된다(예 : 부장, 차장, 과장, 대리 등).

### (4) 직무(job)

① 작업의 종류와 수준이 유사한 직위들의 집단을 말한다. 유사한 직위가 없기 때문에 하나의 직위만으로 이루어지기도 한다.

② 작업의 종류와 수준이 비슷한 직위들의 집합으로서, 조직체내의 여러 사람들이 한 직무에 종사할 수 있다(예 : A프로젝트, B프로젝트, C, D…).

### (5) 직군(job family)

① 유사한 종업원 특성을 요구하거나, 유사한 과업을 내포하고 있는 둘 이상의 직무 집단을 말한다. 이러한 것들이 직문분석에 의해 결정된다.

② 동일하거나 유사한 업무내용을 가진 직무들의 집합이다(예 : 정비직, 운전직, 상담직 등).

### (6) 직종(Occupation)

유사한 직군의 집단을 의미한다(예 : 사무직, 관리직, 영업직, 생산직).

| 용어 | 정의 |
|---|---|
| 요소(element) | 관련된 동작, 정신적 과정을 분리시켰을 때 가장 작은 단위의 일(예: A 부품 창고 입고) |
| 과업(task) | 동작요소들로 구성된 일의 한 부분(예 : 부품검사. 부품입고, 부품발주) |
| 직위(position) | 개별작업자가 수행하는 과업의 집합(예 : 제조1과 부품검사, 제조2과 부품검사 등) |
| 직무(job) | 과업내용이 비슷한 직위들로 구성 집합이고, 직무분석에서 한 개의 단위로 묶어 그 내용을 분석할 수 있는 직위들의 일반적 개념(예: 부품검사 담당, 부품발주 담당) |
| 직무군(job family) | 조직내 유사한 직무들의 집합(예 : 품질담당직) |
| 직종(occupation) | 모든 조직에서 공통적으로 적용되는 직무군의 일반적인 유형(예 : 프로그래머, 교원, 변호사, 간호사 등) |
| 직종군 (occupational group) | 사무직, 기술직, 관리직 등 여러 직종으로 구성된 가장 넓은 의미의 직무개념 |

## 2. 직무분석의 목적

① 직무분석은 인간의 노동력을 관리하기 위한 기본적인 작업이다.

② 인사관리를 조직의 목적에 부합하도록 하기 위해서는 직무를 중심으로 하여 직무와 사람 간의 관계를 명확하게 밝혀야 한다.

③ 직무의 내용과 특징(어떤 일을, 어떤 방법으로, 어떤 목적으로, 어디서 하는가, 그것을 완수하기 위해서는 지식, 경험, 기능, 책임을 필요로 하는가)을 명확하게 하여둘 필요가 있다.

### (1) 인적자원계획 및 선발

직무분석을 통해 직무담당자의 자격요건을 분석하고 그에 대한 정보를 바탕으로 필요한 지식, 기능, 능력을 보유한 사람들의 수요와 공급을 계획하게 되고 이의 확인을 통해 인력을 선발하게 된다.

### (2) 인사평가(인사고과)

직무분석에서 도출된 직무행동 및 직무성과의 표준과 실제 작업행동 및 직무성과가 비교되어 인사평가가 이루어진다. 객관적인 평가 기준을 제시한다.

### (3) 인적자원개발(교육훈련, 경력개발 등)

직무분석을 통해서 각 과업이 효과적으로 수행되는데 요청되는 지식, 스킬, 능력의 표준이 만들어지고 이것 자체가 목표가 되어 인적자원개발이 가능해진다.

### (4) 보상관리

직무분석은 합리적인 보상관리를 위한 기초자료를 제공해 준다. 특히 직무급과 직능급의 확립을 위해 직무의 상대적 가치를 파악하게 해줌으로써 임금차별화의 기준이 되도록 한다.

### (5) 합리적 조직

합리적 조직을 위한 기초 작업으로서 조직운영을 계획적, 능률적으로 수행하기 위해서는 개별구성원에 대한 직무의 배분을 적절히 하고 그 배분된 직무의 범위, 책임을 명확하게 직무분석 해야 할 필요가 있다.

## 3. 직무분석 절차와 방법 : 면접법, 관찰법, 중요사건법, 질문지법, 종합적 방법

### (1) 직무분석 절차

#### 1) 배경정보의 수집

현재의 조직도, 업무분장표, 기존의 직무기술서 및 직무명세서를 비롯한 풍부한 사전 작업이 필요하다.

2) 분석대상직위(혹은 대표직위)의 선정

시간과 비용의 문제로 인해 일반적으로 가장 대표적인 직위를 따로 선정하여 중점적으로 분석한다.

3) 직무정보의 수집

직무의 성격, 크기, 내용, 담당자 요건 등에 대하여 면접법(Interview), 질문지법(Questionnaires), 관찰법(observation), 및 진술서 작성법(Written Narratives) 등의 방법을 사용하여 직무정보를 수집한다.

4) 직무정보의 분석

직무의 내용 및 요건 등을 분석한다.

① 직무내용 : 일의 주체, 내용, 방법, 목적 등

② 직무요건 : 책임, 숙련도, 능력, 작업조건 등

5) 직무기술서 및 직무명세서 작성

① 앞에서 얻은 정보를 토대로 기업전략과 목표에 맞는 직무기술서를 작성한다.

② 직무기술서에는 구체적으로 기술이 되지 않는 인적자원의 자질, 특성, 기능, 경험 등을 기술한다.

❖ 직무분석절차

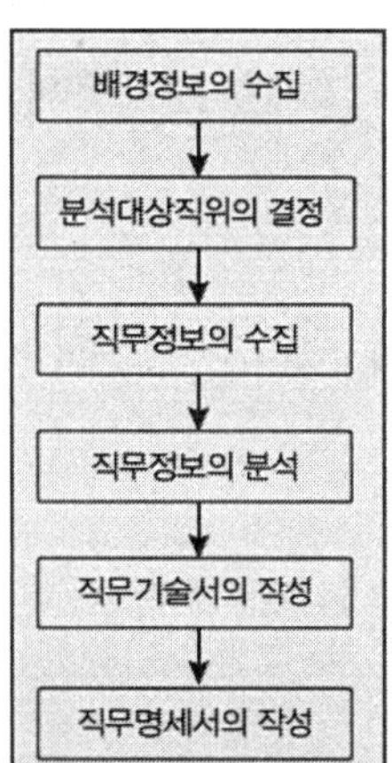


❖ 직무정보 수집방법

- 면접법(Interview) : 직무담당자와 직접 만나 대화하면서 그의 직무에 관한 정보를 파악하는 방법
- 질문지법(Questionnaires) : 표준화되어 있는 일정한 양식에 조사대상자가 직접 직무와 관련된 내용을 기재토록 하는 방법
- 관찰법(Observation) : 직무분석자가 분석대상자를 집중적으로 관찰하는 방법
- 진술서작성법(Written Narratives) : 수행하는 업무내용을 구체적으로 기재하게 한 후 그 기록을 보고 직무분석에 필요한 정보와 자료를 수집하는 방법

## (2) 직무분석 방법

### 1) 면접법

① 의의

- 기존자료나 실무분석 자료를 가지고서 담당자를 개별적 혹은 집단적으로 면접하여 필요한 항목의 정보를 획득한다.
- 면접은 직무에 대해 유사한 질문을 하도록 만든다.

② 진행방법

- 조직 구성원들과 관리자들과의 면접을 통해 직무에 관한 모든 정보를 심도 있게 조사하는 방법으로써 조직도, 업무흐름표, 업무분담표를  참고한다.
- 흔히 설문지와 병행 사용하는 것이 일반적이다.

③ 장단점 및 유의점

직무에 대한 완전하고 정확한 정보수집이 가능하지만 시간, 노력, 비용이 많이 소요된다. 또한 직무분석 담당자와 대상자 간에 솔직하고 친밀한 관계가 요구된다.

### 2) 관찰법

① 의의

- 훈련된 직무분석자가 직무수행자를 직접 관찰함으로써 정보를 수집하는 것이다.
- 수작업적이거나 표준화되거나, 짧은 순환과정을 가진 활동을 많이 필요로 하는 직무에 적절하다.

② 진행방법

직무분석자가 대상자의 직무수행과정을 직접 관찰함으로써 정보를 수집한다.

③ 장단점 및 유의점

직무가 시간적·공간적 형태를 취하며, 작업의 순환과정이 비교적 짧고 표준화되어 있으며 반복되는 경우에 유용하다. 따라서 생산직 업무에 적합하며 사무·관리직의 경우 관찰법을 사용하게 된다면, 면접이나 설문지법과 같은 방법을 병행해야 한다.

### 3) 중요사건법

① 의의

- 중요사건법은 직무행동 중 보다 중요하거나 가치 있는 면에 대한 정보를 수집하는 것이다.
- 중요사건법은 효율적 혹은 비효율적 성과의 체크리스트 개발의 기초가 되기도 한다.

- 중요사건법은 보통의 직무행동이나 직무 전체의 모습이 기술되지 않는 점에서 다른 방법과의 병행이 요구된다.

② 진행방법

직무행동 가운데 보다 중요한, 혹은 가치 있는 사건에 대한 정보를 수집하는 기법이다.

③ 장단점 및 유의점

직무행동과 직무성과간의 관계를 직접적으로 파악할 수 있으나, 보통의 직무행동이나 직무 전체의 모습이 기술되지는 않는 단점이 있다.

4) 질문지법

① 의의

- 질문지는 보통 구조적이며 정형화된 질문을 담고 있으며, 직무담당자가 직무에 관련된 항목을 체크하거나 평가하도록 하는 방법이다.
- 비용이 적고, 시간이 작게 들며, 폭넓은 정보를 얻을 수 있다.
- 개발에 많은 시간이 소요되고, 잘못된 이해를 수정하기 어렵고, 동기부여가 어려운 점들이 단점이다.

② 진행방법

표준화되어 있는 질문지를 사용하여 직무분석대상 구성원들에게 작성토록 하는 방법으로 체크리스트방식과 서술식을 혼합해서 사용한다.

③ 장단점 및 유의점

신속하게 많은 인원을 대상으로 조사가능하며 표준화된 질문을 통해 조직적이고 포괄적인 답변 유도할 수 있으나, 설문지를 작성하기가 어렵고 모든 작성자들이 성의 있게 답변하지는 않는다.

5) 대상자기록법(Logs/ Diaries)

① 진행방법

직무분석의 대상자가 업무일지에 2주에서 4주간의 업무를 매일 기입하는 기법으로 1시간 단위로 업무를 기술하도록 하는 방법이다.

② 장단점 및 유의점

직무의 전반적인 흐름을 파악할 수 있으며, 같은 직무를 여러 사람이 담당할 경우 성실하지 못한 대답을 걸러낼 수 있는 장점이 있다. 다만, 대상자가 성실히 기입하지 않거나, 과장되게 기입할 가능성이 있다.

③ 종합적 방법

위의 다른 방법들을 함께 사용하여 장단점을 보완한다.

## 4. 직무명세서와 직무기술서

직무정보의 수집과 수집된 정보의 분석이 이루어지면 이것을 인적자원관리의 자료로 사용하기 위해서 일목요연하게 정리하여야 하는데, 이러한 목적에서 작성하는 것이 직무기술서(job description)와 직무명세서(job specification)이다.

| 구분 | 직무기술서 | 직무명세서 |
|---|---|---|
| 차이점 | ① 직무의 내용과 요건에 동일한 비중을 둠<br>② 종업원과 감독자에게 직무에 관한 개괄적 자료 제공 | ① 직무내용보다는 직무요건에, 특히 인적요건에 큰 비중을 둠<br>② 고용, 훈련, 승진, 전직에 기초자료 제공 |
| 공통점 | 직무분석의 결과를 일정한 서식으로 정리·기록한 문서이다. | |

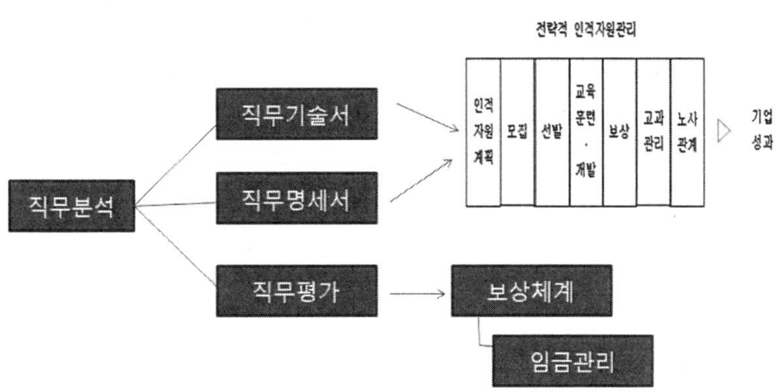


### (1) 직무기술서

1) 개 념

직무분석의 결과에 의거하여 직무수행과 관련된 과업 및 직무행동을 일정한 양식에 기술한 문서를 말한다.

2) 기재사항

직무인식사항(직무명칭, 분류명칭, 직무번호, 소속부처, 분석일자 등), 직무개요(직무내용을 전체적으로 간략히 요약), 직무내용(수행하는 직무의 내용과 성격을 밝힘), 직무자격요건(교육, 경험, 능력, 성, 나이, 책임, 지식 등), 직무책임 등을 기록한다.

3) 작성시 유의점

- 명확성 : 직무를 모르는 사람도 알아보기 쉽게 단순 명료해야 한다.
- 간결성 : 단순하고 정확한 표현과 직무범위를 사용해야 한다.
- 포괄성 : 직무에 관한 모든 중요정보를 포함시켜야 한다.
- 일관성 : 기업 경영목표에 부합되도록 의미나 용어가 일관성 있게 기술되어야 한다.

### (2) 직무명세서

1) 개념

직무기술서에 의한 직무와 그에 필요한 자격요건을 개인에 중점을 두어 정리하며 직무기술서에 근거하여 유추되며 직무분석 결과에 근거하여 직무담당자, 직무분석 담당자, 관리자의 판단에 의하여 작성된다. 즉 인적 요건을 일정한 양식에 따라서 정리한 문서이다.

2) 기재사항

- 직무내용: 직무명칭, 분류번호, 직무의 일반적 내용, 직무담당자의 자세, 필요한 자료, 하위 및 상위직무, 훈련방법 및 기간, 그엽액과 형태 등
- 직무담당자에 관한 사항: 성, 연령, 육체적 조건, 재능의 정도, 성격, 정신적 조건, 능력 등

3) 작성절차

- 직무를 분석하여 성과의 기준을 결정
- 성공적인 직무성과를 가져올 인적 특성을 선택
- 이러한 특성에 적합한 직무후보자 테스트
- 후보자의 직무성과 측정
- 인적특성과 직무성과 사이의 관계를 분석

### (3) 직무기술서와 직무명세서의 상이점

직무분석의 결과물이라는 공통점이 있으나 직무기술서는 직무내용에 중점을 두지만 직무명세서는 직무요건, 특히 인적자격요건에 비중을 두고 있다.

### 〈표〉 직무기술서와 직무명세서의 내용

| 직무기술서 | 직무명세서 |
|---|---|
| • 직무의 명칭<br>• 직무의 직군 및 직종<br>• 직무의 내용<br>• 직무의 요긴<br>• 직무수행의 방법<br>• 직무수행의 절차<br>• 타 직무와의 관계<br>• 사용되는 원재료 · 장비 · 도구 등<br>• 작업조건 | • 직무의 명칭<br>• 직무의 직군 및 직종<br>• 요구되는 교육수준<br>• 요구되는 기능 및 기술수준<br>• 요구되는 지식<br>• 요구되는 정신적 능력<br>• 요구되는 작업경험<br>• 요구되는 육체적 능력<br>• 책임과 권한의 정도 |

### 직무기술서

| 직무번호 | GA-043 | 직무명 | 일반회계관리 | 소속 | 관리부 재경팀 |
|---|---|---|---|---|---|
| 직군 | 경영관리 | 직종 | 재경 | 등급 | 5등급 |
| 직무개요 | | | | | |

■수행요건

| | | | | |
|---|---|---|---|---|
| 일반요건 | 남녀별 적성 | 공통 | 최적연령범위 | 25세~35세 |
| | 기초학력 | 대졸 | 특수자격 | 없음 |
| | 전공계열 | 상경계열 | 전공학과 | 회계학, 경영학 |
| | 필요숙련기간 | 6개월 | 전환 가능부서/직무 | 세무 회계관리 |
| | 기타 | | | |
| 소요능력 | 지식 | 종류 | 세무내용 및 소요정도 | |
| | 학술적 지식 | 회계학 | ·원가회계 : 개별원가계산, 종합원가계산 방법, 원가개념과 경영관리에 필요한 회계정보에 대한 이해<br>·관리회계 : 의사결정에 유용한 정보를 제공하는 회계이론<br>·회계감사 : 감사의견을 표명할 수 있을 정도의 기초적 이론 | |
| | 실무적 지식 | 재무<br>상업부기<br>PC운영 | ·회사 재무구조의 정확한 지식<br>·1급 수준의 복식부기 운영지식<br>·예산집행에 따른 분개, 기표, 기장방법에 대한 지식<br>·기업회계프로그램 관련 총괄적 운영지식 | |

■수행업무

| 직무내용 | 직무절차 및 방법 |
|---|---|
| 회계손익관리 | ·각 사업부, 사업국 매출 마감 후 회계프로그램에 입력한다.<br>·각 부서의 진도금 및 기타 비용을 회계프로그램에 입력한다.<br>·시산표를 출력하여 전월 또는 전년대비 증감을 확인하고 임차보증금, 임차표 등의 내용을 확인한다. |
| 재무제표 및 부속명세서관리 | ·매출비용을 회계프로그램에 입력하여 시산표를 출력한다.<br>·출력된 시산표에 의하여 일정 기간(전·반기)별의 손익(매출 및 비용)을 정확하게 측정한다.<br>·재무제표 및 부속명세서를 작성하여 외부감사를 실시한다. |
| 원가회계관리 | ·각 생산제품에 소요되는 원부자재의 정확한 파악을 거쳐 1단위당 소요량을 파악하고 외주업체의 리스트를 작성한다.<br>·생산 각 부서의 월별 결산에 의거 생산량을 파악한다.<br>·상품 및 제품의 매출수량을 정확히 파악한다. |

출처: 장영광, 정기만(2014), 생활속의 경영학, 범문에듀케이션

## 5. 직무분류

### (1) 의의

① 직무분류는 동일 또는 유사한 성격을 가진 직무들을 묶어 직무군으로 분류하는 것으로 조직 내 모든 직무를 수평(직군), 수직(직급)적으로 분류하는 것이다.

② 직무분류는 반드시 직무분석의 과정을 거친 후에 이루어져야 하는 것은 아니다. 하지만 직무분류를 해놓으면 직무가 더 체계화되기 때문에 직무분석활동을 효과적으로 할 수 있다.

### (2) 목적

① 인적자원관리제도의 기초가 되어 채용, 승진, 이동, 훈련, 개발, 보상, 인사고과 등의 합리화의 바탕이 된다.

② 직무분석 자료는 다양한 인적자원관리 기능에 많은 도움을 준다.

# 제2절 직무평가

## 1. 직무평가의 의의와 특징

### (1) 의의

직무평가란 직무들을 일정한 기준에 의해 비교하여 상대적인 가치를 결정하는 것을 말한다.

① 직무평가는 조직 내 직무들을 일정한 기준에 의해 서로 비교하여 직무들 간의 상대적 가치를 결정하는 체계적 활동이다. 직무의 가치는 일반적으로 기업목표 달성에 대한 직무의 공헌도로서 평가된다. 예를 들어 기업 내의 단순경비직과 기술개발사원과 공헌도나 가치를 같이 평가할 수는 없는 것이다.

② 직무가치는 보통 기업 성과 달성에 대한 직무의 공헌도로서 평가된다.

### (2) 특징

① 직무평가는 직무분석에 의하여 작성된 직무기술서 또는 직무명세서를 기초로 하여 이루어진다.

② 직무평가란 기업 등이 각 직무의 중요성, 곤란도, 위험도 등을 평가하여 타직무와 비교한 직무의 상대적 가치를 정하는 방법이다.

참고

**직무평가(Job Evaluation) : 각 직무의 가치를 결정하는 것**

- 직무급 임금제도의 기초로 활용
- 주의점 : 각 직무의 수행의 난이도 및 복잡도, 권한과 책임의 범위, 업무수행환경 등을 고려하여 직무 그 자체를 평가

| 부처명 | 전문적 노하우 | 관리적 노하우 | 사고 환경 | 사고의 도전도 | 행동의 자유도 | 직무 규모 | 직무난이도 평 균 |
|---|---|---|---|---|---|---|---|
| 재정경제부 | 4.04 | 4.19 | 4.62 | 4.08 | 3.92 | 4.12 | 4.16 |
| 교육인적자원부 | 3.64 | 3.52 | 4.20 | 3.84 | 3.76 | 3.80 | 3.79 |
| 과학기술부 | 3.36 | 3.32 | 3.86 | 3.59 | 3.23 | 3.23 | 3.43 |
| 노동부 | 3.13 | 3.56 | 3.49 | 3.49 | 3.33 | 2.85 | 3.31 |
| 건설교통부 | 3.75 | 3.69 | 4.23 | 3.83 | 3.51 | 3.74 | 3.79 |
| 산업자원부 | 3.96 | 3.89 | 4.22 | 4.30 | 3.78 | 3.85 | 4.00 |

자료 : 감사원

## 2. 직무평가의 목적

### (1) 임금수준의 결정

① 직무평가의 결과를 기준으로 하여 임금 수준을 결정하는 것이다.

② 가장 기본적인 목적으로서 직무평가를 통해서 직무가치를 측정하고 이를 개별임금의 차별화의 근거로 하는데 그 목적이 있으며 이에 의해 결정되는 임금체계를 직무급체계라 한다.

### (2) 인력의 확보와 배치

① 인력관리를 위한 기준을 제시하고, 직무의 중요성, 난이도 등과 종업원을 능력 등을 고려하여 인력 확보와 배치를 한다.

② 기업구성원들도 기술적 · 정신적 · 육체적 수준이 차이가 난다. 따라서 인력을 채용이나 배치를 할 경우 직무와 사람의 적합관계가 이루어지도록 하는 근거가 된다.

### (3) 구성원 능력개발

① 직무와 구성원의 능력을 고려하여 조직 구성원의 능력개발을 목적으로 한다.

② 구성원의 능력개발을 위해서 교육훈련이나 경력개발계획을 설계할 때 중요성과 난이도, 개인의 수준에 따라 적용하는 것이 가능하게 한다.

## 3. 직무평가의 방법

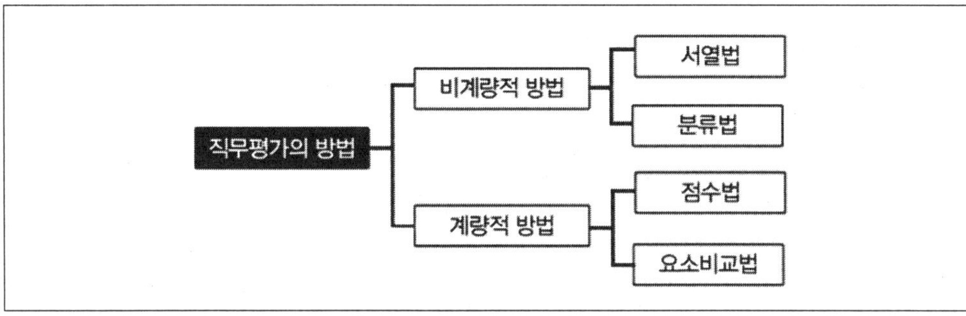


직무평가의 방법

### (1) 서열법

1) 의의

① 가장 오래되고 간단한 방법으로, 각 직무를 상호비교하여 순서를 결정하는 방법이다.

② 평가자가 종업원의 직무수행에 있어서 요청되는 지식, 숙련, 책임 등을 비교하여 상대적으로 가장 단순한 직무를 최하위로 놓고, 가장 중요하고 가치있는 직무를 최상위에 놓고 순위를 결정하게 된다.

③ 직무간의 차이가 명확하거나, 평가자가 모든 직무를 잘 알고 있을 경우에만 적용이 용이하다.

2) 진행방법

서열법은 기업의 목표달성 관련 중요도, 직무의 난이도, 작업환경 등을 포괄적으로 고려하여 그 가치에 따라 서열을 매기는 방법이다.

3) 장단점

가장 빠르고 쉬운 방법이지만, 평가자의 주관이 개입될 소지가 크고, 서열이 매겨졌을 때 직무서열 간 차이정도를 파악할 수 없으며, 유사직무가 많을 경우 서열을 매기기가 어렵다.

| | 직무 B | 직무 C | 직무 D | 직무 E | 직무 F |
|---|---|---|---|---|---|
| 직무 A | B | A | D | A | A |
| 직무 B | | B | D | B | B |
| 직무 C | | | D | C | C |
| 직무 D | | | | D | D |
| 직무 E | | | | | E |

## (2) 분류법

1) 의의

① 서열법에서 좀 더 발전한 것으로, 특정의 기준에 따라서 사전에 만들어 놓은 등급에 각 직무를 적절히 판단하여 맞추어 넣는 평가방법이다.

② 강제적으로 배정하는 특성이 있으므로 정부기관에서 널리 사용되는 경향이 있다,

2) 진행방법

등급법이라고도 하는데 몇 개의 등급을 만들어 놓고 각 등급에 해당되는 직무요소들의 기준을 설명해 놓은 다음에 직무를 조사하여 각 기준에 부합되는 등급에 분류 배치하는 방법이다.

3) 장단점

주어진 등급(ABC, 수우미, 123등급)에 따라 분류만 하기 때문에 다른 직무평가 방법보다도 간단하고 용이하다. 그러나, 평가대상 직무를 특정등급에 분류시키고자 하는 경우 등급분류가 어렵고 등급 간 명확하게 차별화하기 어렵다.

| 등 급 | 정 의 | 임 금 |
|---|---|---|
| 1 | 짧은 숙련기간 후 지도에 따라 수행되는 직무 | 81% |
| 2 | 짧은 숙련기간 후 상세한 지도에 따라 수행되며 등급1의 일보다 상위 수준의 직무 | 82% |
| 3 | 작업시간과 일정경험 및 숙련을 필요로 하며 단기교육을 필요로 하는 직무 | 85% |
| 4 | 등급3에서 요구하는 것보다 상위의 실무지식 및 작업지식, 추가경험을 필요로 하는 직무 | 88% |

## (3) 점수법

1) 의의

① 직무를 구성요소로 분해하고 각 요소별로 중요도에 따라 숫자에 의한 점수를 준 후 이 점수를 계산하여, 개별 직무의 가치를 평가하는 방법이다.

② 점수법은 수량적, 분석적인 가치표현을 하게 되므로 직무의 상대적 차등을 명확하게 정할 수 있으며, 종업원으로부터 평과결과에 대하여 이해 및 신뢰를 얻을 수 있다.

2) 진행방법

직무를 평가요소에 따라 분해하고, 각 요소별로 그 중요도에 따라 점수를 준 후, 이 점수를 합계하여 각 직무의 가치를 평가하는 방법이다.

3) 단계

평가요소(숙련도, 노력수준, 책임, 작업조건 등)의 선정→평가요소별 가중치 설정→평가요소별 점수부여→합계

4) 장단점

직무의 상대적 차등을 명확하게 정할 수 있으며 종업원으로부터 평가결과에 대하여 이해 및 신뢰를 얻을 수 있다는 장점이 있다. 그러나 직무에 공통되는 적합한 평가요소의 선정이 용이하지 않고 가중치를 두는 것이 상당히 어렵다.

5) 유의점

① 각 직무에 공통적으로 존재하며 직무 간 차이가 날 것

② 직무내용을 구성하는 중요한 것이며 직무수행에 중요한 영향을 미칠 것

③ 객관적으로 측정 가능할 것

④ 노사쌍방이 수용할 것

| 보상요소 | 척도수준 | 가중치 |
|---|---|---|
| 기술 | 1 2 3 4 5 | 40% |
| 노력 | 1 2 3 4 5 | 30% |
| 책임 | 1 2 3 4 5 | 20% |
| 작업조건 | 1 2 3 4 5 | 10% |

## (4) 요소비교법

1) 의의

① 기업에 가장 핵심이 되는 몇 개의 기존 직무를 선정하고 각 직무의 평가요소를 기준직무의 평가요소와 비교함으로써 모든 직무의 상대적 가치를 결정하는 방법이다.

② 요소비교법은 복잡하고 실시하는 데 시간과 비용이 많이 들지만 기존 직무만 적절히 선정되면 점수법보다는 합리적이어서 널리 사용되고 있다.

③ 기존직무의 명확성이 결여되거나, 그 내용에 변화가 생긴다면 평가결과에 영향을 미치게 되므로 전체의 측정척도는 변경되어야 하는 단점이 있다.

2) 진행방법

기업이나 조직에 있어서 핵심이 되는 몇 개의 기준직무를 선정하고 각 직무의 평가요소를 기준직무의 평가요소와 비교함으로써 모든 직무의 상대적 가치를 결정하는 방법이다. 특히 직무의 상대적 가치를 임금액으로 평가하는 것이 특징이다.

3) 단계

몇 개의 기준직무를 선정→평가요소의 결정(정신적 노력, 숙련, 육체적 노력, 책임, 작업환경)→중요도에 따라 평가요소 별로 기준직무를 서열화→평가하고자 하는 직무를 기준직무 요소별 배분표에 위치하는 장소를 찾아 요소별로 임금액 결정

4) 장단점

요소비교법은 복잡하고 노력이 많이 드는 단점이 있으나 기준직무만 적절히 선정되면 점수법보다도 훨씬 합리적이며, 직무평가를 통해 임금액을 바로 결정할 수 있다는 장점이 있다.

5) 점수법 vs 요소비교법

점수법은 주로 기능직에 국한하여 사용되지만, 요소비교법은 기능직은 물론 사무직, 기술직, 감독직, 관리직 등 상이한 직무에도 널리 이용될 수 있다.

| 구 분 | | 정신적 노력 | 숙련 | 육체적 노력 | 책임 | 작업 조건 | 임금 |
|---|---|---|---|---|---|---|---|
| 기준직무 | 기계공 | 30 | 33 | 9 | 14 | 6 | 92 |
| | 수위 | 6 | 3 | 16 | 5 | 12 | 40 |
| 비교직무 | 공구공 | 25 | 15 | 10 | 10 | 7 | 55 |
| | 조립공 | 20 | 10 | 12 | 9 | 5 | 50 |

| 기 준 \ 방 법 | 서열법 | 분류법 | 점수법 | 요소비교법 |
|---|---|---|---|---|
| 사용빈도 | 가장 적음 | 중 간 | 가장 많음 | 중 간 |
| 요소의 수 | 없 음 | 없 음 | 평균 11개 | 평균 5개 |
| 척도형태 | 서 열 | 등 급 | 점수 · 요소 | 점수 · 기준직무 |
| 다른 방법과의 관계 | 낮은 수준의 비교법 | 서열법의 발전 | 분류법의 발전 | 점수법의 개선 |
| 인사고과 방법과의 관계 | 서열법 | 등급제 | 도시척도법 | 대인비교법 |
| 적용기관 | 소규모기업 | 공공기관 | 일반기업 | 일반기업 |

[표] 직무평가의 방법

## 3. 직무평가요소

### (1) 책임성

작업자에게 자신의 성과에 대한 책임을 부여해야 한다.

### (2) 성취감

작업자에게 의미 있는 성취감을 가질 수 있는 기회를 제공해야 한다.

### (3) 통제

작업자에게 작업이 어떻게 수행되어야 하는지에 대한 통제권을 주어야 한다.

### (4) 피드백

작업자에게 작업효과성에 관한 정보를 제공해야 한다.

### (5) 개인적 성장 및 개발

작업자에게 새로운 기술을 습득할 수 있는 기회를 제공해야 한다.

### (6) 작업속도

작업자는 작업속도를 통제할 수 있어야 한다.

# 제3절 직무설계

## 1. 직무설계의 의의

(1) 직무설계(job design)는 조직에서 수행되는 업무들을 수행하기 위해 필요한 다양한 과업들을 연결시키고 이를 수해하기 위한 다양한 조건들과 결합하여 조직화하는 것이다.

(2) 직무설계는 직무를 조직화하는 방법에 따라 직무수행의 효율성과 종업원의 직무만족도가 결정될 수 있다.

(3) 직무설계는 종업원의 욕구와 조직의 목표를 통합시키기 위해 개인과 조직을 연결시켜 주는 가장 기본적인 단위인 직무의 내용, 방법, 관계를 구체화하는 것을 말한다.

(4) 직무설계를 효과적으로 수행하게 되면 직무만족의 증대, 작업생산성의 향상, 이직 및 결근율의 감소 등을 가져올 수 있다.

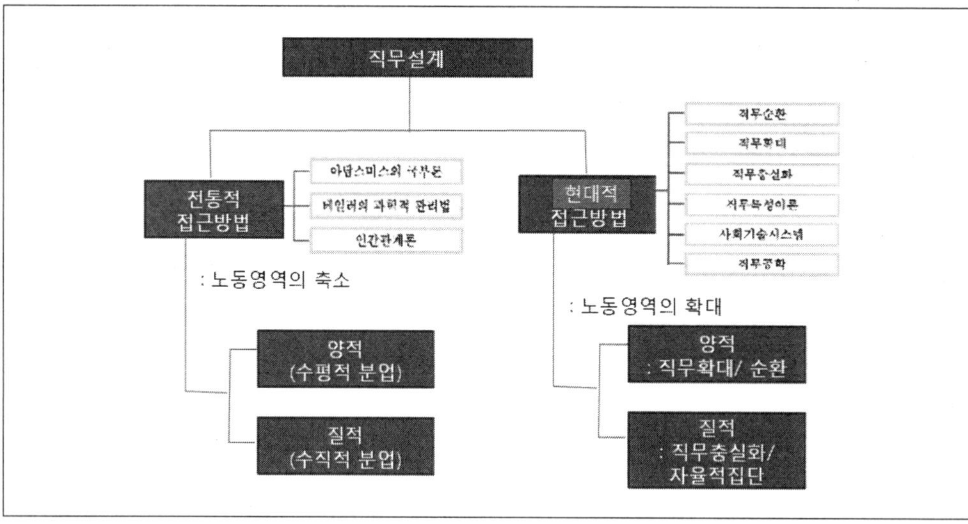


## 2. 직무연구의 발전과정

### (1) 전통적 직무연구 : 직무를 중심으로, 직무에 인간을 어떻게 적응시킬 것인가 연구

과학적 관리법에 기반하여 직무를 효율 중심으로 설계하고 낮은 비용으로 높은 성과를 달성, 산업혁명 이후 최고의 직무설계의 가치는 고도의 생산성에 대한 문제였다. 따라서 인간의 욕구나 본성을 고려할 필요가 없이 인간의 희생을 통한 최고의 성과를 달성하는 것이 직무설계의 가치였다.

#### 1) 애덤 스미스의 분업의 효과

분업을 통해 단순하고 쉬워진 부분노동은 작업시간을 단축시키고 공정변화 시 생기는 작업손실을 경감시킬 수 있어서 전체적인 노동생산성을 올릴 수 있었다.

#### 2) 테일러(Tayor)의 과학적 관리법

① 의의

단순화, 표준화, 전문화를 통해 회사 내의 직무를 최소단위까지 나누어 한 곳에서 하나의 부품이나 제품만을 담당하게 하면서 가장효율적인 방법을 찾고자하는 방법으로 Taylor가 주장 실천하였으며 경영학에 있어 과거 표류작업을 벗어나서 현대경영학 시작의 시초라고 할 수 있다.

② 경영상의 이점

직무의 과학적 분석과 검토를 통해서 작업자의 능률을 극대화, 고도로 세분화된 작업을 통해 미숙련근로자도 얼마든지 수행가능, 최소한의 교육만으로도 작업 가능

## (2) 현대적 직무연구 : 인간을 중심으로, 직무를 어떻게 설계할 것인가 연구

1) 의의

① 사회적·인간적 욕구까지도 충족시킬 수 있도록 직무내용, 작업방법, 작업간의 상호연관성 등을 연구한다.

② 전통적인 의미의 직무설계가 보다 낮은 욕구수준에서의 기술적인 욕구충족에만 관심을 집중하고 있는 반면, 현대적 의미에서의 직무설계는 직무담당자의 사회적 인간적 욕구까지도 충족시킬 수 있도록 직무내용, 방법 및 직무상호 간의 관계를 결정하는 것이다.

2) 전제

① 대부분의 직무는 개선가능하다.

② 자원은 효율적으로 이용되어야 한다.

③ 직무내용은 직무만족과 연관되어 있다.

④ 동기부여와 생산성은 필연적 관계에 있다.

⑤ 인간은 의미 있는 일을 필요로 하고 이를 추구하고자 한다.

3) 직무설계 이론

① 직무특성이론 (Hackmon & Oldham)

㉠ 의의

직무특성이론은 핵크만과 올드햄(Hackman & Oldham)에 의해 제시된 이론으로 현대적 직무설계의 이론적 지침이 되고 있다. 이 모형은 5가지 직무특성을 확인하여 상호관련성과 종업원의 생산성, 동기유발 및 만족에 미치는 영향관계를 설명하고 있다. 특히 개인별로 성장요구가 다르며 이를 직무설계시 고려해야함을 강조한 것은 현대직무설계에 있어 그 방향성을 제시할 만큼 획기적인 것이다.

㉡ 주요 내용

- 직무특성 모형에서는 5가지 직무특성을 핵심직무차원이라고 하며, 기술다양성, 과업정체성, 과업중요성, 과업자율성, 결과의 피드백이 있다.
- 작업자의 태도와 행위에 영향을 미치는 직무특성을 규명하는 것

- 직무특성이론은 직무설계이론의 핵심적인 토대 마련
- 터너(A. N. Turner)와 로렌스(P. R. Lawrence)의 연구에 의해 본격화되기 시작
- 핵크맨(J. R. Hackman)과 올드햄(G. R. Oldham)에 의해 하나의 이론으로 완성

㉢ 효과

- 개인차를 고려한 직무충실화
- 개인에게 만족감 주고 동기부여 가능
- 생산성 향상 등 양적 성과에 대한 예측이 어려움

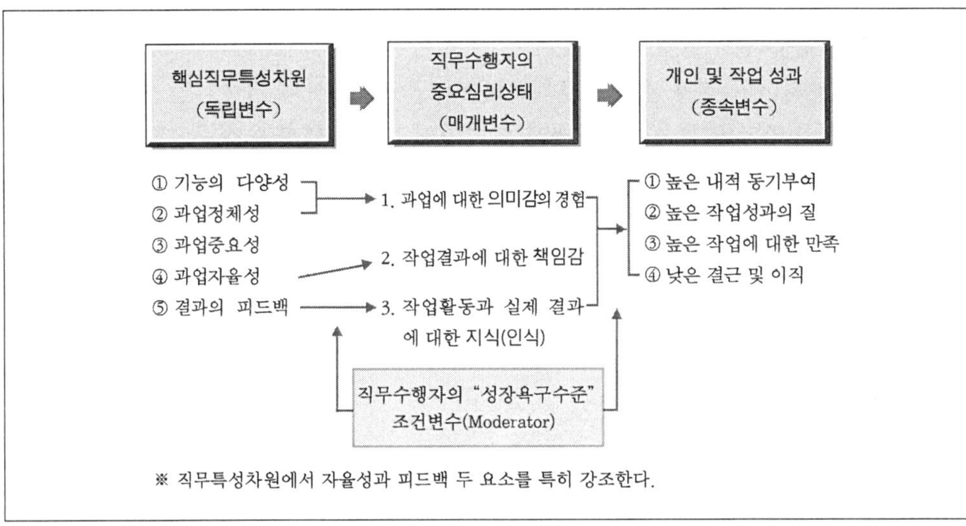


〈그림〉 직무특성이론

㉣ 모형

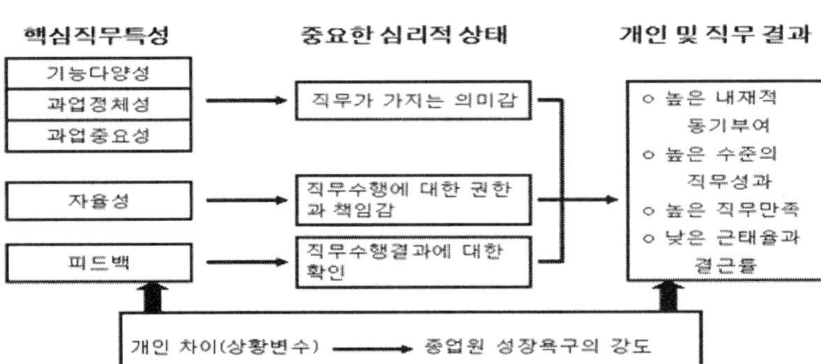

ⓜ 동기유발 잠재력 점수

(기술다양성+과업정체성+과업중요성 / 3) × 자율성 × 피드백

직무설계 시 본래 직무의 동기유발 잠재력 점수에 따라 효과적인 직무설계가 가능해졌다.

ⓑ 연구결과

핵심직무차원의 점수가 높은 직무를 수행하고 있는 사람들은 그렇지 않은 사람들보다 더 동기유발되고 더 직무만족도가 높은 것으로 나왔다.

② 사회·기술시스템이론

㉠ 의의

조직을 테일러적인 단순한 기술시스템 또는 인간관계적인 단순한 사회시스템으로 보지 않고, 기술적 요구와 인간적 요구의 동시최적화를 추구하면서 환경적 조건에도 부합되도록 직무를 설계하도록 하는 이론으로 후에 자율적 작업집단의 근거가 된다.

㉡ 직무설계원칙

- 과업의 최적다양성
- 의미 있는 과업형태
- 가치 있는 과업 등

③ 노동의 인간화

㉠ 의의

기존의 노동이 비인간적으로 설계되어 이루어지고 있다는 인식에서 출발하고 있으며, 테일러리즘에서는 근로자들로 하여금 전체의 일이 아닌 분업화되어 파편화된 부스러기 일을 수행하도록 근로자들의 미숙련화와 미성숙화를 야기 한다는 것이다.

㉡ 기업 내 노동의 인간화 방안

- 작업조건의 인간적 설계 : 작업장소, 작업시간
- 직무의 인간적 설계 : 직무순환, 직무의 수평적 · 수직적 확대, 준자율적 작업집단
- 인간적 경영관리 : 인적자원개발, 인적자원계획, 경영참가제도, 민주적 리더십

4) 개인과 집단의 직무설계

조직의 목표달성과 개인의 만족감 증대를 위해 직무를 적극적으로 설계하는 것

① 개인수준의 직무설계

㉠ 직무확대 : 수평적 직무확대

ⓐ 주요 내용

- 맡은 직무를 다양하게 함
- 직무에 대한 단조로움 감소
- 종업원의 동기부여에는 실패

ⓑ 개념 및 특징

직무의 범위를 수평적으로 확장하는 것으로 직무를 구성하는 과업의 수를 늘리는 것이다. 다만, 작업자가 수행하는 과업의 수는 늘어나게 되지만 의사결정권한이나 책임의 증대는 동반되지 않는다.

ⓒ 기대효과

단순반복업무에서 발생하는 단조로움, 지루함, 싫증을 줄여 직무만족의 향상, 결근율과 이직률의 감소를 가져올 수 있다.

ⓓ 한계

추가되는 과업이 단조롭고 흥미 없는 것일 경우 오히려 작업자의 실망이 커질 수 있으며, 작업자의 성장욕구의 강도에 따라 직무확대에 대한 태도가 다를 수 있으나 이를 고려하지 못하고 있다.

ⓛ 직무충실화 : 수직적 직무확대

ⓐ 주요 내용

- 종업원에게 관리적 기능까지 위임
- 직무를 질적으로 재정의・재구성 함
- 허쯔버그의 2요인 이론에 기초
- 개인차 무시, 과다한 비용소요 등의 문제

ⓑ 개념 및 특징

- 직무확대처럼 직무의 수를 늘리기 보다는 직무내용을 풍부하게 만들어 작업상의 책임을 늘리며, 능력을 발휘할 수 있는 여지를 크게 하고 도전적이고 보람 있는 일이 되도록 직무를 구성하는 것을 의미한다.
- 직무충실화에서 강조하는 것은 전통적으로 관리자의 고유기능에 속하였던 계획과 통제를 작업자에게 위양하는 것이다.

ⓒ 기대효과

종업원의 자유와 독립성이 증대되고, 작업자가 완전한 전면적인 활동을 할 수 있도록 과업이 조직화되며 피드백이 제공되도록 하여 작업자 자신들이 자신들의 업적에 대해 수정조치를 취할 수 있게 된다.

ⓓ 한계

종업원 개인의 차이를 고려하지 않았으며, 이의 적용 시 기술 / 훈련 / 임금상승 등의 변화를 동시에 시행하기 때문에 과연 직무충실만의 효과인지 혹은 어떤 직무요소가 영향을 미치는지 밝혀지지 않았다. 또한 생산성에 대해서도 확실한 연구결과가 나오지 않고 있다.

② 집단수준의 직무설계

㉠ 직무순환

ⓐ 주 내용

다양한 직무를 경험할 수 있도록, 여러 직무를 돌아가면서 수행하는 것이다.

ⓑ 개념 및 특징

다양한 직무를 순환하여 수행하도록 함으로써 기술 다양성을 증가시키게 하는 것이다. 다만, 여러 가지 과업이 호환성이 있고, 작업자는 작업흐름에 큰 지장을 주지 않고 과업끼리 순환가능해야 한다.

ⓒ 기대효과

지루함을 줄여주고, 작업자의 기능다양성을 제고시키게 되어 인력활용의 유연성을 높일 수 있으며, 작업자에게 직무수행의 기회를 제공하여 경력개발을 돕는다.

ⓓ 한계

직무가 바뀌기 때문에 동일수준의 기술을 가정한다고 하더라도 단기간에 생산성의 저하가 발생하며, 직무순환이 가능한 일들은 비교적 낮은 수준으로 높은 수준의 업무는 적용이 어렵다. 또한 작업자의 기대나 직무는 크게 바뀌지 않고 일시적으로 단조로움이나 권태감만 완화시킬 수 있다.

㉡ 직무교차

ⓐ 개념 및 특징

각 작업자의 직무의 일부분을 타 작업자의 직무와 중복되게 하여, 중복된 부분을 타 작업자와 공동으로 수행하게 하는 직무설계방식이다. 직무확대가 한명의 작업자를 대상으로 개별설계를 한다면 이는 반드시 다른 작업자와 공동으로 수행해야 한다는 것이다.

ⓑ 기대효과

단조로움을 감소시키며, 작업자간의 협동부족에서 오는 소외를 줄일 수 있으며 이를 통해 커뮤니케이션을 향상시켜 준다.

ⓒ 한계

교차된 직무를 서로 소홀히 하게 되면 생산성에 문제가 발생할 수 있고, 미루거나 책임을 지지 않으려 할 수 있다.

㉢ 작업팀

ⓐ 주 내용

- 통합적 작업팀 : 직무확대의 집단수준 실시
- 자율적 작업팀 : 직무충실화의 집단수준 실시

ⓑ 개념 및 특징

직무충실화 프로그램이 집단수준에서 실시되고 있는 경우에 나타나는 기법으로 팀이 수행하고 있는 작업을 수직적 통합을 통해서 심화시키는 방법이다.

작업팀에게 달성해야 할 목표가 부여되고 작업할당, 휴식시간, 검사절차 등을 자유로이 결정하여 처리하도록 일임한다. 때로는 선발과 업적평가까지도 가능하도록 한다.

ⓒ 기대효과

스웨덴의 볼보자동차 회사가 그 시초라 할 수 있는데 결과적으로 생산성이 향상되며, 팀 내 구성원들끼리 자발적으로 노하우가 전수됨으로써 교육훈련비가 경감된다.

ⓓ 한계

기업과 자율적 팀 간의 갈등발생과 작업팀 내 구성원 간 갈등문제가 있을 수 있다.

* 작업모듈
- 작업모듈은 수시로 집단내부의 일부 과업을 모듈로 편성해서 작업자들에게 할당하는 기법이다.
- 일반적으로 작업모듈은 주로 작업자들이 회피하려는 경향이 있는 작업을 효율적으로 실행하는데 주로 활용되는 기법이다.

* 기타 : 압축근무시간제, 변형근로시간제, QC서클, 동시공학 등

참고

**집중근무시간제와 압축근무시간제**

'집중근무시간제'는 지정된 특정 시간동안에는 가급적 회의소집이나 면담, 전화통화를 하지 않는 등 근무시간 중 특정시간대의 업무만을 집중적으로 수행하는 제도이다. 이에 반해 '압축근무시간제'는 주당 법정근로시간의 범위 내에서 근무일수를 줄이는 대신 근무하는 날에는 많은 시간을 일하는 제도를 일컫는다.

**변형근로시간제**

변형시간근로제(탄력적 근로시간제)는 근로자의 근무시간을 바쁠 때는 늘리고 한가할 때는 그 이하로 줄이는 등 탄력적으로 운용하되, 일정 기간의 전체 근로시간이 법정시간 이하이면 초과근로수당을 면제하도록 하는 근로제도이다.

5) 직무분석의 새로운 경향

인적자원관리의 외적 환경의 변화에 따라 인적자원관리의 패러다임에 새로운 변화가 나타난다.

- 내부노동시장 중심에서 외부노동시장 중심으로
- 집단주의에서 개인주의로
- 사람중심에서 직무중심으로
- 인사의 스탭(Staff)기능 중심에서 현장관리자 중심으로

- 연공중심에서 성과중심으로
- 범용적 인재중심에서 특성화된 전문가형 인재중심으로
- 수동적 인재관리에서 능동적이며 환경 변화 대응적 인재로 바뀌어 가고 있다.

불확실한 환경에서 직무 중심으로 능동적인 인적자원관리 또는 성과 중심적 인적자원관리로 발전하였다.

① 전략적인 혁신의 관점에서 직무분석 수행

직무분석을 하는 인력들은 기업의 전략적 방향이 무엇이며 이를 달성하기 위해 해당 직무는 어떻게 혁신되어야 하는가를 고민하고 분석해야 한다. 불확실한 환경에서 창의적이며 진취적인 업무수행과 프로세스적인 가치창출활동이 중요하다.

② 유연성

직무의 변화속도가 빠른 현대 조직에서 직무기술서에 얽매이지 않고 직무가 변화함에 따라 유연하게 대처함으로써 경쟁력을 제고 하려는 기업이 늘고 있다. 정형화되고 고정된 업무를 탈피하여 비정형화된 업무 수행능력이 요구된다.

③ 역할중심의 직무분석

직무를 과업중심에서 역할중심으로 분석하려는 노력이 보이고 있다. 이는 직무분석을 통해 조직내 구성원간 역할 관계가 규명될 수 있다는 장점이 있다. 또한 다양한 팀들 사이의 공유 활동을 강화하기 위해서도 중요하다.

④ 동태적 직무분석

일상적이고 정규적 직무를 중심으로 정태적으로 직무를 분석하는 종래의 방식에서 벗어나 문제해결과 혁신 중심으로 동태적 직무분석을 시도하는 경향이 두드러지고 있다.

⑤ 프로세스 중심의 직무분석과 핵심역량 분석

가치창출을 위한 Process 중심으로 직무분석이 이루어지고, 이를 통해 직무간의 협력과 환경변화에 따른 직무변동 등에 대한 체계적인 분석이 되어야 한다. 더불어 기업의 핵심역량 강화를 위한 직원들의 역량에 대한 체계적인 분석이 필요하고, 경력개발의 기준을 제시하기 위해서, 새로운 경영전략을 지원할 수 있는 인사관리 체계를 재정립하기 위해서 직무분석의 효용성이 제고되고 있다.

⑥ 시장특성에 입각한 직무분석

직무의 분류와 직무에 대한 가치매김에 있어서 시장원리가 도입되는 경향이 강하다. 즉 한 기업의 직무와 직무요건이 동종업계, 동일 노동시장내에 일의 동등한 비교가치를 지니는지 분석하는 경향이 늘고 있다.

⑦ 브로드밴딩(Broadbanding) 현상

단위직무를 지나치게 세분화하기 보다는 유사한 직무를 크게 묶는 현상을 말한다.

Broadbanding은 직무의 묶음을 통해서, 과거 수직적이고 긴 의사결정체계를 가진 조직이 flat 조직으로 변화하는 추세에 맞추어 유연한 인사관리가 가능하도록 하는데 있다.

# # 예상문제 : 프레임웍 연습

## 경영학적 라이팅 모델 : Step by Step Writing and Problem-solving

제2차시험의 출제된 문제를 충실히 분석하는 것이 좋은 답안을 작성하는 데 있어서 가장 중요하다. 출제된 문제에 들어있는 정보를 최대한 찾는 것이 가장 중요하다. 또한 출제된 문제와 너무 지나치게 연관 없는 정보는 무의미하다. 출제된 문제 유형이 설명, 논증, 그리고 설계 등 인지를 확인 한다. 출제된 문제에서 추출된 정보로부터 이론 및 개념, 관련된 다양한 이슈와 배경 등을 탐색한다. 다음에 설명, 논증, 그리고 설계 등의 문제 유형에 따라서 아이디어를 도출한다. 도출된 아이디어로부터 적절한 문제의 해를 제시하고, 그 해를 검증 혹은 논증하는 과정을 추론한다. 이 후 관련 이론 등을 제시하고 전체적인 글의 내용과 구조를 구성한다.

step 1. 문제의 유형을 분석한다(설명, 논증, 그리고 설계 등).
2. 제시된 문제에서 정보를 최대한 추출한다.
3. 문제와 관련된 다양한 이슈와 배경 등을 탐색한다.
4. 설명, 논증, 그리고 설계에 따라서 아이디어를 도출한다.
5. 도출된 아이디어로부터 적절한 문제의 해를 제시한다.
6. 그 해를 검증 혹은 논증하는 과정을 추론한다.
7. 관련 이론 등을 제시하고 전체적인 글의 내용과 구조를 구성한다.
8. 서론, 본론, 결론의 각 구성요소를 결정하여 논증이나 검정을 작성한다.

각각의 단계에 따라서 주어진 문제를 분석하고, 그 분석에 의해서 도출된 결과물은 다양한 도형과 기호 등을 사용하여 제시함으로써 이해하기 용이하게 구성하면서, 서론, 본론, 결론 등에 제시할 내용 등을 설계한다. 그리고 각각의 설계에 따라서 글쓰기 그리고 논술을 시작한다.

## 문1) 직무분석의 목적, 절차, 방법, 기법에 대해 약술하시오. (25점)

step 1. 문제의 유형을 분석한다(설명, 논증, 그리고 설계 등).

> 직무분석의 목적, 절차, 방법, 기법에 대한 설명
> → 약술형

직무분석의 목적, 절차, 방법, 기법 등 직무분석 전반에 대한 이해와 지식체계를 설명하는 문제 유형

step 2. 제시된 문제에서 정보를 최대한 추출한다.

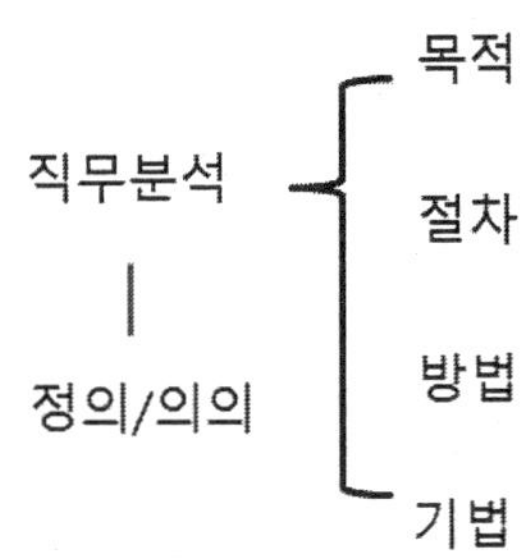


문제에 제시되어 있는 정보를 최대한 추출하여 이를 도식 및 그림으로 표현한다.

step 3. 문제와 관련된 다양한 이슈와 배경 등을 탐색한다.

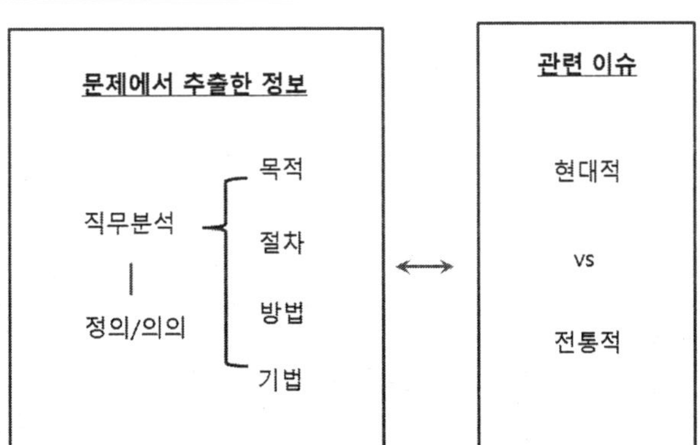

문제와 연관된 이슈와 배경을 기술함을 통하여 효율적인 관리 방안에 대한 방향과 제도 등에 대한 문제제기와 해를 도출할 수 있는 기본적인 아이디어가 구성된다. 이때 수험자들은 어떤 아이디어(Idea)를 도출 할 것인가에 대한 기본 준비를 염두에 두고 관련 이슈와 배경 등을 탐색해야 한다.

특히 최근의 이슈 등을 중심으로 배경 등을 탐색한다.

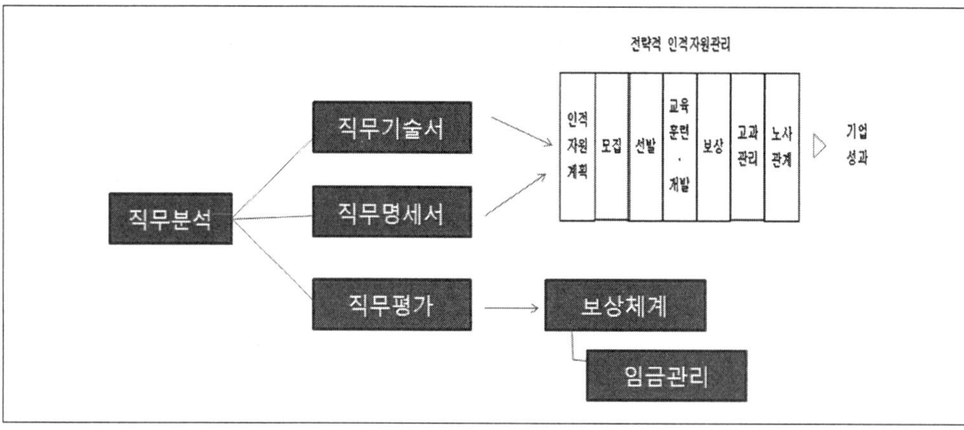


step 4. 설명, 논증, 그리고 설계에 따라서 아이디어를 도출한다.

이 단계에서는 어떤 아이디어를 도출할 것인가를 문제의 기본정보와 수험자가 제시하는 관련 이슈 및 배경을 연결하여 아이디어를 도출한다. 너무 넓은 범위에서 도출하지 말고 한두 가지 이슈나 배경 등에 그 초점을 맞추어라.

직무분석의 의미를 현대적 기업과 전통적 기업으로 발전해가는 의미에서 답안을 작성한다. 특히 현대 기업에서 환경변화에 따른 직무 특성이 정형화된 직무에서 비정형화된 직무로 변해가는 과정을 제시한다.

step 5. 도출된 아이디어로부터 적절한 문제의 해를 제시한다.

약술형은 생략해도 무방함

# 연습지 활용

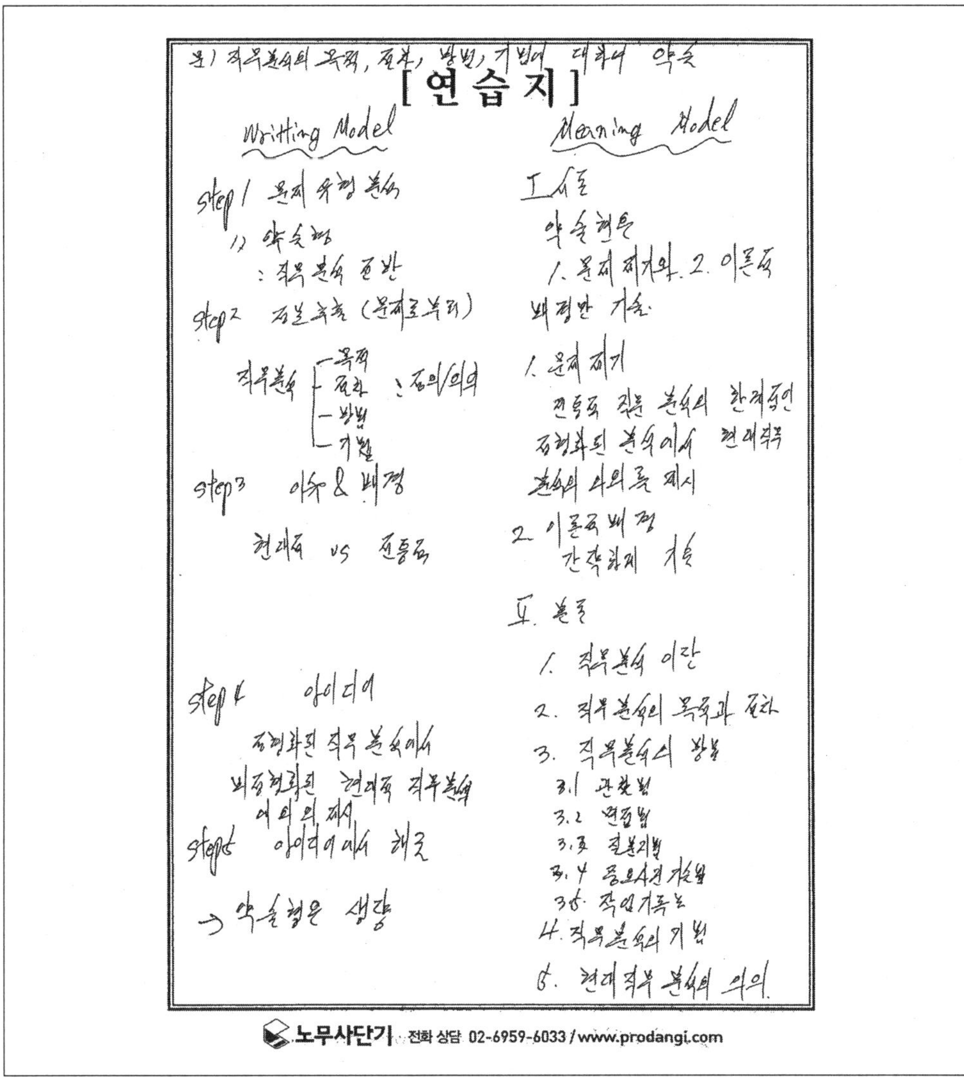

문) 직무분석의 목적, 절차, 방법, 기법에 대하여 약술

[연습지]

Writting Model

step1 문제 유형 분석

1) 약술형

: 직무분석 전반

step2 정보추출 (문제로부터)

직무분석 ┬ 목적 ┐
├ 절차 ├ : 정의/의의
├ 방법 ┤
└ 기법 ┘

step3 이슈 & 배경

현대적 vs 전통적

step4 아이디어

정형화된 직무분석에서 비정형화된 현대적 직무분석 의의의 제시

step5 아이디어에서 해결

→ 약술형은 생략

Meaning Model

Ⅰ. 서론

약술형은 1. 문제제기와 2. 이론적 배경만 기술

1. 문제제기

전통적 직무분석의 한계점인 정형화된 분석에서 현대직무분석의 의의를 제시

2. 이론적 배경

간략하게 기술

Ⅱ. 본론

1. 직무분석 이란

2. 직무분석의 목적과 절차

3. 직무분석의 방법

3.1 관찰법

3.2 면접법

3.3 설문지법

3.4 중요사건기술법

3.5 작업기록法

4. 직무분석의 기법

5. 현대직무분석의 의의

## 2. 직무설계의 원리를 활용 혹은 사용하여 유연한 근로시간 관리를 기업조직 전체로 확장시키기 위해 적용 / 활용 가능한 방식을 설계 하시오(50점).

→ 논술을 위한 기본 과정에 맞추어 글 전체에 대한 구성과 방향 등을 Step by step으로 실행한다.

| step 1. 문제의 유형을 분석한다(설명, 논증, 그리고 설계 등).<br>2. 제시된 문제에서 정보를 최대한 추출한다.<br>3. 문제와 관련된 다양한 이슈와 배경 등을 탐색한다.<br>4. 설명, 논증, 그리고 설계에 따라서 아이디어를 도출한다.<br>5. 도출된 아이디어로부터 적절한 문제의 해를 제시한다.<br>6. 그 해를 검증 혹은 논증하는 과정을 추론한다.<br>7. 관련 이론 등을 제시하고 전체적인 글의 내용과 구조를 구성한다.<br>8. 서론 본론 결론의 각 구성요소를 결정하여 논증이나 검정을 작성한다. |
|---|

step 1. 문제의 유형을 분석한다(설명, 논증, 그리고 설계 등).

| 직무설계의 원리와 유연한 근로시간 관리<br>→ 유연한 근로시간 관리의 조직 확대 적용을 위한 직무설계원리의 적용/활용방안 논증 혹은 검증 |
|---|

조직 전체에 유연한 근로시간을 확대 적용하기 위한 직무설계의 원리 적용방안과 이를 관리하기 위한 활용방안 등을 제시하고 이를 논증한다.

step 2. 제시된 문제에서 정보를 최대한 추출한다.

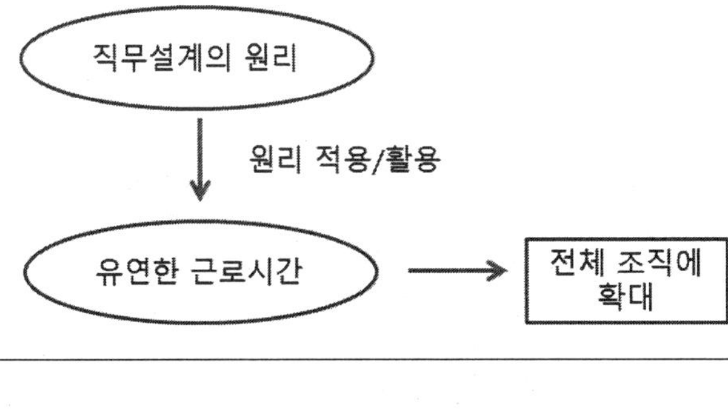

문제에 제시되어 있는 정보를 최대한 추출하여 이를 도식 및 그림으로 표현한다.

step 3. 문제와 관련된 다양한 이슈와 배경 등을 탐색한다.

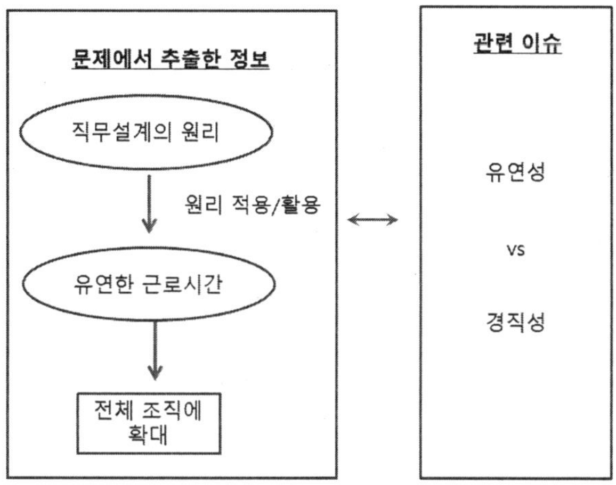


문제와 연관된 이슈와 배경을 기술함을 통하여 효율적인 관리 방안에 대한 방향과 제도 등에 대한 문제제기와 해를 도출할 수 있는 기본적인 아이디어가 구성된다. 이때 수험자들은 어떤 아이디어(idea)를 도출 할 것인가에 대한 기본 준비를 염두에 두고 관련 이슈와 배경 등을 탐색해야 한다.

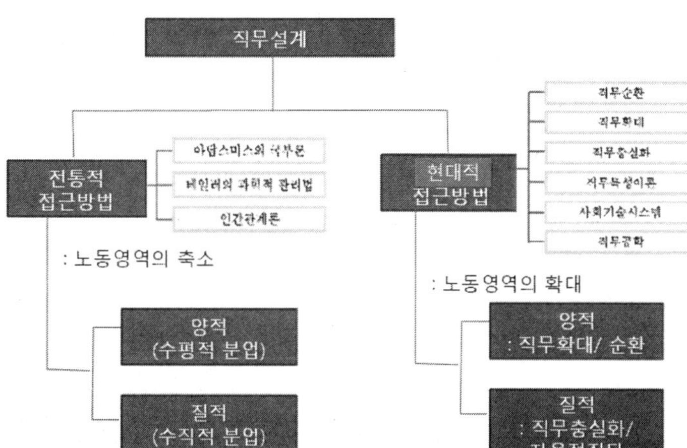

step 4. 설명, 논증, 그리고 설계에 따라서 아이디어를 도출한다.

이 단계에서는 어떤 아이디어를 도출할 것인가를 문제의 기본정보와 수험자가 제시하는 관련 이슈 및 배경을 연결하여 아이디어를 도출한다. 너무 넓은 범위에서 도출하지 말고 한 두가지 이슈나 배경 등에 그 초점을 맞추어라.

| | 경직성 | 유연성 |
|---|---|---|
| 정형화된<br>근로시간 | - 기능 부서 중심 | - 기능부서와 자율팀 등 연계 |
| 비정형화된<br>근로시간 | - 기능부서에 부분적으로 도입 | - 핵심역량부서 등을<br>중심으로 적용 |

step 5. 도출된 아이디어로부터 적절한 문제의 해를 제시한다.

위의 아이디어를 도입단계별로 확장하여 적용

제1단계 : 정형화된 근로시간과 경직성
- 표준화된 업무를 중심으로 기능 부서를 관리

제2단계 : 비정형화된 근로시간과 경직성
- 기능부성에 다중 기준을 적용하여 부분적으로 적용

제3단계 : 정형화된 근로시간과 유연성
- 기능부서 등에 자율팀 등을 연계하여 유연성을 높임

제4단계 : 비정형화된 근로시간과 유연성
- 핵심역량을 중심으로 유연성을 높임

전사 조직의 변화를 단계별로 추진하여 핵심역량을 중심으로 조직을 개편하여 유연근로시간을 확대 적용함

# 제4장

# 인적자원계획

## 제1절 인적자원계획과 환경

### 1. 인적자원계획

기업 조직은 외부 환경변화의 대응과 내적인 효율성 측면에서 균형을 이루면서 발전시켜야하는 과제를 안고 있다. 이런 현실 속에서 두 문제(환경 불확실성과 내적 효율성)를 적합하게 조율할 수 있는 핵심적인 인재의 필요성이 증대되고 있고, 또한 핵심역량으로서 우수 인재의 확보와 관리가 기업의 경쟁력을 결정하는 주요한 요인이다.

#### (1) 인적자원계획의 의의

- 인적자원계획은 현재 및 미래의 특정 시점에서 기업이 요구되는 인력의 수요 예측하고, 또한 조직내 / 외 인력 변동을 조사하여, 인력의 안정적인 확보와 유지를 위해 진행되는 일련의 활동이다.
- 인적자원계획은 기업의 전사적인 전략과 인사관리목표 및 개별 인사관리활동의 목표 등이 상호 부합되고 상호작용하는 것이 중요하다.
- 즉 인력예산이나 모집 / 선발 / 승진 / 이동 / 훈련계획 등의 인사관리 계획에 따라 변동하는 인력의 수급상황을 고려해야 된다.

#### (2) 인적자원계획의 목적

조직에 필요한 인력인 인적자원의 계획은 조직의 전략적 목적과 부합해서 운영되고 그 목적은 다음과 같다.

- 내부노동시장을 효과적으로 관리함으로써 기업 내부의 인력공급원천의 건전성을 유지하는 동시에, 외부노동시장의 공급에 차질이 발생하는 상황에서 인력공급의 안정성이 유지되도록 한다.

- 종업원 개개인이 자신의 능력을 충분히 발휘하고, 직무를 수행하는 과정에서 만족할 수 있게 한다.
- 인적자원관리의 여러 기능이 효과적으로 운용되도록 지원하고, 인적자원관리의 전체적 방향을 제시하며, 인적자원관리 작업의 성과를 평가하기 위한 근거를 제공한다.

### (3) 인적자원계획의 요건

인적자원계획이 효과적으로 이루어지기 위해서는 다음과 같은 몇 가지 요건을 갖추어야 한다.

- 경영목표와 경영전략의 설정
- 노동시장의 이해
- 최고경영자의 참여와 지지
- 인적자원관리기능과의 조화
- 경쟁기업과 경쟁력

## 2. 인적자원계획의 과정과 범위

인적자원계획의 전반적인 과정과 범위는 아래의 [그림]에서 보는 바와 같이 인력수요분석, 인력공급분석, 내부인력공급과 외부인력공급의 조화, 인력수요와 인력공급의 조정 등으로 이루어진다.

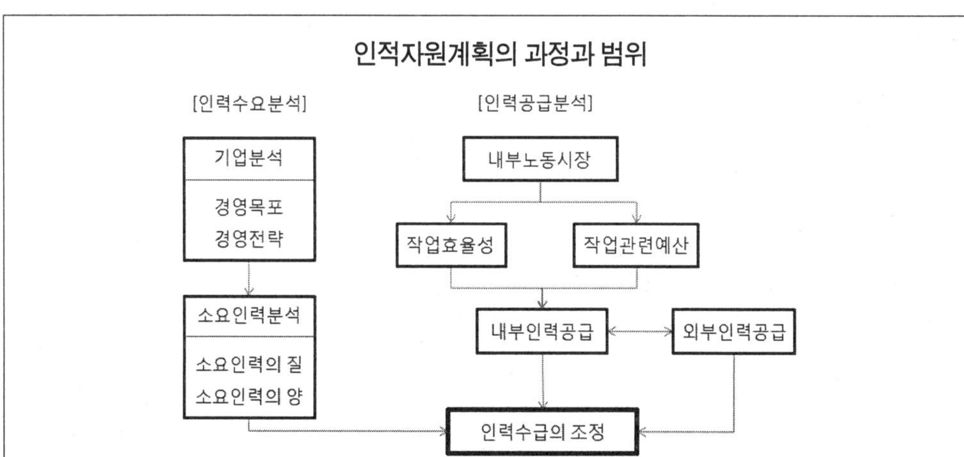


(출처: 현대인적자원관리, 박영배, 2014년, 청람)

• 인력수요분석 : 기업조직에 장 / 단기적으로 필요한 인력을 분석
• 인력공급분석 : 필요시 필요인력을 기업조직에 공급 인력을 분석
• 내부인력공급과 외부인력공급의 조화 : 기업조직내부 인력의 개발과 외부인력의 공급 등을 전사적인 전략과 인적자원의 전략 등과 연동하게 함
• 인력수요와 인력공급의 조정

## 3. 인적자원계획과 환경요인

### (1) 인적자원계획과 환경과의 관계

1) 인적자원관련법의 동적인 변화

: 근기법, 노조법, 산재법, 남녀고용평등법, 산업안전보건법 등

2) 생산자중심 → 소비자중심의 시대

: 과거 무조건 많이 팔면 팔리던 소품종 대량생산의 시대에서 사회적/문화적 가치의 다양성으로 이제는 다품종 소량생산의 시대로 감으로써 기업은 보다 더 역동적으로 시장상황을 주시해야만 한다.

3) 세계화로 인한 국가 간의 보호장벽 제거

: 과거 자국 산업과 기업을 위해 보호무역을 통해 '우물안 개구리'식의 경쟁력이 떨어지는 기업을 양산했다면 이제 WTO라는 완전자유무역을 외치는 거대 무역시스템에서는 완전자율경쟁을 통해 경쟁력 있는 제1인자만이 살아남을 수밖에 없는 상황이 되었다.

4) 기술의 혁신

: IT기술의 발달은 비효율적인 업무를 제거하고 다양한 고정비용을 혁신적으로 줄임으로써 시장의 흐름과 고객의 반응 그리고 내부적으로는 커뮤니케이션을 과거와는 비교할 수 없을 정도로 바꾸어 놓았다.

5) 가치관의 변화

: 내외부적으로 기존의 상명하복의 업무처리는 더 이상 바람직하지 못하다. 인적자원들 또한 다양한 가치관과 자아실현을 위해 일을 함으로써 기업입장에서도 똑 같은 선발방식, 교육훈련, 경력개발은 오히려 이직과 생산성의 저하를 가져올 수 있다.

### (2) 인적자원계획 과정

1) 환경분석

- 현대 기업의 환경분석의 의미는 미래와 현재의 불확실성의 요소를 찾아내고 이에 대응하기 위한 것이다.
- 환경 분석을 통하여 조직이 요구하는 인력의 질과 양을 조사 분석하여 미래 혹은 향후의 인력수급에 영향을 미칠 요인들을 분석하고 대응하기 위한 것으로써 흔히 경제적 / 기술적 / 사회문화적 / 정치적 / 법적 환경 등이 있다.

2) 인적자원 수요예측

- 인적 자원의 수요예측은 기업이 현재와 미래에 요구되는 인력을 확보하기 위해 인적자원의 특성인 질과 요구되는 인원수를 분석하고 예측하는 과정이다.
- 인적자원의 수요 예측 방법으로는 정량적방법(추세분석, 회귀 분석 등)과 정성적 방법(명목집단 분석, 델파이 기법 등)이 있다.

3) 인적자원 공급예측

- 미래의 특정시점에서 조직이 필요로 할 유형의 인력을 조직내부와 외부로부터 어느 정도나 충당할 수 있을 것인가를 추정하는 과정이다.
- 그리고 인적 자원의 공급 예측을 위해서는 사전에 인적자원의 유형별 규모, 승진, 배치전환, 퇴직, 사직, 해고, 휴직 등의 인력변동추이를 파악해야 한다.

4) 인적자원 수급불균형조정

- 수요가 공습보다 많은 경우(수요 〉 공급) : 수요가 많으므로 선발 시에 적합하지 않은 인재를 뽑을 확률이 높으므로 이런 오류를 줄이기 위해 최대한 선발의 신뢰성과 타당성에 신경을 써야 한다.
- 수요가 공급보다 적을 경우(수요 〈 공급) : 공급인력이 많다는 것은 많은 좋은 인재를 뽑을 확률이 높은 경우이나, 그래도 최대한 적합한 인재를 선발하기 위한 노력을 기울여야 한다.

# 제2절 인력계획

**인력계획**(Human Resources Planning)
현재 및 미래의 각 시점에서 조직이 필요로 하는 인적자원을 사전에 예측하고(인력수요), 이에 대한 조직 내외의 공급상황을 예측(인력공급)하여 이를 적절히 조화시킬 수 있는 방안을 강구하는 것
- 중요성 : 기업이 특정 인력을 갑자기 필요로 할 때 적당한 사람을 찾기 쉽지 않다.

**모집**(Recruitment)
능력과 기술을 가진 인적자원을 확보하기 위하여 인적자원을 조직으로 유인하는 활동
- 내부에서 모집하는 방법 : 비공개적으로 적임자를 찾아내는 방법, 원하는 사람을 찾기 위해 모집하는 방법 등
- 외부에서 모집하는 방법 : 광고를 통한 방법, 현재의 임직원으로부터 추천을 받는 방법, 직업소개소나 컨설팅업체 또는 학원 등과 같은 전문적인 인력공급기관으로부터 공급받는 방법

**선발**(Selection)
모집을 통해서 응모된 지원자 중에서 조직이 필요로 하는 가장 적합한 사람을 찾는 과정

**배치**(Placement)
신규로 모집 선발된 종업원을 각 직무에 배속시키는 것

## 1. 인력계획의 의미

인력계획은 현재 및 미래의 각 시점에서 기업이 필요로 하는 사람 수를 예측하고 결정하며, 사내 / 외에 필요한 사람들을 배치하고 계획하는 것이다.

인력계획은 고용관리와 더불어 승진, 인사배지, 훈련계획, 임금계획 등과도 밀접한 관계를 가지고 있다.

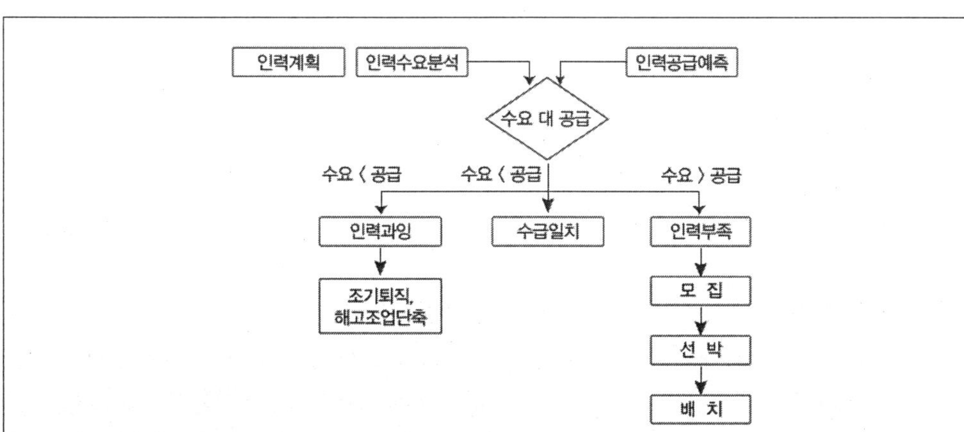

## 2. 인력의 수요예측

소요인력의 수요를 예측하는 데 있어서는 기업의 경영목표와 경영전략, 생산성과 작업효율성의 변화, 직무설계 또는 직무구조의 변화 등과 같은 요인을 반드시 고려해야 한다.

: 거시적(=하향적) 인력예측, 미시적(=상향적) 인력예측 등이 잇다.

### (1) 거시적 인력예측

① 전사 또는 직장단위의 인력예측을 거시적 인력예측이라고 하고, 하향식 인력계획이라고도 한다.

② 거시적 인력예측은 조직전체의 인력예측을 하여 총원을 정하고, 이를 다시 세분화하여 분할해 나간다.

### (2) 미시적 인력예측

직무 또는 단위별로 계산된 인력을 합산하여 소요인력을 집계하는 방식을 미시적 방법이라고 한다.

### (3) 인력의 공급계획 : 내부인력 공급계획 ⇨ 외부인력 공급계획

인력 수요예측과 내부인력 공급예측이 되면 외부인력의 공급계획이 이루어진다.

## 3. 인적자원수요 예측기법

인적자원의 수요 예측은 과거의 추세, 현재의 상태/상황 및 미래의 변동이나 변화에 따른 예측에 입각하여 이루어진다.

### (1) 정량(계량)적 방법

정량(계량)적 방법은 인력 수용과 연관되어 있는 다양한 변수의 특성과 변수에 의해서 설명되는 인적자원의 수요를 분석한다.

#### 1) 추세분석

추세분석(trend analysis)은 과거의 자료를 기반으로 하여 현재와 미래의 추세 변화를 분석하는 방법이다.

① 개념 및 특징

인적자원의 수요와 밀접한 관계를 가진 변수 하나를 선정하여 그 변수와 인적자원수요 간의 관계가 과거에 어떠한 추세로 전개되었는가를 살펴봄으로써 수요를 예측하는 방법이다.

과거 인적자원수요에 관한 자료를 월별, 분기별 또는 연별로 작성하고 추세선 또는 경향선을 통해 이후의 인적자원을 예측하게 된다.

② 장단점

처음에 고려한 모든 상황들이 변함이 없을 경우에는 상당히 효과적이고 정확한 방법이지만 과거의 추세가 미래에도 계속된다는 보장이 없기 때문에 장기적인 인적자원수요예측기법으로는 바람직하지 못하다.

2) 회귀분석

인적자원의 수요에 영향을 미치는 요인(혹은 변수)들의 인과구조를 분석하여 인적자원 수요를 예측하는 방법이다.

① 개념 및 특징

인적자원의 수요량(D)과 매출액 또는 서비스(S), 생산량(P), 예산(B), 노동시장의 수요와 공급(L)등 여러 변수들과의 관계를 고려하여 D=f(S, P, B, L…)과 같은 함수관계로 분석하는 것이다.

인력수요에 미치는 요인이 하나의 변수일 경우 단순회귀분석을 둘 이상이면 다중회귀분석을 사용하여 예측한다.

② 장단점

현재의 자료를 통해 미래를 보다 과학적으로 예측할 수 있게 해주지만, 충분한 과거의 자료가 있어야 하고, 독립변수와 종속변수 간의 유의한 상관관계가 존재해야 한다.

3) 비율분석(ratio analysis)

기업조직의 핵심부서, 즉 생산 / 판매부서 등의 라인부서의 소요인력을 예측하여 관련되는 스텝부서의 소요인력을 예측하는 방법으로써 부서들 간의 안정된 관계가 중요하다.

### (2) 정성적 방법

인적자원관리에 전문적인 식견을 지니고 있다고 판단되는 전문가가 자신의 경험이나 직관 그리고 판단에 의존하여 조직이 필요로 하는 수요예측방법이다.

1) 명목집단기법

서로 다른 분야에 종사하고 있는 사람들을 명목상의 집단으로 간주하고 그들로부터 자유로운 아이디어를 받고 각 아이디어에 대한 각 개인의 익명성을 보장해주면서 반대 논쟁을 극소화 하는 수요예측기법이다.

① 분석과정

부서관리자 또는 전문가들을 소집하여 수요예측질문 → 서면으로 자기의 아이디어 제공 → 아이디어를 차트에 기록 → 타당성검사 후 집단투표

② 장단점

모든 구성원이 타인의 영향력을 받지 않고 독립적으로 문제를 생각해 볼 수 있다는 장점과 시간소요가 많지 않지만, 리더가 자질과 훈련을 갖추고 있어야 한다는 것과 한 번에 한 문제밖에 처리할 수 없다는 단점이 있다.

2) 델파이기법

특정문제에 있어서 다수 전문가들(인적자원전문가, 스텝, 내부관리자 등)의 의견을 종합하여 인적자원수요를 예측하는 기법이다.

① 분석과정

인적자원 수요에 대해 전문적인 식견을 지니고 있다고 판단되는 자 선정→단장기 인적자원수요에 대한 설문지발송→응답결과 수집 및 편집 후 재발송반복→일정한 내용 수렴 및 정리

② 장단점

대면회합 없이 수요예측을 이끌어 낼 수 있고, 타인의 영향력을 배제할 수 있다. 그러나 많은 시간이 소요되고 응답자에 대한 통제력의 결여가 단점이다.

## 4. 인적자원공급 예측기법

인적자원의 수요 예측 후에 필요한 인력을 어떻게 확보하고 모집할 것인가에 대한 의사결정이 이루어져야하고, 요구되는 인력에 대한 공급이 어떻게 이루어져할 것인가에 대한 분석과 예측이 이루어져야 한다.

### (1) 기능목록

조직 내에서 승진 또는 전환에 가장 적합한 개인을 선발하기 위해 특히 비 관리직 구성원들이 보유하고 있는 기능과 능력을 조사하여 결과를 요약해 놓은 자료이다.

일반적으로 보유기능, 조작가능기계 / 장비 / 도구, 담당직무의 내용, 교육수준, 경력, 강점 및 약점 등이 포함된다. 기능목록에 기본적으로 포함되어야 하는 내용으로는 다음과 같은 사항이 중요하다.

① 인적사항
② 기술・지식
③ 활동사항
④ 급여 및 직무전력
⑤ 회사 자료
⑥ 개인의 능력
⑦ 개인의 선호

기능목록은 기업의 인적자원 상황과 인적요건을 상세히 보여주므로 기업내부의 인력공급 가능성을 예측하는 데 큰 도움이 된다. 그리고 기능목록으로부터 얻는 정보는 이밖에도 신규사업의 선정, 종업원의 교육훈련, 경영자의 개발 등을 계획하는 데에도 중요하게 활용된다.

### (2) 마아코프분석

1) 의 의

시간의 흐름에 따른 개별 종업원들의 직무이동확률을 파악하기 위한 것으로써 내부노동시장의 안정적 조건하에서 종업원들의 승진, 이동, 이직 등의 일정비율을 적용하여 미래 각 기간에 걸쳐 현재인원의 변동을 예측하는 방법이다.

2) 유의점

내부노동시장의 승진, 이동, 이직 등의 과거 확률이 안정적이어야 미래 공급인원을 제대로 예측할 수 있다.

3) 마코브분석은 보통 다음과 같은 절차에 따라 진행된다.

첫째, 기업의 조직구조 및 여러 직위들 사이의 관계를 설정한다.

둘째, 역사자료를 수집하여 각 직위상의 근무자수, 승진이동현황, 새로운 직무의 현황, 이직현황 등에 대한 사항을 상세하게 기록한다.

셋째, 역사자료에 근거하여 직무전환의 정도와 방식을 파악한다.

넷째, 종업원의 직무전환 상황이 상당히 명확하고 안정적이라면, 과거의 자료를 이용하여 직무전환의 확률을 계산한다.

다섯째, 직무들 사이의 전환확률을 이용하여 미래의 특정 시기에 각 직위에서 발생할 수 있는 근무자수의 변화와 소요인력 수를 계산한다.

아래의 〈표〉는 어느 영업부서의 직무이동에 관한 현황자료를 보여준다.

마코브분석은 기업의 인력이동을 예측하고 현재의 인력배치와 직무이동 현황을 보여주기 때문에 기업 내의 인력공급을 매우 효과적으로 예측할 수 있게 해준다.

〈표〉 직무간 이동예상률

| 직 위 | 현근무자수 | 내년도 이동예상률 | | | |
|---|---|---|---|---|---|
| | | 영업부장 | 영업과장 | 평사원 | 이직자 |
| 영업부장 | 5 | 4(0.80) | 0(0.00) | 0(0.00) | 1(0.20) |
| 영업과장 | 10 | 1(0.10) | 7(0.70) | 1(0.10) | 1(0.10) |
| 평사원 | 60 | 0(0.00) | 2(0.03) | 49(0.82) | 9(0.15) |
| 합계 | 75 | 5 | 9 | 50 | 11 |

(출처 : 현대인적자원관리, 박영배, 2014년, 청람)

### (3) 대체도(승진도표)

조직 내 특정 직무가 공석이 된다고 가정할 경우 누가 여기에 투입될 수 있을 것인가를 일목요연하게 파악할 수 있도록 시각적으로 나타낸 표이다. 주로 관리직이나 주요 기술직 구성원들을 대상으로 작성된다.

대체도는 종업원 개개인의 자료를 압축하여 일정한 부호로 표시해 놓음으로써 기업 내부의 인력변화를 아주 쉽게 이해하는 데 큰 도움이 된다.

대체도가 효과적인 내부공급예측을 위한 도구로서의 가치가 있기 위해서는 라인경영자가 이용할 수 있어야 하고, 최고경영자의 적극적인 지원이 필요하며, 특히 최신의 자료로 이루어져야 한다.

## 5. 인적자원수요와 공급의 균형

인적자원의 수요와 공급의 예측이 이루어지면 수요와 공급을 비교하여 필요한 시점에 필요한 인력에 대한 적절한 조취가 취해져야 한다.

### (1) 인력부족 시

초과근로 / 임시직고용(비정규직) / 파견근로 / 아웃소싱

### (2) 인력과잉의 경우

1) 직무분할제

① 하나의 풀타임업무를 둘 이상의 파트타임 업무로 전환시키는 것을 말한다. 직무설계 시 직무교차가 하나의 방편이 될 수 있다. 이는 자녀양육 등 가시일이나 개인적인 시간이 필요한 근로자 개인에게 도움이 될 수 있다.

② 효과: 전문직이나 상위계층의 인력활용의 유연성 / 단조로움을 줄여 근로의욕 상승 / 시너지효과

2) 조기퇴직제도

일정연령에 도달한 구성원이 조기에 퇴직하여 제2의 인생을 시작할 수 있도록 기회를 제공하면서 동시에 조직 내 인력과잉과 이에 따른 경력정체현상을 인원감소를 통해 완화하고자 하는 제도로써 명예퇴직제도, 희망퇴직제도, 선택정년제도 등으로 불리어진다.

3) 다운사이징

① 조직의 경쟁력 제고를 위하여 다수의 인력을 계획적으로 감축하는 것을 말한다.

② 시행이유 : 인건비감축 / 신기술도입을 통한 인력수요 감소 / 인수합병 시 중복인력의 구조조정필요

4) 정리해고 / 구조조정

과잉인력에 대한 해소방안으로 미래의 잠재적인 인력 수요의 대응을 위한 유지관리와 연관해서 관리해야 한다.

## 6. 인적자원계획의 효과적 운용

### (1) 인적자원계획의 목표와 전략

기업이 인적자원에 대한 수요와 공급을 예측한 후에는 인적자원계획을 효과적으로 실행하기 위해 인적자원계획의 목표와 실행전략을 설정하고, 마지막으로 그 실행결과를 평가하여야 한다.

#### 1) 인적자원계획의 목표

인적자원계획의 목표는 직접적으로는 인적자원관리 작업의 근거가 되며, 간접적으로는 인적자원계획시스템을 평가하는 기준이 된다. 인적자원계획은 일반적으로 다음과 같은 네 가지의 하위목표를 포함하고 있다.

- 생산성과 효율성의 향상
- 내부인력의 정예화
- 외부인력의 확보
- 대체인력의 배치와 훈련

#### 2) 인적자원계획의 전략

- 인적자원계획의 목표를 설정한 다음에는 그와 같은 목표를 달성하는 데 요구되는 여러 대안을 개발한다.
- 목표달성을 위한 여러 대안을 개발한 다음에는 이에 대한 평가가 이루어진다.
- 마지막으로 이와 같은 평가를 거친 여러 대안을 종합하여 인적자원계획을 실행하기 위한 전략적 방안으로 삼는다.

### (2) 인적자원계획의 실행과 평가

#### 1) 인적자원계획의 실행

일반적인 작업계획에는 인적자원계획의 목표, 주요 직무와 활동, 작업시한, 책임자, 예산배분 등에 관한 내용이 포함된다.

- 첫째, 인적자원계획의 목표를 다시 명시하는 것은 세부적인 실행 작업이 전체의 인적자원계획과 일관성이 있게 일치되어야 하기 때문이다.

• 둘째, 주요 직무와 활동을 제시하는 것은 장차 인적자원계획을 실행하는 하나하나의 업무상에 전략이 구체적이고 치밀하게 표현될 수 있게 하기 위함이다.
• 셋째, 작업시한을 명시하고 작업책임자를 선정하는 것은 계획을 성실하게 실행하고 결과에 대한 책임을 남에게 전가하지 못하게 하기 위해서이다.
• 넷째, 예산을 배분하는 것은 소요비용의 수준을 미리 알려주는 동시에, 비용-효과분석을 실시힐 때에 참고하기 위해서이다.

2) 인적자원계획의 통제와 평가

통제와 평가는 인적자원계획의 마지막 단계로서, 모든 계획과정을 점검하고 작업자에게 작업효율과 작업성과를 피드백(feedback)함으로써 인적자원계획시스템의 효율성과 효과성을 제고하는 데 목적이 있다.

하나의 완전한 평가시스템은 다음과 같은 특징이 있다.
첫째, 실행성과 유연성이 높은 평가기준이 있다.
둘째, 평가기준과 실제성과를 비교할 수 있는 방법이 있다.
셋째, 성과편차와 그 원인을 연결할 수 있으며, 편차를 교정하는 방식이 있다.

인적자원계획을 평가하는 데에는 다음과 같은 내용이 포함된다.
첫째, 초기의 인력예측결과에 대한 조정 여부를 판단하기 위해 실제의 노동시장현황과 인력예측결과를 비교·분석한다.
둘째, 작업계획예산과 실제의 작업비용을 비교한다.
셋째, 인적자원계획의 목표를 검사한다.
넷째, 전체 인적자원계획에 대한 비용-효과분석을 실시한다.

## # 예상문제 : 프레임웍 연습

### 경영학적 라이팅 모델 : Step by Step Writing and Problem-solving

#### 1. 인적자원의 수요 / 공급의 의미와 예측 방법 등에 대하여 역술하시오(25점)

→ 논술을 위한 기본 과정에 맞추어 글 전체에 대한 구성과 방향 등을 Step by step으로 실행한다.

step 1. 문제의 유형을 분석한다(설명, 논증, 그리고 설계 등).
2. 제시된 문제에서 정보를 최대한 추출한다.
3. 문제와 관련된 다양한 이슈와 배경 등을 탐색한다.
4. 설명, 논증, 그리고 설계에 따라서 아이디어를 도출한다.
5. 도출된 아이디어로부터 적절한 문제의 해를 제시한다.
6. 그 해를 검증 혹은 논증하는 과정을 추론한다.
7. 관련 이론 등을 제시하고 전체적인 글의 내용과 구조를 구성한다.
8. 서론 본론 결론의 각 구성요소를 결정하여 논증이나 검정을 작성한다.

step 1. 문제의 유형을 분석한다(설명, 논증, 그리고 설계 등).

인적자원의 수요 / 공급의 의미와 예측 방법
→ 약술형 문제

인적자원의 수요 / 공급의 의미와 예측 방법에 대한 지식체계로서 이론이나 개념 등을 설명하면 된다.

step 2. 제시된 문제에서 정보를 최대한 추출한다.

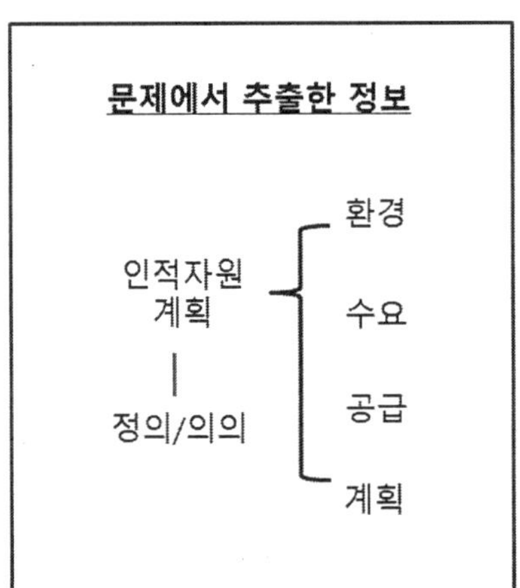


문제에 제시되어 있는 정보를 최대한 추출하여 이를 도식 및 그림으로 표현한다.

step 3. 문제와 관련된 다양한 이슈와 배경 등을 탐색한다.

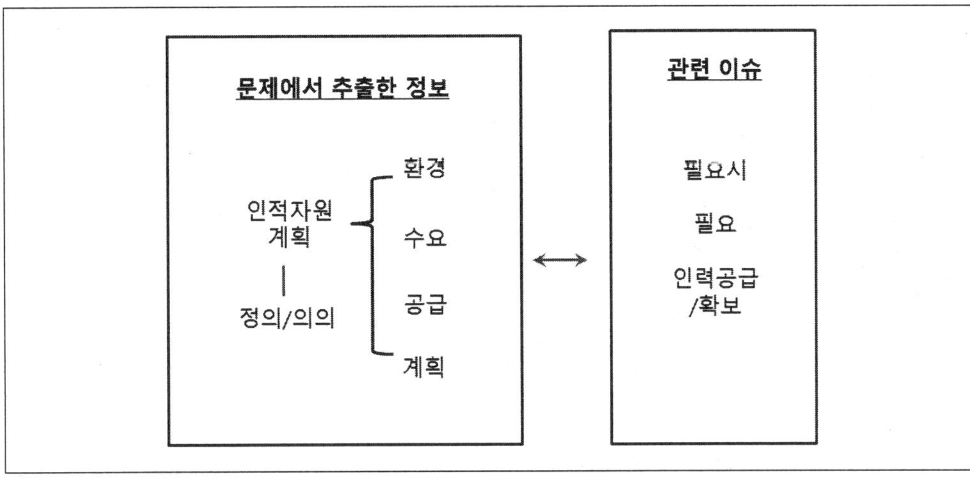


문제와 연관된 이슈와 배경을 기술함을 통하여 효율적인 관리 방안에 대한 방향과 제도 등에 대한 문제제기와 해를 도출할 수 있는 기본적인 아이디어가 구성된다. 이때 수험자들은 어떤 아이디어(idea)를 도출 할 것인가에 대한 기본 준비를 염두에 두고 관련 이슈와 배경 등을 탐색해야 한다.

step 4. 설명, 논증, 그리고 설계에 따라서 아이디어를 도출한다.

이 단계에서는 어떤 아이디어를 도출할 것인가를 문제의 기본정보와 수험자가 제시하는 관련 이슈 및 배경을 연결하여 아이디어를 도출한다. 너무 넓은 범위에서 도출하지 말고 한 두가지 이슈나 배경 등에 그 초점을 맞추어라

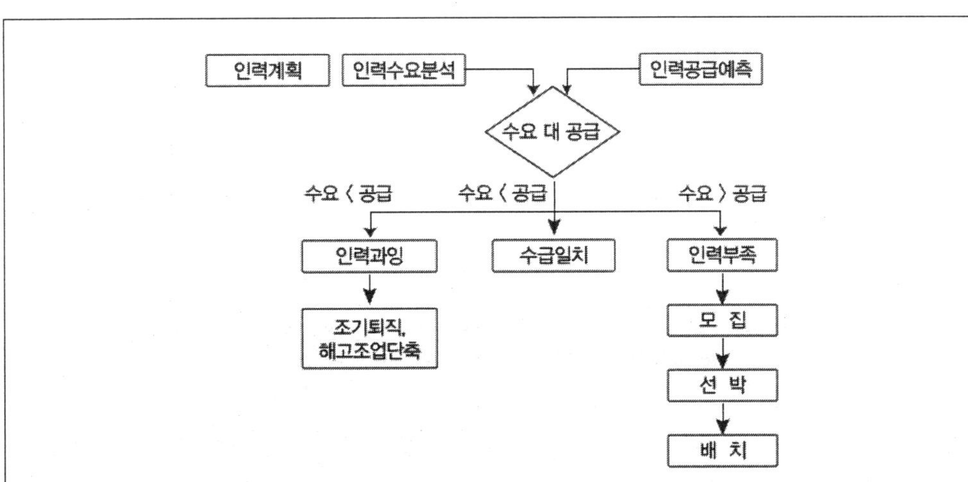

| | 확보 | 개발 |
|---|---|---|
| 정적환경 | 노동시장 등의 변동성 적음 | 인력계획에 따른 인력개발 |
| 동적환경 | 노동시장 등의 변동성이 큼 | 미래의 불확실을 낮추기 위한 인력개발 |

step 5. 도출된 아이디어로부터 적절한 문제의 해를 제시한다.

약술형은 생략

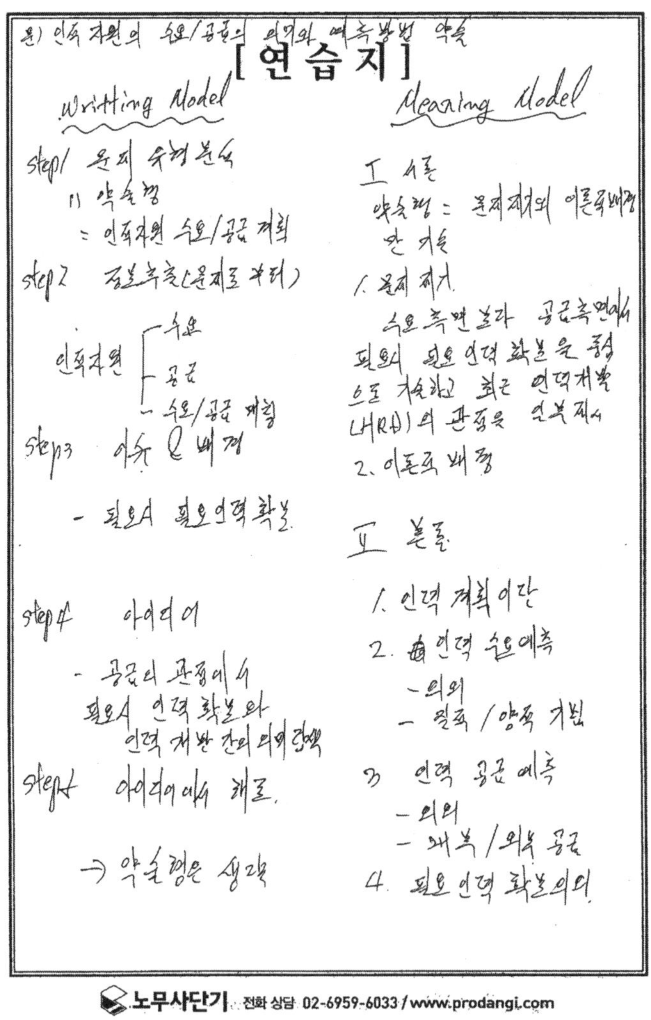

### 문 2. 글로벌 인재 관점에서 다양한 인재의 수요 / 공급 계획과 효율적인 인력 운영 계획에 대하여 논하시오(50점).

→ 논술을 위한 기본 과정에 맞추어 글 전체에 대한 구성과 방향 등을 step by step으로 실행한다.

| step 1. 문제의 유형을 분석한다(설명, 논증, 그리고 설계 등).<br>2. 제시된 문제에서 정보를 최대한 추출한다.<br>3. 문제와 관련된 다양한 이슈와 배경 등을 탐색한다.<br>4. 설명, 논증, 그리고 설계에 따라서 아이디어를 도출한다.<br>5. 도출된 아이디어로부터 적절한 문제의 해를 제시한다.<br>6. 그 해를 검증 혹은 논증하는 과정을 추론한다.<br>7. 관련 이론 등을 제시하고 전체적인 글의 내용과 구조를 구성한다.<br>8. 서론 본론 결론의 각 구성요소를 결정하여 논증이나 검정을 작성한다. |
|---|

step 1. 문제의 유형을 분석한다(설명, 논증, 그리고 설계 등).

| 글로벌 인재 관점에서 다양한 인재의 수요 / 공급 계획과 효율적인 인력 운영 계획<br>→ 다양한 인재의 수요 / 공급 계획과 효율적인 인력 운영 계획을 글로벌 인재 관점에서 논증 혹은 검증 |
|---|

다양한 국가의 인재확보의 관점에서 인재의 수요/공급은 글로벌 전략의 관점에서 환경적인 변화의 요소가 동태적이다. 동태적인 환경에서 우수 인력의 공급과 수요에 대한 정확한 예측 등이 중요하다.

step 2. 제시된 문제에서 정보를 최대한 추출한다.

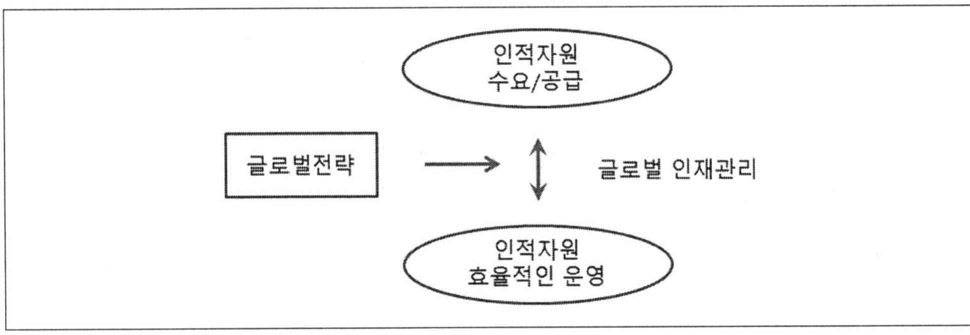


문제에 제시되어 있는 정보를 최대한 추출하여 이를 도식 및 그림으로 표현한다.

step 3. 문제와 관련된 다양한 이슈와 배경 등을 탐색한다.

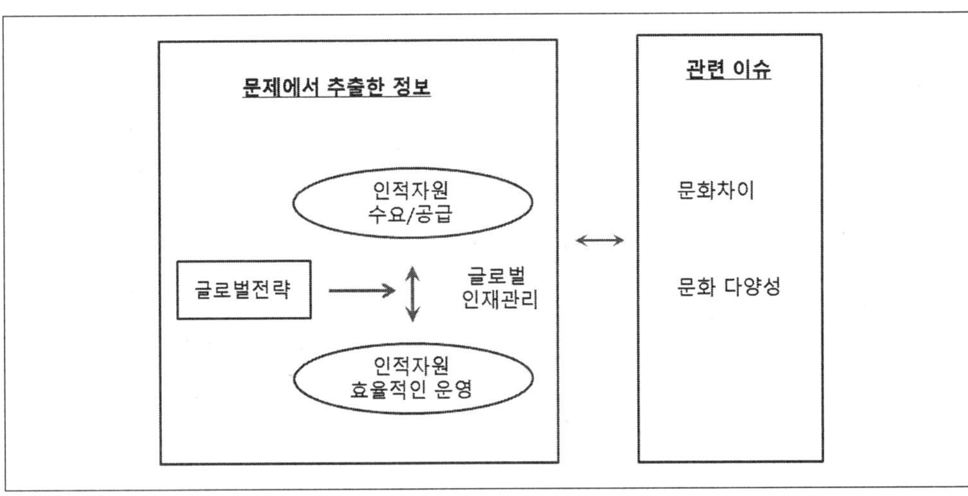


문제와 연관된 이슈와 배경을 기술함을 통하여 효율적인 관리 방안에 대한 방향과 제도 등에 대한 문제제기와 해를 도출할 수 있는 기본적인 아이디어가 구성된다. 이때 수험자들은 어떤 아이디어(idea)를 도출 할 것인가에 대한 기본 준비를 염두에 두고 관련 이슈와 배경 등을 탐색해야 한다.

### (1) 인적자원계획의 목표

인적자원계획의 목표는 직접적으로는 인적자원관리 작업의 근거가 되며, 간접적으로는 인적자원계획시스템을 평가하는 기준이 된다. 인적자원계획은 일반적으로 다음과 같은 네 가지의 하위목표를 포함하고 있다.

- 생산성과 효율성의 향상
- 내부인력의 정예화
- 외부인력의 확보
- 대체인력의 배치와 훈련

step 4. 설명, 논증, 그리고 설계에 따라서 아이디어를 도출한다.

이 단계에서는 어떤 아이디어를 도출할 것인가를 문제의 기본정보와 수험자가 제시하는 관련 이슈 및 배경을 연결하여 아이디어를 도출한다. 너무 넓은 범위에서 도출하지 말고 한 두가지 이슈나 배경 등에 그 초점을 맞추어라.

| | 로컬전략 | 글로벌전략 |
|---|---|---|
| 생산성과 효율성 | 지역시장 중심 | 글로벌 시장중심 |
| 내부인력과<br>글로벌 인력의 조화 | 로컬인력중심 | 로컬과 글로벌 인력<br>조화관리 |
| 가치창출 | 로컬중심 가치창출 | 로컬과 글로벌<br>가치통합과 창출 |

step 5. 도출된 아이디어로부터 적절한 문제의 해를 제시한다.

글로벌 인재 관점에서 다양한 인재의 수요/공급 계획과 효율적인 인력 운영 계획
→ 글로벌 인재의 문화의 차이와 다양성이 존재

1. 인적자원계획의 목표와 전략
2. 인적자원계획의 실행과 평가
3. 인적자원계획의 통제와 평가

→ 로컬 중심적 인재에서 글로벌 인재의 수요와 공급은 문화적 차이와 다양성을 통제하고 조정할 수 있는

- 다양한 기준
- 분산화된 인력계획의 의사결정
- 통합된 가치 창출과 국가 간 자율적 인력이동중심으로 관리한다.

→ 다국적 인사위원회와 외부인사 배치 등이 필요함
→ 권한위임 등

* 인적 자원의 효율적 운영

### (1) 인적자원계획의 목표와 전략

기업이 인적자원에 대한 수요와 공급을 예측한 후에는 인적자원계획을 효과적으로 실행하기 위해 인적자원계획의 목표와 실행전략을 설정하고, 마지막으로 그 실행결과를 평가하여야 한다.

1) 인적자원계획의 목표

인적자원계획의 목표는 직접적으로는 인적자원관리 작업의 근거가 되며, 간접적으로는 인적자원계획시스템을 평가하는 기준이 된다. 인적자원계획은 일반적으로 다음과 같은 네 가지의 하위목표를 포함하고 있다.

- 생산성과 효율성의 향상
- 내부인력의 정예화
- 외부인력의 확보
- 대체인력의 배치와 훈련

2) 인적자원계획의 전략

- 인적자원계획의 목표를 설정한 다음에는 그와 같은 목표를 달성하는 데 요구되는 여러 대안을 개발한다.
- 목표달성을 위한 여러 대안을 개발한 다음에는 이에 대한 평가가 이루어진다.
- 마지막으로 이와 같은 평가를 거친 여러 대안을 종합하여 인적자원계획을 실행하기 위한 전략적 방안으로 삼는다.

### (2) 인적자원계획의 실행과 평가

1) 인적자원계획의 실행

** 일반적인 작업계획에는 인적자원계획의 목표, 주요 직무와 활동, 작업시한, 책임자, 예산배분 등에 관한 내용이 포함된다.

첫째, 인적자원계획의 목표를 다시 명시하는 것은 세부적인 실행작업이 전체의 인적자원계획과 일관성이 있게 일치되어야 하기 때문이다.

둘째, 주요 직무와 활동을 제시하는 것은 장차 인적자원계획을 실행하는 하나하나의 업무상에 전략이 구체적이고 치밀하게 표현될 수 있게 하기 위함이다.

셋째, 작업시한을 명시하고 작업책임자를 선정하는 것은 계획을 성실하게 실행하고 결과에 대한 책임을 남에게 전가하지 못하게 하기 위해서이다.

넷째, 예산을 배분하는 것은 소요비용의 수준을 미리 알려주는 동시에, 비용-효과분석을 실시할 때에 참고하기 위해서이다.

2) 인적자원계획의 통제와 평가

통제와 평가는 인적자원계획의 마지막 단계로서, 모든 계획과정을 점검하고 작업자에게 작업효율과 작업성과를 피드백함으로써 인적자원계획시스템의 효율성과 효과성을 제고하는 데 목적이 있다.

하나의 완전한 평가시스템은 다음과 같은 특징이 있다.

첫째, 실행성과 유연성이 높은 평가기준이 있다.

둘째, 평가기준과 실제성과를 비교할 수 있는 방법이 있다.

셋째, 성과편차와 그 원인을 연결할 수 있으며, 편차를 교정하는 방식이 있다.

인적자원계획을 평가하는 데에는 다음과 같은 내용이 포함된다.

첫째, 초기의 인력예측결과에 대한 조정 여부를 판단하기 위해 실제의 노동시장 현황과 인력예측결과를 비교·분석한다.

둘째, 작업계획예산과 실제의 작업비용을 비교한다.

셋째, 인적자원계획의 목표를 검사한다.

넷째, 전체 인적자원계획에 대한 비용-효과분석을 실시한다.

제5장

# 인적자원의 모집과 선발

## 제1절 모집관리의 의의

### 1. 모집관리

모집(recruitment)이란 기업에 인력수요가 발생하면 필요한 인적자원을 충원하기 위해 능력이 있고 관심을 보이는 인재들을 여러 매체를 이용해 지원하게 만드는 과정을 말한다.

① 모집관리는 조직내부의 승진 등의 관리가 아니라 필요인력을 조직 외부로부터 공급하는 과정이다.
② 모집이란 선발을 전제로 하여 양질의 인력을 조직으로 유인하는 과정이다.

### 2. 인적자원 모집의 원천

#### (1) 조직내 / 외부 모집

조직내의 모집은 조직 구성원에게 다양한 기회를 제공할 수 있다. 그에 반하여 조직외의 모집은 새로운 인력을 통한 외부 역량의 유입될 수 있다. 다음의 [표]는 내부모집와 외부모집의 장단점을 설명하였다.

| 구분 | 장점 | 단점 |
|---|---|---|
| 내부모집 | - 승진기회 확대로 종업원 모티베이션 향상<br>- 모집에 드는 비용 저렴 / 시간단축<br>- 기존의 인건비 및 급여수준 유지가능 | - 인재선택의 폭이 좁아짐<br>- 부족한 업무능력 보충을 위한 교육훈련비 증가<br>- 능력주의와 배치되는 패거리 문화 형성 |
| 외부모집 | - 인력유입으로 새로운 지식, 경험 축적가능<br>- 업무능력 등 자격을 갖춘자를 채용하므로 교육훈련비 감소 | - 모집에 장시간과 많은 비용 소요<br>- 리스크발생(적응실패, 기술지식의 차이)<br>- 내부인력의 승진기회 축소 |

[표] 내부와 외부 모집 장단점 비교

### (2) 웹기반 모집(e-Recruiting)

인터넷 기반의 모집은 기업 조직에게 새로운 모집 방식을 제공한다. 시간과 공간적인 제약을 받았던 전통적인 모집 방식에 비해 웹기반 모집은 시간과 공간이 자유롭다. 아래의 [표]와 다음의 [그림]에 전통적인 모집과 웹기반 모집을 비교 설명하였다.

| 구분 | 전통적 모집 | 웹기반 모집 |
|---|---|---|
| 소요시간 | 장시간 | 단시간 |
| 소요비용 | 고비용 | 저비용 |
| 정보공개 | 응모자의 개인신상노출 | 개인신상자료의 비밀유지 |
| 예비응모자에 대한 정보 | 정보획득의 어려움 존재 | 웹을 통한 다양한 잠재응모자정보획득 가능 |
| 모집tool | 기업이 직접개발 | 모집전문회사와 협조가능 |

| 전통적(off-line) 모집 | 웹기반(off-line) 모집 |
|---|---|
| • 모집에 상당한 시일이 소요 | • 실시간(real-time) 모집 가능 |
| • 모집에 상당한 비용 소요 | • 모집에 드는 비용 저렴 |
| • 모집시 개인 신상자료의 노출 | • 개인 신상자료 비밀 유지 |
| • 한 사람이 한번 모집에 한 번 응모가능 | • 한 사람이 복수 모집에 복수 응모가능 |
| • 해당 기업의 과거 경험 데이터에 의존 | • 외부 전문가집단의 자료와 타 기업의 성공적인 경험 등 외부의 전문적인 자료와 경험 이용가능(benchmarking) |
| • 잠재적 응모자에 대한 정보획득 어려움 | • 잠재적 응모자에 대한 정보를 데이터베이스를 통해 획득가능 |
| • 모집 tool을 해당 기업 자체에서 개발 | • 모집전문회사(e-Recruiter)의 솔루션(software) 제공받음 |

[표] 전통적인 모집과 웹기반 모집

## (3) 사원추천 제도

1) 개념

기존의 종업원들이 적임자를 추천하도록 하여 신규직원을 채용하는 제도이다.

2) 장단점

- 회사가 필요로 하는 자격을 갖춘 인재들을 저렴한 비용으로 리쿠르트하게 되므로 모집의 효과성을 높일 수 있고, 낮은 이직률과 추천직원에 대한 보상은 기존직원들의 동기부여와 사기측면에 긍정적 영향을 미친다.
- 학연, 지연 등의 부작용과 객관적 채용방법이 아니라는 점이 단점이 될 수 있다. 우리나라의 경우 현대백화점이 최초(1991)로 도입했고 외국기업 중에는 구글(Google)이 효과적으로 이용하고 있다.

## 3. 모집의 기본과정

모집은 하나의 과정으로서 여러 단계의 활동으로 이루어진다. 아래의 [그림]에서 보는 바와 같이 모집은 인력수요가 발생하면서 시작되어 기본적으로 모집계획, 모집전략, 물색과 유인, 지원, 선발, 평가의 과정을 거치게 된다.

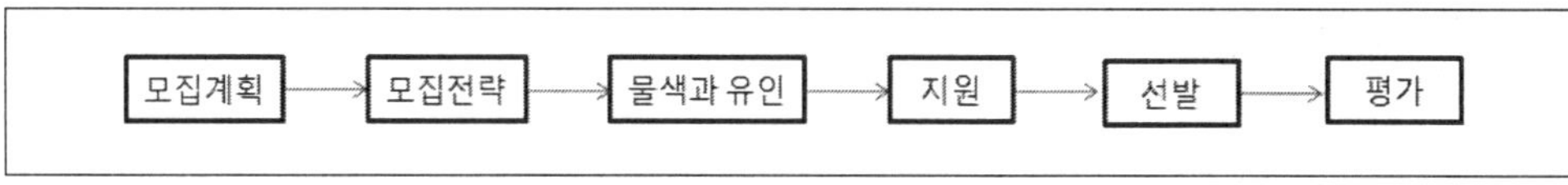


[그림] 모집의 기본과정(출처: 현대인적자원관리, 박영배, 2014년, 청람)

### (1) 인적자원의 모집계획

인적자원의 모집계획에서는 인적자원계획의 결과에 의거하여 체계적인 목표를 설정하고 접촉할 수 있는 잠재인력의 수량과 유형을 주로 결정하게 된다.

#### 1) 접촉인력의 수

인적자원의 모집과정에서 기업은 반드시 많은 잠재인력과 접촉하여야 한다. 그리고 그 접촉인력의 수는 말할 것도 없이 고용하려는 인력의 수보다 많아야 한다.

#### 2) 접촉인력의 유형

기업이 모집과정에서 접촉하게 되는 사람의 유형이 다양할수록 모집작업은 복잡해지고 많은 시간과 비용을 들여야 한다. 따라서 기업이 필요로 하는 인력은 어떤 종류의 사람이고 어떠한 자격요건을 갖추어야 하는지에 대해 명확한 정보를 제공해야만 기업이 원하는 유형의 지원자와 접촉하는 것이 용이해진다.

### (2) 인적자원의 모집전략

기업은 모집전략을 통해 필요한 인력을 어디서, 어떻게, 언제부터 찾을 것인지, 그리고 구직자에게 기업의 구인정보를 어떻게 알려주고 그들을 유인할 것인지에 대해 가장 효과적인 방법을 강구함으로써 모집과정에서 최대의 성과를 달성할 수 있다.

1) 인력의 원천과 모집방법

① 개인구직자
② 종업원 추천
③ 광고
④ 교육훈련기관
⑤ 정부의 구직지원기관
⑥ 사설직업소개소
⑦ 고급인력중개회사
⑧ 직업단체

2) 모집방법의 효과와 모집의 시간성

• 기업이 모집과정에서 가장 먼저 고려해야 할 점은 "어떤 모집방법을 사용하면 얼마나 많은 인재들이 지원할 것인가" 하는 문제이다. 그리고 여러 방법이 각각 앞으로의 모집과정과 그 결과에 얼마나 기여할 것인지를 파악하여야 한다.
• 모집과정에서 또 하나 고려해야 할 점은 '모집의 시간성'에 관한 문제이다. 기업의 모집작업은 반드시 정해진 시간표에 따라 진행되기 때문에 모집과정의 단계마다 작업에 소요되는 '경과시간'이 표시되어 있기 마련이다. 그리고 각 단계에서의 경과시간을 모두 합산하면 모집을 시작하여 종료될 때까지 소요되는 '모집의 총경과시간'으로 표시된다.
• 모집의 시간성 문제는 모집계획표를 작성하면 쉽게 해결할 수 있다.

3) 모집정보의 광고

모집전략에서 빼놓을 수 없는 또 하나의 중요한 문제는 기업의 모집정보를 효과적으로 널리 알리는 일이다. 모집정보를 광고하려고 할 때 중요하게 고려해야 할 것은 광고내용, 광고경로, 광고매체의 신뢰성이다.

## (3) 인적자원의 모집작업과 선별작업

### 1) 모집작업

- 기업에서 일단 모집의 목적과 전략이 확정된 후에는 모집이 시작된다. 모집이 시작되면 먼저 잠재적 구직자집단을 설정하고 적합한 모집방법을 개발하여야 한다.
- 실제적인 모집작업은 기업이 필요한 인력을 확인하고 대외적으로 모집활동을 전개하면서 시작된다. 따라서 모집전략이 수립되고 준비작업이 빈틈없이 이루어진 상태에서 모집계획을 발표한 다음에는 모집절차에 따라 연속적으로 이루어지는 행정적인 실무작업들을 계획하고 처리하여야 한다.

### 2) 선별작업

- 선별은 지원자 중에서 부적합자를 미리 걸러 내거나, 지원자 수가 지나치게 많은 경우에 다음의 선발단계에 진입할 가치가 있는 사람을 가려내는 데 목적이 있다.
- 선별은 이후의 모집작업과 선발작업에 소요되는 시간과 비용을 줄여줄 뿐만 아니라 선발과정의 신뢰도를 증가시킨다.
- 선별작업이 정확하게 이루어지기 위해서는 치밀하게 설계된 직무기술서와 직무명세서가 있어야 한다.

## (4) 모집작업의 평가

### 1) 양적 측면의 평가

모집작업이 진행되면 지원자 수와 모집자 수를 비교하여 모집작업의 효과를 평가할 수 있다.

### 2) 질적 측면의 평가

단기적으로는 지원자의 평균적 수준과 자격요건을 통해, 또는 채용자와 탈락자의 자격요건을 비교함으로써 모집작업의 효과를 판단할 수 있다. 그리고 장기적으로는 채용자의 거취와 직무성과에 대한 기록을 추적하여 그 효과를 평가할 수 있게 된다.

### 3) 효율성 측면의 평가

- 모집작업의 효율성은 먼저 위에서 살펴본 양적인 측면에서 평가할 수 있다. 지원자 수와 모집자 수의 비율은 모집작업의 효율성을 평가하는 데 있어 좋은 지표로 활용된다.

- 더욱 중요한 것은 모집작업의 비용에 관한 문제이다. 기업에서는 보통 평균고용비용을 계산하여 모집작업의 효율성을 평가한다.

## 4. 인적자원 모집의 효과측정

### (1) 모집의 효과성 평가

선발이 성공적으로 되기 위해서는 전단계인 모집이 제대로 이루어져야 한다. 따라서 모집의 성공여부를 가리기 위해 다양한 평가지표가 이용된다.

#### 1) 비용 - 효익 분석

기업의 모집활동에는 상당한 비용이 소요되기 때문에 투입된 비용 대비 달성한 성과를 측정하는 것은 모집평가에서 매우 중요하다. 일반적으로 광고비, 모집인 급여, 임직원간의 노력 등 직간접비가 들어가는데 흔히 근속기간과 모집비용을 비교해서 효과성을 측정할 수 있다.

#### 2) 공석을 채우는데 걸리는 시간측정

공석을 채우기 위해 모집작업이 시작되고 노력의 결과로 공석이 된 직무에 자격을 갖춘 적합한 인원을 최종적으로 선발하여 채우기까지 걸리는 시간을 측정하여 평가하면 그 회사의 모집 노력정도를 계량적으로 측정할 수 있다.

#### 3) 정량적 / 정성적 평가

- 지원자의 인원수(정량적) : 선발인원대비 모집인원이 충분해야 한다. 모집인원이 작으면 그만큼 적합한 인재가 지원할 확률도 떨어지고 기업은 기업대로 선발의 오류가 발생하게 된다.
- 지원자의 질(정성적) : 지원자의 평균적 자질을 과거자료나 타경쟁사의 자질과 비교해 봄으로써 측정 가능
- 법률저촉여부 체크(정성적) : 근로기준법, 남녀고용평등법 등 노동관련법 등의 위반여부 등도 중요한 평가요소이다.

## (2) 모집평가 관련 주요지표

### 1) 산출률

지원자들이 모집과 선발의 각 단계에서 어떻게 축소, 배치되는지를 보여주는 비율이다. 즉, 서류전형, 면접, 최종면접, 선발 등의 각 단계별로 산출된 비율을 가리킨다.

### 2) 선발률

지원자 가운데 최종 선발된 인원의 비율을 말한다. 이는 실업률과 정의 관계를 가진다.

### 3) 수용률

최종합격하고 회사 측으로부터 채용제의를 받은 지원자가 실제로 채용제의를 받아들여 입사하는지를 나타내는 지표로서 수용률이 낮다면 기업의 모집과 선발에 문제가 있다는 것을 의미한다.

### 4) 기초율(Success Base Rate)

지원자들 가운데서 선발과정을 거치지 않고 무작위로 선택하여 채용했을 때 일정기간이 경과한 후 업무수행에 성공적인 사람이 얼마나 있는지를 보여주는 비율이다. 따라서 기초율이 높다라고 하는 것은 총지원자 가운데 자격을 갖춘 지원자의 수가 많다는 의미이다. 예를 들어 첨단기술이나 고난도의 직무선발에 있어서는 지원자의 기초율은 낮을 수밖에 없다.

## (3) 모집의 효과성을 높이는 방법

① 선발의 타깃이 되는 인력에 대한 데이터를 관리하여 이들이 모집에 응할 수 있도록 유인하는 방법

② 모집인에 대한 교육을 실시하여 모집능력을 키우는 방법

③ 우수인력을 획득하는데 공을 세운 모집인에 대한 인센티브 지급 등

# 제2절 선발관리

## 1. 선발관리의 의미

① 응시자에 대한 선발을 결정하려면 배경정보와 상황정보를 수집하여 종합적으로 평가해야 한다.
② 효율적인 선발 정보를 관리하기 위해서는 합리적인 선발도구가 필요하다.

인적자원관리의 입장에서 보면 선발은 직무의 발생과 그 수요에 의해 필요해지는 것이지 개인의 직업개발이나 직업보장을 위한 것이 아니다. 물론 특수한 상황에서는 기업에서도 특정인을 위해 일자리를 만드는 경우도 있기는 하겠지만, 그와 같은 일은 일반적인 기업경영에서는 정상적 현상이 아니기 때문에 반드시 피해야 한다.

## 2. 선발모형

선발은 보통의 경우에 직무상의 필요성에 의해 이루어진다. 따라서 하나의 직무가 진정으로 기업에서 꼭 필요한 일자리로서의 직위로 인정되기 위해서는 제품이나 서비스를 제공하는 데 없어서는 안 되는 것이어야 하는데, 직무의 이와 같은 성격과 중요성은 직무분석과정을 통해 이해할 수 있게 된다.

다음의 [그림]은 직무분석과 직무측정을 통해 얻게 되는 직무정보 및 직무평가기준이 인적자원을 선발하는 과정과 어떻게 연결되는지를 보여준다.

여기에서 능력측정에 초점을 두는 선발도구의 신뢰도와 타당도의 문제가 중요해 진다. 다시 말하면 인적자원을 선발하는 과정에서 일련의 신중한 방식을 거쳐 장래에 직무를 가장 잘 수행할 사람을 선택하지만, 그렇게 선발된 사람의 직무성과가 예상대로 높지 않을 수도 있는데 이는 선발을 위해 사용된 측정도구의 신뢰도와 타당도에 문제가 있기 때문이다.

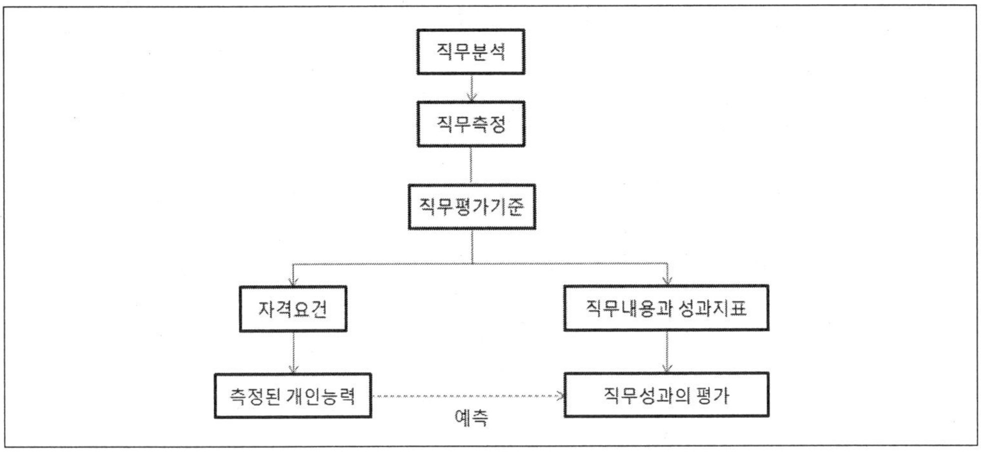


[그림] 인적자원의 선발모형(출처 : 현대인적자원관리, 박영배, 2014년, 청람)

## 3. 직무예측지표의 선정과 타당도 검증

신뢰도(reliability)는 측정결과가 안정되어 있는 정도를 의미한다. 다시 말하면 신뢰도는 측정지표의 일관성을 나타내는 것으로서 동일한 측정지표를 사용하여 시차를 두고 여러 번 측정했을 때 같은 결과를 보여주는 정도이다.

예측지표의 타당도(validity)는 측정지표가 미래의 직무성과를 얼마나 정확하게 예측하는가를 나타내는 정도를 말한다. 예측지표의 타당도는 일반적으로 '경험적 타당도'와 '합리적 타당도'로 나누어 생각할 수 있다.

### (1) 경험적 타당도

다음의 [그림]은 경험적 타당도를 확보하는 과정을 보여준다.

#### 1) 직무분석

직무분석에서는 종업원이 달성해야 하는 성과수준, 성과수준에 도달하는 데 요구되는 능력 및 자격요건, 그리고 성과수준에 도달한 종업원에 대한 보상수준 등을 결정한다.

#### 2) 평가기준

직무분석을 통해 각각의 직무에 포함되어야 할 항목별 성과수준이 결정된 다음에는 이들 성과를 측정할 수 있도록 평가기준을 설정하여야 한다.

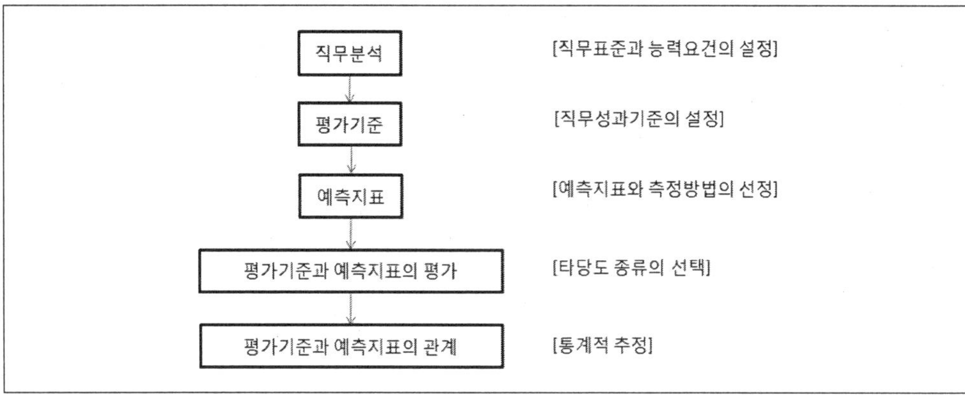


[그림] 경험적 타당도의 확보과정(출처 : 현대인적자원관리, 박영배, 2014년, 청람)

3) 예측지표

직무성과의 평가기준이 설정되면 어떠한 자격요건을 갖춘 사람이 어떤 직무를 담당해야 하는지를 알게 된다. 그리고 다음에는 하나하나의 자격요건을 측정하기 위한 지표를 찾아내야 한다.

4) 평가기준과 예측지표의 평가

평가기준과 예측지표가 설정된 후에는 측정도구의 타당도를 검증하게 된다. 타당도를 검증하는 방법에는 동시타당도와 예측타당도가 있다.

① 동시타당도

동시타당도는 아래의 [그림]에서 보는 바와 같이, 현종업원의 자료와 직무로부터 평가기준과 예측지표를 동시에 찾아내어 그 관계를 검증하는 것이다.

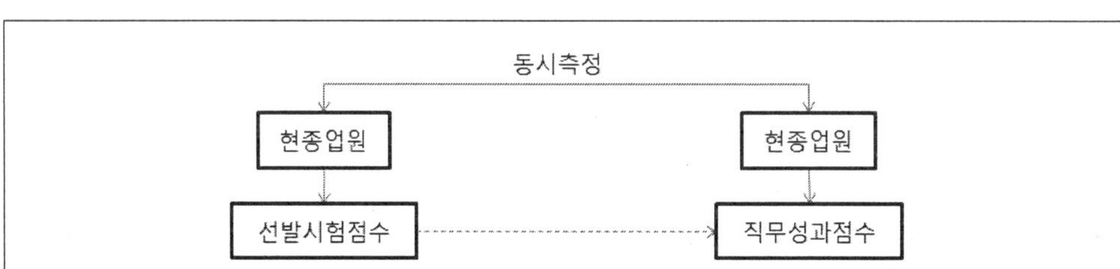


[그림] 동시타당도의 검증과정(출처 : 현대인적자원관리, 박영배, 2014년, 청람)

② 예측타당도

예측타당도는 아래의 [그림]에서 보는 바와 같이 제1단계에서 지원자들을 측정하여 얻은 예측지표 점수와, 제2단계에서 이들이 채용된 후에 측정하여 얻게 되는 성과기준 점수의 관계를 검증하는 것이다.

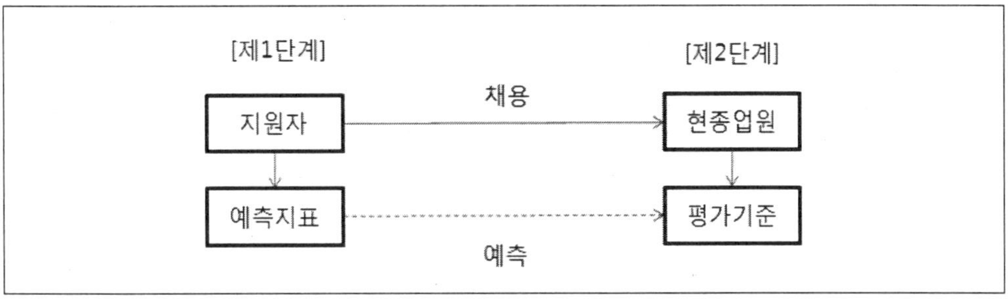


[그림] 예측타당도의 검증과정(출처: 현대인적자원관리, 박영배, 2014년, 청람)

5) 예측지표와 평가기준의 관계

측정을 통해 예측지표와 평가기준의 점수를 얻은 다음에는 이어서 예측지표와 평가기준의 관계를 검증하게 된다.

① 관계의 강도

예측지표와 평가기준의 관계는 간단히 점도표(scatter diagram)를 사용하여 나타낼 수 있다.

② 통계적 유의수준

통계적 유의수준은 변수들 사이에 형성된 관계가 의미가 있다고 인정하는 정도를 말한다.

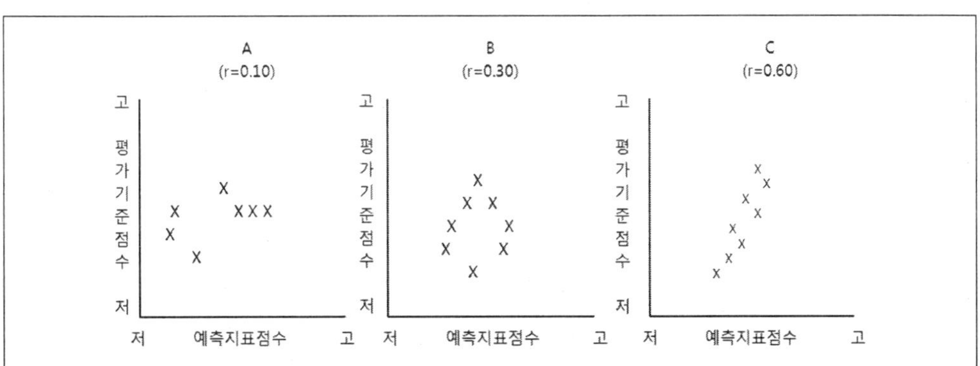


[그림] 상관관계 도표 (출처: 현대인적자원관리, 박영배, 2014년, 청람)

### (2) 합리적 타당도

합리적 타당도(rational validity)는 말 그대로 합리적 판단에 기초하여 어떤 예측지표가 평가기준과 높은 상관관계가 있다고 믿는 것을 말한다.

선발도구의 합리적 타당도를 검증하는 과정은 아래의 [그림]에서 보는 바와 같이 보통 두 단계를 거치게 되는데, 이는 사실 경험적 타당도를 확보하는 과정의 일부분에 해당하는 것이다.

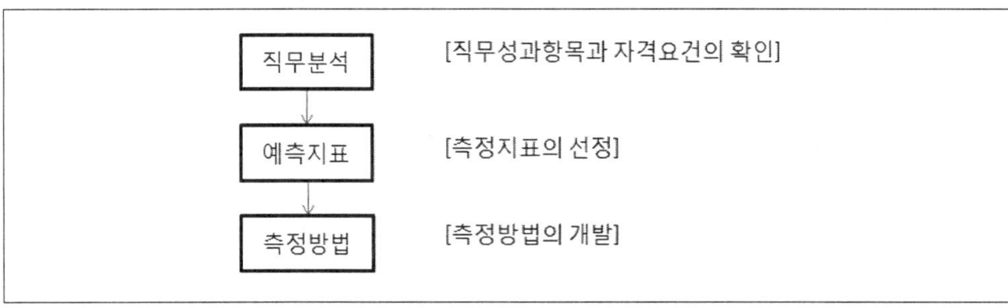


[그림] 합리적 타당도의 확보과정 (출처: 현대인적자원관리, 박영배, 2014년, 청람)

1) 예측지표의 선정

직무의 예측지표를 선정하는 일은 직무분석으로부터 시작된다. 직무분석을 통해 먼저 성공적인 직무성과에는 어떤 항목들이 포함되어야 하는지를 결정하고, 다음으로 이들 성과항목과 밀접하게 관련되는 기술·능력 등과 같은 실제적인 내용과 동기·지능·성격 등과 같은 심리특성을 찾아낸다.

2) 예측지표 측정방법의 개발

직무의 예측지표를 선정한 다음에는 직무의 자격요건이 되는 기술과 능력 그리고 심리특성은 무엇인지를 결정하여야 한다. 그리고 이어서 이들 자격요건을 측정하는 방법을 찾아내고, 개발한 측정방법이 특정의 자격요건을 얼마나 정확하게 측정해내는지를 나타내는 타당도를 검증해야 한다.

# 제6장

# 선발의사결정과 선발관리과정

## 제1절 선발의사결정

### 1. 선발의사결정의 원리

#### (1) 선발의 예측치와 준거치(직무성과치)

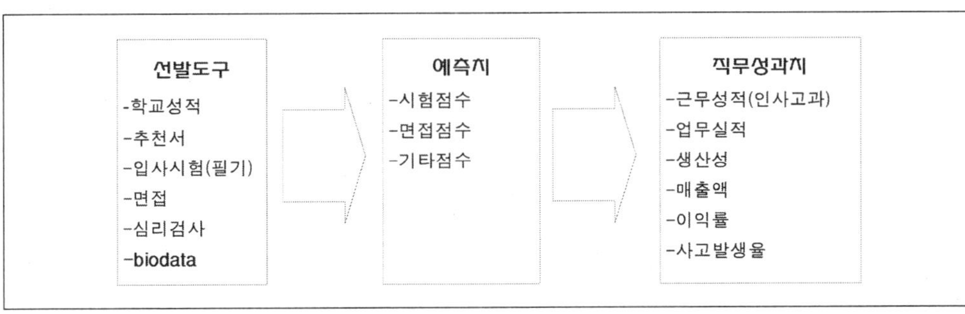


선발에서 예측한 경우가 실제 직무에서 좋은 성과와 연관되는 지를 분석한다.

#### (2) 예측치와 준거치의 결합방법

1) 주관적 접근법

선발에 있어 의사결정자가 직무에 대한 나름대로의 이해와 경험, 그리고 해당 직무를 성공적으로 수행한 사람들의 자질과 특성을 근거로 주관적이고 직관적으로 적임자를 선발하는 방식을 말한다.

2) 통계적 접근법

선발시 객관적이고 통계적인 방법에 의존하는 것을 말한다. 기업 나름의 타당성있는 예측치를 확인하고 이들에 대한 가중치를 매겨서 준거치와 결합시켜 적임자를 선발하는 방법이다.

## 2. 선발의사결정과 예측지표의 유용성

### (1) 예측지표 유용성의 영향요인

예측지표의 유용성을 판단하는 데 영향을 주는 요인은 다양하겠지만, 기업에서 공통적으로 고려해야 할 것으로는 예측지표의 타당도계수, 선발비율(selection ratio), 기본비율(base rate) 등 세 가지가 가장 중요하다.

1) 타당도계수

타당도계수는 예측지표와 평가기준 간의 관계를 나타내는 상관계수(r)를 말한다. 이 상관계수가 높을수록 예측지표의 예측결과가 정확하게 되며, 선발되는 종업원 또한 주어진 직무를 성공적으로 수행할 가능성이 그만큼 높아진다.

2) 선발비율

선발비율은 채용자 수와 지원자 수의 비율로서 '0'에서부터 '1'까지의 범위를 가진다. 이 비율이 '0'이라는 것은 지원자 중에서 채용된 사람이 하나도 없다는 것을 의미하고, 반대로 비율이 '1'이면 지원자가 모두 채용되었음을 나타낸다.

3) 기본비율

기본비율은 기업에서 현재 과업을 성공적으로 수행하고 있는 종업원의 수가 전체 종업원 수에서 차지하는 비율을 의미하며, '0'에서부터 '1'까지의 범위를 가진다. 이러한 기본비율이 높은 상황에서는 예측지표가 효과를 발휘할 수가 없다.

### (2) 예측지표 유용성의 판단

타당도계수, 선발비율, 기본비율 등과 같은 요인들이 개별적으로 예측지표의 유용성에 영향을 미치고 있음을 이해하였다. 그러나 실제로는 이들 요인이 서로 어우러져서 공동으로 예측지표의 유용성을 결정한다고 보아야 한다.

다음의 〈표〉는 이들 세 요인이 서로 다른 상황에서 상호작용을 통해 종업원의 만족스런 직무성과를 이끌어내는 사례를 보여준다.

사례 A의 경우에, 현재의 기본비율이 30%인 상황에서 세 종류의 서로 다른 타당도계수와 선발비율이 결합될 때 발생하는 종업원의 직무성과비율(기본비율)의 변화를 보여준다.

이제 A, B, C의 사례를 동시에 비교하여 살펴보자. 동일한 타당도계수와 선발비율 하에서 기본비율이 증가하게 되면 이들 세 요인이 상호결합하기 때문에 예측지표의 유용성에 큰 차이를 나타내게 된다.

〈표〉기본비율·선발비율·타당도계수의 관계

사례 A(기본비율 : 30%)

| 타당도계수 (r) | 선발비율 | | |
|---|---|---|---|
| | 0.1 | 0.4 | 0.7 |
| 0.2 | 43% | 37% | 33% |
| 0.4 | 58% | 44% | 37% |
| 0.6 | 74% | 52% | 40% |

사례 B(기본비율 : 50%)

| 타당도계수 (r) | 선발비율 | | |
|---|---|---|---|
| | 0.1 | 0.4 | 0.7 |
| 0.2 | 64% | 58% | 54% |
| 0.4 | 78% | 66% | 58% |
| 0.6 | 90% | 75% | 62% |

사례 C(기본비율 : 80%)

| 타당도계수 (r) | 선발비율 | | |
|---|---|---|---|
| | 0.1 | 0.4 | 0.7 |
| 0.2 | 89% | 85% | 83% |
| 0.4 | 95% | 90% | 86% |
| 0.6 | 99% | 95% | 90% |

(출처 : 현대인적자원관리, 박영배, 2014년, 청람)

## 3. 선발의사결정과 채용기준의 설정

예측지표의 유용성을 확인한 다음에는 이어서 채용기준을 결정하여야 한다. 이것을 '최저채용기준'(cut off 또는 cut score)이라고도 한다.

최저채용기준은 보통 예측지표를 측정한 점수로 표시되는데, 이와 관련하여 다음과 같은 몇 가지 개념과 그 중요성을 이해할 필요가 있다.

### (1) 선발오류

선발오류(selection error)는 말 그대로 선발과정에서 예측을 잘못하여 능력이 있는 지원자가 거부되고 능력이 없는 지원자가 선택되는 잘못된 선발의사결정을 일컫는다.

아래의 [그림]은 바로 이와 같은 경우를 보여준다.

- 첫째, 그림에서 a상한과 c상한은 옳은 결정이 이루어진 경우를 나타낸다.
- 둘째, 그림에서 b상한과 d상한은 모두 선발의사결정의 오류를 범함으로써 잘못된 결정이 이루어진 경우를 나타낸다.

기업에서는 선발의사결정을 할 때 a상한이나 c상한과 같이 옳은 결정 영역을 넓이는 동시에, b상한이나 d상한과 같은 오류영역은 최대한 줄여야만 선발에 의한 손실을 방지할 수 있다.

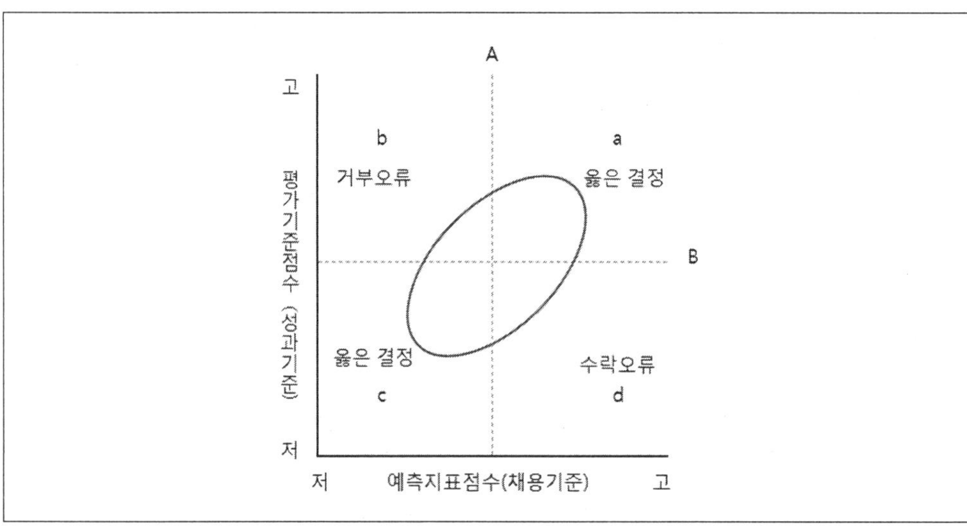


[그림] 선발의사결정의 결과와 오류(출처: 현대인적자원관리, 박영배, 2014년, 청람)

### (2) 채용기준과 비용의 관계

선발과정에서 발생하는 비용의 규모는 직접적인 것이든 또는 간접적인 것이든 모두 채용기준의 높낮이에 의해 영향을 받는 경우가 대부분이다.

아래의 [그림]은 채용기준과 총비용의 관계를 보여준다. 즉 채용기준이 높아지면 총비용은 점차 감소하다가, 채용기준이 어느 수준에 도달한 후에는 총비용도 같이 증가한다. 따라서 채용기순은 총비용이 최저가 되는 수준으로 결정되어야 한다.

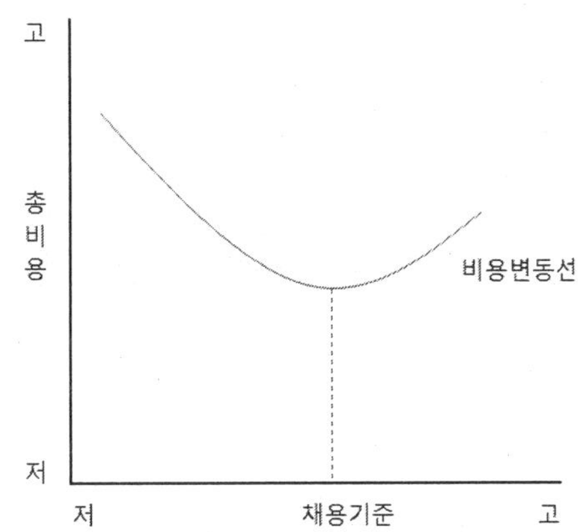


[그림] 채용기준과 비용의 관계(출처: 현대인적자원관리, 박영배, 2014년, 청람)

## 4. 선발과 예측지표의 한계

### (1) 예측지표의 타당도

어느 직무에 대한 예측지표의 타당도가 높다고 할지라도 그것을 해당 직무에 적용할 때에만 효과적으로 된다. 즉, 예측지표의 타당도는 특수성이 있다는 것이다.

### (2) 예측지표의 신뢰도

신뢰도는 측정도구의 내적일치성을 의미한다. 따라서 측정도구의 신뢰도가 높으면 측정결과에 일관성이 있게 된다.

### (3) 직무성격의 변화

과학기술이 발전하고 시대가 바뀌면 직무의 성격과 내용에 변화가 발생하고, 이어서 예전과 다른 직무요구와 작업요건이 필요해진다. 따라서 기업에서는 직무의 예측지표를 이러한 변화에 맞추어 새롭게 설정하여야 한다.

## 5. 선발의사결정의 방법

### (1) 프로파일 방법

- 기업이 업무수행에 성공하는 종업원들의 평균적이고 표준적인 자질을 과거 데이터를 축적, 분석하여 파악하여 이상적인 프로파일을 만들고 이와 유사한 자질을 가진 자를 선발하는 방법이다.
- 수준과 형태로 구분되기 때문에 아무리 예측치가 높더라도 형태가 이질적이면 선발가능성이 떨어진다.

### (2) 다중회귀분석 방법

- 예측치와 준거치(직무성과치)를 독립변수와 종속변수로 하여 독립변수가 여러 개인 다중회귀분석을 실시하여 준거치가 높은 선발 대안을 선택하는 방법이다. 흔히 회귀방정식으로 도출된다.
- Y=a+bX1+cX2+dX3+…, 여기서 Y는 준거치, X는 예측치, bcd는 가중치가 된다. 따라서 회귀분석은 예측치에 대한 가중치를 둘 수가 있어 낮은 선발도구를 도태시킬 수 있는 장점이 있다.

### (3) 복수 컷오프

선발과 관련된 자료들을 활용하여 탈락시키는 점수, 즉 컷오프를 정하고 복수의 컷오프를 통과하는 지원자를 걸러내는 방법을 말한다.

# 제2절 선발관리과정의 의의

## 1. 선발관리과정

인적자원의 선발이 성공적으로 이루어지도록 하기 위해서는 선발도구와 예측지표를 바르게 선정하고 사용하는데서부터 선발시스템을 공정하고 효율적으로 운용하는 문제에 이르기까지 세심한 관리가 필요하다.

### (1) 선발도구와 예측지표의 선정

기업에서는 선발을 위해 여러 가지의 예측지표를 사용한다. 그리고 그러한 예측지표는 선발도구에 따라 달라진다.

여러 선발도구는 그 타당도가 일정하지 않기 때문에 적용되는 상황에도 차이가 있기 마련이다. 기업에서 선발도구를 사용할 때에 보통 하나 이상을 선택하는 것이 바람직하다.

예측지표는 보통 직무분석의 결과에 의거하여 선정된다. 그러나 경우에 따라서는 어떤 선발도구와 예측지표 사이에 특별히 높은 상관관계가 나타나기도 한다.

### (2) 다중지표의 사용

기업에서 하나의 선발도구를 사용하면서 예측지표는 여러 항목을 동시에 선정하는 경우도 있게 된다.

하나의 직무에 둘 이상의 예측지표가 필요한 경우에는 측정과 선발을 위해 여러 지표들 사이의 적용순서와 상호관계를 설정하여야 하는데, 여기에는 다음과 같이 세 가지의 방식이 있다.

#### 1) 단계적 방식

단계적 방식(multiple hurdles)은 여러 예측지표를 그 특성과 중요성에 따라서 순서대로 배정하는 것이다. 즉, 지원자가 첫 번째 지표를 통과해야 두 번째 지표에 응시할 수 있도록 하는 식이다.

#### 2) 보완적 방식

보완적 방식(compensatory)은 직무성과를 달성하는 데 요구되는 능력이나 자격요건들 사이에는 보완적 관계가 있다고 가정한다. 즉, 어느 방면의 부족한 능력은 다른 장점으로 보완할 수 있다는 것이다.

3) 혼합적 방식

혼합적 방식(combined approach)은 이상에서 설명한 단계적 방식과 보완적 방식을 종합하여 사용하는 것이다. 이 방식에서는 선발의 초기단계에서 단계적 방식으로 요구되는 능력과 자격요건에 부적합한 지원자를 예측지표의 적용순서에 의거하여 걸러낸 다음, 보완적 방식을 사용하여 최종적으로 채용여부를 결정하게 된다.

### (2) 선발의 결정과 인적자원관리부서의 역할

선발작업을 준비하고 집행하는 단계에서는 대부분 기업의 인적자원관리부서가 모든 일을 담당하지만, 최종적으로 채용여부를 결정하는 일은 라인부서에서 이루어지는 것이 보통이다.

인적자원관리부서에서는 최초합격자의 명단을 라인부서에 제공하고 라인부서에서 이루어지는 최종적인 선발작업을 지원한다.

## 2. 선발관리과정 작업의 개선

인적자원을 선발하는 과정에서 가장 중요한 목표는 '공정성'과 '효율성'을 확보하는 것이다.

### (1) 선발의 공정성 향상

선발작업의 일치성이 높아지면 자연히 예측지표의 타당도가 증가하면서 선발의 공정성이 향상된다. 선발작업의 일치성을 높이는 일은 두 가지 측면에서 설명할 수 있다. 하나는 선발작업의 '외적 일치성'을 높이는 일이고, 다른 하나는 선발작업의 '내적 일치성'을 확보하는 것이다. 선발작업의 외적 일치성이 높다는 것은 선발작업이 전적으로 인적자원관리의 목표와 전략에 근거하여 진행되고 있음을 의미한다.

선발작업의 내적 일치성은 지원자에게서 수집하는 자료가 일치하는 정도를 말한다. 따라서 선발작업의 내적 일치성을 높이려면 모든 지원자로부터 얻게 되는 개인자료의 종류와 성격 그리고 그 취득과정이 동일하여야 한다.

선발의 내적 일치성을 높이는 데 있어서 또 하나 중요한 것은 평가지표와 선발과정의 성격을 일치시키는 일이다. 다음의 [그림]에서 보는 바와 같이 기업에서 직무분석을 통해 직무에 대한 서로 다른 성격의 여러 평가지표를 개발하면, 이들 평가지표는 각각 기업에서 사용할 수 있는 선발도구를 결정하는 동시에 선발과정에 영향을 미치게 된다.

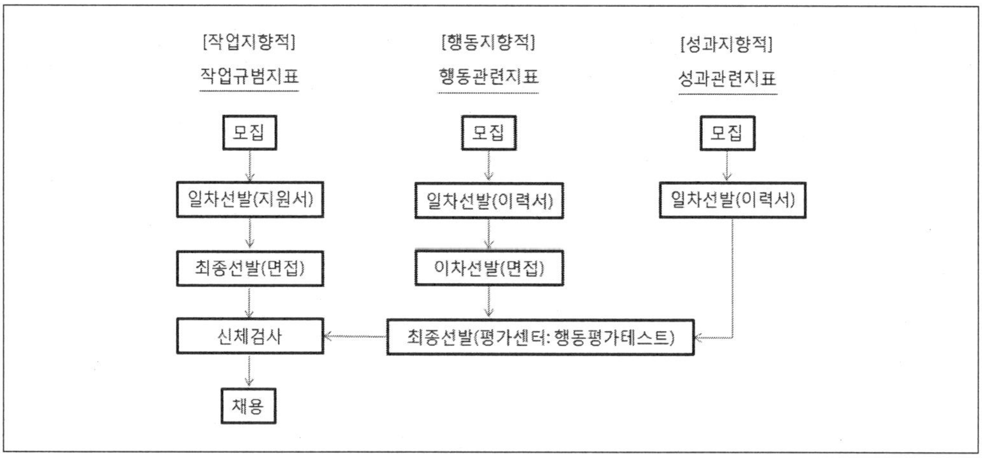


[그림] 평가지표와 선발과정의 비교(출처: 현대인적자원관리, 박영배, 2014년, 청람)

### (2) 선발의 효율성 향상

기업에서 선발작업의 효율성을 향상시키기 위해서는 가장 먼저 비용-효과분석을 실시해야 한다. 비용-효과분석은 선발이 진행되기 전과 선발작업이 끝난 후에 실시하여 그 결과를 비교해야만 문제점을 찾아내 개선할 수 있다. 그리고 신뢰도와 타당도 검증을 통해 선발도구의 예측성을 향상시켜야 한다.

# 제3절 선발도구

## 1. 선발도구의 유형

### (1) 선발 테스트

선발도구로서의 테스트는 개인능력에 대한 정보를 얻기 위해 설계된 체계적이고 표준화된 일련의 시험이나 검사의 과정이다.

- 시험은 응시자에 대한 상황정보를 얻는 중요한 선발도구이다.
- 가장 일반적으로 사용되는 시험은 필기 시험이다.

1) 능력검사

능력검사(ability test)는 지원자가 지니고 있는 지식과 기능적 특질을 측정하기 위한 테스트(시험)이다.

① 인지적 능력검사
② 기계적 능력검사
③ 정신활동력검사

2) 성격 및 흥미검사(인 · 적성검사)

- 인 · 적성 : 응시자의 심리적, 직무의 적합성들을 평가하는 선발 도구이다.
- 성격검사(personality test)는 개인의 동기 · 결단성 · 낙천성 · 참을성 · 공포심 등과 같은 퍼스낼리티 특성을 측정하는 것으로서 경영자와 관리직에 중요하게 적용된다.
- 흥미검사(interest test)는 업무에 대한 개인의 기호와 취미 등에 관심을 둔다. 따라서 기업에서는 특정 직무에 대한 지원자의 적합성여부를 판단하는 데 흥미검사를 응용하기도 한다.

3) 작업표본검사

작업표본검사(work sample test)는 직무의 대표적인 부분을 지원자로 하여금 수행해 보도록 하여 그 성취도를 측정하는 것이다.

> 여러 선발테스트들은 그 타당도과 관련하여 다음과 같은 몇 가지 특징을 보여준다.
>
> 첫째, 테스트는 개인의 직무성과뿐만 아니고 때로는 교육훈련의 정도를 예측하는 데에도 큰 효과가 있다.
>
> 둘째, 개인의 성격과 흥미검사는 능력검사에 비해 기업에서 비교적 적게 사용되어 왔으며 타당도 검증도 많이 이루어지지 않았다. 최근에는 기업에서 개인의 성격과 흥미가 기업의 경영전략 및 기업문화와 조화를 이루어야 한다는 인식과 함께 이들 방법에 대한 관심과 중요성이 날로 커지고 있다.
>
> 셋째, 작업표본검사는 여러 테스트 중에서 가장 효과적인 방법이라고 할 수 있다. 그리고 그 측정결과의 효과는 지식영역보다는 기술영역에서 더욱 양호하게 나타난다.

### (2) 선발면접

- 면접이 주관적인 판단의 위험이 있지만 널리 사용되는 선발 도구이다.
- 직무요건에 관한 시험 결과를 확인하거나, 실제 시험에 나타나지 않는 응시자의 정보를 얻기 위하여 사용된다.

#### 1) 선발면접의 목적과 기능

선발면접(interview) 혹은 면접은 면접관이 지원자와 얼굴을 마주하여 능력과 자격요건을 측정하는 방법이다. 면접은 그 다양한 기능과 함께 여러 목적으로 사용되기도 한다.

#### 2) 선발면접의 특성

면접은 다른 선발도구와 구별되는 몇 가지의 특성이 있다.

- 면접은 경우에 따라서 진행시간에 큰 차이를 보인다. 즉, 면접은 직무의 특성과 중요성에 따라 짧은 시간에 끝날 수도 있고 긴 시간 동안 진행되기도 한다.
- 면접의 내용도 면접의 구조에 따라 달라진다(구조적 면접, 비구조적 면접).
- 면접은 그 내용과 직무의 관련성에 있어서도 때에 따라 큰 차이가 있게 된다(예, 스트레스면접).
- 또한 면접은 면접관의 수에도 차이가 있을 수 있다(예, 집단면접).

#### 3) 선발면접의 신뢰도와 타당도

면접의 신뢰도는 '면접자 사이의 신뢰도'(inter-rater)와 '면접자 자신의 신뢰도'(intra-rater)의 두 가지 측면에서 설명할 수 있다.

- 면접자 사이의 신뢰도는 여러 명의 면접관이 지원자를 평가한 내용이 서로 일치하는 정도를 말한다.
- 면접자 개인의 신뢰도는 한 사람의 면접관이 동일한 지원자에 대해 시간을 달리하여 면접한 결과가 일치하는 정도를 말한다.

선발면접의 타당도에 대하여 아직까지 체계적인 연구가 많이 이루어지고 있지는 않지만, 면접의 실제적인 타당도는 선발테스트에 비해 대체적으로 낮은 것으로 알려지고 있다. 그러나 면접이 대부분의 기업에서 여전히 중요한 선발도구로 광범위하게 사용되고 있는 것은 이에 대한 믿음이 매우 높게 형성되어 있기 때문일 것이다.

선발면접의 신뢰도는 주로 다음과 같은 요인이 영향을 미치는 것으로 나타나고 있다.

① 면접구조
② 채용압력
③ 지원자에 대한 자료
④ 대비효과
⑤ 조급한 결정
⑥ 면접관의 주관성
⑦ 부정적 정보
⑧ 성별차이

### (3) 지원서

지원서(application blank)도 기업에서 항상 사용되는 선발도구의 하나이다. 지원서에는 통상적으로 개인자료, 교육정도, 흥미와 취미 등과 같은 내용이 포함되지만, 경우에 따라서는 개인의 신체적 조건, 추천인의 인적사항 등을 기재하도록 요구하기도 한다.

기업에서는 지원서의 예측타당도를 높이기 위해 '가중적 지원서'(weighted application blank)를 사용하기도 한다.

### (4) 신체검사

신체검사는 심각한 질병이 있거나 신체적으로 직무를 담당하기가 어려운 지원자를 가려내려는 목적에서 사용된다.

### (5) 추천서

추천서는 특정인에 대한 추천의 말을 적은 서류로서 채용을 위한 선발도구로 많이 사용된다.

## 2. 선발도구의 신뢰성과 타당성, 효용성

> **선발도구의 합리성 평가**
>
> ① 신뢰성 : 시험결과의 일관성
>
> 신뢰성이란 시험을 동일한 환경에서 동일한 사람이 몇 번이고 다시 보았을 때 그 결과가 일치하는 정도이다.
>
> ② 타당성 : 측정대상을 정확히 검정하는 정도
>
> 타당성이란 시험이 측정하고자 하는 내용을 정확히 검정하는 정도를 말한다.

### (1) 신뢰성

#### 1) 개념 및 특징

신뢰성이란 어떤 시험을 동일한 환경에서 동일한 사람이 몇 번 다시 보았을 때 그 결과가 서로 일치하는 정도 즉, 일관성을 말한다. 이것은 선발제도가 능력측정수단으로서 정확한 측정능력을 가졌느냐의 여부를 말하는 것이다. 이를 측정하기 위해 3가지 측정방법이 존재한다.

#### 2) 측정방법

① 시험-재시험방법

같은 사람에게 같은 내용의 시험을 시기를 달리하여 두 번 실시하여, 이 두 번의 성적을 비교한다. 단, 첫 번째 시험의 기억이 두 번째 시험의 시행에 아무런 영향을 끼치지 말아야 한다.

② 대체형식방법

한 사람에게 한 종류의 항목으로 테스트한 다음 유사한 항목으로 된 다른 형태로 테스트하여 두형태간의 상호관계를 분석하는 것이다. 물론 난이도, 평균성적, 분산도가 동등해야 한다.

③ 양분법

시험내용이나 문제를 반으로 나누어 각각 검사하여 양자의 결과를 비교하는 방법으로, 홀수/짝수, 전반/후반으로 나누는 방법이 있다.

## (2) 타당성

1) 개념 및 특징

타당성이란 시험이 특정하고자 하는 내용 또는 대상을 정확히 검증하는 정도를 말한다. 즉 시험점수나 면접점수와 같이 예측치를 선발 후 직무성과치(생산성, 인사고과 등)와 비교했을 때 유사하게 나오는 정도를 말한다. 여러 종류의 타당성개념이 존재한다.

2) 타당성의 유형

① 기준관련타당도

★ 예측타당도

선발의 경우 선발도구로부터 예측된 예측치(학력 및 경력 가중치, 시험점수, 면접점수 등)를 선발 이후 직무에서 실제로 나타난 직무성과치(생산성, 실적평가 등)와 비교하여 두 변수간의 상관관계를 측정하는 타당도를 말한다.

★ 동시타당도

예측타당도와 같이 예측치와 직무성과치의 상관관계를 계산하려면 오랜 기간이 소요된다. 선발 직후의 단기적 성과는 선발과정의 효과를 정확하게 측정할 수 있는 좋은 평가자료가 될 수 없으며, 그렇다고 5~10년간의 장기적인 실제 성과를 사용하려면 그만큼의 오랜 기간 동안을 기다려야 한다. 그러므로 실무에 종사하고 있는 조직구성원들로부터 예측기준치와 성과기준치를 측정하여 이들 간의 상관관계를 계산함으로써 예측치의 타당도를 계산해 낼 수 있다.

② 내용타당도

선발도구가 측정하는 내용이 실제로 근무하는데 있어서 작업상황과 직무행위에 얼마나 유사한 내용을 담고 있는지를 나타내는 것이다. 내용타당도가 높다는 것은 측정항목(선발도구)이 실제 작업상황과 직무행위를 편견없이 잘 대표하고 있다는 것을 의미한다. 따라서 컴퓨터요원의 선발에는 컴퓨터에 관한 문제를, 회계직원선발에는 회계지식과 관련된 문제를 담아야 한다. 내용타당성은 실제적인 타당도 계산은 하지 않고, 주로 전문가들의 주관적인 견해가 중요하므로 전문가는 영역에 대한 지식이 필요하다.

③ 구성타당도

특정시험이 무엇을 측정하느냐 하는 시험의 이론적 구성과 가정을 측정하는 정도를 말하는 것으로 특히 심리적 특징을 시험(선발도구)이 얼마나 정확하게 측정하는지를 분석하는 타당도이다. 특히, 지능, 역할적 소질, 안정감 등 여러 가지가 포함되는데 이를 계산하려면 첫째, 성과와 관련된 특성 또는 예측치가 설정되어야 하고 둘째, 이들 특성이나 기준치를 측정할 도구가 설정되어야 하며, 셋째로 이들 도구가 실제로 특성이나 기준치를 얼마나 잘 측정하는지를 입증해야 한다.

### (3) 효용성(Utility)

1) 의의 및 중요성

선발에 있어서 정확성을 높임으로써 선발의 효과를 향상시킬 수 있는 지를 나타내는 지표이다. 효용성의 경우 그 수치가 높을수록 선발에 있어서의 성적이 미래의 직무성과를 예측하는 능력이 커지게 된다. 따라서 선발비용의 절감 및 우수 인재확보라는 편익을 기업에 가져다준다.

2) 효용성 검증방법

일반적으로 선발의 효용성은 선발을 통해 채용된 인력의 직무성과를 선발에 투입된 총비용으로 나눈 화폐적 가치로 검증된다(직무성과/총비용).

3) 경제성

선발도구의 타당성이 높으면 선발의 정확성, 즉 선발의 효율성이 높아지고, 선발의 정확성이 높아지면 선발의 경제성도 실현된다. 즉 사람을 제대로 선발함으로써 조직의 성과에 기여한 효과에서 선발비용을 차감한 것으로 정의할 수 있다.

4) 상호관계

신뢰성과 타당성, 효용성은 상호 밀접한 관계를 가지고 있다. 예를 들어 선발도구가 신뢰성이 있어도 타당성이 떨어진다면, 해당 선발도구로 선별한 인력의 자질을 의심받게 된다. 비슷한 예로 신뢰성과 타당성이 있다고 하여도 그 비용이 너무 커서 효용성에 문제가 있다면 사용하기 적절치 않다. 따라서 인사관리자는 선발도구의 세 가지 요소에 대해 끊임없는 비교와 검증 및 현재 기업의 상황을 고려하여 최적의 선발도구를 유지 및 업데이트 할 필요가 있다.

## 3. 선발오류

### (1) 선발상의 과오로 인한 손실

① 능력이 부족한 인재의 채용으로 인한 경쟁력의 약화
② 적당치 않은 인재의 채용으로 경쟁력 약화
③ 유능한 인재 부족의 미래 경영의 차질
④ 중도 퇴직으로 인한 인력 공백
⑤ 인력 채용 및 교육에 들어가는 경영 손실

### (2) 선발의 오류

| | | 채용 후의 직무성과 | |
|---|---|---|---|
| | | 성공(만족) | 실패(불만족) |
| 선발의사 결정 | 거부 | 제1형 오류 | 올바른 결정 |
| | 수락 | 올바른 결정 | 제2형 오류 |

올바른 결정을 제외하고 두 가지의 오류가 있다. 하지만 제1형 오류의 경우 채용은 하지 않았지만 채용했더라면 만족스러운 직무성과를 달성할 인재였으나 채용되지 못했기 때문에 잠재적으로 경쟁사나 타기업에 뺏겨버리는 결과를 초래하게 되며, 제2형 오류는 선발되었으나 불만족스러운 직무성과를 달성한 직원의 경우 교육훈련과 경력개발을 통해 그 개선이 가능하다는 점에서 기업입장에서 제1형 오류를 줄이기 위한 노력을 더욱더 기울여야 할 것이다.

# 제4절 배치관리의 의의

## 1. 배치관리

(1) 각 직무에 종업원을 배속시키는 것을 배치라고 하고, 배치된 종업원을 필요에 따라 다른 직무로 바꾸어 재배치하는 것을 이동(transfer)이라고 한다.
(2) 배치과정에서는 다수의 직무와 다수의 종업원 간의 관계를 가장 잘 조합하여 조직의 성과를 전체적으로 높이고, 종업원의 만족도를 높이는 원리에 따른다.

## 2. 조직사회화

예를 들어 신입사원이 처음에 입사하여 경험하게 되는 조직활동의 신선함과 어색함이, 입사 후 어느 정도 안정적인 단계를 거쳐, 다양한 직무활동을 수행하는 단계로 이행되는 과정 등을 설명한다.

(1) 조직진입 전 사회화 : 현실적 직무소개, 인턴사원제도
(2) 조직전입 후 사회화
(3) 정착단계

## # 예상문제 : 프레임웍 연습

### 경영학적 라이팅 모델 : Step by Step Writing and Problem-solving

2차시험의 출제된 문제를 충실히 분석하는 것이 좋은 답안을 작성하는 데 있어서 가장 중요하다. 출제된 문제에 들어있는 정보를 최대한 찾는 것이 가장 중요하다. 또한 출제된 문제와 너무 지나치게 연관 없는 정보는 무의미하다. 출제된 문제 유형이 설명, 논증, 그리고 설계 등 인지를 확인 한다. 출제된 문제에서 추출된 정보로부터 이론 및 개념, 관련된 다양한 이슈와 배경 등을 탐색한다. 다음에 설명, 논증, 그리고 설계 등의 문제 유형에 따라서 아이디어를 도출한다. 도출된 아이디어로부터 적절한 문제의 해를 제시하고, 그 해를 검증 혹은 논증하는 과정을 추론한다. 이 후 관련 이론 등을 제시하고 전체적인 글의 내용과 구조를 구성한다,

step 1. 문제의 유형을 분석한다(설명, 논증, 그리고 설계 등).
2. 제시된 문제에서 정보를 최대한 추출한다.
3. 문제와 관련된 다양한 이슈와 배경 등을 탐색한다.
4. 설명, 논증, 그리고 설계에 따라서 아이디어를 도출한다.
5. 도출된 아이디어로부터 적절한 문제의 해를 제시한다.
6. 그 해를 검증 혹은 논증하는 과정을 추론한다.
7. 관련 이론 등을 제시하고 전체적인 글의 내용과 구조를 구성한다.
8. 서론 본론 결론의 각 구성요소를 결정하여 논증이나 검정을 작성한다.

각각의 단계에 따라서 주어진 문제를 분석하고, 그 분석에 의해서 도출된 결과물은 다양한 도형과 기호 등을 사용하여 제시함으로써 이해하기 용이하게 구성하면서, 서론, 본론, 결론 등에 제시할 내용 등을 설계한다. 그리고 각각의 설계에 따라서 글쓰기 그리고 논술을 시작한다.

### 문 1. 전통적 기업의 확보관리의 문제점을 설명하고, 이를 극복하기 위한 새로운 방안에 대하여 논하시오.(50점)

step 1. 문제의 유형을 분석한다(설명, 논증, 그리고 설계 등).

| 전통적기업의 확보관리의 문제점과 이를 극복하기 위한 방안<br>→ 전통적 기업의 확보관리의 한계점과 이 한계점을 극복하기 위한 방안을 논증하거나 검증 |
|---|

현대 기업과 전통적인 기업을 비교하여 확보관리의 발전방향과 이를 새로운 확보관리에 필요한 새로운 대안을 제시하고 이를 논증

step 2. 제시된 문제에서 정보를 최대한 추출한다.

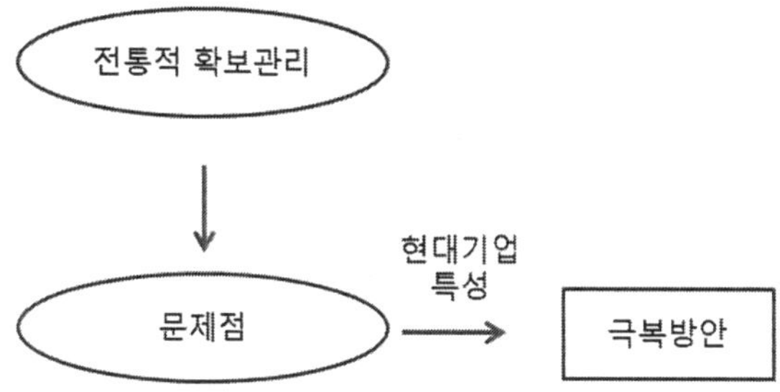


문제에 제시되어 있는 정보를 최대한 추출하여 이를 도식 및 그림으로 표현한다.

step 3. 문제와 관련된 다양한 이슈와 배경 등을 탐색한다.

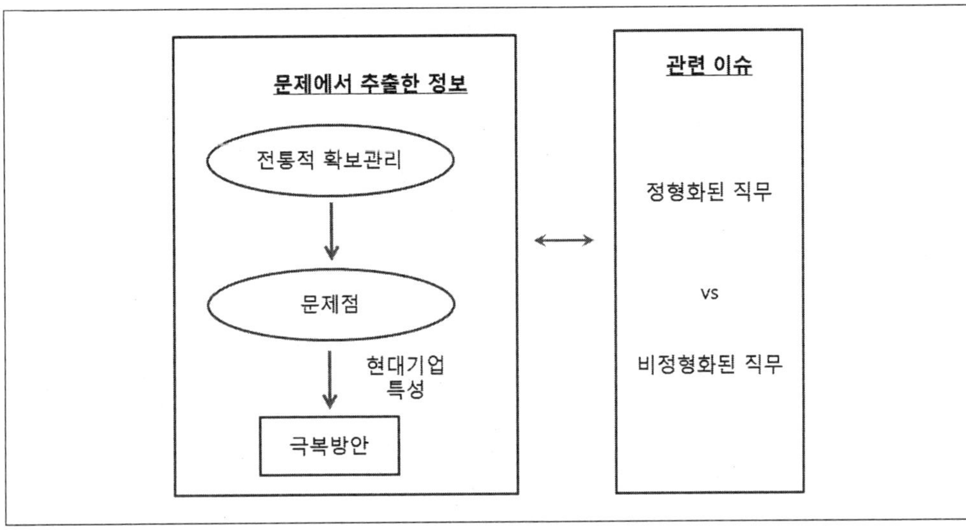


문제와 연관된 이슈와 배경을 기술함을 통하여 효율적인 관리 방안에 대한 방향과 제도 등에 대한 문제제기와 해를 도출할 수 있는 기본적인 아이디어가 구성된다. 이때 수험자들은 어떤 아이디어(idea)를 도출 할 것인가에 대한 기본 준비를 염두에 두고 관련 이슈와 배경 등을 탐색해야 한다.

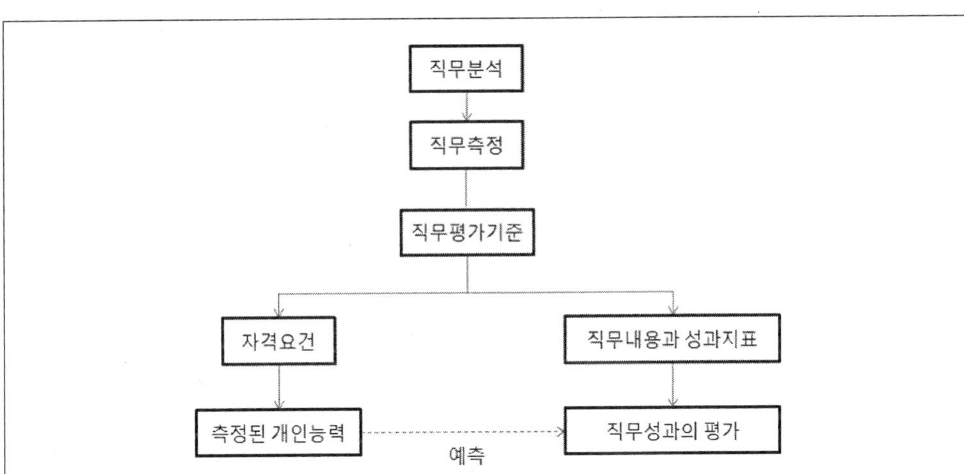


[그림] 인적자원의 선발모형(출처: 현대인적자원관리, 박영배, 2014년, 청람)

step 4. 설명, 논증, 그리고 설계에 따라서 아이디어를 도출한다.

이 단계에서는 어떤 아이디어를 도출할 것인가를 문제의 기본정보와 수험자가 제시하는 관련 이슈 및 배경을 연결하여 아이디어를 도출한다. 너무 넓은 범위에서 도출하지 말고 한 두가지 이슈나 배경 등에 그 초점을 맞추어라.

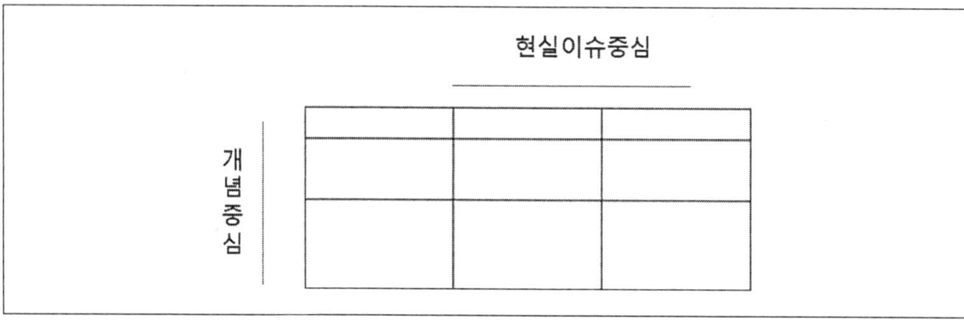


| | 정형화된 직무 | 비정형화된 직무 |
|---|---|---|
| 전통적기업<br>확보관리 | 인재계획에 따라 순서대로 | - 조직내 요구에 따라<br>부분적으로 |
| 현대적기업<br>확보관리 | 부분적으로 인재계획에 따라 | - 인력 변동과 미래 수요와 연동<br>인재개발과 통합 관리 |

| | 전통적 | 현대적 |
|---|---|---|
| 확보관리 | - 대규모<br>- 정기적<br>- 획일적 | - 소규모<br>- 수 시<br>- 다양한 |

step 5. 도출된 아이디어로부터 적절한 문제의 해를 제시한다.

- 새로운 기술의 활용

: 인터넷이나 모발 기술을 활용해 접촉인원과 접촉인원의 유형 확대

- 선발도구의 변환

: 심층면접

: 직무 중심적

- 인재 개발과 통합 관리

: 수요 / 공급의 사전 예측과 동태적 변동 관리

전사 조직의 변화를 단계별로 추진하여 핵심역량을 중심으로 조직을 개편하여 유연 근로시간을 확대 적용함

# 연습지 활용

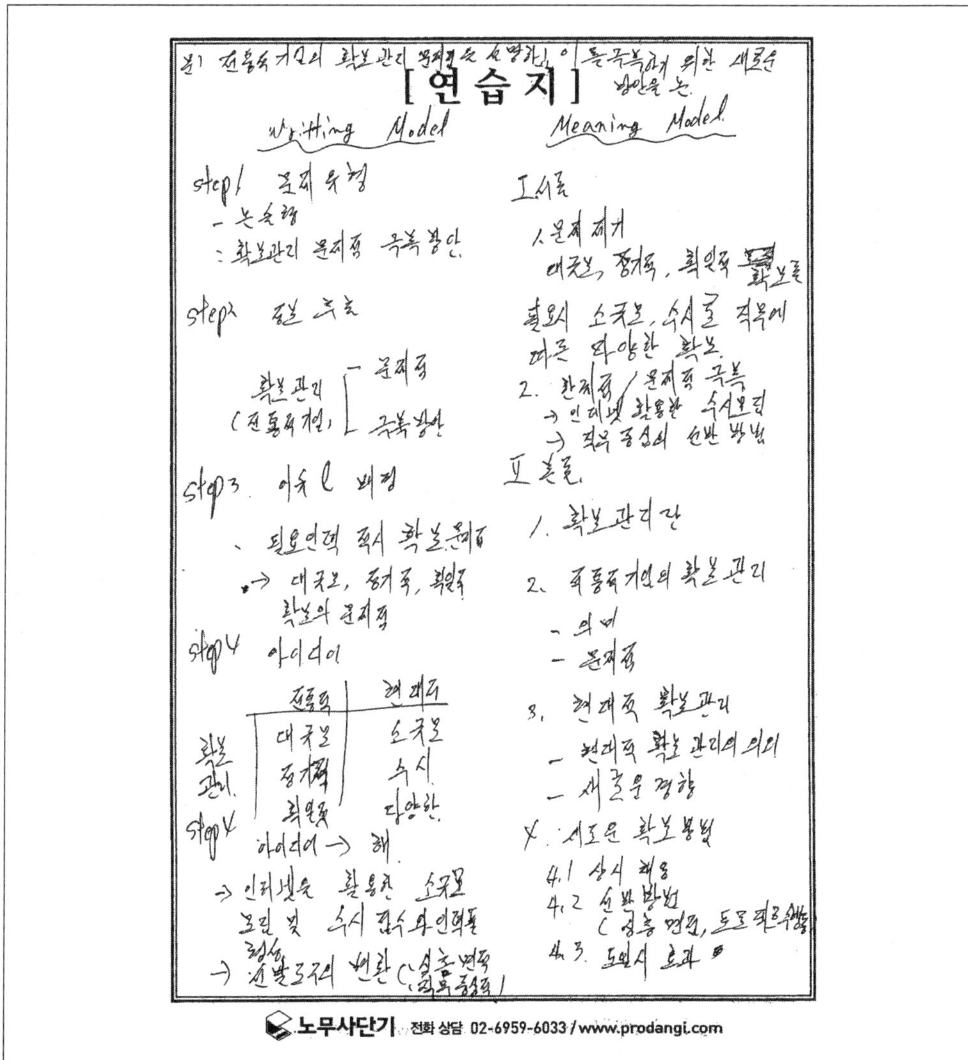

## 문 2. 선발 오류의 발생원인과 이를 극복하기 위한 방안을 설명하시오.

→ 논술을 위한 기본 과정에 맞추어 글 전체에 대한 구성과 방향 등을 step by step으로 실행한다.

step 1. 문제의 유형을 분석한다(설명, 논증, 그리고 설계 등).
2. 제시된 문제에서 정보를 최대한 추출한다.
3. 문제와 관련된 다양한 이슈와 배경 등을 탐색한다.
4. 설명, 논증, 그리고 설계에 따라서 아이디어를 도출한다.
5. 도출된 아이디어로부터 적절한 문제의 해를 제시한다.
6. 그 해를 검증 혹은 논증하는 과정을 추론한다.
7. 관련 이론 등을 제시하고 전체적인 글의 내용과 구조를 구성한다.
8. 서론 본론 결론의 각 구성요소를 결정하여 논증이나 검정을 작성한다.

step 1. 문제의 유형을 분석한다(설명, 논증, 그리고 설계 등).

선발오류와 오류 극복방안
→ 선발 과정에서 발생하는 다양한 오류와 이 오류를 줄이기 위한 방법이나 대안을 제시하고 논증

선발 계획과 과정에서 다양한 선발 오류가 발생할 것이고, 계획과 과정상에서 발생하는 오류를 관리하기 위한 방안을 제시하고 이를 논증하거나 검증

step 2. 제시된 문제에서 정보를 최대한 추출한다.

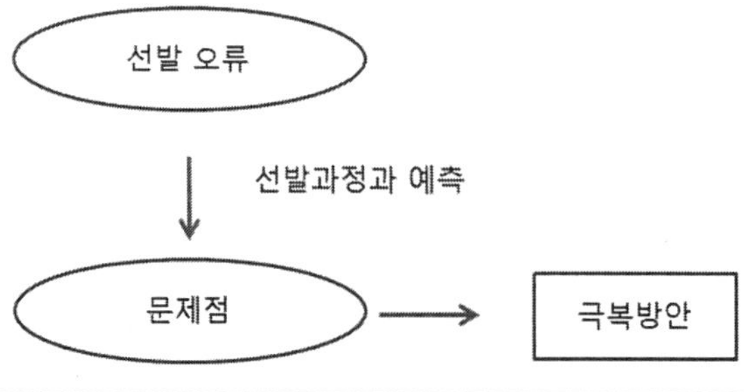

문제에 제시되어 있는 정보를 최대한 추출하여 이를 도식 및 그림으로 표현한다.
step 3. 문제와 관련된 다양한 이슈와 배경 등을 탐색한다.

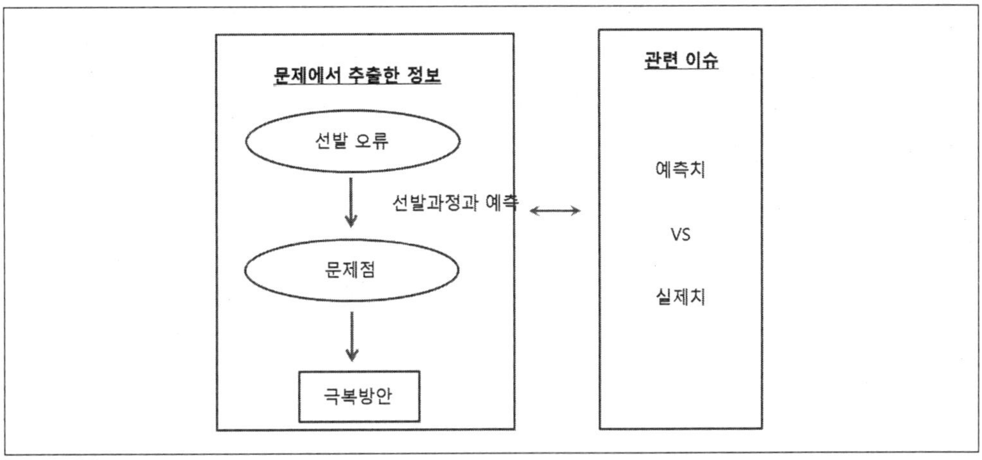


문제와 연관된 이슈와 배경을 기술함을 통하여 효율적인 관리 방안에 대한 방향과 제도 등에 대한 문제제기와 해를 도출할 수 있는 기본적인 아이디어가 구성된다. 이때 수험자들은 어떤 아이디어(idea)를 도출 할 것인가에 대한 기본 준비를 염두에 두고 관련 이슈와 배경 등을 탐색해야 한다.

* 선발 오류

### (1) 선발 상의 과오로 인한 손실

① 능력이 부족한 인재의 채용으로 인한 경쟁력의 약화
② 적당치 않은 인재의 채용으로 경쟁력 약화
③ 유능한 인재 부족의 미래 경영의 차질
④ 중도 퇴직으로 인한 인력 공백
⑤ 인력 채용 및 교육에 들어가는 경영 손실

### (2) 선발의 오류

| | | 채용 후의 직무성과 | |
|---|---|---|---|
| | | 성공(만족) | 실패(불만족) |
| 선발의사 결정 | 거부 | 제1형 오류 | 올바른 결정 |
| | 수락 | 올바른 결정 | 제2형 오류 |

올바른 결정을 제외하고 두 가지의 오류가 있다. 하지만 제1형 오류의 경우 채용은 하지 않았지만 채용했더라면 만족스러운 직무성과를 달성할 인재였으나 채용되지 못했기 때문에 잠재적으로 경쟁사나 타기업에 뺏겨버리는 결과를 초래하게 되며, 제2형 오류는 선발되었으나 불만족스러운 직무성과를 달성한 직원의 경우 교육훈련과 경력개발을 통해 그 개선이 가능하다는 점에서 기업입장에서 제1형 오류를 줄이기 위한 노력을 더욱더 기울여야 할 것이다.

step 4. 설명, 논증, 그리고 설계에 따라서 아이디어를 도출한다.

이 단계에서는 어떤 아이디어를 도출할 것인가를 문제의 기본정보와 수험자가 제시하는 관련 이슈 및 배경을 연결하여 아이디어를 도출한다. 너무 넓은 범위에서 도출하지 말고 한두 가지 이슈나 배경 등에 그 초점을 맞추어라

| | 선발단계 이전(모집) | 선발단계 | 선발 후 |
|---|---|---|---|
| 오류 | - 적절한 인재 풀<br>- 충분한 직무 등의 정보제공 | - 선발 도구의 오류<br>- 선발 도구와 인력과의 연결 오류<br>(획일적 선발 도구 적용) | - 개인의 직무 능력과 선발 도구상의 차이 |

step 5. 도출된 아이디어로부터 적절한 문제의 해를 제시한다.

- 정보 제공의 모집 미디어 확대

: 응시자와 기업 모집 정보를 연동하기 위한 새로운 미디어 활용

: 일시적인 정보 제공이 아닌 지속적인 정보 제공

- 실시간 변동하는 직무 변화와 연동하는 인적자원 시스템 구축

: 선발 도구와 직무 변환 연동 관리

: 고 성과자 중심의 선발 도구 예측치 실시간 관리

- 개인과 조직 개발과 선발 도구 통합 관리

# 제7장

# 업적평가 관리

## 제1절 업적평가(인사고과)

### 1. 업적평가의 역할과 과정

#### (1) 업적평가의 역할

업적평가는 종업원이 달성해야 하는 목표 대한 정보를 만들어 피드백(feedback)으로써 기업과 종업원이 다 같이 공동의 목표를 향해 매진할 수 있게 한다.

업적평가는 또한 측정(measurement)·평가(evaluation)·피드백(feedback)으로 이어지는 과정을 통하여 종업원의 직무수행태도(직무수행의 적극성과 협조성 등), 직무수행행동(고객과의 교류와 고객에 대한 서비스 등), 직무수행결과(매출액과 생산성 등)를 개선할 뿐만 아니라 인적자원계획과 그 밖의 인적자원관리 업무의 근거가 되는 모든 종업원의 개인적 자료를 제공해 준다.

이밖에 업적평가 자체의 중요한 역할을 살펴보면 다음과 같다.

첫째, 업적평가는 중요한 기능적 역할을 한다.

둘째, 업적평가는 기능적 업무를 지원하는 역할을 한다.

* 업적평가(혹은 인사고과)의 의의

① 인사고과는 종업원의 상대적 가치를 결정하는 것
② 인사고과는 조직구성원들의 현재, 미래의 능력과 업적을 평가함으로써 각종 인사정책에 필요한 정보를 획득 / 활용하는 것을 말한다.
③ 인사고과는 각 직무당당자의 성과를 평가함과 동시에 직무담당자가 지닌 잠재적 능력 및 개발 가능성에도 초점을 둔다.
④ 인사고과는 조직 구성원에게 동기부여의 수단으로도 활용되고, 평가결과를 목표달성을 위한 전체적인 통제의 한 과정으로 활용할 수 있다.

- 조직 내의 여러 직무에 종사하고 있는 조직원 또는 관리자의 근무성적이나 능력, 업적, 태도 등을 조직체에 대한 유효성의 관점에서 정기적으로 검토, 평가하여 이들의 상대적 가치를 조직적으로 결정하기 위한 제도이다.
- 종업원들의 근무성적과 잠재능력을 체계적으로 분석 / 파악하여 인적자원의 효과적인 활용과 능력의 개발/육성을 위한 인사관리의 한 도구인 것이다.
  → 인사고과는 인적자원 관리 중심이고 업적평가는 직무 중심적인 측면이 강하다.

## (2) 업적평가의 과정

기업에서 이루어지는 업적평가는 아래의 [그림]에서 보는 바와 같이 일반적으로 측정 · 평가 · 피드백 · 정보수집의 과정으로 이루어진다.

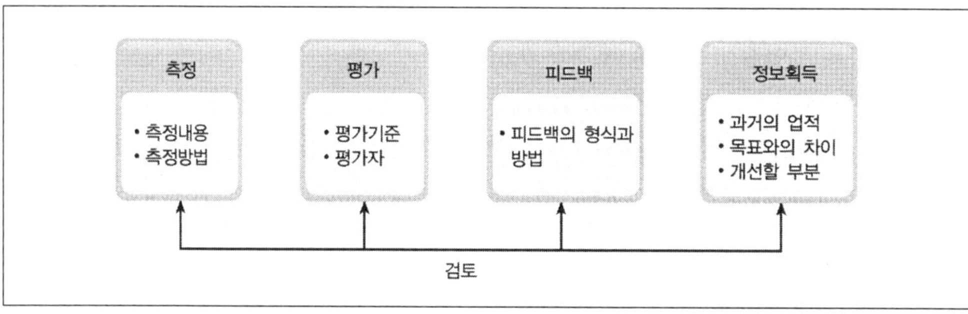


[그림] 업적평가의 과정

## (3) 업적평가의 목적

업적평가는 종업원을 대상으로 그 가치를 체계적으로 평가하는 인사관리상의 능률향상과 여러가지 문제의 해결에 대한 기초를 마련하며 종업원의 자질향상과 사기앙양을 도모하는 데 목적이 있다. 또한 다양한 기업의 인적자원관리의 효율성과 기업 성과를 높이기 위한 목적으로도 사용된다.

- 승진, 강등, 배치전환, 해고 기타 인사이동을 공정히 하기 위한 기초자료를 얻고, 이들 인사처리가 공정하다는 것을 종업원에게 인식시켜 신뢰감을 갖도록 한다.
- 고용, 인원선발의 방법 및 기술의 적합성 여부를 검토한다.
- 종업원의 특성과 결함을 파악하여 적절히 지도하는 동시에 교육 및 훈련의 필요여부를 결정한다.

- 임금, 급료를 조정하기 위한 기초자료를 얻는 동시에 업적평가의 결과를 임금지급에 반영시켜 종업원의 작업능률을 높인다.

1) 상벌결정

기업조직은 조직구성원들의 성과에 대하여 정당한 대우를 해 주어야 하는데, 인사평가를 통한 주기적 성과의 측정을 통해 승진, 승급, 강등, 징계 등의 상벌결정을 내리게 된다.

2) 능력개발

종업원의 현재수준을 파악하여 성장기회를 충족시켜줄 근거로 활용할 수 있다.

3) 적정배치

종업원의 적성, 능력 등을 가능한 정확히 평가하여 적재적소의 배치를 실시함으로써 개인과 조직차원 모두 다 도움이 될 수 있는 방법을 찾게 해준다.

4) 조직개발 및 근로의욕증진

직무담당자의 직무수행 상 결함을 발견하고 개선할 계기를 찾고, 종업원의 성취의욕의 자극제로 활용하게 된다.

5) 인력계획 및 인사기능의 타당도

인사평가의 결과를 토대로 장단기 인력배치와 그에 따른 인력의 수요/공급계획을 전략적으로 할 수 있도록 하며, 이는 핵심인재 선발에도 영향을 미치게 된다.

6) 교육활동 활용

인사평가 등을 통하여 직무 교육 등의 다양한 사내외교육을 위한 기초 자료로서 활용되며, 미래의 인력 자원 교육을 위한 원천으로 활용된다.

## 2. 업적평가의 주체와 대상

업적평가 대상자는 인적자원인 사람이 주체이고, 평가자도 사람이므로, 인적자원 간의 상호작용과 상호영향에 대한 이해가 중요하다.

**인간의 본질에 대한 가정**

# 샤인 모형 : 경제인(합리적 경제인, 수동적 존재), 사회인(사회적 인간, 수동적 존재), 자기실현인(자기실현적 인간, 성장 욕구, 내재적·자율적 동기부여), 복합인(복잡한 인간, 상황적응적 관리)

# 맥그리거 : X이론, Y이론

# 마일즈 모형 : 전통적 모형(≒경제인), 인간관계 모형(≒사회인), 인적자원 모형

### (1) 업적평가 주체

직속상사와 그 외 상사, 동료, 부하, 인적자원스태프, 고객, 외부관련업체, 피고과자(자기자신)

### (2) 업적평가요소

업적평가의 요소는 업무성과, 업무수행태도, 업무 수행 능력 등이 있다.

| 평가구분 | 평가항목 | 평가요소 |
|---|---|---|
| 업무성과 | - 업적달성도 : 양적 / 질적 성과<br>- 업무처리내용 : 정확성, 신속성 | 성과평가요소 |
| 업무수행 태도 | - 책임감, 자부심, 헌신감, 노력 정도<br>- 품성 : 모범성, 공정성 | 태도평가요소 |
| 업무수행 능력 | - 업무추진력 : 의욕 / 적극성<br>- 지도통솔력<br>- 판단처리력<br>- 기획 및 창의력 | 능력평가요소 |

[표] 업적평가 요소와 평가항목

(3) 업적평가의 사례 업적평가의 방법은 개별기업마다 상이하며, 각 기업마다 평가 기준 등이 서로 다른게 적용될 수 있다.

인사고과표(전부서 공통)

2009년 6월 15일

| 구분 | 평점요소 | 관찰항목 | 관찰내용 | 최우수 | 우수 | 양호 | 보통 | 보완요 | 불량 | 인사사용란 | |
|---|---|---|---|---|---|---|---|---|---|---|---|
| 업무실적 | 업무의 양 | 능률 | 신속정확하게 낭비없이처리했는가? | | | | | | | | |
| | | 지속성 | 어떤 일에나 차이없이 끈기있게 했는가? | | | | | | | | |
| | | 속도 | 업무처리가 신속하여 지체되는 일은 없는가? | | | | | | | | |
| | 업무의 질 | 정확성 | 일의 결과를 믿을 수 있는가? | | | | | | | | |
| | | 꼼꼼함 | 일의 마무리가 철저한가? | | | | | | | | |
| | | 성과 | 일의 성과가 내용에 있어서 뛰어났는가? | | | | | | | | |
| | 총평 | | 위의 관찰을 종합했을 때 업무실적은 어떤가? | | | | | | | | |
| 근무태도 | 협조성 | 상하협조 | 상사에 대해 협력하며 성과가 있는가? | | | | | | | | |
| | | 횡적협조 | 협조적이고 조직체 능률향상에 공헌하는가? | | | | | | | | |
| | 근무의욕 | 적극성 | 일에 능동적으로 대처하려는 의욕은 어떤가? | | | | | | | | |
| | | 책임감 | 책임을 회피하지 않는가? | | | | | | | | |
| | | 연구심 | 넓고 깊게 일을 연구하려는 의욕은 어떤가? | | | | | | | | |
| | 복무상황 | 규율 | 규칙을 준수하며 직장질서유지에 애쓰는가? | | | | | | | | |
| | | 근태상황 | 지각 · 조퇴 · 결근등 상황은 어떤가? | | | | | | | | |
| | | 태도복장 | 직장에서의 언동 · 차림새가 품위있는가? | | | | | | | | |
| | 총평 | | 위의 관찰을 종합했을 때 근무태도는 어떤가? | | | | | | | | |

| 소속 | | 피평정자 성명 | | 평정자 성명 | ㊞ | |
|---|---|---|---|---|---|---|
| 사원 NO | | | | | | |

출처 : 장영광, 정기만(2014), 생활속의 경영학, 범문에듀게이션

# 제2절 업적평가시스템

## 1. 업적평가시스템의 설계

### (1) 측정내용의 결정

업적평가시스템에서 가장 기본적인 부분이 측정내용이다. 측정내용은 종업원의 직무와 직무수행에 대해 직접적으로 영향을 미친다. 업적평가를 위한 측정내용은 일반적으로 다음과 같은 세 가지 요인에 의해 결정된다.

#### 1) 직무(생산)기술

종업원이 일련의 직무를 수행하기 위해서 요구된 직무기술이 필요하다. 생산기술은 직무 분석의 결과에 기초하고, 이로 인해 측정내용은 직무에 따라 달라진다.

#### 2) 경영전략과 기업문화

모든 기업들은 각각 특수한 상황조건을 가지고 있으며. 또한 각각의 경영전략과 기업문화는 상이하다. 그래서 업적평가는 개별 직무수행평가와 더불어 전사적인 관점에서의 평가도 포함하게 된다.

#### 3) 정부의 인력정책과 법규

기업에서 업적평가를 위한 측정내용을 결정하는 데에는 세 가지 요인을 고려하여야 한다. 그 중에서 생산기술요인은 직무분석에 의거하기 때문에 측정내용이 직무별로 차이가 있게 되며, 경영전략과 기업문화 요인은 전체 기업에 초점을 두기 때문에 측정내용이 기업별로 달라지고, 정부의 인력정책과 법규 요인은 국가의 정책과 법률에 근거하여 주로 산업별로 영향을 미치기 때문에 측정내용이 국가와 산업에 따라 차이가 있게 된다.

## 2. 업적평가기법의 분류 : 전통적인 방법

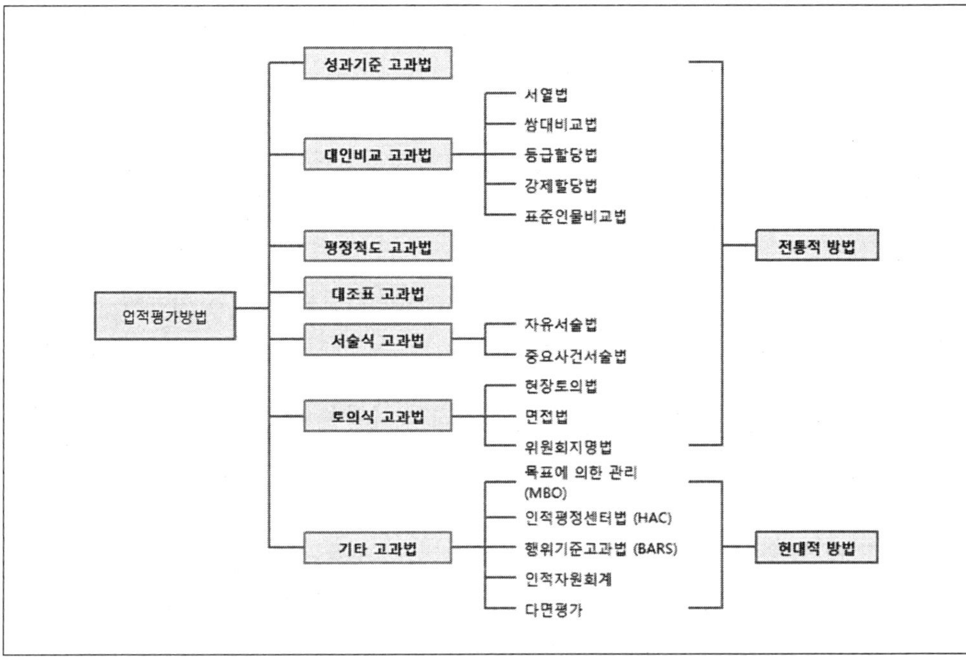


### (1) 성과기준고과법 : 표준화된 직무·성과기준이 설정된 직무에 적합

- 개별 종업원의 직무수행결과가 사전에 정해진 성과 기준에 달성 여부로 평가
- 업무(혹은 근무)성적을 평가
- 직무의 범위가 표준화되어 있고, 성과기준이 설정되어 있는 직무 등에 적합함

### (2) 대인비교고과법

1) 서열법 ⇨ 교대서열법

① 의의

- 업적이나 능력에 대하여 순위로 서열을 매기는 방법임
- 종합적으로 순위를 매기는 종합적 순위법과 각 요소마다 순위를 매겨 이를 종합하는 분석적 순위법이 있음

- 개별 종업원을 직무수행 업적과 능력의 정도에 따라 순서대로 서열을 매겨 평가
- 간단하며 실시가 용이하고 비용이 적게 드는 장점이 있음
- 인사 고과(혹은 평가) 대상자가 너무 적거나 너무 많을 경우 실시가 곤란하고, 직무(부서)간의 상호 비교 어려움이 단점임
- 고과기준의 객관적이나 불분명성 등으로 인하여 평가에 대한 불신이 있을 수 있음
- 순위의 차이가 기업 성과나 공헌도의 차이를 명확하게 일치하는 원칙 등을 제고하는 데 있어서 어려움이 있음

② 진행방법

피평가자의 업적이나 가치에 대해 서로 비교하여 서열을 매기는 방법이다.

③ 장단점

평가하기가 쉽고, 준비과정에 비용이 적게 들며, 관대화나 중심화 경향을 줄일 수 있는 장점이 있다. 그러나 피평가자의 수가 너무 많을 때는 평가가 어렵고 너무 적을 때는 평가에 대한 의미가 적다는 단점이 있다.

| 평가요소 / 피평가자 | 업적달성수 | 업무추진력 | 부하육성 | 책임감 | 합계 | 서열 |
|---|---|---|---|---|---|---|
| A | 4 | 5 | 6 | 6 | 21 | 1 |
| B | 3 | 6 | 5 | 4 | 18 | 2 |
| C | 6 | 4 | 3 | 3 | 16 | 3 |
| D | 2 | 2 | 4 | 5 | 13 | 4 |

2) 강제할당법

① 의의

| - 평가 결과가 정규분포에 가까울수록 타당성이 있음<br>- 몇 개의 평가등급으로 나누고, 각 등급의 고과대상자를 정규분포에 가깝도록 할당하는 방법<br>- 고과 대상자의 수가 많을 때, 서열법의 대안으로 사용<br>- 중심화 경향, 관대화 경향, 가혹화 경향 등의 오류 발생 가능성을 낮춤<br>- 정규분포가정의 타당성에 문제<br>- 고과 대상자의 수가 적을 때 타당성이 작음<br>- 평균 이하의 평가를 받은 자의 사기저하와 능률저하 등을 고려해야 함 |
|---|

② 진행방법

사전에 범위와 수(수준에 따른 3~5개)를 결정해 놓고 피평가자를 일정한 비율에 맞추어 강제로 할당하는 방법이다.

③ 장단점

이 방법은 정규분포를 강요함으로써 관대화나 중심화 경향을 사전에 방지할 수 있으나, 피고과자의 수가 소수일 경우에는 타당성이 떨어지는 단점이 존재한다.

| 강제할당부분 | 범주 및 등급 |
|---|---|
| ✓(예) | 자기 업무에 관한 모든 사항을 완전히 파악하고 있다. |
| ✓ | 표현력이 매우 좋다. |
| ✓ | 치밀한 관리를 요구한다. |
| ✓ | 일에 부주의하고 과오를 자주 범한다. |

3) 쌍대비교법

① 피평가자를 한 쌍씩 비교하여 그 결과를 종합하여 순위와 득점을 평정하는 방법

② 피평가자를 두 사람씩 쌍으로 평정하므로 평정의 정확도가 높으며, 평정과정에서 평가자도 누가 1번이 되고 2번이 되는가를 알지 못하므로 주관적 조작을 제거할 수 있음

- 개별 고과요소별로 또는 종합적으로 두 사람씩 짝을 지어 비교하는 방법
- 상대적으로 작업량이 많다는 문제
- 몇 개의 요인을 선택하여 요인별 쌍대비교를 하면 상당히 높은 신뢰도 획득 가능

### (3) 평정척도 고과법=평가척도법

1) 의의

- 가장 널리 사용되는 기법임.
- 먼저 평가요소를 선정하고 평소 피평가자가 능력과 행동에서 어느 정도 보유 및 발휘하고 있는가를 판단하여 평정하고 계량화한 각 평정요소의 척도 위에 그 정도를 표시하는 방법

2) 진행방법

평가요소마다 주어진 측정척도에 따라 피평가자에 대한 평가를 표시하는 방법이다.

3) 장단점

계량화 및 분석적 평가가 가능하고 가중치를 둘 수 있다는 장점이 있으나, 평가요소의 선정이 어렵고, 평가자의 오류를 방지하기가 어려운 단점이 존재한다.

4) 평가요소

업적달성도 등의 여러 척도를 사용할 수 있음

| 1 | 2 | 3 | 4 | 5 | 6 | 7 | 8 | 9 | 10 | 11 | 12 | 13 | 14 | 15 | 16 | 17 | 18 | 19 | 20 |
|---|---|---|---|---|---|---|---|---|---|---|---|---|---|---|---|---|---|---|---|

### (4) 대조표(Check-List) 고과법

1) 의의

평정에 적당한 몇 가지 표준행동을 구체적으로 기술한 문장을 소정의 리스트에 배열·기재해 두고 종업원의 능력·근무상태 등에 관하여 이 리스트와 대조하고 해당 사항이 있으면 체크한 후, 일정한 채점기준표를 통하여 등급을 매기는 방법을 말한다.

2) 장점

- 고과자는 직무수행에서 발생하는 구체적인 사실만 체크하면 되므로 평가결과는 객관성과 신뢰성이 높다.
- 다른 고과방법보다 현혹효과(halo effect)가 적게 작용한다.
- 모든 평가항목 중에서 확신할 수 있는 항목만 체크하면 되므로 평가과정이 비교적 용이하다.
- 고과항목은 직무요소와 밀접한 관련성을 가지고 있으므로 감독자와 부하간에 토의가 용이하다.

3) 진행방법

직무상의 행동을 구체적으로 표현하여 평가하는 방법으로써 피평가자의 행동을 사전에 평가항목에 정해놓고 이의 可否를 체크하는 방법이다.

4) 장단점

구체적 행동을 표현하기 때문에 현혹효과(halo effect)가 적고, 고과결과를 수치로 계산할 수도 있기 때문에 타 부서와 비교 가능하다는 장점이 있다. 그러나 직무마다 해당되는 질문이 다르므로 전체적인 평가가 어렵고, 또 직무마다 별도의 질문들을 설계해야 하므로 많은 시간의 투입 필요하다는 단점이 존재한다.

| 평가방법 / 평가내용 | 가(Yes) | 부(No) |
|---|---|---|
| 근무시간을 잘 지킨다. | ✓ | |
| 책임감이 있다. | | ✓ |
| 자기 개발에 노력한다. | ✓ | |
| 팀워크에 적극적으로 기여한다. | | ✓ |

## (5) 서술식 고과법

1) 자유서술법

인사피평가자가 자유롭게 자신의 업무 성과 등을 표준화된 방법없이 업무 상황 등에 따라서 자유롭게 기술하는 방법

2) 중요사건 서술법

① 진행방법

일정한 능력수준 이상의 고위직의 평가에 주로 사용되는 방법으로, 일정한 형식 없이 에세이 방식으로 피평가자의 활동에 대한 평가를 하는 방법이다.

② 장단점

질적인 평가에 효과적이지만, 평가자의 주관적 편견이 개입될 소지가 있으며, 평가결과를 점수화하기 어려우며 타 피평가자와의 비교가 어렵다는 단점이 있다.

| 평가기간 동안에 피평가자가 달성한 업적에 대하여 자세히 기술하시오.<br>: 주요 달성 업무<br>: 초과 달성 업무<br>: 개선 업무 등을 중심으로 기술 |
|---|

### (6) 토의식 고과법

1) 현장토의법

업무 현장에서 피고자자와 고과자 사이 고과 내용 등에 대하여 토론, 인사담당자가 감독자와 토의, 대상자 미참여로 불신이 발생할 수 있음

2) 면접법

보충적 기법으로 이용, 고과자의 능력·훈련 필요

3) 위원회 지명법

위원회와 대상자간, 직속상사 불참여로 일상적 고과정보 제한

## 3. 업적평가기법의 분류: 현대적인 방법

### (1) 목표에 의한 관리(MBO)

- 전통적인 업적평가방법은 조직체나 직무목표와의 연결성이 불분명, 성과에 대한 피드백이나 고과면접도 불충실

• 목표설정에 구성원을 참여시키거나 또는 자기목표를 스스로 결정하게 하고 자기통제를 통해 자발적으로 목표달성을 위한 노력 및 성과판정까지 일괄적으로 하도록 함으로서 동기적 • 통합적으로 고과하는 방법

1) 정의

6개월 또는 1년의 기간 내에 달성할 특정 목표를 평가자와 피평가자의 협의에 의헤 설정하고, 그 기간이 종료된 후에 목표를 양적, 질적으로 달성하였는지를 평가하는 결과지향적 평가방법이다.

2) 조건

• 관리자(평가자)와 피평가자가 공동으로 목표를 설정함으로써 높은 수준의 몰입이 가능하도록 한다.
• 분명하고 정확하게 목표가 설정되어야 피평가자가 동기부여 된다.
• MBO는 결과 지향적인 평가방법이기 때문에 목표가 객관적이고 측정 가능한 것이어야 한다. (예 : 불량품의 비율을 5% 이내로 유지할 것)

3) MBO평가의 절차

① 직무기술서 검토

피평가자의 직무기술서를 상급자와 하급자가 함께 검토하여 직무의 범위와 핵심활동을 파악한다.

② 공동목표설정

상·하급자가 성과의 표준을 공동으로 개발한다.

③ 목표의 합의

평가자와 피평가자가 협의를 거쳐 목표를 합의하는 과정이 필요하다. 따라서 개선된 목표나 전략적 목표를 설정하는 경우라 할 수 있다.

④ 중간 피드백

피드백 시기를 정하여 그 때까지의 업무성과와 목표달성 정도를 평가자와 피평가자가 공동으로 토의하고 경영상황에 적절히 대처해 나간다.

⑤ 기말평가

기말에 평가기간 동안 실제로 달성한 성과를 목표와 비교하여 그 차이와 원인을 공동분석 및 평가하여 앞으로의 목표와 계획에 대하여 토의하고, 이것을 차기의 목표설정으로 연결시킨다.

4) MBO평가의 장단점

① 장점

- 평가자와 피평가자의 공동 참여를 통해 성과목표와 평가방법을 분명히 함으로써 고과결과의 타당성을 높일 수 있다.
- 공통 토의를 통하여 조직체 목적과 피평가자 개인의 목적도 통합시킬 수 있다.
- 조직의 커뮤니케이션 능력을 향상시켜 갈등을 줄일 수 있다.

② 단점

- 직무의 목적과 조직체 목적을 연결하기가 쉽지 않다.
- 상급자의 능력이 부족할 경우 거의 효과적이지 못하다.
- 설계 시 시간과 비용의 문제가 발생한다.
- 조직의 일방적인 목표가 강요 될 수 있다.

5) 성공요건

- 예상하지 못한 직무수행환경의 변화가 있을 경우 이를 고려하여 목표를 수정해야 한다.
- 목표가 무조건 높다고 좋은 것은 아니다. 따라서 표준화하고 수용할 수 있는 목표를 설정해야 할 것이다.

### (2) 인적평정센터법(HAC)(혹은 평가센터법)

- 경영자의 배출이 중대한 문제가 됨에 따라 중간 경영층의 승진목적의 고과로 인적평정센터에 의한 접근법이다.
- 내용은 기업마다 다르지만, 피고과자를 며칠간 따로 합숙시키며 각종 의사결정게임과 토론 길고 심리검사를 실시하여 여러 명의 평가(고과)자, 심리학 전문가들에 의한 복수평정절차를 통하여 평가한다.

1) 진행방법

주로 관리자들의 선발을 위하여 사용되는 방법인데, 후보자들을 2~3일 동안 합숙시키면서 훈련 받은 관찰자들이 이들을 집중적으로 관찰하고 평가함으로써 인사평가나 선발, 승진결정의 신뢰성과 타당성을 높이는 방법이다.

2) 특징

- 복수의 참가자들의 행동을 집단적으로 관찰 · 평가한다.
- 참가자들에게 주어지는 조건은 가급적 통일된다.
- 평가되는 것은 주로 참가자들의 행동이다.
- 선발의 예측력이 높기 때문에 부적격 관리자 선발로 인한 인사비용을 줄일 수 있다.

3) 테스트내용

적성검사, 인터뷰, 필기시험, 의사결정게임, 사례학습(case study), 발표 및 연설, 역할연기, in-basket방법

4) 문제점

- 평가센터에서 제시된 상황과 기업조직에서 실제로 맞닥뜨리는 상황은 차이가 있다.
- 테스트들은 주로 언어능력과 관련된 것이 많아, 말 잘하는 사람에 대한 현혹(halo effect)효과가 발생할 가능성이 있다.
- 장소가 제공되어야 하고 프로그램을 만드는데 많은 비용이 소요된다.

### (3) 행위기준 고과법(BARS)

- 일명 행동기대고과법(behavioral expectation scales)
- 직무의 수행능력에 대한 평가단위를 평가요소별로 바람직한 행동표본과 바람직하지 못한 행동표본을 추출하여 몇 개의 범주로 나누고, 고과자가 피고과자의 행동을 관찰하여 해당 척도에 체크하는 방법

1) 의의

- 인성적인 특질을 중시하는 전통적인 인사평가방법의 비판에 기초하여 피평가자의 실제 행동을 관찰하여 평가하는 방법이다.

- 전통적인 방법은 '성실성', '근면성', '협조성'과 같은 추상적인 평가 아이템들을 사용함으로써 주관적 평가에 의존함으로써 현혹효과(halo effect)나 상동적 태도(stereotype)의 오류의 발생가능성이 매우 높다.
- 이러한 전통적인 인사평가의 취약점을 극복 및 보완하고 피평가자의 업무수행과정에서 실제로 보이는 행동을 기준으로 평가함으로써 인사평가의 객관성과 공정성을 높이고자 하는 방법이다.

2) 특징
- 다양하고 구체적인 직무에 적용이 가능하다.
- 구체적인 평가방법과 가중치를 미리 공개하여 직무수행자가 인식 후 직무수행을 하도록 하여 업무개선 효과가 있다.
- MBO(목표관리)의 일환으로 사용하여, 피평가자와 평가자가 정한 목표를 달성하게 할 수 있다.

3) 적용과정
① 중요과업의 설정
직무를 구성하는 중요과업과 책임분야를 선정한다.

② 척도 및 기준행동 기술
과업 별로 수행수준을 5~10개 척도로 구분하고 척도마다 구체적인 과업행동을 정확히 기술한다.

③ 과업행동의 고과
기준행동과 척도를 선택함으로써 피고과자를 평가한다.

④ 고과표의 공동설계
직무수행자와 관리자가 고과의 지속적 발전을 위해서 상호간 합의가 이루어진 기준행동과 계량척도를 통해 새로운 고과표를 작성한다.

4) 장단점
① 장점
피평가자의 구체적 업무관련 행동을 측정하므로 평가의 객관성과 공정성을 높일 수 있고, 평가자간 신뢰성을 강화하며, 조직이 원하는 구체적인 행동을 유도하기 때문에 성과향상과 업무개선 효과가 있다.

② 단점

과업마다 별도의 기준행동을 개발해야 하기 때문에 시간과 비용이 많이 들고, 피평가자의 다른 행동을 고려하거나 회상하기가 어렵다.

| 등 급 | 중요사건 |
|---|---|
| 7: 탁월한 성과( ) | 항상 정시에 출근하며 복장상태가 단정하고 매장내 모든 제품에 대한 정확한 정보를 갖고 친절하게 근무하고 있어 고객들로부터 반응이 매우 좋다. |
| 6: 양호한 성과( ) | 항시 정시에 출근하며 매장 내 제품에 대한 비교적 정확한 정보를 갖고 있으며 제품의 가격변동에 대해 잘 알고 있으며 대고객 관계도 원만하다. |
| 5: 약간 양호한 성과( ) | 업무처리에 있어서 동료들과 정보를 잘 교환하고 있으며 고객의 반품, 환불요구에 싫은 내색 없이 잘 응대하는 편이다. |
| 4 : 보통 정도의 성과( ) | 동료의 결근 시 대리근무를 능숙히 잘 처리하는 편이며, 업무수행에 필요한 지식을 숙지하고 있는 편이며 무리 없이 근무하고 있다. |
| 3 : 약간 나쁜 성과( ) | 동료와 잡담하는 일이 많으며 지불 계산시 입금과 영수증 발급 업무의 처리가 지연되어 고객을 오래 기다리게 하는 일이 종종 있다. |
| 2 : 나쁜 성과( ) | 고객이 원하는 제품을 신속히 골라서 권하지 못하고 있고 고객들로부터 불친절하고 불편하다는 항의를 종종 듣는다. |
| 1 : 매우 나쁜 성과( ) | 업무수행과 관련된 지식이 결여되어 고객들로부터 항의와 불편을 접수하는 일이 잦다. 동료와의 협조도 잘 이루어지지 않는다. |

## (4) 360도 다면평가

1) 정의

상급자가 하급자를 평가하는 하향식 평가의 단점을 보완하여 상향식 평가, 동료에 의한 평가, 고객에 의한 평가 등 다양한 평가자에 의한 평가를 시행하는 것을 말한다.

2) 목적

전통적인 하향식평가를 벗어나 다양한 포지션 별로 평가를 함으로써 평가의 신뢰성을 높이고, 그 결과를 바탕으로 피평가자에게 피드백을 줌으로써 인적자원개발의 목적을 실현하기 위한 것이다.

3) 도입효과

① 평가의 신뢰성 확보

하향평가의 단방향성을 탈피하고, 다양한 관점을 종합할 수 있게 해준다.

② 개인의 역량강화

평가결과에 대한 피드백을 통해 자아 반성 및 개발노력이 가능하게 된다.

③ 성과에 대한 다양한 관점 제시

다면평가를 통해 피평가자의 성과에 대한 차이점을 파악하게 해준다.

④ 커뮤니케이션 활성화

평가결과를 공개하고, 이를 수용하는 과정에서 활발한 커뮤니케이션이 가능하게 한다.

⑤ 조직의 요구사항전달

피평가자에게 팀, 부서 그리고 조직차원에서의 개발을 위한 요구사항 전달이 가능하게 되며, 특히 리더십 개발에 용이한 방법이 될 수 있다.

4) 절차

① 사전준비단계

평가자 교육 / 선정, 평가항목설정, 평가기준설정, 일정공고

② 평가실시

360도 평가, 전산화가 효율적

③ 평가점수 산출

편견 / 주관성으로 인한 판단 오류제거

④ 피드백 및 인사평가반영

평가결과분석, 피평가자에게 개인별능력개발에 활용하도록 함. 평가 후 만족도 조사

5) 당사자의 책무

① 평가자

평가자는 피평가자를 잘 알고 있는 사람으로서 신뢰할 만하고 정확한 평가를 할 수 있는 위치에 있어야 하고, 익명성이 보장되는 범위내에서 평가를 앞두고 훈련을 받을 필요가 있다.

② 피평가자

피평가자는 다면평가를 통해 자신의 리더십과 업무수행능력을 한 단계 향상시킬 수 있는 기회라는 인식을 가지고 성실하고 적극적으로 평가에 임할 필요가 있다.

③ 조직

조직은 평가자에게 명확한 평가요령과 정보를 제공하고, 평가자의 익명성을 보장해야하고, 평가결과를 차후 인적자원개발 측면으로 어떻게 접목시킬 것인가를 고민해야 할 것이다. 그리고 다면평가를 실시하는 목적이 구성원의 개발목적인지 상벌목적인지를 명확하게 제시해 주어야 다면평가의 취지를 살릴 수 있을 것이다.

## 4. 측정방법 선정과 평가자

### (1) 측정방법의 선정

기업에서 업적평가를 위한 측정방법을 선정할 때 기본적으로 고려하여야 할 사항을 살펴보면 다음과 같다.

1) 업적평가의 용도

직무 특성을 중심으로 직무 수행 능력과 달성 등의 성과관리

2) 측정방법의 경제성

직무특성에 적합한 최적의 측정방법

3) 측정상의 오차

업적평가 과정의 오차를 줄이고 공정성의 확보

4) 평가자와 피평가자의 인간관계

평가자와 피평가자의 상호교류는 중요하지만 공정성을 헤쳐서는 안된다.

### (2) 평가기준과 평가자

1) 평가기준의 설정

업적평가를 위한 측정내용을 결정하고 측정방법을 선정한 다음에는 종업원에게 평가의 기준을 알려주어야 한다. 평가기준(appraisal standard)은 기업이 종업원의 직무성과에 대해 어떻게 평가할 것인가를 나타내는 표준을 말한다.

2) 평가자의 선정

업적평가에서 또 하나 중요한 문제는 '누가 평가할 것인가' 하는 점이다. 많은 기업에서는 일반적으로 직속상사가 자기의 부하를 평가하는데, 이는 이론적으로 일정기간에 걸쳐 부하의 직무수행 태도와 성과를 가장 가까운 거리에서 직접 정확하게 확인할 수 있는 사람이 직속상사라는 점에 근거를 두고 있다.

최근에는 직속상사에 의한 평가의 이러한 문제점을 보완하기 위해 기업에서는 다면평가를 실시하기도 한다. 다면평가는 평가자를 직속상사에 한정하지 않고 피평가자의 동료와 부하에까지 확대하는 방식이다. 심지어는 고객을 평가자로 선정하기도 한다. 다면평가를 우리나라의 기업에서 사용하기 위해서는 사전에 다음과 같은 점에 유념할 필요가 있다.

첫째, 우리나라의 기업에서는 상하 간의 주종관계를 매우 중요하게 생각한다.
둘째, 우리 사회에서 부하가 자기의 직속상사를 평가하는 것은 쉬운 일이 아니다.

## 제3절 업적평가의 오류 및 방지방법

업적평가의 오류는 피고과자에 의한 오류, 평가(고과)자에 의한 오류, 평가(고과)제도 및 사회·문화적 특성에 의한 오류 등이 있다.

## 1. 검증기준

### (1) 신뢰성

1)개념

인사평가 결과치의 일관성 또는 안정성을 나타내는 지표이다.

2) 검증기준

동일 피평가자에 대해 평가한 복수의 평가자들의 결과치가 점수의 일관성이 높아야 하며 / 평가에 사용된 항목들, 예를 들어 각 평가질문항목들을 분리해서 평가점수의 결과를 냈을 때도 일관성이 요구되고 / 일정한 시간간격을 두고 평가했을 때도 점수의 일관성이 높아야 한다.

### (2) 타당성

평가를 통해 측정된 결과가 실제 직무성과와 얼마나 관련성이 높은가를 나타내는 것이다. 따라서 실제업무에서 나오는 성과가 측정된 결과가 얼마나 관련성이 있는가의 문제이다.

### (3) 수용성

평가도구뿐만 아니라 평가결과가 평가자와 피평가자에게 효과 있는 평가 잣대로 받아들이는 정도를 말한다.

### (4) 실효성

평가도구를 통한 평가결과가 높은 성과를 내는 사람과 낮은 성과를 내는 사람에 대한 구분을 명확히 하여 실효성이 있도록 해야 할 것이다.

## 2. 평가(고과)자에 의한 오류

평가(고과)자에 의한 오류가 일어나는 원인으로서는 평가자의 욕구나 동기, 반응, 강도, 과거의 경험, 자아개념, 퍼스낼리티 등의 특성에 따른 오류가 일어난다.

### (1) 관대화 경향, 가혹화 경향 ⇨ 강제할당법 사용

- 관대화경향이란 개인을 평가할 때 가급적이면 후하게 평가하려는 경향이다.
- 가혹화 경향이란 가혹하게 평가하여 평가결과의 분포가 아래로 편중되는 경향이다.
- 강제할당법은 미리 정해놓은 비율에 맞추어 피평가(고과)자를 강제로 할당하는 방법이다.
- 피평가(고과)자를 실제보다 과대 또는 과소평가하는 것으로서 평가결과의 분포가 한 쪽으로 치우치는 경향을 말한다. 업적평가는 흔히 후하게 평가되는 점을 발견할 수 있다.

- 이를 예방하기 위해서는 분포비율에 의한 강제할당법을 사용하거나 평가요소에 대한 정의를 명확히 하는 방법이 있다.

### (2) 중심화 경향 ⇨ 강제할당법

- 평가단계를 홀수로 함중심화 경향이란 대다수의 평가자가 가운데로 몰리는 것이다, 이는 어떤 측면에서는 평가의 포기를 뜻한다.
- 평가가 보통 척도상의 중심점에 집중하는 경향을 말한다.
- 이를 예방하기 위해서는 평정척도를 나눌 때 중앙부분의 척도눈금을 더욱 세분화하여 분산을 늘리는 방법과 평가자에게 피평가자의 관계적인 측면을 지양하고 냉철히 평가하도록 교육을 할 필요가 있다.

### (3) 현혹효과 (혹은 후광효과 (halo-effect)) ⇨ 여러 평가자의 독립적 평가, 피평가자간 평가, 한 특성에 대해 구성원 전부 평가

- 현혹효과란 한 분야에 있어서의 어떤 사람에 대한 호의적 혹은 비호의적인 인상이 다른 분야에 있어서 그 사람에 대한 평가에 영향을 주는 경향을 말한다.
- 어떤 사람에 대한 호의적 혹은 비호의적인 인상이 다른 분야에 있어서의 그 사람에 대한 평가에 영향을 주는 경향을 말한다. 예를 들어 판단력이 매우 좋은 것으로 인식하고 있으면 그 외의 책임감과 기타능력도 우수하다고 판단하는 경우이다.
- 이를 예방하기 위해서는 사실에 입각한 평가나 분석적인 평가를 하도록 평가시스템을 구축하는 것이 필요하다.

### (4) 논리적 오류 ⇨ 객관적이고 관찰가능한 사실로 평가

- 평가자의 머리 속에 논리적으로 관계가 있다고 생각되는 평가요소에 동일하거나 유사하게 평가하는 오류이다. 커뮤니케이션 능력이 좋다고 해서 실제업무수행능력을 높이 평가할 수가 있는 경우가 그 예이다.
- 이를 예방하기 위해서는 미리 추상성이 높거나 의미내용이 중복되는 요소들을 제거하거나 평가요소의 차이에 대해 명확히 설명하는 방법이 있다.

### (5) 대비오류 ⇨ 자기신고법이나 자기평가법을 도입

- 피평가(고과)자의 특성을 자신이 지닌 특성과 비교하는 바람에 개성과 창의성이 도외시 될 때 나타나는 오류이다. 또한 평가순서에 따라 피평가(고과)자의 평가(고과)점수가 달라지기도 하는데 우수한 종업원 다음에 오는 종업원은 실제보다 더 낮게 평가되는 경우가 있다.

- 이를 예방하기 위해서는 평가자는 평가를 할 때 자기의 평가기준을 고집하는 자기류의 평가를 삼가하고, 시간적 오류의 경우는 평가요소를 하나씩 배열하고 이것으로 전원을 평가하는 방법이 있다.

### (6) 상동적 태도(stereotype)

- 타인에 대한 평가가 그가 속한 사회적 집단에 대한 지각을 기조로 해서 이루어 지는 것을 말한다. 어느 지역출신, 학교출신이기 때문에 어떠할 것이다 고 판단하는 경우가 이에 속한다.
- 이를 예방하기 위해서는 기업 내부적으로나 평가자가 모든 인적자원들에게 그들의 능력을 최대한 발휘할 기회를 제공해야 한다.

## 3. 피평가(고과)자에 의한 오류

피평가자의 신체적 특성, 사회적 특성, 개성(퍼스낼리티) 등에 의하여 나타나는 오류다.

### (1) 업적평가에 대한 편견

- 업적평가는 주로 상벌결정이나 통제에 목적을 두고 있어 피고자들 사이에 부정적 인식이 높다. 또한 신뢰성과 타당성에 관한 문제가 제기되면서 업적평가에 대한 인식도가 낮아진다.
- 이에 대한 극복방안으로서는 피평가(고과)자의 참여유도와 결과의 피드백, 그리고 피평가(고과)자에 대한 평가(고과)목적 등에 대한 명확한 이해를 시키는 방안이 있다.

### (2) 성취동기수준 여부

- 업적평가에 대한 피평가(고과)자에 태도는 피고자 자신의 심리적인 상태 즉, 동기부여와 자아개념과 밀접한 관련이 있다.
- 성취동기와 자아개념이 업적평가에 대한 관심이 증대하고 결과에 대한 피드백에 긍정적인 반응을 보인다.

### (3) 투사 또는 주관의 객관화

- 자기자신의 특성이나 관점을 다른 사람에게 전가시키는 것을 투사 또는 주관의 객관화라 한다. 즉, 자기의 잘못이나 실패 또는 원인에 대한 책임을 다른 사람에게 있다고 전가시키는 것이다. 이러한 투사는 업적평가의 결과에 대한 왜곡현상을 유발하여 오류가 발생한다.
- 자기 자신의 특성이나 관점을 다른 사람에게 전가시키는 것을 투사 또는 주관의 객관화라고 한다. 즉, 자기의 잘못이나 실패 또는 원인에 대한 책임은 다른 사람에게 있다고 전가시켜 오히려 타인에게 비난을 전가시키는 경우이다. 이를 위해 구체적인 행동을 기재하는 행위기준평가(고과)법이나 개인의 특성에 대해 보편적으로 그렇게 생각하고 있다는 느낄 수 있도록 다면평가를 실시하는 것이 좋은 방법이 될 것이다.

### (4) 지각방어

- 피평가(고과)자에게 유익한 것은 선호하고, 불리한 것은 외면해 버리는 심리현상을 지각방어라 한다. 따라서 지각방어도 업적평가의 결과를 왜곡함으로써 피고자에 의한 오류가 발생한다.
- 피평가자가 자기가 좋아하고 평소 호의적인 것에 대해서는 적극적이지만, 인사평가와 같이 민감한 사항에 대해서는 외면하거나 거부해 버리는 현상을 말한다. 이를 위해 인사평가의 목적에 대해 제대로 설명하고 노조의 협조를 구하는 방법이 가능하다.

## 4. 평가(고과)제도 및 사회 · 문화적 특성에 의한 오류

평가(고과)제도의 미비와 평가(고과)제도운영의 미숙 그리고 사회문화적 특성의 차이로 인한 오류다.

### (1) 직무분석의 부족

- 업적평가에 있어서 명확한 직무분석이 선행되어 있지 않으면 평가(고과)자의 주관과 편견 등 각종의 오류가 발생하기 쉽다.
- 직무분석이 되어 있지 않으면 객관적인 근거가 부족하기 때문에 평가(고과)자의 주관적 편견 등의 오류가 발생한다.

#### (2) 평가(고과)결과의 미공개에 따른 불신

- 평가(고과)결과의 미공개에 따라 종업원은 업적평가 결과에 대해 불신감을 유발하여 업적평가제도상의 문제점을 유발하기도 한다.
- 비공개주의는 상사와 부하 사이에 위화감과 불신감 그리고 의사소통에 문제를 일으키게 되므로 인사평가뿐만 아니라 조직 전체의 효율성에도 문제를 일으킬 수 있다.

#### (3) 업적평가 기법의 신뢰성

여러 업적평가의 기법에는 다양한 문제점들이 있다. 따라서 이러한 문제점들을 해소하기 위하여 최근에는 다면평가제도, 업적평가제도, M.B.O등의 신기법이 도입되고 있다.

#### (4) 조직분위기 유지목적

- 지나친 가족주의적, 친화적 조직분위기는 효과적인 업적평가를 할 수 없게 한다. 예를 들어 공과 사를 명확히 하는 제도적 뒷받침이 있어야 할 것이다.
- 동양적 문화에서는 합리성보다는 인화/덕/정과 같은 사회적 관계를 중시한다. 따라서 이를 너무 강조하게 되면 효과적인 업적평가를 할 수 없게 된다.

#### (5) 연공서열 선호 특성

연공서열이 절대적으로 나쁜 것은 아니지만 업적에 대한 공정한 평가가 어려울 경우 연공서열로 평가를 할 경우가 생기고 이는 연공서열에서 후순위자들의 불만으로 나타난다.

## 제4절 균형성과표(BSC)에 의한 평가

### 1. 균형성과표의 정의, 기원과 특징

#### (1) 균형성과표(BSC)의 정의

BSC는 기업의 성과를 재무, 고객, 내부비즈니스 프로세스, 학습과 성장의 4가지 관점에서 기업별 특성에 맞는 지표(전략목표, 측정지표, 목표 값, 세부실행과제 등)를 선정하고 각 지표 별 가중치를 종합적이고, 균형적으로 측정하는 성과평가 시스템이다.

### (2) 균형성과표(BSC)의 기원과 특징

- 균형성과표는 1992년 하버드대학의 교수인 로버트카플란(Robert Kaplan)과 컨설턴트인 데이비드 노튼(David Norton)에 의해 처음 개발되었다.
- 이의 특징은 기업의 경영성과 평가에서 기존의재무제표(손익계산서, 대차대조표)에 의한 평가의 특징은 과거지향적이며 / 고객과의 관련성이 적고 / 단기업적에만 보상 / 무형자산의 가치를 반영하지 못하고 / 기업 내부의 기능간 프로세스를 반영하지 못한다는 한계가 있었다.
- 이에 재무적 가치가 기업의 궁극적 지표가 되어야 함을 인정하되 비재무적 관점을 포함시키는 BSC를 통해 조직을 전략적이고 전체적으로 평가하려는 새로운 시도가 이루어지고 있다.

## 2. 균형성과표(BSC)의 네가지 관점

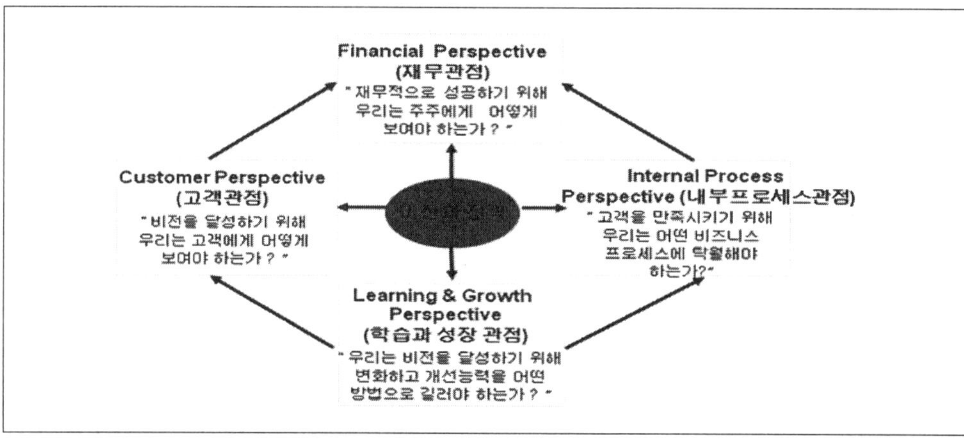


### (1) 고객관점

고객관점에서 기업의 경영성과를 평가하는 것이다. 이와 관련된 성과지표로는 보통 시장점유율, 고객 수, 고객확보(신규고객 수), 고객만족, 고객유지 등이 있다.

### (2) 내부 프로세스 관점

궁극적으로 고객과 주주에게 가치를 지속적으로 제공하기 위해서 기업이 어떤 프로세스에서 남보다 탁월해야 하는가에 대해 평가하는 것이다. 이와 관련한 성과지표로는 경영시스템, 제품개발, 생산, 품질, 배달, 사후서비스, 정보기술 등이 관계 있다.

### (3) 학습 및 성장 관점

이는 나머지 다른 세 가지 관점들을 가능하게 하는 요소들로써 궁극적으로 BSC의 기초로써 직원숙련도, 직원만족, 정보획득 가능성, 연구개발 등이 성과지표로 이루어 진다.

### (4) 재무관점

재무관점에서의 성과지표들은 우리가 다른 관점과 관련된 성과지표들을 이용해서 실행한 전략이 향상된 결과를 낳는지 알려준다. 이의 성과지표로는 자기자본이익률, EVA(경제적 부가가치), 수익성 등을 들 수 있다.

### (5) 관점의 연계

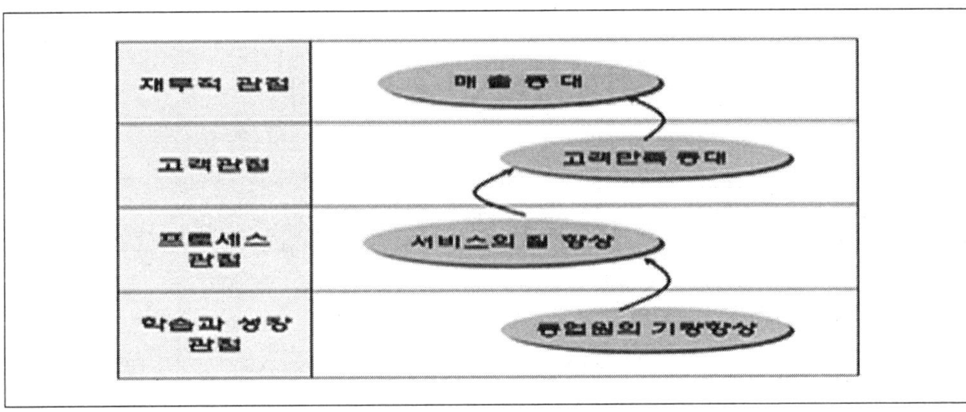


## 3. 전략경영시스템으로서의 균형성과표

### (1) 비전장애의 극복

기존에 추상적인 목표들, 예를 들면, 업계최고, 월등한 서비스, 목표고객 등을 구체적으로 정의할 수 있게 해주었고 직원들을 명확한 방향으로 행동하게 하는 새로운 지표를 만들게 해주었다.

### (2) 인적장애의 극복

BSC를 통해 모든 직원들에게 자신들의 일상활동이 기업전략에 어떻게 기여하는가를 나타낼 수 있게 한다. 따라서 현장종업원부터 중역에 이르기까지 일관된 관점을 가질 수 있게 한다.

#### (3) 전략실행 도구

현재의 경영현황 및 중장기 경영운영의 구체적 방향성을 제공하여 경영진의 의사결정 지원 정보를 제공한다.

#### (4) 근거를 제공하는 경영관리 수단

구체적 해결과제 파악을 통해 단기 사업계획 수립, 목표설정, 성과급 규모 근거, 자원의 배부 근거 등으로 활용할 수 있다.

#### (5) 경영위험관리 수단으로 활용

장기적으로 데이터 축척을 통해 향후 시나리오 분석이나 경영위험관리 수단으로 활용이 가능해진다.

## 제5절 업적평가의 개선방향과 효율적 운영

### 1. 업적평가시스템의 효과적 운용

#### (1) 업적평가정보의 피드백

- 상사나 그 밖의 평가자가 종업원을 평가한 후에는 업적평가의 목적을 달성하기 위해 종업원이 그 결과를 알 수 있도록 하여야 한다. 그렇지 않으면 업적평가가 제 기능을 발휘할 수 없을 뿐만 아니라, 종업원의 입장에서도 매우 불합리한 작태로만 인식하게 된다.
- 이와 같은 문제점을 염두에 두면서 몇 가지 도움이 될 수 있는 피드백 방법을 살펴보기로 한다.

#### (2) 업적평가정보 피드백의 방법

##### 1) 알려주고 설득하는 방법

'알려주고 설득하는 방법'(tell and sell method)은 종업원에게 업적평가의 결과를 알려주고, 그 대가로 종업원이 자기의 업적에 대한 상사의 검토와 분석을 받아들이게 하기 위한 방법이다.

이 방법은 상사의 평가가 공정하고 정확하다는 가정하에 사용되는데, 종업원이 참여하고 토론하는 기회가 비교적 적기 때문에 피드백과정에서 흔히 다음과 같은 문제가 발생한다.

첫째, 종업원이 자기방어적이 되기 쉽다.
둘째, 의사소통의 통로가 경색되어 의사소통상의 진정성이 감소한다.
셋째, 상사와 부하의 관계가 악화되기 쉽다.
넷째, 종업원의 적극적인 행동을 이끌어내기가 어렵다.

### 2) 알려주고 경청하는 방법

'알려주고 경청하는 방법'(tell and listen method)은 양방향의 의사소통을 활용하는 것이다. 먼저 상사는 평가결과를 종업원에게 알려주고, 종업원이 평가결과에 대해 자기의 의견을 제시할 수 있도록 한다.

이와 같은 과정을 통해 상사와 부하 사이의 의사소통과 인식이 촉진되며, 종업원의 자기방어적 정서나 태도가 억제되고, 종업원이 스스로 개선해야 할 것이 무엇인지를 이해할 수 있게 된다.

### 3) 문제해결방법

'문제해결방법'(problem solving method)은 종업원의 참여와 토론을 통해 종업원이 자기의 문제점을 찾아내도록 함으로써 상사와 함께 개선방안을 모색하는 데 목적을 둔다.

기업에서는 이 방법을 사용하여 다음과 같은 결과를 얻을 수 있다.

첫째, 종업원의 자기방어기능을 최대한도로 감소시킬 수 있다.
둘째, 종업원이 취하는 행동에 대해 높은 동기부여 효과를 얻게 된다.

### 4) 혼합적 방법

'혼합적 방법'(mixed method)은 이상의 세 가지 방법들 중에서 두 가지를 혼합하여 사용하는 것을 말한다.

혼합적 방법을 사용하는 데 있어서 하나의 방법에서 다른 방법으로 전환하기 위해서는 특별한 기교와 훈련이 필요하다.

## 2. 업적평가정보의 종류와 활용

### (1) 업적평가정보의 종류

아래의 [그림]에서 보는 바와 같이 업적평가정보는 정보의 성격과 그것을 사용하는 주체에 따라 다양한 자료의 형태로 제공되는데, 기업과 종업원은 이들 정보자료를 이용하여 인적자원관리의 과정에서 나타나는 여러 중요한 문제들을 개선하기 위한 결정을 내리게 된다.

| | 기업 | 종업원 |
|---|---|---|
| 평가정보 | • 종업원의 임면과 승진<br>• 종업원에 대한 보상<br>• 기업정책의 검토 | • 자기의 과거 직무성과 이해 |
| 개발정보 | • 현재의 인적자원의 이해<br>• 미래의 인력개발수요 이해<br>• 종업원의 발전잠재성 이해 | • 자기의 장 · 단점 이해<br>• 자기의 개선필요성 이해 |

[그림] 업적평가 정보의 분류 (출처: 현대인적자원관리, 박영배, 2014년, 청람)

### (2) 업적평가정보의 활용

1) 기업 – 평가정보

업적평가정보는 기업의 인적자원관리 작업을 위한 기초자료로 활용된다. 예를 들면, 종업원의 임면 · 승진 · 표창 등은 업적평가의 결과에 근거하여 결정하게 된다.

2) 기업 – 개발정보

업적평가정보는 인적자원계획의 중요한 자료로 활용된다. 기업에서는 종업원에 대한 업적평가를 통해 현재 근무하고 있는 종업원의 자질 · 기술수준 · 능력 등과 같은 인력현황을 파악한 후에, 이것을 다시 기업의 장기계획과 비교하여 장래에 요구되는 인적자원에 대한 여러 방면의 수요를 예측할 수 있다.

3) 종업원 – 평가정보

업적평가정보는 종업원이 과거의 직무성과를 검토하고 반성할 수 있는 기회를 제공한다.

4) 종업원 – 개발정보

종업원은 업적평가정보를 통해 자기의 장점과 단점을 이해하고 미래의 발전방향을 예측할 수 있다. 뿐만 아니라 업적평가정보를 활용하여 경력경로를 계획함으로써 자신을 개선·개발하기 위한 방안을 스스로 마련할 수 있게 된다.

## 3. 업적평가의 딜레마

### (1) 업적평가의 내재적 딜레마

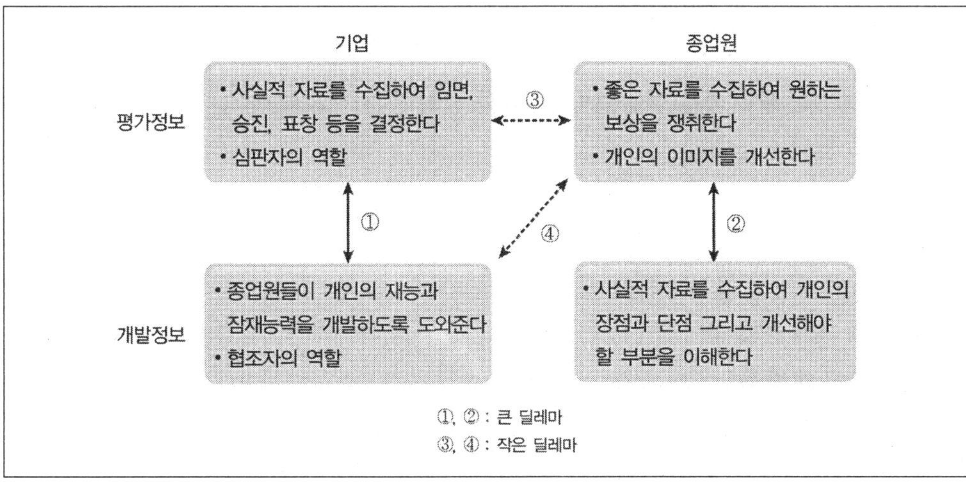


[그림] 업적평가의 내재적 딜레마(출처: 현대인적자원관리, 박영배, 2014년, 청람)

업적평가는 다목표적이면서 다용도적인 인적자원관리 작업이라고 할 수 있다. 그러나 이 같은 여러 목표와 용도에 접근하는 과정에서 업적평가는 기업과 개인이 서로 협조할 수 없는 목표와 용도에 부딪치게 되는데, 이러한 현상을 업적평가의 '내재적 딜레마'(intrinsic dilemma)라고 한다.

위의 [그림]은 업적평가의 과정에서 나타나는 여러 딜레마 현상을 보여주는데, 이에 대해 좀 더 자세히 살펴보면 다음과 같다.

1) 기업의 딜레마

경영자는 항상 심판자와 협조자의 두 가지 상반된 역할을 수행하여야 한다. 그런데 때때로 어느 역할에 치중해야 하는지를 판단하지 못해 방황하거나, 아예 이 두 가지 역할을 모두 방치하는 상황이 발생하기도 한다.

2) 종업원의 딜레마

업적평가정보의 피드백(자기에게 유리하거나 불리한 정보)에 대하여 종업원 역시 서로 모순되는 반응을 나타내게 된다.

3) 기업과 종업원 사이의 평가딜레마

기업과 종업원 사이에 업적평가정보가 교환되는 과정에서 상호간에 불신과 갈등이 조성되는 상황이 많이 발생한다.

4) 기업 - 개발정보와 종업원 - 평가정보 사이의 딜레마

이와 같은 딜레마는 기업이 업적평가를 통해 종업원의 자기개발을 지원하려고 할 때에 발생한다. 이러한 목적으로 기업이 수집하는 정보는 대개 종업원의 보상취득과 이미지관리 목적에는 불리하게 작용한다. 따라서 종업원은 가급적 숨기거나 좋게 보이도록 채색하려고 한다.

### (2) 업적평가 딜레마의 부정적 결과

- 정보교환과정의 불분명하고 애매한 태도
- 민감한 문제의 회피
- 자기방어적 반응
- 제시된 개선방안에 대한 저항

## 4. 업적평가의 개선 방향

### (1) 평정기준의 명확화

평가척도가 평가자에게 명시되어 있는 것은 당연하지만, 특히 의사소통을 통해 평정척도나 평정기준에 대해서는 특히 구체적인 평정사례와 그 수준을 명시할 필요가 있다.

### (2) 개선된 평가(고과)실시

간혹 적임자의 평가(고과)결과를 참고로 하여 평정하는 경우가 있는데, 심한 경우에는 완전히 똑 같은 평가(고과)를 하는 때도 있다. 따라서 평가 시 과거방식의 단점과 현재의 목적에 맞는 인사평가를 할 필요가 있다.

### (3) 평정자의 복수화

인사평가는 사람이 사람을 평가하는 시스템이므로 평정방식, 평정기준, 척도 등을 아무리 객관적으로 한다고 할지라도 평가자의 주관에 빠지는 경향은 피할 수가 없다. 따라서 복수의 평가자를 통해서 평정평가(고과)에 대해 서로 조정 및 의견통일을 보도록 하는 것이 바람직 하다.

### (4) 공사혼동의 배제와 업적중시의 평가(고과)

개인적 친분관계라든지 감정적인 것에 좌우되는 평가를 피해야 할 것이며 업무상의 업적, 근무태도, 능력에 한정해야 할 것이다.

### (5) 편견요소의 제고와 평가(고과)자 훈련

평가(고과)자나 피평가(고과)자, 그리고 상황적 요인으로 해서 발생하는 수많은 편견을 최대한 배제시켜야 하며, 평가의 주체인 평가자의 전문적인 능력향상을 위해 주의깊은 훈련과 계속되는 보완훈련이 필요하다.

### (6) 절대평가(고과)와 상대평가(고과)의 조화

절대평가(고과)나 상대평가(고과)의 장단점을 조화롭게 이용해야 할 것이다. 따라서 상벌과 같은 승진, 성과임금평가와 관련해서는 상대평가(고과)가 타당하지만 인적자원개발의 목적인 교육훈련, 경력개발 등의 목적이라면 절대평가(고과)가 바람직 할 것이다.

## # 예상문제 : 프레임웍 연습

## 경영학적 라이팅 모델 : Step by Step Writing and Problem-solving

제2차시험의 출제된 문제를 충실히 분석하는 것이 좋은 답안을 작성하는 데 있어서 가장 중요하다. 출제된 문제에 들어있는 정보를 최대한 찾는 것이 가장 중요하다. 또한 출제된 문제와 너무 지나치게 연관 없는 정보는 무의미하다. 출제된 문제 유형이 설명, 논증, 그리고 설계 등 인지를 확인 한다. 출제된 문제에서 추출된 정보로부터 이론 및 개념, 관련된 다양한 이슈와 배경 등을 탐색한다. 다음에 설명, 논증, 그리고 설계 등의 문제 유형에 따라서 아이디어를 도출한다. 도출된 아이디어로부터 적절한 문제의 해를 제시하고, 그 해를 검증 혹은 논증하는 과정을 추론한다, 이 후 관련 이론 등을 제시하고 전체적인 글의 내용과 구조를 구성한다,

> step 1. 문제의 유형을 분석한다(설명, 논증, 그리고 설계 등).
> 2. 제시된 문제에서 정보를 최대한 추출한다.
> 3. 문제와 관련된 다양한 이슈와 배경 등을 탐색한다.
> 4. 설명, 논증, 그리고 설계에 따라서 아이디어를 도출한다.
> 5. 도출된 아이디어로부터 적절한 문제의 해를 제시한다.
> 6. 그 해를 검증 혹은 논증하는 과정을 추론한다.
> 7. 관련 이론 등을 제시하고 전체적인 글의 내용과 구조를 구성한다.
> 8. 서론 본론 결론의 각 구성요소를 결정하여 논증이나 검정을 작성한다.

각각의 단계에 따라서 주어진 문제를 분석하고, 그 분석에 의해서 도출된 결과물은 다양한 도형과 기호 등을 사용하여 제시함으로써 이해하기 용이하게 구성하면서, 서론, 본론, 결론 등에 제시할 내용 등을 설계한다. 그리고 각각의 설계에 따라서 글쓰기 그리고 논술을 시작한다.

## 문 1. 절대고과(평각)와 상대고과(평가)에 대하여 비교 설명하시오(25점)

step 1. 문제의 유형을 분석한다(설명, 논증, 그리고 설계 등).

> 절대고과(평가)와 상대고과(평가)
> → 절대고과(평가)와 상대고과(평가) 특성을 비교 설명

step 2. 제시된 문제에서 정보를 최대한 추출한다.

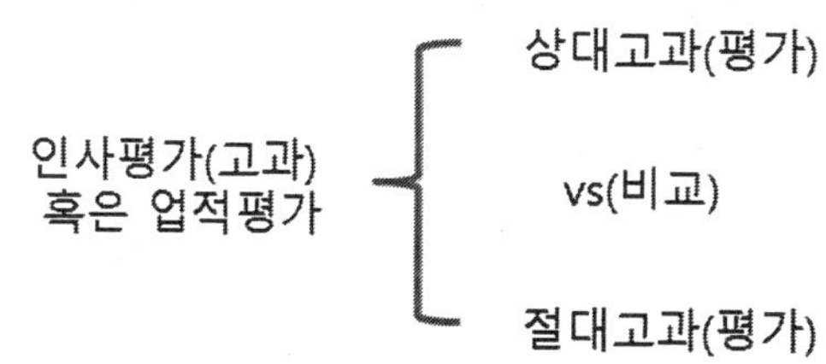


문제에 제시되어 있는 정보를 최대한 추출하여 이를 도식 및 그림으로 표현한다.

step 3. 문제와 관련된 다양한 이슈와 배경 등을 탐색한다.

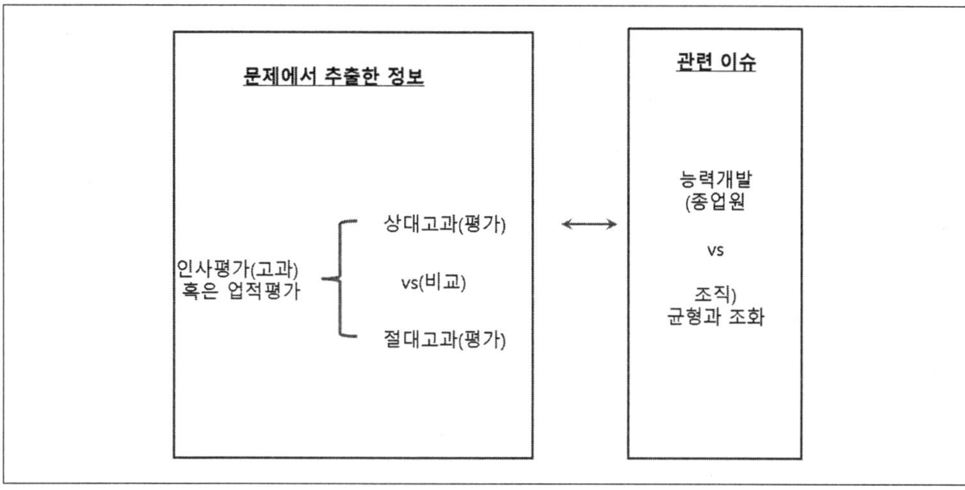


문제와 연관된 이슈와 배경을 기술함을 통하여 효율적인 관리 방안에 대한 방향과 제도 등에 대한 문제제기와 해를 도출할 수 있는 기본적인 아이디어가 구성된다. 이때 수험자들은 어떤 아이디어(idea)를 도출 할 것인가에 대한 기본 준비를 염두에 두고 관련 이슈와 배경 등을 탐색해야 한다.

| | 기업 | 종업원 |
|---|---|---|
| 평가정보 | • 종업원의 임면과 승진<br>• 종업원에 대한 보상<br>• 기업정책의 검토 | • 자기의 과거 직무성과 이해 |
| 개발정보 | • 현재의 인적자원의 이해<br>• 미래의 인력개발수요 이해<br>• 종업원의 발전잠재성 이해 | • 자기의 장 · 단점 이해<br>• 자기의 개선필요성 이해 |

[그림] 업적평가 정보의 분류 (출처: 현대인적자원관리, 박영배, 2014년, 청람)

step 4. 설명, 논증, 그리고 설계에 따라서 아이디어를 도출한다.

이 단계에서는 어떤 아이디어를 도출할 것인가를 문제의 기본정보와 수험자가 제시하는 관련 이슈 및 배경을 연결하여 아이디어를 도출한다. 너무 넓은 범위에서 도출하지 말고 한 두가지 이슈나 배경 등에 그 초점을 맞추어라

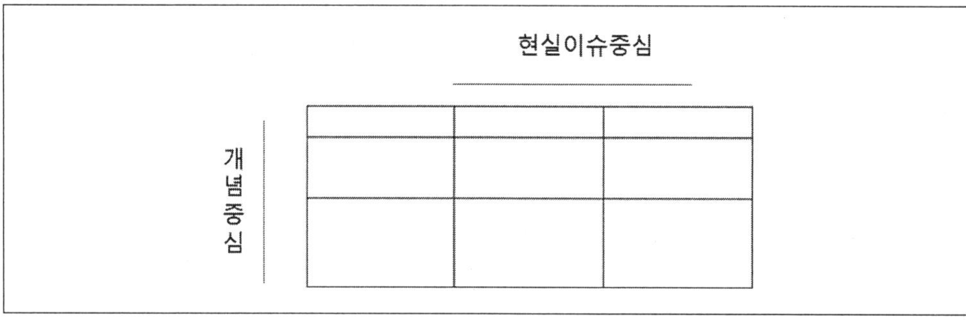


| | 상대 | 절대 |
|---|---|---|
| 평가 | - 사원 상호간 비교 | - 특정 기준에 따른 사원 비교 |

step 5. 도출된 아이디어로부터 적절한 문제의 해를 제시한다.

약술형은 생략

# 연습지 활용

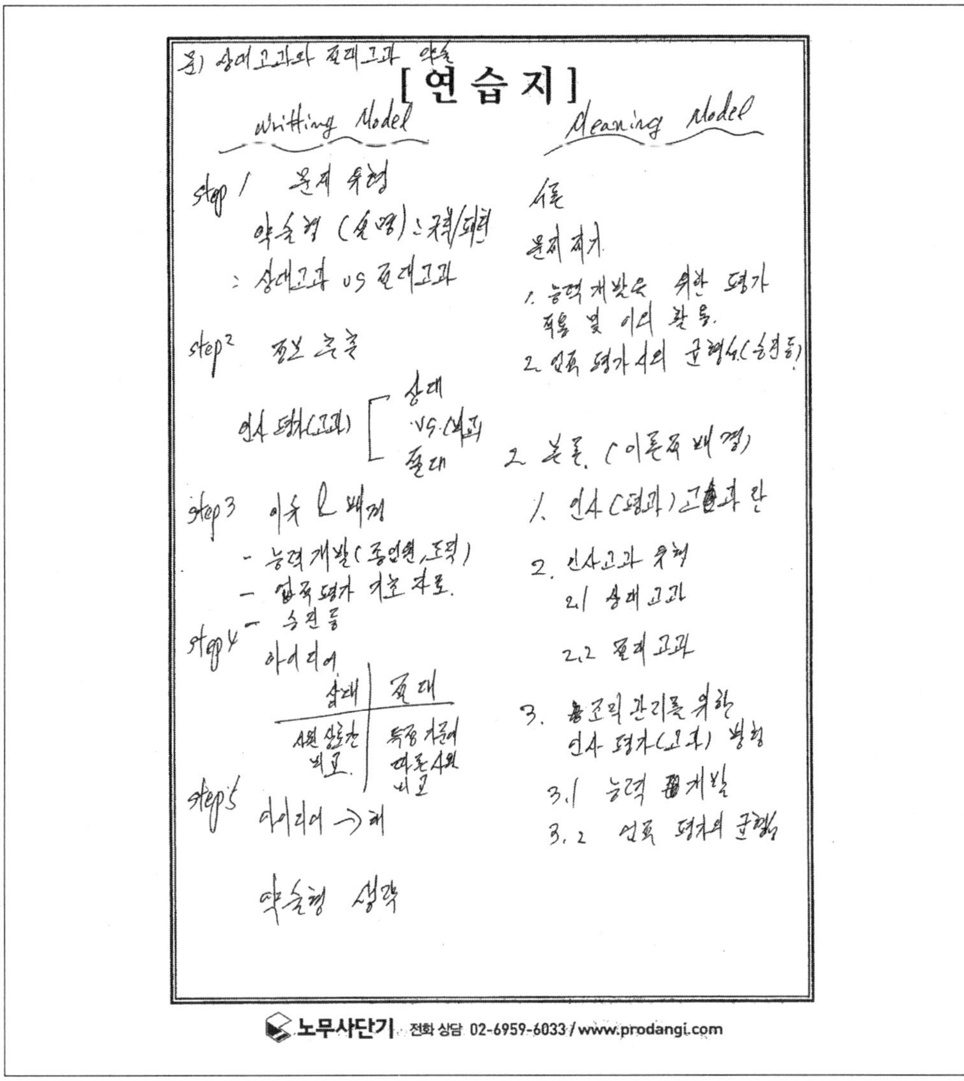
[연습지]
Writting Model
Meaning Model
노무사단기 전화 상담 02-6959-6033 / www.prodangi.com

## 문 2. 정형화된 직무와 비정형화된 직무와 연관된 인재와 그들의 평가 방법을 비교 설명하시오(50점).

→ 논술을 위한 기본 과정에 맞추어 글 전체에 대한 구성과 방향 등을 Step by step으로 실행한다.

| step 1. 문제의 유형을 분석한다(설명, 논증, 그리고 설계 등).<br>2. 제시된 문제에서 정보를 최대한 추출한다.<br>3. 문제와 관련된 다양한 이슈와 배경 등을 탐색한다.<br>4. 설명, 논증, 그리고 설계에 따라서 아이디어를 도출한다.<br>5. 도출된 아이디어로부터 적절한 문제의 해를 제시한다.<br>6. 그 해를 검증 혹은 논증하는 과정을 추론한다.<br>7. 관련 이론 등을 제시하고 전체적인 글의 내용과 구조를 구성한다.<br>8. 서론 본론 결론의 각 구성요소를 결정하여 논증이나 검정을 작성한다. |
|---|

step 1. 문제의 유형을 분석한다(설명, 논증, 그리고 설계 등).

| 정형화된 직무와 비정형화된 직무와 연관된 인재와 그들의 평가 방법<br>→ 정형화된 직무와 비정형화된 직무와 연관된 인재와 그들의 평가 방법이나 대안을 제시하고 논증 |
|---|

정형화된 직무와 비정형화된 직무와 연관된 인재와 그들의 평가 방법을 비즈니스 프로세스의 관점 등을 비교하여 논증하거나 검증

step 2. 제시된 문제에서 정보를 최대한 추출한다.

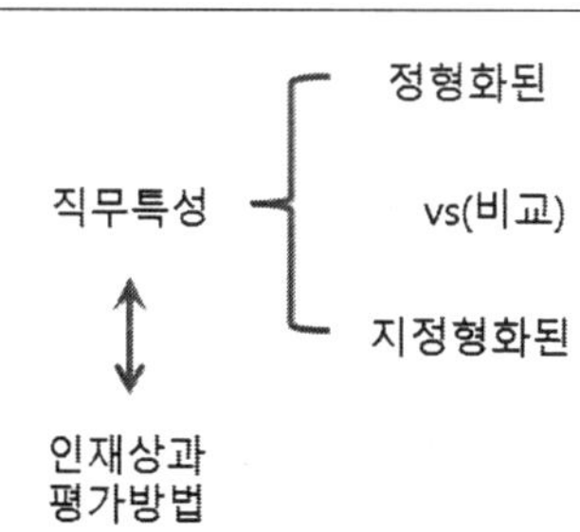


문제에 제시되어 있는 정보를 최대한 추출하여 이를 도식 및 그림으로 표현한다.

step 3. 문제와 관련된 다양한 이슈와 배경 등을 탐색한다.

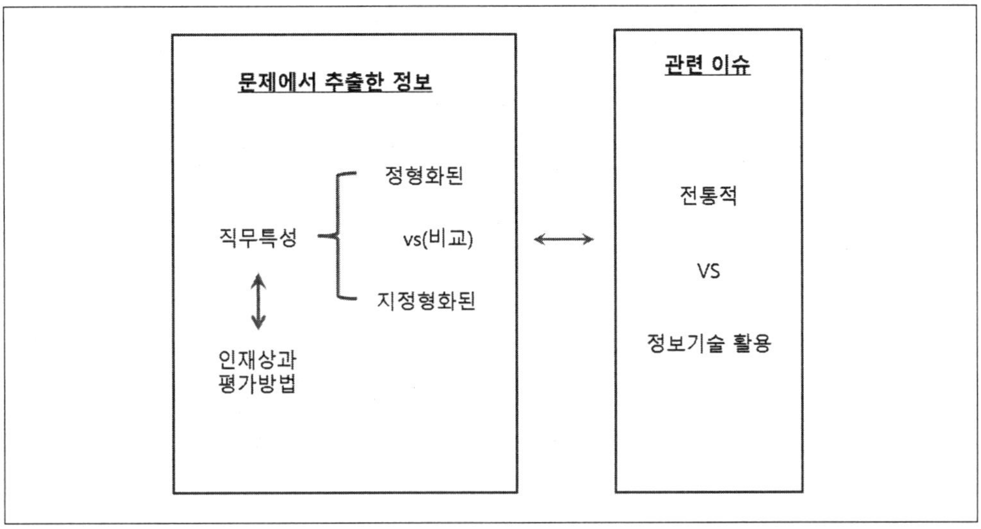


문제와 연관된 이슈와 배경을 기술함을 통하여 효율적인 관리 방안에 대한 방향과 제도 등에 대한 문제제기와 해를 도출할 수 있는 기본적인 아이디어가 구성된다. 이때 수험자들은 어떤 아이디어(idea)를 도출 할 것인가에 대한 기본 준비를 염두에 두고 관련 이슈와 배경 등을 탐색해야 한다.

step 4. 설명, 논증, 그리고 설계에 따라서 아이디어를 도출한다.

이 단계에서는 어떤 아이디어를 도출할 것인가를 문제의 기본정보와 수험자가 제시하는 관련 이슈 및 배경을 연결하여 아이디어를 도출한다. 너무 넓은 범위에서 도출하지 말고 한 두 가지 이슈나 배경 등에 그 초점을 맞추어라.

| | 정 형 | 비정형 |
|---|---|---|
| 전통적 | 사원과 관리자 분리평가 | 리더쉽 중심의 직무평가 |
| 정보기술활용 | 로컬 중심의 평가 | 글로벌 중심의 평가 |

step 5. 도출된 아이디어로부터 적절한 문제의 해를 제시한다.

- 리더쉽 중심의 평가

: 조직 구성원의 개별 능력 중심의 평가를 팀이나 업무 성취 중심을 평가

: 조직의 경영자 관점에서 리더쉽 특성 중심으로 평가

- 글로벌 중심의 평가

: 비즈니스 프로세스의 확장과 자치 창출을 연계하여 평가

: 시장 확대 전략 등의 실제적인 글로벌 업무 중심의 평가

- 다차원적인 평가와 직무 변환 등을 연계하여 평가

# 제8장

# 교육훈련 관리와 경력관리

## 제1절 교육훈련

### 1. 교육훈련 의의와 목적

#### (1) 교육훈련의 의의

구성원들이 직무를 수행하는 데 필요한 지식과 기술, 그리고 능력을 배양시켜 조직의 목적을 달성하도록 돕는 프로세스라고 정의 할 수 있다. 미국훈련개발협회(ASTD)의 조사에 의하면 2002년 기준으로 미국기업 인건비의 2% 정도가 교육훈련비로 지출되고 있다.

그렇지만 지금과 같이 경기가 좋지 않은 상황에서 많은 기업들이 제일먼저 교육훈련비를 삭감하는 관행이 있으나 초우량 기업들은 미래수익의 원천으로 오히려 교육훈련비를 증액하고 있는 만큼 단순한 비용이 아니라 미래수익으로 고려해야할 필요가 있다.

#### (2) 교육훈련의 목적

교육훈련은 지식과 기능을 전달함으로써 유능한 인재를 육성(인재육성)하고, 그를 통하여 구성원의 태도개발 및 변화를 꾀하여(근무태도향상), 구성원의 자기발전과 자아실현, 능력개발 그리고 기업의 목표를 달성하는데 그 목적이 있다.

## 2. 교육훈련의 계획

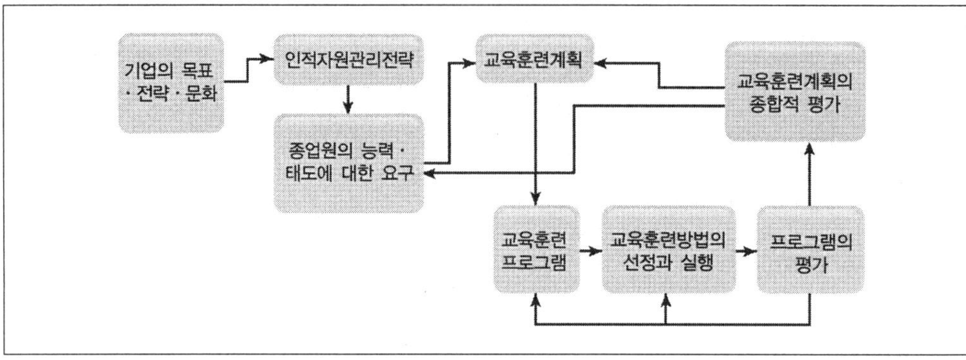


[그림] 교육훈련계획 (출처 : 현대인적자원관리, 박영배, 2014년, 청람)

위의 [그림]은 교육훈련의 전체적인 계획과정을 나타낸다. 그림에서 보는 바와 같이 기업의 목표 · 전략 · 문화에 근거하여 인적자원관리전략이 수립되고, 인적자원관리전략에 따라 종업원의 능력과 태도에 대한 새로운 요구가 발생하면 교육훈련계획이 수립된다. 이어서 교육훈련계획에 따라 교육훈련 프로그램이 설계되고 교육훈련의 방법이 선정되는 동시에 교육훈련이 실행된다. 그리고 마지막으로 교육훈련 프로그램에 대한 평가를 거쳐 전체 교육훈련계획에 대한 종합적인 평가가 이루어지게 된다.

이 과정에서 특히 중요한 것은 교육훈련의 프로그램과 전체 계획에 대한 두 차례의 평가가 반드시 이루어져야 한다는 것이다. 왜냐하면 이것이 교육훈련계획의 여러 단계를 연결하여 줄 뿐만 아니라, 전체 계획과 인적자원관리전략을 일치시키는 역할을 하기 때문이다.

## 3. 교육훈련 필요성의 확인

기업에서 교육훈련의 필요성을 확인하는 일은 일반적으로 다음과 같은 문제를 인식함으로써 시작된다.

### (1) 종업원의 행동과 직무성과의 문제

종업원의 직무수행행동과 직무성과가 설정되어 있는 목표치와 큰 차이가 있는 경우에 기업은 교육훈련의 필요성을 인식하게 된다.

### (2) 교육훈련 효과의 문제

기업에서 교육훈련의 필요성을 확인할 때에는 문제의 성격과 함께 교육훈련의 효과에 대해 면밀하게 검토하여야 한다.

교육훈련에 소요되는 비용도 그 효과와 더불어 교육훈련의 필요성을 결정하는 데 영향을 미친다. 교육훈련에 들어가는 비용과 교육훈련을 실시하지 않을 경우에 있을 수 있는 손실을 비교하여 손실이 비용보다 적거나 미미하다고 판단되면 교육훈련의 필요성은 낮다고 할 수 있다.

## 4. 교육훈련의 프로세스

### (1) 교육훈련의 수요조사

#### 1) 조직수준

제일먼저 조직전체 수준에서 어떤 교육훈련이 필요한지를 파악해야 하는데, 예를 들어 불량률을 줄인다든지 새로운 장비의 효율적 사용을 위해 교육훈련의 필요성이 파악되면 교육훈련을 도입할 수 있을 것이다.

#### 2) 직무 및 과업수준

일을 성공적으로 수행하기 위해 종업원의 지식, 기술 그리고 능력을 향상시킬 필요성이 제기되면 교육훈련이 실시될 수 있다.

#### 3) 개인수준

개인별 인사평가의 결과 직무수행에 부적합한 요소가 지적이 되면 그 부분을 보충하기 위해서나 개인이 희망하는 교육훈련이 실시 될 수 있다. 이를 위해 기존의 인사평가 결과와 직원을 대상으로 한 설문조사, 기술력테스트, 기능목록 등의 조사를 수행할 필요가 있다.

### (2) 교육훈련의 설계

#### 1) 학습자의 준비정도

① 학습능력

교육훈련 대상자가 교육을 충분히 소화해낼 수 있는 기초지식이나 기술, 기초적 지각능력이 있어야 하는 만큼 교육대상자의 수준에 맞는 교육내용이 필요하다.

② 학습 모티베이션

교육훈련의 설계 시 교육대상의 기초능력과 관심사, 그리고 경력관리에 대한 정보를 사전에 수집하여야 한다.

2) 학습자의 학습유형

세대, 나이, 성별에 따라 효과적인 교육방법이 필요한데 예를 들어 오디오형, 촉각형, 비디오형 등의 학습방법을 선택적으로 적용하는 것이 바람직 할 것이다. 특히 기업에서 실시하는 교육훈련은 추상적이고 이론적인 내용보다는 실무지향적이고 직접적으로 관련이 있는 교육내용이 효과적일 것이다.

3) 학습의 전이

피훈련자가 교육훈련을 통해 획득한 지식, 기술, 능력을 자신의 업무에 효과적이고 지속적으로 적용하는 것을 말한다. 따라서 교육훈련의 전이가 일어나기 위해서는 피훈련자가 학습한 내용을 자신의 실제 작업 상황 속에서 적용 가능해야 하고 지속적으로 활용할 수 있어야 한다.

## 제2절 교육훈련의 유형

### 1. 장소에 따른 구분 : 직장내 교육(OJT), 직장외 교육(off JT)

#### (1) 직장내 교육(현장직무훈련/OJT(On-the-Job Training)

감독자가 직접 일하는 과정에서 부하직원을 개별적으로 실무 또는 기능에 관하여 훈련시키는 것이다.

1) 장점

현실적이며 실질적이고, 훈련과 생산이 직결되어 경제적이며, 특정한 장소로 이동할 필요가 없다.

- 일을 실제로 수행하면서 학습할 수 있다.
- 훈련자(상급자)와 피훈련자(하급자) 간 의사소통이 원활해진다.
- 훈련받은 내용을 즉시 활용하여 성과에 반영할 수 있다.

• 훈련과 작업이 같이 이루어져 훈련비용을 절감할 수 있다.
• 상사와 부하 및 동료 간의 이해와 협동정신을 강화/촉진 시킨다.

2) 단점

감독자나 환경이 반드시 훈련에 적합할 수는 없고, 작업수행에 지장을 주며, 원재료의 낭비를 가져온다. 또한 훈련의 성과는 감독자 혹은 지도자의 능력에 따라 크게 좌우된다.

• 피훈련자들은 상급자들의 잘못된 교육내용을 무비판적으로 답습할 가능성이 있다.
• 우수한 상급자가 반드시 우수한 교사는 아니다.
• 일과 훈련 모두를 소홀히 할 수 있다.
• 원재료의 낭비를 초래할 가능성이 있다.

3) 진행방법 및 종류

업무시간 중에 실제 업무를 수행하면서 동시에 실시하는 교육으로서 상급자가 하급자에 대해 실시한다. OJT종류에는 도제식 훈련, 직무오리엔테이션, 인턴십, 멘토링 등이 있다.

### (2) 직장외 교육(외부훈련/Off-the-JobTraining:OffJT)

직장에서의 실무 또는 업무를 떠나서 전문적으로 실시하는 훈련이고, 보통 단체적으로 실시한다.

1) 장점

많은 종업원에게 통일적인 훈련을 할 수 있고, 전문적인 지도자 밑에서 훈련에 전념할 수 있고, 참가자는 직무부담에서 벗어나서 새로운 학습에 전념할 수 있어서 훈련성과가 높다.

• 많은 종업원을 동시에 교육시킬 수 있다.
• 전문적인 지도자가 실시한다.
• 수강자는 업무 부담에서 벗어나 훈련에 전념하므로 훈련효과가 높을 수 있다.

2) 단점

작업시간의 감소와 훈련시설의 설치 등으로 경제적 부담이 커지며, 중소기업에서는 사실상 실시하기 어려운 훈련방법이다.

- 교육훈련결과를 현장에 바로 활용하기가 어렵다.
- 작업시간이 감소한다.
- 비용이 많이 든다.

3) 진행방법 및 종류

직무가 수행되는 장소를 벗어나 시간적 공간적으로 격리된 상태에서 교육훈련을 받는 것을 말한다. OffJT 종류에는 기업 연수원 교육이나 외부 위탁교육이 이에 속하는데 세미나, 학회, 인력개발원, 평가센터 등에서 받는 경우가 있다.

## 2. 대상에 따른 구분

### (1) 신입자 교육훈련

신입자에 대한 교육훈련은 그들의 직무를 수행하는데 필요한 정보를 제공하며, 조직 및 부문이 기대하는 태도, 표준, 가치기준, 행동유형 등을 주입시키는 지속적인 과정이고 사회화과정이 되어야 한다.

### (2) 일선종업원 훈련 : 기능훈련, 노동교육, 일반교양교육

일반직에 있는 종업원을 대상으로 직업에서 필요로 하는 직무기능과 한 종업원으로서 갖추어야 할 교양요건을 쌓도록 하여 장래의 간부로서의 자질 및 적극적이고 협력적인 사회인을 육성하는 데 그 목적이 있다. 흔히 직업훈련학교, 실습장훈련, 도제훈련 등이 있다.

### (3) 감독자 훈련

감독자는 직접작업자의 감독·지휘·통솔을 하는 위치에 있기 때문에 지도·통솔력의 양성과 더불어 관리에 관한 기초적인 지식의 배양이나 능력의 향상을 목적으로 한다. 감독자 교육훈련으로 가장 일반화 되어 있는 것이 TWI(Training Within Industry: 산업 내 훈련)방식이다.

★ T·W·I

- 감독자에게 공통으로 필요한 요건

작업지식, 직책에 대한 지식, 작업지도의 기능, 작업개선의 기능, 통솔의 기능

- 훈련내용

모티베이션, 종업원 평가활동, 리더십, 의사소통, 과업지도, 팀구축, 자문능력 등

- 관리자

관리자층에 대한 교육훈련은 중간관리자 즉 부장과 과장급에 대해 실시된다. 특히 최고경영자와 하부 감독자 층의 중간에 위치하면서 기업의 각 부문활동을 계획, 지휘, 조정, 통제하는 역할에 초점이 맞춰진다. 관리자 교육훈련의 가장 일반적인 방식으로 MTP(Management Training Program)를 들 수 있다.

### (4) 중간관리자 훈련

★ MTP(Management Training Program)

MTP에서 주로 취급하는 교육내용은 작업의 개선, 부하의 훈련, 부하 간의 인간관계, 직장사기문제, 리더십, 생산성의 향상, 안전 등 관리자의 책임영역 등이 있다

### (5) 경영자 훈련 : ATP, AMP, 경영게임법, 사례연구, 인바스켓훈련, 역할연기법

경영자에 대한 교육훈련은 기업의 최고책임자로서 유연하고 고도의 판단력과 의사결정능력을 함양하고, 고도의 경영관리능력의 양성하며, 최고지도자로서 훌륭한 통솔력과 지도력을 쌓고 나아가서 기업의 대표자로서 폭넓은 식견과 행동력을 함양하는 데 있다. 특히 요즘은 최고경영자의 역할부문에도 전문화된 영역을 요구하고 있는데 CKO(Chief of Knowledge Officer: 지식담당최고경영자), CFO(Chief of Financial Officer), CIO(Chief of Information Officer), COO(Chief of Operating Officer), CINO(Chief of Innovation Officer) 등으로 세분화 되고 있다.

## 3. 교육훈련 방법의 내용과 방법

### (1) 체계적 교육훈련

| 구분 / 기법 | 특 색 | 장 점 | 단 점 |
|---|---|---|---|
| 강 의 | 강사가 지식을 구두로써 전달하는 것이다. | 시간의 계획과 통제가 용이하다. | - 상향식이며 권위주의적이다.<br>- 피드백이 없다.<br>- 지속성이 떨어진다. |
| 실 연 | 교육자가 작업수행방법을 실연해 보임으로써 과업수행을 위한 필요한 지식을 습득케 한다. | - 흥미를 일으키고, 요점을 납득시키기 쉽다.<br>- 많은 감각기관 활용이 가능하다. | - 다수에는 부적합하다.<br>- 비용이 많이 들고 이동이 불편하다. |
| 비즈니스 게임 | 훈련대상자들에게 실제 생활에서 야기되고 있는 실제 여건을 반영한 문제들을 주고 이를 해결하기 위해서 피교육자 상호간 어떤 태도를 가져야 할 것인가를 통찰하는 방법이다. | - 의사결정의 중요성과 조직활동의 중요성을 알린다. | - 사례이기 때문에 실제경영의 원리원칙과 연결시키기가 어렵다. |
| 사례 연구 | 종래의 강의식 방법보다는 실제 일어난 여러가지 판례를 학생들로 하여금 토의시킴으로써 현실 문제를 이해하고 해결능력을 키우는 방법이다. | - 흥미와 학습동기를 유발할 수 있다.<br>- 현실적인 문제의 학습이 가능하다. | - 적정한 사례의 확보가 어렵다.<br>- 원칙과 이론의 체계적 습득이 어렵다.<br>- 학습의 진보를 측정하기 어렵다. |
| 역할 연기법 | 어떤 역할을 규정하여 이것을 실제로 시켜보는 것이다. | - 흥미를 갖고 적극적으로 참가한다.<br>- 개개인의 약점을 알 수 있다.<br>- 상대방의 입장에서 인간의 감수성과 상호작용의 중요성을 알게 한다. | - 훈련장소의 확보가 어렵다.<br>- 사전준비시간이 길고, 교육효과를 측정하기 어렵다. |

| | | | |
|---|---|---|---|
| 감수성 훈련 | 서로 알지 못하는 수십명의 참가자를 모든 관계집단에서 분리시켜 일정한 고립조건하에서 2주정도 집단생활을 하게 함으로써 상호관계의 능력을 개발시키는 방법이다. | - 갈등문제를 해결할 수 있는 능력을 키운다.<br>- 자기표현능력을 체득할 수 있다. | - 경영과 무관한 인간상이 다루어진다. |
| 프로젝트 팀 | 여러명의 전문가가 모여 어느 한 프로젝트를 해결한다. | - 목표에 대한 집중적인 접근이 가능하다.<br>- 개인의 능력개발, 조직개발이 동시에 가능하다. | - 인재를 모으기 힘들다.<br>- 부문간의 조정이 어렵다. |
| 시청각 | 영화, TV, 슬라이드, 시진, 그래프 등의 시청각교재를 이용하여 교육훈련을 실시하는 것을 말한다. | - 흥미를 높이고 학습동기를 유발할 수 있다.<br>- 인상적으로 기억할 수 있다. | - 이동에 불편하고 적절한 교재를 확보하기가 어렵다. |

### (2) 비체계적 교육훈련

체계적 교육훈련이 종업원의 직무수행과 별도로 진행되는 데 비해 비체계적 교육훈련은 따로 시간을 내서 하지 않고 직무수행과 동시에 진행된다. 비체계적 교육훈련의 가장 일반적인 형태가 직장내 훈련(On the Job Training : OJT)이다.

직장내훈련은 보통 다음과 같은 몇 가지 방법으로 이루어진다.

- 코칭 : 코칭(coaching)은 경험이 많은 상사가 부하를 지도하고 가르치는 방법이다.
- 특별할당 : 특별할당(special assignment)은종업원을 기업 내의 각종 위원회에 일정기간 파견거나 특정의 과제를 부여하여 해결하도록 함으로써 지식과 능력을 개발하는 방법이다.
- 직무순환 : 직무순환(job rotation)은 종업원을 서로 다른 여러 직무단위에 순차적으로 투입시킴으로써 다양한 직무를 경험하게 하려는 것이다.
- 멘토시스템 : 멘토시스템(mentor system)은 비교적 최근에 개발된 것으로서 종업원 중에서 상사나 선임자를 후견인(mentor)으로 지정하여 부하와 후임자를 지도하고 후원하는 방법이다.

## 4. 이러닝(E-learning)

### (1) 진행방법 및 종류

인터넷이나 사내 인트라넷(intranet)을 사용하여 실시하는 온라인 교육을 의미한다. 오늘날 정보기술의 발전과 이러닝 컨텐츠의 개발로 지속적으로 늘어나고 있는 추세인데 주로 사이버연수원은 원격교육을 통해 진행된다.

### (2) 장점

- 시간과 공간의 제약을 초월하여 동시에 많은 직원을 교육시킬 수 있다.
- 피훈련자 스스로 학습시간을 조정할 수 있다.
- 교육내용을 업데이트하기 쉽다.
- 훈련자 스스로 계획-실행-피드백이 가능하다.

### (3) 단점

- 모든 피훈련자가 E-learning을 잘 받아들이지는 않는다.
- 실무가 요구되는 경우 부적합할 수 있다.
- 초기비용이 많이 든다.
- 학습효과가 그리 높지 않은 것으로 조사되고 있다.

## 5. 자기개발(SD: Self-Development)

### (1) 진행방법

자기의 책임 하에 자기의 이해와 평가에 의해서 의욕을 갖고 자주적으로 본인의 성장과 향상에 대한 노력을 하는 것을 말한다. 따라서 자기성장의 과정으로 볼 수 있을 것이다. 이는 평생교육과 능동적인 태도라는 점에서 그 중요성이 점점 더 부각되고 있다.

### (2) 단계

목표설정 → 해결하고자 하는 의욕의 신장 → 부족한 능력의 개발 → 문제해결

### (3) 구체적 훈련전개방법

자기개발은 종업원 본인의 자기개발의욕이 중요한 관건이 되므로 자세확립에 대한 분위기의 조성이나 종업원들에 대한 보상체계및 경력경로를 제시하는 제도적인면도 중시되어야 한다.

# 제3절 교육훈련 평가의 의의

## 1. 교육훈련 평가

### (1) 평가의 필요성

교육훈련을 실시하고 난 후 피훈련자들이 어떻게 생각하고 무엇이 전이 되었는지, 그리고 차후에 어떤 생산성에 대한 결과가 나왔는지 등을 평가하여 계속적인 교육훈련의 내용과 방법 등을 수정 / 변화 시켜 나가야 한다.

### (2) 평가의 단계

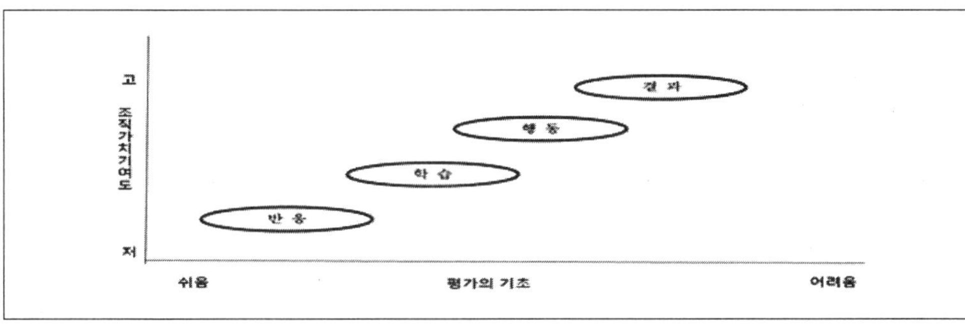


#### 1) 반응기준

피훈련자가 교육훈련을 통해 받은 인상을 기준으로 교육훈련을 평가하는 것을 말한다. 유익하였는지, 질적으로나 양적으로 어떠했는지 등을 살피는 것이다.

#### 2) 학습기준

교육훈련 도중이나 직후에 배운 내용을 테스트해서 과연 학습이 일어났는지를 측정하는 것을 말한다. 흔히 시험을 통해 평가할 수 있다.

#### 3) 행동기준

행동의 변화를 보여 실제로 성과에 영향을 미치는지를 측정하는 기준을 말한다.

#### 4) 결과기준

교육훈련이 조직의 목표와 관련된 중요한 결과를 달성하는데 어떤 효과가 있는지를 측정하는 것인데 불량률, 매출액, 업무수행시간, 비용, 이직률 등을 통해 살펴볼 수 있다.

## 2. 교육훈련의 타당성

### (1) 개념

교육훈련의 타당성이란 교육훈련이 당초 목적한 바를 충족시켰는가에 대한 평가를 말한다. 훈련 뒤 교육평가를 통해 본래의 의도한 효과과 나온다면 이는 타당성이 실현되는 것이다.

### (2) 타당성의 분류

#### 1) 훈련 타당성

피훈련자와 당초 계획된 교육훈련 프로그램과 서로 매치가 되는지를 검증하는 타당성으로서 제조업 종사자 위주로 계획된 교육이 서비스업 종사자를 대상으로 실시된다면 훈련타당성을 떨어뜨리게 될 것이다.

#### 2) 전이 타당성

교육훈련을 이수하고 직무로 돌아온 후 직무성공을 거둘 수 있는지 여부를 검증하는 타당성이다.

#### 3) 조직내 타당성

동일한 회사내 상이한 집단과 부서의 피훈련자들에게도 동일하게 효과적인지를 검증하는 타당성이다.

#### 4) 조직간 타당성

교육훈련 프로그램이 다른 기업이나 다른 업종의 회사의 피훈련자들에게도 동일하게 효과적인지를 검증하는 타당성으로써 컴퓨터 교육이나 어학교육과 같은 것은 조직간 타당성이 높은 교육이라 할 수 있다.

## 3. 교육훈련의 패러다임 변화

| 구 분 | 혁신기법 | 주요내용 | 시작연대 (미국기준) |
|---|---|---|---|
| 제1의 물결 | 감수성훈련 (T-Group Training) | 조직구성원들간 대면접촉을 통한 마음의 벽 허물기, 조직개발, 커뮤니케이션능력개발 | 1940년대 |
| 제2의 물결 | 구조적 피드백 (Structured Feedback) | 교육훈련의 전이 중시, 이해관계자들로 부터의 피드백에 의한 교육훈련 평가 | 1950~1970년대 |
| 제3의 물결 | 행동을 통한 학습 (Action Learning) | 직무상황에서의 행동과 실제경험을 통한 학습 | 1980년대 |

### (1) 액션러닝의 정의와 의의

1) 정의

액션러닝이란 '소규모로 구성된 한집단이 기업이 직면하고 있는 실질적인 문제를 해결하는 과정에서 학습이 이루어지며, 그 학습을 통해 각 그룹구성원은 물론 조직 전체에 혜택이 돌아가도록 하는 일련의 과정이자 효과적인 프로그램'을 말한다.

2) 액션러닝의 특성

- 실시간 학습경험으로 조직의 경영상의 요구를 만족시키는 것과 개인 및 팀을 개발시키는 것을 동시에 달성하기 위한 방법이다
- 기간이 3~4주 이상에서 2년여에 이르기까지 교육기간이 매우 길다.
- 집합교육 이외에도 최고경영층을 비롯한 현업부서장의 참여 등을 전제로 하기 때문에 비용이 많이 든다.
- 교육대상자가 주로 기업의 핵심인력이다.
- 그룹구성원인 학습자에 의해 자발적이고 주도적인 형태로 이루어진다.

## (2) 액션러닝의 구성요소

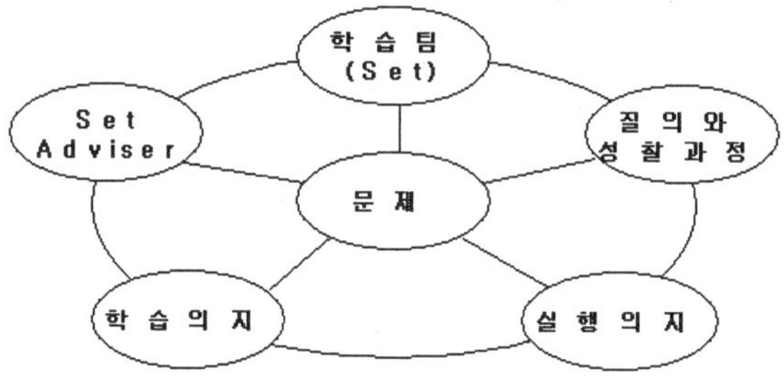


1) 문제

Action Learning이 다른 교육프로그램과 차별화 되는 가장 큰 특징은 교육 참가자들이 연습문제가 아닌 실패의 위험을 갖는 실제의 문제(real problem with real risk)를 다룬다는 점이다.

2) 학습팀

팀을 구성하는데 있어서는 문제와 문제해결에 대한 창의적 접근이 가능하도록 하기 위하여 다양한 시각과 경험을 가진 참가자들, 즉 성별, 연령, 국적(인종), 직무, 학습스타일, 성격(MBTI유형 등)이 될 수 있으면 다양하게 혼합될 수 있도록 학습팀이 구성된다.

3) 질의와 성찰과정

Action Learning이 다른 교육프로그램과 대비되는 특징 중의 하나는 Action Learning에서의 학습이 강사에 의해서 주도되기보다는 학습팀이 문제를 해결하는 과정에서 문제의 본질과 효과적인 문제해결방법에 대해 스스로 탐구하고 질의(Questioning) 및 성찰(Reflection)하는 가운데 학습이 일어나도록 한다.

4) 실행의지

문제해결에는 실천이 필요하며 그렇기 때문에 Action Learning의 설계와 운영을 위한 핵심구성요소로서 '교육과정에서 도출된 문제해결대안에 대한 실행의지'가 매우 중요하다.

5) 학습의지

Action Learning프로그램에서는 학습팀 내의 주기적인 미팅을 통하여 질문과 성찰과정을 체계적으로 운영하며, 반드시 성찰이 이루어지도록 이를 위한 시간과 공간을 배정함으로써 참가자들이 강한 학습의지를 가지고, 오랜 기간 동안 유지하도록 프로그램을 설계하고 있다.

6) 셋 어드바이저 (Set Adviser)

Action Learning의 마지막이자 매우 중요한 핵심구성요소는 Set Adviser라 불리우는 학습팀을 지원하는 Facilitator를 지원하는 것이다. Set Adviser는 학습팀이 다루는 과제에 관련된 내용전문가(SME : Subject Matter Expert)가 아니라(!), 팀이 문제를 해결해 가는 과정에서 회의운영기술, 문제해결기법, 프로젝트관리와 관련된 각종 도구들을 지원하고 체계적 성찰과정이 이루어질 수 있도록 지원하는 역할을 담당한다.

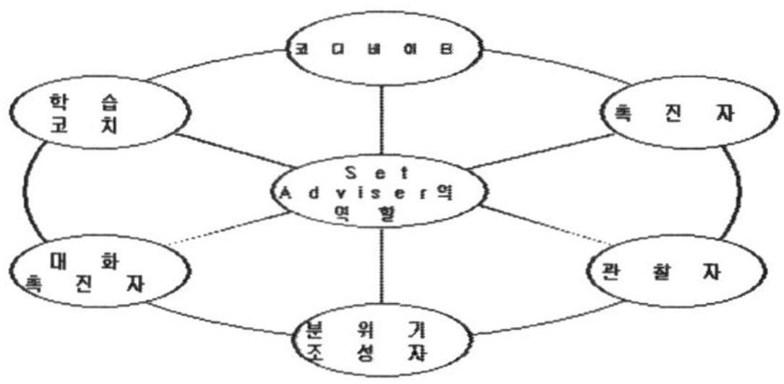


## (3) 액션러닝의 진행절차

| 사전준비 | 제 1 주 | 제 2, 3 주 | 제 4 주 |
|---|---|---|---|
| - 최고경영층 및 사업부본부장급에 의한 과제 선정<br>- 각 과제에 대한 기초정보(시장, 고객, 재무 등 수집)<br>-참가자들에게 사전 제공 | -프로그램 소개<br>-팀 구성 및 팀빌딩 활동<br>- 과제 부여<br>-글로벌 경영 환경, 경영현안 과제 등에 대한 강의<br>-리더십 역량 강화 | - 팀활동 (Set Meeting)<br>- 문제해결 계획 수립<br>-현장방문, 인터뷰 등을 통한 정보 수집<br>- 고객, 경쟁사 방문<br>- 국내외 벤치마킹 | - 보고서 준비<br>- 최고 경영층 및 과제와 관련된 책임자들에게 프로젝트 수행 결과 보고<br>- 학습과정에 대한 피드백과 성찰 |

### (4) 액션러닝과 전통적인 교육방법과의 비교

| 비교요인 | 전통적인 교육방법 | 액션러닝 |
|---|---|---|
| 패러다임 | 공급자중심의 교수<br>(강사의 상대적 우월성) | 수요자중심의 학습<br>(학습활동의 중요성) |
| 철 학 | 문제상황에 대한 전문적 지식을 가지고 있는 소수의 외부전문가 | 문제상황에 직면하고 있는 내부 구성원 모두가 전문가 |
| 이론과 실천의 관계 | 이론과 실천의 분리 | 이론과 실천의 통합 |
| 교수 - 학습전략 | 주입식 | 참여식 |
| 적합한 영역 | 전문적 지식 및 기술의 집중적인 단기간의 훈련 | 일반적 경영관리능력 개발 |
| 교육생의 역할 | 수동적 지식의 흡수자 | 적극적 참여자 |
| 강조점 | 현장과 관련성이 적은 전통적인 내용 중시 | 현장중시의 비구조적 문제 또는 기회의 해결 및 발견 |
| 교육과 경영의 관계 | 교육을 위한 교육<br>교육전략 ≠ 경영전략 | 경영성과 기여도의 극대화<br>교육전략 = 경영전략 |

### (5) 유사개념과의 비교

| | 목 적 | 학습방법 | 기 타 |
|---|---|---|---|
| 태스크포스<br>(Taskforce) | - 실제 상황에서의 특정 과업 / 문제에 초점을 둠 | - 우연적 학습 | - 해결책을 실행할 권한이 상급자에게 있음 |
| 품질분임조<br>(Quality Circles) | - 실제 상황에서의 품질 향상과제 / 문제에 초점을 둠 | - 우연적 학습 | - 해결책을 실행할 권한이 상급자에게 있음 |
| 시뮬레이션<br>(Simulation) | - 가상의 사례를 다룸 | - 의도적 학습 | - 해결책에 대한 결과 및 책임이 따르지 않음<br>- 해결책의 타당성을 검증할 기회 없음 |

| | | | |
|---|---|---|---|
| 문제해결학습<br>(Problem-based Learning) | - 실제 및 가상의 문제를 다룸 | - 의도적 학습 | - 해결책에 대한 결과 및 책임이 따르지 않음<br>- 해결책의 타당성을 검증할 기회 없음 |
| 액션러닝<br>(Action Learning) | - 실제 직면한 비즈니스 이슈의 발견과 이의 해결을 통한 환경적, 시스템적 요소에 초점을 둠 | - 학습자 주도적 학습<br>- 의도적 학습 | - 해결책의 실제적용을 통한 결과의 확인 및 이에 대한 성찰을 통해 학습이 이루어짐<br>- 개인개발과 조직개발에 초점을 둠 |

# 제9장

# 인적자원개발

## 제1절 인적자원개발 의의

### 1. 인적자원개발 담당자의 역할

#### (1) 자기개발 기회의 확대

인적자원개발의 방향이 점차로 조직으로부터 종업원 개인에게로 옮겨가는 추세에 맞춰 개인의 훈련과 개발을 위해 노력해야 한다.

#### (2) OJT로의 회귀현상

근무현장 이외에서 별도로 실시하던 교육훈련을 작업현장에서 직접 수행하는 OJT로 지향시키는 것이 필요하다.

#### (3) 관리자 교육보다는 후계자 교육, 비관리자 교육의 중시

복잡하고 다양해지는 작업환경으로 인해 전통적으로 중시되어 온 관리자 교육만으로는 한계가 있기 때문에 업무의 실질담당자들에 대한 교육훈련 또한 강조되어야 한다.

#### (4) 학습에 대한 동기부여 제고

조직구성원들에게 배우는 기회를 확대하고 다양한 욕구를 충족시켜 줄 수 있는 교육훈련이 필요하다.

#### (5) 평생직장에서 평생직업으로의 대비

유연한 노동시장을 지향하는 현재의 경영환경에서는 과거의 평생직장의 개념은 사라지고 있다. 따라서 종업원의 능력개발과 역량향상에 기반한 교육훈련이 필요하다.

## 2. 인적자원개발과 ROI(투자수익률)

### (1) ROI의 의의

- ROI는 재무관리나 관리회계영역에서 사업의 타당성이나 성과측정에 이용되는 투자대비 수익률의 개념이다. 인적자원개발이 지금까지 거의 정성적인 평가를 통해 그 효과와 성과를 측정했으나 나름의 한계로 인해 인사활동에 대한 효율성을 수치로 측정 및 공표함으로써 그 부가가치를 표현하고자 하는 방향으로 유도되고 있다.
- 이에 따라 인적자원개발과 관련된 프로그램의 성과에 대한 ROI의 측정과 활용은 그 중요성이 증대되고 있다.

### (2) ROI의 유용성

- 인사부문에서도 HRD와 관련된 예산이 점차 증가하고 있어 인사부문 투자경비에 대한 회계적 성과를 나타낼 수 있다.
- 인사관리 부서의 전략적인 가치를 최고경영자에게 실제데이터를 사용하여 보고하고 이를 근거로 전략적 필요성을 증명할 수 있다.

### (3) ROI의 측정대상

인사모집과 선발의 성공여부 / 성과배분 프로그램의 성공여부 / 종업원 복리후생 패키지의 효과 / 교육프로그램의 성과측정 등

### (4) ROI에 대한 평가

1) 반응수준

인사프로그램의 만족도 측정

2) 학습수준

성취도테스트, 실기테스트, 집단별 평가 등

3) 실행수준

인사프로그램을 통해 배운 것을 실무에 어떻게 적용하는지를 측정해서 프로그램의 문제점과 한계를 파악

4) 사업전체에 영향

인사프로그램이 결국 생산성, 매출액, 비용, 시간, 고객만족도에 미친 영향분석

5) ROI

인사프로그램 실행을 통해 얻게 된 화폐적 가치를 평가

### (5) ROI를 이용한 인적자원개발 성과측정지표

1) 이직비용

종업원 이직 시 직장에서 취득한 노하우와 훈련개발비와 시간 등을 버리는 것이 되는 만큼 중요한 지표이다.

2) 근태비용

종업원의 결근, 지각, 조퇴 등으로 인해 발생하는 비용이 교육훈련 이전과 이후가 달라야 효과적이라 할 수 있기 때문에 이 또한 중요한 지표로 넣어야 한다.

3) 종업원 사기비용

일반적으로 사기가 높으며 생산성은 더 높아진다고 믿어지는 만큼 설문조사나 인터뷰를 통해서 이를 조사할 필요가 존재한다.

# 제2절 인적자원의 경력관리

## 1. 경력관리의 개념

### (1) 경력개발의 의의와 성격

경력(career)은 '개인이 일생에 거쳐 일과 관련하여 경험하는 모든 것'을 말한다. 따라서 이러한 의미를 기업에 적용하면 기업종업원의 경력은 '개인이 종업원으로 입사하여 퇴사할 때까지의 근무기간 동안에 경험하게 되는 직무와 관련된 행동의 전부'라고 정의할 수 있다.

그리고 경력개발(career development)은 기업에서 개인의 경력욕구를 최대한 만족시키면서 동시에 기업의 목표달성에 필요한 종업원의 능력을 개발하는 일련의 활동을 말한다.

경력개발은 종업원과 기업의 두 차원으로 나누어 생각할 수 있다. 종업원 차원에서는 경력개발의 목표가 자기개발을 통해 경험하는 직무로부터 심리적 만족과 성취감을 얻는 데 있다. 기업 차원에서는 기업목표를 달성하기 위해서 필요한 자질을 갖춘 인적자원을 개발하는 데 역점을 둔다.

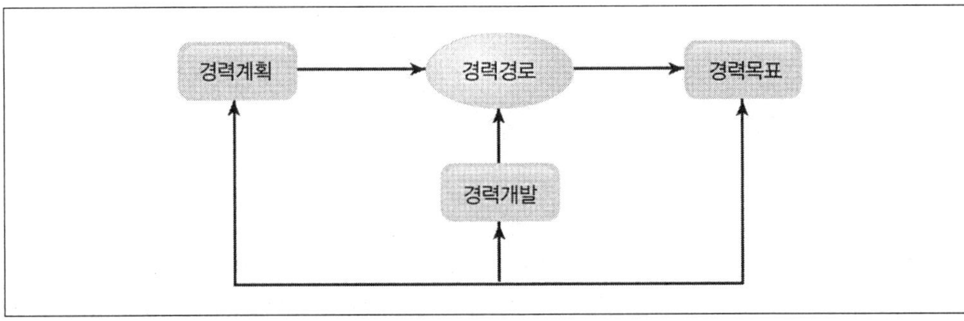


[그림] 경력계획 · 경력개발 · 경력목표의 관계(출처: 현대인적자원관리, 박영배, 2014년, 청람)

### (2) 경력경로와 경력개발 프로그램

기업의 경력개발은 위의 [그림]에서 보는 바와 같이 경력계획을 통해 경력목표를 달성하기 위한 경력경로와 경력개발 프로그램을 설계하면서 시작된다.

- 경력목표 : 종업원 개개인이 도달하려고 하는 미래의 직위나 전문능력을 말한다.
- 경력계획 : 종업원이 경력목표를 달성하는 데 도움이 되도록 경력경로와 경력개발 프로그램을 설계하는 과정을 말한다.
- 경력개발 : 종업원이 경력목표를 달성하기 위하여 경력경로를 선정하고 기업이 제공한 경력개발 프로그램에 참여하여 경력을 관리하는 모든 활동을 말한다.

1) 경력

한 개인이 일생에 걸쳐 일과 관련하여 얻게 되는 경험으로써 전문적인 일, 특정 직종에서의 일, 승진 등의 경우만 해당되는 것이 아니고 일에 관련된 모든 활동이 경력에 해당된다.

2) 경력관리

개인의 경력목표와 전략을 수리하고, 실행하며, 점검하는 과정으로 정의할 수 있다.

3) 경력개발

① 개인측면

한 개인이 일생에 걸쳐 일과 관련하여 얻게 되는 경험을 통해 자신의 직무관련태도, 능력 및 성과를 향상시켜 나가는 과정을 말한다.

② 조직측면

한 개인이 입사로부터 퇴직에 이르기까지 경력경로를 개인과 조직이 함께 계획하고 관리하여 개인욕구와 조직목표를 달성해가는 총체적 과정이다.

③ 경력개발의 중요성

- 개인욕구와 조직욕구를 조화시켜 나가는 일련의 과정적 개념이다.
- 입사에서 퇴사에 이르기까지 조직구성원들이 희망하는 경력경로를 설계하고 운용하여 인적자원의 효율적 관리를 가능하게 한다.
- 조직은 먼저 개인입장의 경력개발에 대한 입장을 중시해야 한다.
- 개인에게나 조직에게나 모두 자아실현과 조직목표의 달성이 가능하도록 해서 둘 다에게 유익하고 성공적이어야 한다.

## 2. 개인경력과 조직경력 통합과정

### (1) 경력탐색

1) 자기탐색(종업원의 경력욕구와 경력계획)

① 정의

자기탐색은 경력결정과 관련 있는 개인의 특성과 태도에 관한 정보를 얻기 위하여 실시되는 것이다. 개인의 특성으로 가치 , 흥미, 성격요인, 능력, 라이프스타일 등이 분석될 수 있다. 이러한 개인적 특성은 샤인(Schein)의 경력닻(career anchor)을 통해 나타낼 수 있다.

② 경력닻(career anchor) 모형

㉠ 정의

자신의 직업선택에 대해 중심이 되는 재능, 동기, 가치를 합한 것으로 샤인은 경력닻 개념을 통해 서로 다른 경력지향성을 설명하였다.

㉡ 닻의 종류

- 전문역량 닻 : 이러한 닻을 가진 종업원은 일의 실제내용에 관심이 있으며, 일반적으로 전문분야(재무, 인적자원, 마케팅)에 종사하기를 원한다.
- 관리역량 닻 : 이러한 닻을 가진 종업원은 특정 전문영역 보다 일반적인 관리직을 목표로 하며, 타부서, 타인과의 통합과 조정능력에 관심이 많다.
- 자율성 / 독리성 닻 : 주요 관심은 조직의 규칙과 제약조건에서 벗어나서 스스로 결정할 수 있는 경력을 선호한다.
- 안전·안정 닻 : 일반적으로 안정적이고 예측 가능한 일을 선호하므로 장기적 경력 안정성이 경력개발 시 기본핵심이 된다.
- 서비스 / 헌신 닻 : 주요 관심사가 타인을 돕는 직업에서 일함으로써 타인의 삶을 향상시키는 것과 같은 가치있는 성과를 달성 하는 것이다.
- 도전 닻 : 이러한 종업원은 해결할 수 없을 것 같은 문제에 대한 관심을 보이며 호기심, 다양성, 도전 등을 추구한다.
- 라이프스타일 통합 닻 : 주요 관심사는 인생의 모든 영역에서 균형을 얻는 것으로, 흔히 가정과 경력활동 간의 조화를 원한다.
- 기업가 정신 닻 : 주요 목표는 장애물을 극복하고 위험을 무릅쓰며 개인적 탁월성을 성취하려는 성향이 강하기 때문에 자기 나름대로 자신의 사업을 설립하고 운영하는 자유를 원한다.

2) 환경탐색

① 정의

개인은 자기탐색을 통해 자신의 흥미, 특색, 성격 등을 파악하고 이에 적합한 직무, 즉 개인-작업환경간의 적합성이 높은 직무를 찾으려고 노력한다. 흔히 고려되는 정보로는 직무, 조직, 가정에 대한 정보 등이 있다.

② 직무탐색 고려사항

- 자율성은 지적자극, 독립심, 창의적 일에 대한 가치를 충족시킬 수 있기 때문에 자율성의 허용정도를 파악하는 것은 매우 중요하다.
- 특정 직무에 대한 동일회사나 타회사의 타직무와의 관계를 조사를 통해 이동가능성을 고려할 수 있어야 한다.

3) 경력 목표

경력목표는 특정 직무나 지위에만 초점을 두어서는 안 되며 업무경험을 토대로 광범위한 측면에서 접근해야 하고 자신의 욕구와 가치를 충족시킬 수 있는 것이어야 한다.

**경력전략**

- 개인의 경력전략 고려 시 고려요인으로써 직무몰입, 능력개발, 기회개발, 지원관계개발, 이미지 구축, 조직 내 정치활동 등을 고려하는 것이 필요하다.
- 경력전략을 개발하기 위해 보통 5가지의 단계를 거치게 되는데, 장기목표 재검토 → 장기목표와 관련된 행동 / 활동/경험파악→단기목표 검토 → 단기목표와 관련된 행동 / 활동 / 경험을 파악하기 → 단기목표와 장기목표의 조합의 순서로 이루어진다.

4) 개인의 경력목표

① 개인의 경력단계

개인의 경력욕구는 나이에 따라 변화한다. 이와 관련하여 홀(Hall)은 개인이 추구하는 경력욕구의 변화를 네 단계로 분류하여 설명하고 있다.

아래의 [그림]에서 보는 바와 같이 개인의 경력욕구는 나이가 듦에 따라 탐색·정착·유지·쇠퇴의 단계를 거치면서 변화한다.

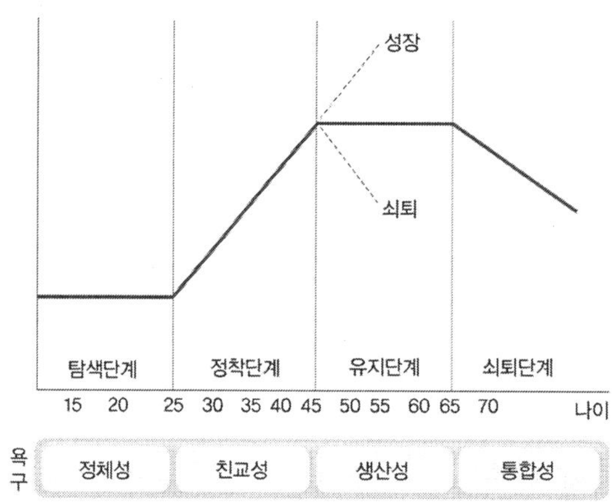


[그림] 개인의 경력단계 (출처 : 현대인적자원관리, 박영배, 2014년, 청람)

② 개인의 경력계획

종업원은 통상적으로 개인의 생각과 계획에 따라 경력욕구를 충족하게 되는데, 그 과정은 대체적으로 다음과 같다.

첫째, 경력상담시에 참고하기 위하여 자신이 추구하는 특정 경력에 대한 동기와 문제점을 상세히 서술하고 분석한다.

둘째, 개인의 경력목표에 근거하여 개인에 관한 자료를 수집하고 자기의 흥미와 능력에 대해 이해한다.

셋째, 현재 기업 내에 형성되어 있는 경력경로와 경력기회에 관한 자료를 수집하여 개인의 경력목표 및 기업의 경력계획과 어느 정도 일치하는지를 파악한다. 활용할 수 있다.

넷째, 설정한 개인의 경력목표를 달성하기 위해 실행계획을 수립한다.

#### 5) 기업의 경력욕구와 경력기회

종업원이 개인별로 경력욕구를 가지고 있듯이 기업도 나름대로의 경력욕구가 있다. 기업의 경력욕구는 기업의 경영목표와 경영전략에서 파생되는 것으로 기업의 생존과 발전을 위해 절대적으로 중요하다.

① 기업의 경력욕구

기업에서 경력개발이 필요한 이유는 종업원의 경력욕구를 충족시켜 줌으로써 높은 성과를 이끌어 내며, 우수한 인력을 효율적으로 확보하고 그 능력과 자질을 최대한 끌어올려 기업의 경쟁력을 확보하려는 것이다.

- 종업원 경력욕구의 충족
- 종업원 능력의 향상
- 경영인력의 개발

② 기업의 경력기회

- 기업에서의 경력기회는 조직 차원의 경력계획과정에서 개발되는 것으로서 종업원 개개인이 선택하여 밟아가도록 설계된 경력경로를 의미하며 실제적으로는 교육훈련·배치전환·승진 등이 혼합된 방식으로 주어진다.
- 이러한 경력기회, 즉 경력경로는 종업원 개인과 기업의 경력욕구를 동시에 만족시켜야 한다.

### (2) 경력욕구의 조정과 통합

만일 종업원과 기업의 경력욕구가 일치하지 않는 상태에서 경력경로가 설계되면 종업원은 다음과 같은 몇 가지의 행동을 취하게 된다.

첫째, 기업에 계속 남아 있으면서 원하는 기회가 오기를 기다리거나 자기의 생각대로 기업을 변화시키려고 노력한다.

둘째, 자기의 경력목표를 다시 평가해 보고 현재의 경력계획을 수정하는 것이 유리한지 또는 불리한지 계산하면서 깊이 생각한다.

셋째, 자기가 설정한 경력목표와 경력계획이 정확하다고 생각하면서 기업이 설계한 경력경로와 서로 부합하지 않는다고 판단하는 경우에는 기업을 벗어나 다른 곳에서 발전을 추구한다.

아래의 [그림]은 종업원과 기업의 경력욕구가 조정·통합되는 과정을 보여준다.

종업원의 경력욕구(경력목표)와 기업의 경력욕구(인력수요)가 조정·통합되면, 이것이 종업원에게는 경력개발로 연결되고 기업의 경우에는 조직개발로 진행된다.

여기에서 종업원과 기업의 경력욕구에 차이가 발생하면 종업원과 기업은 그러한 갭(gap)을 조정하기 위하여 나름대로 다음과 같은 조치를 취하게 된다.

첫째, 종업원은 자기의 경력목표를 스스로 조정하여 기업의 인력수요에 보조를 맞춘다. 설명하고 높은 기대와 경력욕구 수준을 조정하도록 권유하고 도와준다.

둘째, 직속상사나 인적자원관리부서에서 경력상담을 통해 종업원에게 기업의 입장을 설명하고 높은 기대와 경력욕구의 수준을 조정하도록 권유하고 도와준다.

셋째, 종업원과 기업의 경력욕구 수준이 종업원 개인의 양보나 상담으로 조정할 수 없을 정도로 큰 차이가 있고, 그대로 방치하면 종업원과 기업 모두에게 심각한 문제로 발전할 가능성이 발견되는 때에는 전문가의 도움을 받아야 한다.

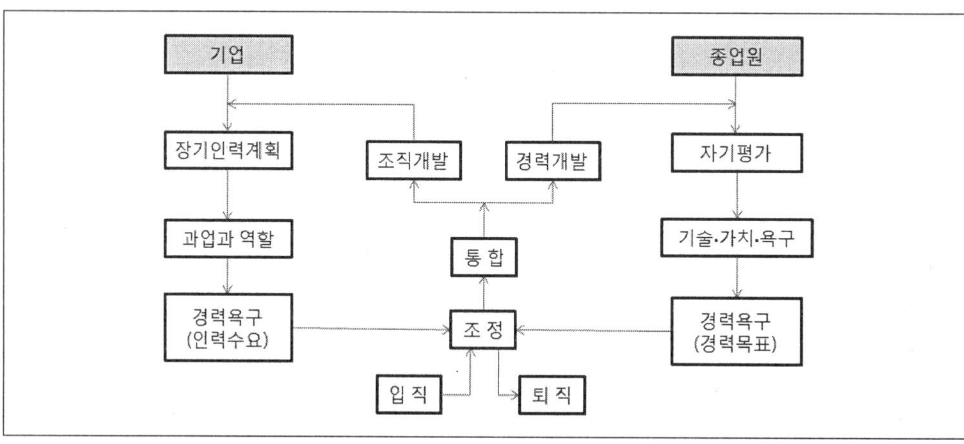


[그림] 경력욕구의 조정과 통합 (출처 : 현대인적자원관리, 박영배, 2014년, 청람)

개인이 경력전략을 합리적이고 완벽하게 세웠다 하더라도 반드시 그 효율성을 검토하고 평가하는 과정이 필요하다. 특히 목표와 전략에 대한 피드백의 경우 상사, 부하, 멘토, 고객, 가족, 친구 등을 통해 가능하며 물론 자기 스스로도 가능하다.

## 3. 경력개발시스템

### (1) 의의

기업목표와 개인목표 달성을 위해 개인의 경력을 장기적·계획적으로 개발

### (2) 경력 개발의 구성요소 : 경력목표, 경력계획, 경력개발, 통제단계

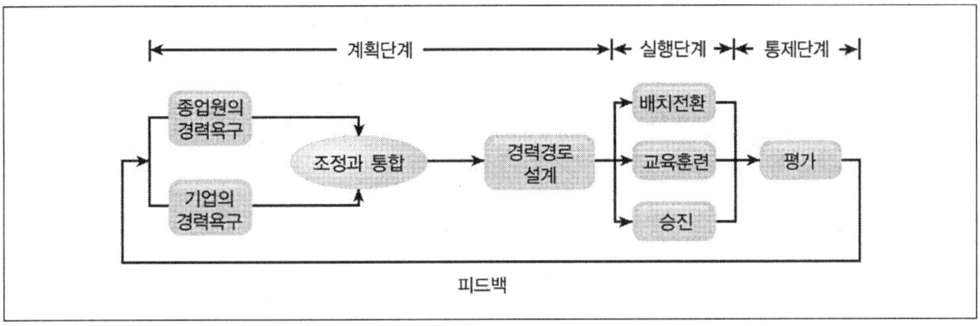


[그림] 경력개발시스템 (출처 : 현대인적자원관리, 박영배, 2014년, 청람)

1) 경력목표

경력목표란 개인이 경력상 도달하고 싶은 미래의 직위(position)을 말한다.

2) 경력계획

경력계획이란 경력목표를 설정하고 이 경력목표를 달성하기 위한 경력목표를 구체적으로 선택하는 과정을 말한다.

3) 경력개발

경력개발이란 개인적인 경력계획을 달성하기 위하여 개인 또는 조직이 실제적으로 참여하는 활동을 말한다.

## 4. 경력개발단계

### (1) 직업선택단계

#### 1) 연결과정으로서의 직업선택

연결과정으로서 바라보는 시각에서는 직업선택을 개인의 가치, 흥미, 역량, 라이프스타일과 일치하는 직업을 찾는 과정으로 보고 있다.

#### 2) 발달과정으로서의 직업선택

직업선택을 개인이 자신과 직업세계에 대해서 더 많이 알게 됨에 따라 발전되어 가는 과정으로 보고 있다.

#### 3) 의사결정과제로서의 직업선택

직업선택을 여러 직업 대안 가운데에서 개인에게 바람직한 성과와 만족을 가져다 줄 특정직업의 가능성을 평가하는 의사결정과제로 보고 있다.

#### 4) 사회 및 문화적 영향으로서의 직업선택

직업선택에 있어서 개인의 의도, 목표, 인식 외에 기본적으로 개인의 통제밖에 있는 요인이 중요한 영향을 미치는 것으로 보고 있는데 과거환경을 비롯하여 경제/기술/정치/우연적 사건 등의 현재 환경 등이 그것이다.

### (2) 조직입사

- 조직입사를 통해 궁극적으로 종업원 개인과 조직간 조화를 이루는 것이 제일 중요하다. 탐색과정이 아니라 조직의 경계에 들어왔다면 이젠 조직의 경력개발계획이 매우 중요하다.
- 특히, 조직입사과정에서 조직은 우수한 구직자들이 조직에 지원하도록 해야 하고, 지원자들을 정확하게 평가하여 우수한 지원자들을 합격시켜 선발 시 1,2형 오류를 최소화해야 한다.

## (3) 경력초기

1) 정착시기

① 조직사회화 의미

조직사회화란 '개인이 조직에서의 역할을 수행하고 조직구성원으로서 참여하는 데 필요한 가치, 능력, 기대되는 행동, 사회지식을 알게 되는 과정'으로 정의 된다. 조직은 신입사원이 직무를 수행하고 조직에 적응하는 것을 배우는데 도와주어야 하는데, 조직 내에서 많은 사회화는 공식적 프로그램보다는 비공식적 방법으로 일어나는 경우가 많다.

② 조직사회화 단계

• 1단계 : 선행사회화(입사 전)

기업 응시자는 자신의 역량, 가치 및 흥미에 기반하여 모집과정에 임하게 되지만 이미 입사전 준거집단(가족, 친지, 선·후배 등) 등으로부터 직업에 대한 사회화가 이루어진다.

• 2단계 : 입사

입사 이후 개인은 특유의 개인적인 방법이나 조직에서 제시하는 제도적 방법을 통해 사회화 된다. 흔히 교육훈련, 보상체계를 통해서 조직의 인지하고 적응해 나가게 된다.

• 3단계 : 변화와 획득

입사 후 어느 정도 시간이 지나면 자신도 모르게 조직이 바라는 방향으로 자신의 행동을 변화시키게 된다. 이 때 직무에 대한 지식, 본인의 역할 인지 수준 등에 대한 공식적이고 비공식적인 질문을 통해 변화의 수준을 파악할 수 있다.

③ 상호수용과 심리적 계약

조직몰입의 단계로써 종업원은 조직에 충성을 하게 되고, 조직은 이에 대한 대가로 직무안정과 보상을 보장함으로써 요식행위가 아닌 신뢰를 바탕으로 하는 심리적 계약을 통해 직무 / 조직몰입이 이루어지게 된다.

④ 정착시기에서 조직의 과제

- 효율적 오리엔테이션 프로그램(회사소개, 회사의 정책과 제도 안내, 복지 프로그램 안내 등), 도전적 과제부여, 주기적 피드백제공, 상사의 지원 등을 통해 지속적인 정착이 가능하도록 해야 한다.

⑤ 멘토 및 기타 지원관계의 확립

경력초기에는 멘토와 부하간의 관계가 상당히 중요하다. 둘의 관계는 포괄적이며(교육, 직업, 신체·정신적 개발을 모두 포함) 높은 수준의 상호애정과 신뢰를 토대로 한다.

조직은 이러한 멘토(선임자제도)뿐만 아니라 토의집단, 세미나, 사교모임 등을 통해서도 경력개발을 지원할 수 있다.

2) 성취시기

① 충분한 도전과 책임의 제공

기업은 개인이 지속적으로 자신의 책임영역을 확대하고, 보다 높은 자율성과 독립성을 추구할 수 있도록 지원해야 하는데 보편적으로 승진, 이동, 직무확대, 직무충실 등을 이용한다.

② 인사평가와 피드백

개인은 본인의 성과에 대해 지속적인 피드백을 필요로 하는데, 이를 위해 인사평가가 필수적이다. 평가결과를 통해 승진, 교육훈련, 경력개발경로개발, 임금인상 등의 인사활동이 부가적으로 가능해지기 때문이다.

③ 현실적이고 유연한 경력경로 구축

경력경로는 종업원이 경력과정을 통하여 이동하는 직위의 연속적 과정을 의미한다. 지금과 같이 다중경로를 지향하는 시대에는 개인의 다양한 능력개발과 경력개발을 위해 보다 폭넓은 경력경로가 필요하다.

④ 경력탐색 자극

기업은 종업원에게 제도적으로 워크샵, 세미나, 토의집단 및 상담을 지원할 수도 있지만, 건설적인 직무수행 피드백과 상사나 다른 중요한 인물과의 코칭 미팅은 특히 자기평가에 도움을 줄 수 있기 때문에 이를 제대로 이용할 수 있어야 한다.

4) 경력 중기

이 시기는 젊음을 잃는 것에 대한 두려움과 승진기회의 한계를 깨닫고 좌절을 느끼며, 경력정체를 느끼는 시기라 할 수 있다.

① 경력정체

경력정체의 경우 기존의 피라미드구조의 한계라고도 볼 수 있고, 급변하는 기술변화에 적극적인 대응이나 따라가지 못하는 경우 발생할 수 도 있다. 하지만 경력정체가 반드시 부정적 결과만을 초래하는 것은 아니다. 사람에 따라서는 잠재적 압력 등의 이유로 승진을 바라지 않을 수도 있기 때문이다. 따라서 중기근로자의 경력개발 시에는 이러한 점도 고려되어야 할 것이다.

② 쇠퇴

경력정체와 더불어 쇠퇴가 있을 수 있는데 이는 '지식이나 기술의 부족으로 인해 현재나 미래의 업무를 원활히 수행하지 못하는 정도'로 정의될 수 있다. 이때 기업은 지속적인 학습과 개발이 무엇보다 중요하다 할 수 있다.

③ 조직활동

• 경력 중기에 대한 이해

기업은 종업원이 직면한 문제에 대한 이해를 위해 노력해야 하는데, 수많은 커뮤니케이션채널을 통해 종업원의 본의와 수준을 파악해서 최대한 맞춤식 개발이 가능하도록 해야 할 것이다.

• 이동기회 제공

승진이라는 것은 제한적이 될 수밖에 없기 때문에 직무순환, 직무교차 등을 통해 정체된 종업원에게 자극적이고 도전적인 직무를 부여하고 높은 동기를 유지하게 할 수 있다.

• 직무재설계

직무를 보다 다양하고, 도전적이며 책임감을 늘리는 방향으로 직무를 재설계한다든지, 아니면 외형적 직무설계뿐만 아니라 업무목표나 정확한 피드백을 통해 정체된 종업원의 성과를 향상시킬 수 있다.

• 멘토링 기법 강습

경력 중기의 구성원들은 경력초기자들에게 멘토로서의 역할을 수행할 수 있다. 따라서 조직 내 교육자이자 선임자로서 임무를 부과하는 것도 좋은 경력개발 방법이다.

• 지속적 교육

경력 정체 시에 지속적인 교육만큼 중요한 것도 없을 것이다. 이는 조직을 위해서나 이직을 준비하는 종업원을 위해서나 중요한 방법이다.

• 보상체계 확대

동기부여를 시킴으로써 종업원 스스로 자기개발과 능동적인 업무대처 능력을 키울 수 있을 것이다. 특히 성과급에 대한 폭을 다양하게 함으로써 더 큰 기대효과를 볼 수 있을 것이다.

5) 경력 말기

경력말기의 종업원에게는 이들의 능력과 생산성을 유지하도록 하는 것이 무엇보다 중요하다. 특히, 이러한 능력과 생산성을 개선시켜주고, 장애요소를 제거해 주는 것이 가장 중요하다 하겠다.

① 성과기준과 피드백

직무수행상의 문제가 무엇인지를 확인하고 비효율적인 직무수행이 지속될 경우 나타나는 결과가 무엇인지를 파악하며 성과를 향상시킬 수 있는 방법을 탐색해야 한다.

② 교육과 직무재설계

경력중기와 마찬가지로 지속적인 학습과 교육훈련은 종업원들을 활성화시키는 데 중요한 기능을 할 수 있다.

③ 퇴직준비 프로그램 개발

경력말기 근로자들은 퇴직 문제도 중요한 이슈가 될 수 있다. 개인 입장에서는 안정적이고 합법적이며 정당하게 대우받으면서 퇴직을 하고 싶고, 기업입장에서는 기업 이미지를 제고시키면서 차후 법적문제에서도 자유로워지고자 할 것이다. 따라서 퇴직 후의 삶에 대한 문제, 건강, 안전, 주택, 법률문제 등에 대한 준비를 개인과 기업은 같이 고려해야만 성공적인 outplacement가 될 수 있을 것이다.

**경력개발기법**

- 경영자개발위원회 : 관리자층 대상
- 계획적 경력 경로화 : 신입사원 대상
- 중간경력의 쇄신 : 중간관리자 대상
- 예비퇴직상담 : 퇴직예정자 대상

# 제3절 배치전환, 인사이동관리 및 승진

> **인사 이동**
>
> 인사이동이란 조직에서 직위의 위치를 변경시키는 것이다.
>
> • 인사이동의 목적 : 후계자 양성 및 적재적소배치 실현
>
> • 인사이동의 형태 : 전환, 강등, 승진, 이직
>
> (1) 수직적 이동
>
> 직위가 상승하는 승진과 직위가 내려가는 강등이 있다.
>
> (2) 수평적 이동
>
> 수평적이동은 전환배치라고 하고, 전환배치에는 직무순환이 있다.

## 1. 배치전환의 의의

### (1) 배치전환의 개념

기업에서 종업원이 경력경로에 따라 개인의 경력목표를 달성하기 위해서는 수평적·수직적으로 하는 일을 바꿔나가야 한다. 기업에서의 직무이동은 주로 배치전환과 승진, 그리고 교육훈련에 의해 이루어진다.

### (2) 배치전환의 원칙

배치전환(transfer)은 종업원이 한 직무에서 다른 직무로 수평이동하는 것을 말한다. 직무의 수평적 이동은 새로운 직무가 권한·책임·보상 등의 측면에서 현재의 직무와 별다른 차이가 없는 경우를 의미한다.

경력개발의 일환으로 실행되는 배치전환이 종업원과 기업 모두에게 실제적으로 도움이 되기 위해서는 다음과 같은 몇 가지 원칙이 지켜져야 한다.

1) 적합성의 원칙

배치전환은 종업원의 능력과 직무 그리고 시간의 세 측면이 적합관계를 형성 하면서 실행되어야 한다. 즉 이것은 적재(right man)·적소(right place)·적시(right timing)의 원칙을 일컫는다.

2) 인재육성의 원칙

이것은 배치전환이 종업원의 능력을 배양하는 데 초점을 두어야 한다는 점을 강조하는 것이다.

3) 균형의 원칙

배치전환은 또한 전체 종업원의 능력과 기업의 직무요구 사이에 균형을 이루면서 그 효과를 극대화하는 방식으로 이루어져야 한다.

한편, 배치전환은 여러 방식으로 이루어진다. 대표적인 것으로는 직무순환, 교대근무, 교정적 배치전환 등이 있다.

## 2. 승 진

- 승진(promotion)은 이동의 한 형태이며, 조직구성원이 직무서열의 상승을 말한다. 승진에서는 지위의 상승과 함께 보수, 권한, 책임 등의 상승이 동반된다.
- 종업원이 더 나은 직무로 수직이동 하는 것을 말하며, 조직 내에서 보수, 권한, 책임이 함께 수반되는 신분상의 상승을 말한다.

### (1) 승진의 중요성

1) 개인과 조직목표를 일치

종업원의 잠재적 능력을 개발하며 자기계발목표를 자극하여 조직의 유효성도 동시에 높여 주는 수단이 된다.

2) 가장 유효한 커뮤니케이션 수단

승진은 개인에게 조직이 무엇을 제일 가치 있는 것으로 생각하고 있는가 하는 것을 알려주는 신호인 것이다.

3) 인사정체해결

기업에서 인사체증을 없애는 방법은 결국 계속적인 양적 성장을 해 나가는 방법밖에는 없는데, 이는 한계가 있기 때문에 종업원들의 능력개발에 대한 자극을 부여하고 성장욕구를 충족시키기 위해 승진제도의 합리적 관리가 이루어 져야 한다.

### (2) 승진관리의 기본원칙

1) 적정성의 원칙(어느 정도 승진시켜야 하는가?)

종업원이 일정한 정도의 공헌을 했을 때 어느 정도의 '승진보상'을 받아야 하는지 그 크기의 적정성을 말하는데, 과거의 사례와 비교할 수 있는 시간적 차원과 유사조직이나 동종업계와 비교할 수 있는 공간적 차원에서 접근할 수 있다.

2) 공정성의 원칙(제대로 승진될 사람이 승진했는가?)

종업원에게 나누어 줄 수 있는 승진보상의 덩어리를 올바른 사람에게 배분 했느냐와 관련되는 원칙으로써 제대로 지켜지지 않을 경우 구성원들 간 갈등의 원인이 된다.

3) 합리성의 원칙(도대체 무슨 기준으로 승진시킬 것인가?)

이는 종업원이 조직의 목표달성을 위해 공헌한 내용을 정확히 파악하기 위해 어떤 것을 공헌으로 간주할 것인가와 관련되는 것으로 단순히 연고주의에 따를 경우에는 비합리적인 것에 대해 불만이 제기 될 수 있기 때문에 연공과 능력을 조화시키는 방향으로 이루어져야 할 것이다.

### (3) 승진의 유형

**승진의 유형**

① 직급승진 : 직급승진은 종업원이 현재의 직급보다 상위에 있는 직급으로 이동하는 것을 말한다.

② 자격승진 : 자격승진은 종업원의 직무수행능력, 즉 직능을 기준으로 승진이 이루어지는 것을 말한다.

③ 대용승진 : 일반적으로 승진이 이루어지면 직무내용, 권한과 책임, 보상수준 등이 달라지게 되는데, 대용승진(surrogate promotion)은 이러한 실질적인 면에는 변화가 없고 직급이나 자격의 명칭만 바뀌는 형식적인 승진을 말한다.

1) 직급승진과 연공승진

① 의의

• 승진정책에는 연공주의(seniority)와 능력주의(competence)가 있다.

• 연공주의는 승진에 있어서 근무경력에 의해 시간의 우선권을 준다(연공 승진).

• 능력주의는 조직 구성원이 조직 목표 달성에 기여하는 업무수행능력에 따라 승진의 우선권을 주는 것을 말한다(직계 승진).

② 연공승진

㉠ 개념

근무년수, 학력, 경력, 연령 등 종업원의 개인적인 연공과 신분에 따라 자동적으로 승진시키는 유형을 말한다. 이 제도는 공동체적 의식을 지향하는 동양에서 널리 적용되는 제도이지만 합리적이고 능률적이지 못하여 이익공동체적 성격을 띤 산업사회에서는 점차적으로 쇠퇴해 가고 있다.

㉡ 주장근거

첫째, 상사의 주요 역할로서 집단의 리더십을 강조하는 경우로써 이때 조직 내의 사정을 잘 알고 경험이 많은 사람이 적임자로 보는 것이다. 둘째, 부문 간의 원만한 조정을 위해서는 그 기업 내에서 연공을 쌓은 사람이 적임자라는 것이다.

2) 자격승진

① 개념

자격승진은 종업원이 갖추고 있는 직무수행능력(직능)을 기준으로 승진시키는 제도이다. 연공과 능력의 각 구성요소를 어느 정도의 비중을 두고 결정하느냐가 중요한데 이 구체적인 기준이 속인기준과 속업무기준이 있다.

속인기준은 종업원 자신의 능력이나 속성을 파악하여 그를 기초로 승진제도를 마련하는 것이다. 속업무주의는 일, 즉 종업원에 할당된 직무내용과 책임에 의하여, 이것을 수행하는 종업원 신분과는 상관없는 승진제도를 말한다.

② 구분

㉠ 신분자격승진

사람 중심적 연공주의에 기반한 제도로서 직무의 내용과는 상관없이 종업원 개인의 근무년수, 학력, 연령 등의 인적 자격요건에 따라 승진시키는 방법이다.

㉡ 직능자격승진

승진의 연공주의와 능력주의를 결합시킨 것으로 연공주의 장점을 살리고, 능력 주의의 합리성을 가미한 것이다.

ⓐ 의의

담당하는 직무의 내용과는 상관없이 각 종업원에게 갖추어진 개인적 자격요건에 따라 기업 내의 공식적인 자격을 인정하고 상급의 대우로 승진시키는 방법이다. 특히 상위직급의 공석과는 무관하게 일정 자격을 취득하면 승진시킬 수 있으므로 합리적으로 운영될 수 있다.

ⓑ 장단점

구성원들에게 능력신장에 대한 동기부여효과가 있고 승진정체 현상을 감소시키는데 유용하다. 그러나 자격능력은 갖춰 졌으나 이에 대응하는 직무가 없는 소위 과잉능력 상황이 된다면 구성원의 불만족을 유발할 수 있다. 그리고 업무와 상관없이 실제 수행하고 있는 업무보다 더 많은 인건비가 지급된다는 단점이 있다.

ⓒ 역직승진 : 라인직위계열 상의 승진(직책승진)

역직이란 조직 구조의 편성과 조직운영의 원리에 의해 설치된 것으로서 조직단위별로 소속구성원을 효율적으로 지휘 통제하기 위한 조직의 주임, 계장, 차장, 부장 들을 말한다. 역직관리제도란 라인직위계열(과장 ⇨ 부장 승진)상의 승진을 말한다.

ⓐ 의의

구성원이 상위의 직책으로 이동하는 것을 말한다. 직책승진이 가능하기 위해서는 상위직책 자리가 공석으로 비게 되든지 또는 새로운 직책이 신설되던지 해야 한다.

ⓑ 장단점

승진 된 자에게는 직책에 맞는 권한과 책임, 보상의 증가가 이루어지게 됨으로써 업무에 동기가 부여되고 책임감을 증대시킬 수 있다. 그러나 승진자격대상자가 많고 상위직책은 한정되어 있는 경우 승진정체현상이 발생하고 이는 구성원의 사기저하 및 이직현상을 초래할 수 있다.

3) 대용승진(준승진, 건조승진)=명칭상의 승진

직무중심의 경영체계에서 경직성을 제거하고 융통성 있는 승진관리를 목적으로 한 승진제도이다.조직 구성원에 대한 승진의 필요성은 있으나, 적당한 담당직책이 없을 경우 인사체증과 사기저하를 방지하기 위해 직무내용상 실질적인 변화없이 직위명칭 또는 자격 호칭 등 형식적인 승진을 시키는 제도이다.

① 의의

흔히 준승진이라고도 불려진다. 대용승진은 승진의 필요성은 있으나 마땅한 담당 직책이 없을 경우 인사체증과 사기저하를 방지하기 위해 직무내용상 실질적 변화 없이 '직위명칭' 또는 '자격호칭' 등의 상승만 이루어지게 된다.

② 장단점

승진정체를 해결할 수 있다는 장점은 있으나 명함만 바뀌는 것으로는 실질적인 직무만족, 조직몰입을 달성 할 수 없고 인사담당자의 입장에서 실질적으로 의미가 없는 승진체계가 업무관리를 더 복잡하게 해 효율성을 떨어뜨릴 수 있다.

4) 직위승진

① 의의

구성원이 하위의 직위에서 상위의 직위로 이동하는 것을 말하며, 해당직위의 직무를 수행하는 데 요구되는 능력, 기타의 자격요건에 비추어 승진자가 선발됨으로서 이론적으로 가장 적합한 승진유형이다.

② 장단점

자리에 맞는 최적의 승진자를 선발한다는 장점이 있으나 현실적으로 구성원 역량구조와 직위요건의 일치가 어렵다. 또한 급격한 환경변화에 따라 직무요건에 변화가 발생하는 경우가 많기 때문에 직위구조가 안정적이지 못한 경우가 많다. 따라서 다른 제도와 보완적으로 활용되는 경우가 많다.

6) 조직변화승진(OC승진) : 종업원의 사기 증진 목적

① 의의

이 제도는 승진의 한 유형이라기보다는 탄력성 있게 승진을 관리하기 위한 것으로써 승진정체나 조직능률의 증대, 신규사업의 투자 등을 고려하는 경우 조직구조 자체를 변화시키는 것이다.

② 장단점

승진대상은 많지만 승진의 기회가 주어지지 않으면 사기저하, 이직 등으로 유능한 인재를 놓칠 가능성이 있을 경우 바람직한 방법이 될 수 있다. 그러나 직무구조의 재편성까지 뒤따라야 하기 때문에 자칫 시간적으로 경제적으로 비효율적일 수 있고 조직구조를 변화시킬 경우 이를 원치 않는 직원들이 거부할 수 있다.

# # 예상문제 : 프레임웍 연습

## 경영학적 라이팅 모델 : Step by Step Writing and Problem-solving

세2차시험의 출세된 문세를 충실히 분석하는 것이 좋은 답안을 작싱하는 데 있어서 가장 중요하다. 출제된 문제에 들어있는 정보를 최대한 찾는 것이 가장 중요하다. 또한 출제된 문제와 너무 지나치게 연관 없는 정보는 무의미하다. 출제된 문제 유형이 설명, 논증, 그리고 설계 등 인지를 확인 한다. 출제된 문제에서 추출된 정보로부터 이론 및 개념, 관련된 다양한 이슈와 배경 등을 탐색한다. 다음에 설명, 논증, 그리고 설계 등의 문제 유형에 따라서 아이디어를 도출한다. 도출된 아이디어로부터 적절한 문제의 해를 제시하고, 그 해를 검증 혹은 논증하는 과정을 추론한다. 이 후 관련 이론 등을 제시하고 전체적인 글의 내용과 구조를 구성한다.

step 1. 문제의 유형을 분석한다(설명, 논증, 그리고 설계 등).
2. 제시된 문제에서 정보를 최대한 추출한다.
3. 문제와 관련된 다양한 이슈와 배경 등을 탐색한다.
4. 설명, 논증, 그리고 설계에 따라서 아이디어를 도출한다.
5. 도출된 아이디어로부터 적절한 문제의 해를 제시한다.
6. 그 해를 검증 혹은 논증하는 과정을 추론한다.
7. 관련 이론 등을 제시하고 전체적인 글의 내용과 구조를 구성한다.
8. 서론 본론 결론의 각 구성요소를 결정하여 논증이나 검정을 작성한다.

각각의 단계에 따라서 주어진 문제를 분석하고, 그 분석에 의해서 도출된 결과물은 다양한 도형과 기호 등을 사용하여 제시함으로써 이해하기 용이하게 구성하면서, 서론, 본론, 결론 등에 제시할 내용 등을 설계한다. 그리고 각각의 설계에 따라서 글쓰기 그리고 논술을 시작한다.

### 문 1. 경력관리의 수명주기에 따른 경력관리를 설명하시오(25점)

step 1. 문제의 유형을 분석한다(설명, 논증, 그리고 설계 등).

경력관리와 수명주기
→ 경력관리의 수명주기에 따른 경력관리)의 특성을 비교 설명

step 2. 제시된 문제에서 정보를 최대한 추출한다.

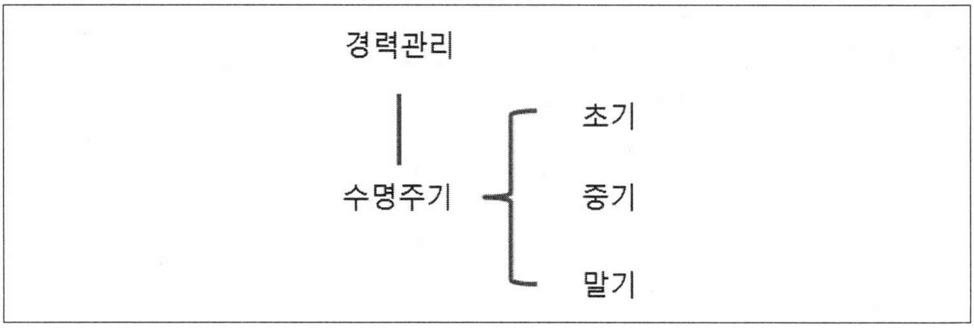


문제에 제시되어 있는 정보를 최대한 추출하여 이를 도식 및 그림으로 표현한다.

step 3. 문제와 관련된 다양한 이슈와 배경 등을 탐색한다.

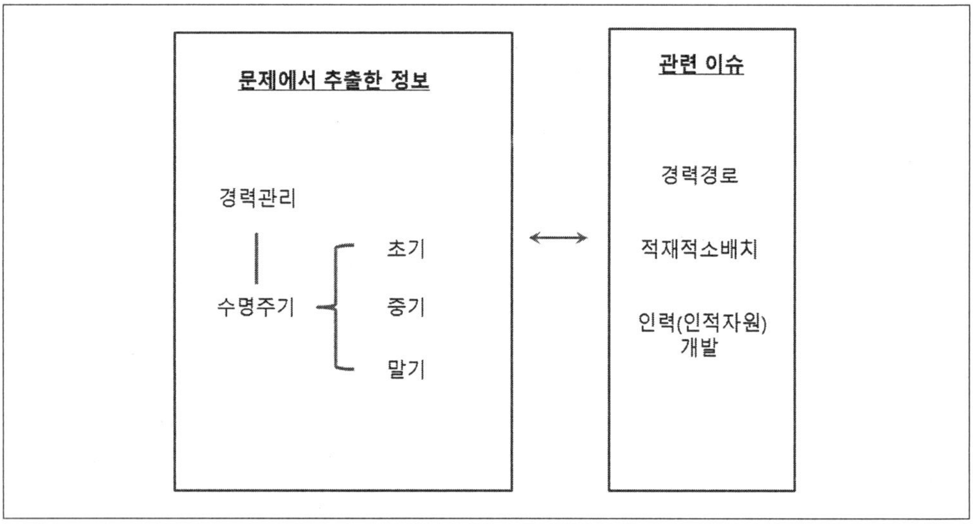


문제와 연관된 이슈와 배경을 기술함을 통하여 효율적인 관리 방안에 대한 방향과 제도 등에 대한 문제제기와 해를 도출할 수 있는 기본적인 아이디어가 구성된다. 이때 수험자들은 어떤 아이디어(idea)를 도출 할 것인가에 대한 기본 준비를 염두에 두고 관련 이슈와 배경 등을 탐색해야 한다.

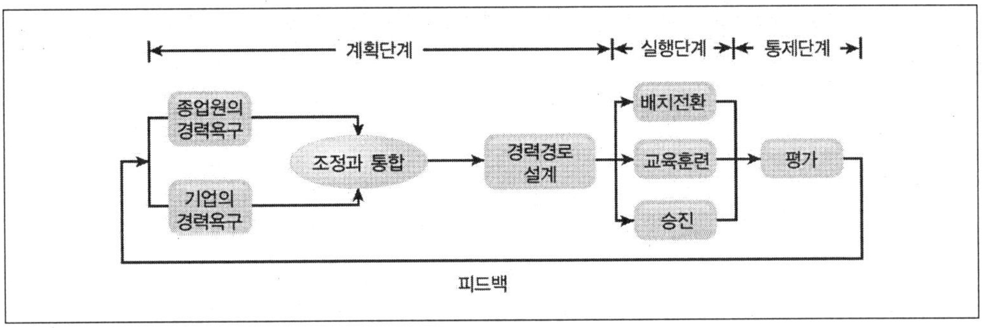


[그림 ] 경력개발시스템

step 4. 설명, 논증, 그리고 설계에 따라서 아이디어를 도출한다.

이 단계에서는 어떤 아이디어를 도출할 것인가를 문제의 기본정보와 수험자가 제시하는 관련 이슈 및 배경을 연결하여 아이디어를 도출한다. 너무 넓은 범위에서 도출하지 말고 한 두가지 이슈나 배경 등에 그 초점을 맞추어라

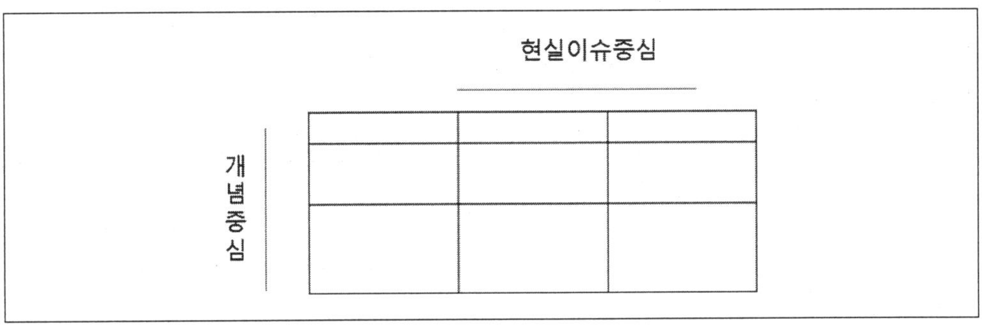


| | 초기 | 중기(성장) | 말기(퇴직) |
|---|---|---|---|
| 경력개발 | 직무수행 | 승진<br>성취동기 | 은퇴(임금피크제) |
| 인력개발 | 도전적 인재 | 목표외향성 | 후진(배)<br>인력양성 |

step 5. 도출된 아이디어로부터 적절한 문제의 해를 제시한다.

약술형은 생략

# 연습지 활용

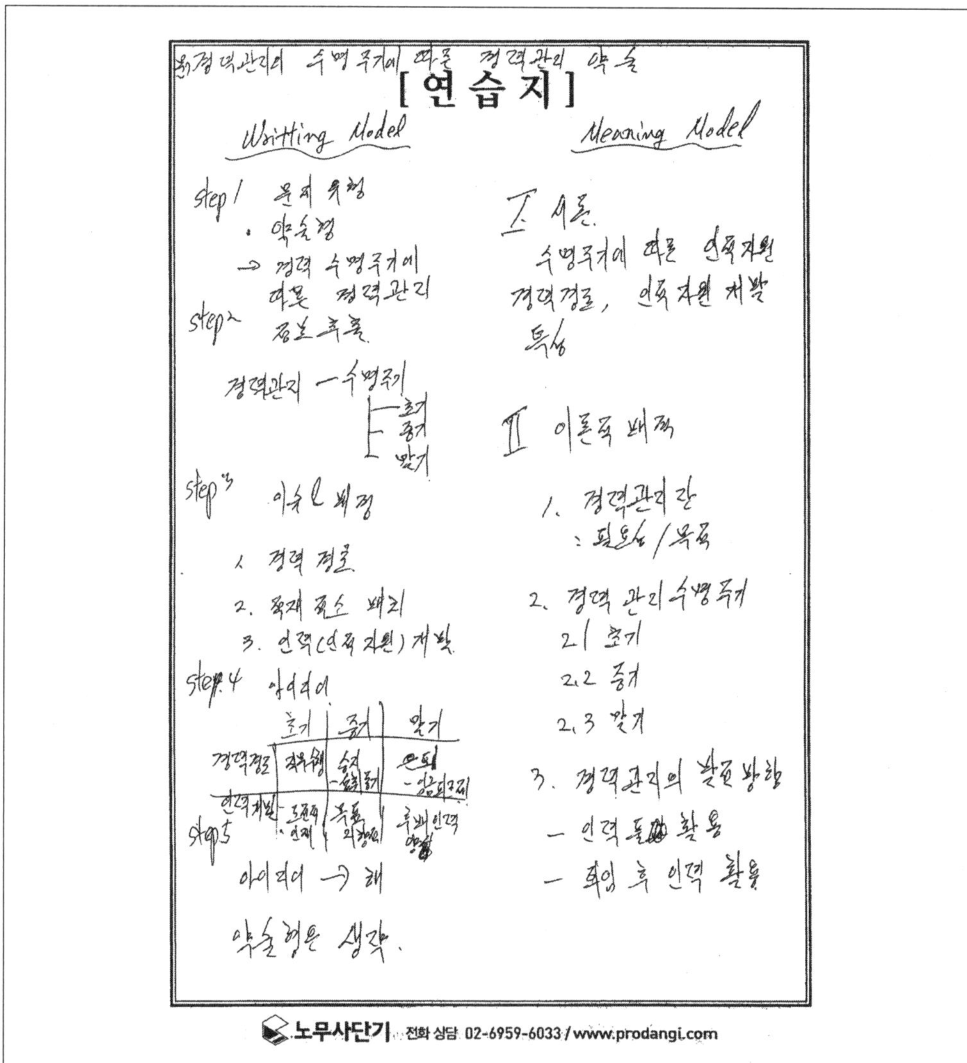

## 문 2. 교육훈련 활동평가에 대하여 설명하시오(25점).

→ 논술을 위한 기본 과정에 맞추어 글 전체에 대한 구성과 방향 등을 Step by step으로 실행한다.

| step 1. 문제의 유형을 분석한다(설명, 논증, 그리고 설계 등).<br>2. 제시된 문제에서 정보를 최대한 추출한다.<br>3. 문제와 관련된 다양한 이슈와 배경 등을 탐색한다.<br>4. 설명, 논증, 그리고 설계에 따라서 아이디어를 도출한다.<br>5. 도출된 아이디어로부터 적절한 문제의 해를 제시한다.<br>6. 그 해를 검증 혹은 논증하는 과정을 추론한다.<br>7. 관련 이론 등을 제시하고 전체적인 글의 내용과 구조를 구성한다.<br>8. 서론 본론 결론의 각 구성요소를 결정하여 논증이나 검정을 작성한다. |
|---|

step 1. 문제의 유형을 분석한다(설명, 논증, 그리고 설계 등).

| 교육훈련활동 평가<br>→ 교육훈련활동과 그에 대한 평가의 설명 |
|---|

step 2. 제시된 문제에서 정보를 최대한 추출한다.

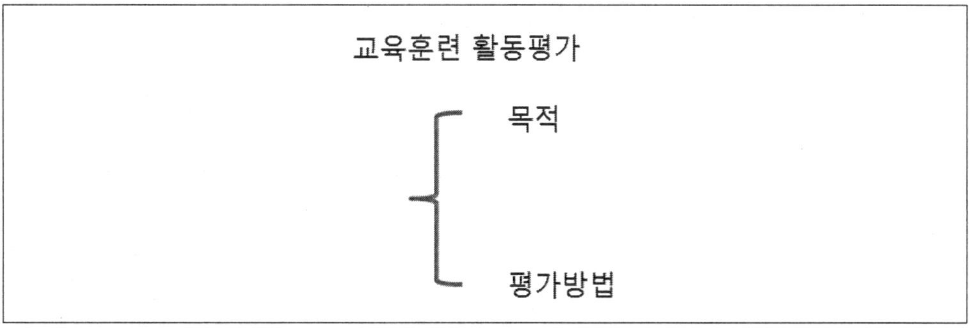


문제에 제시되어 있는 정보를 최대한 추출하여 이를 도식 및 그림으로 표현한다.

step 3. 문제와 관련된 다양한 이슈와 배경 등을 탐색한다.

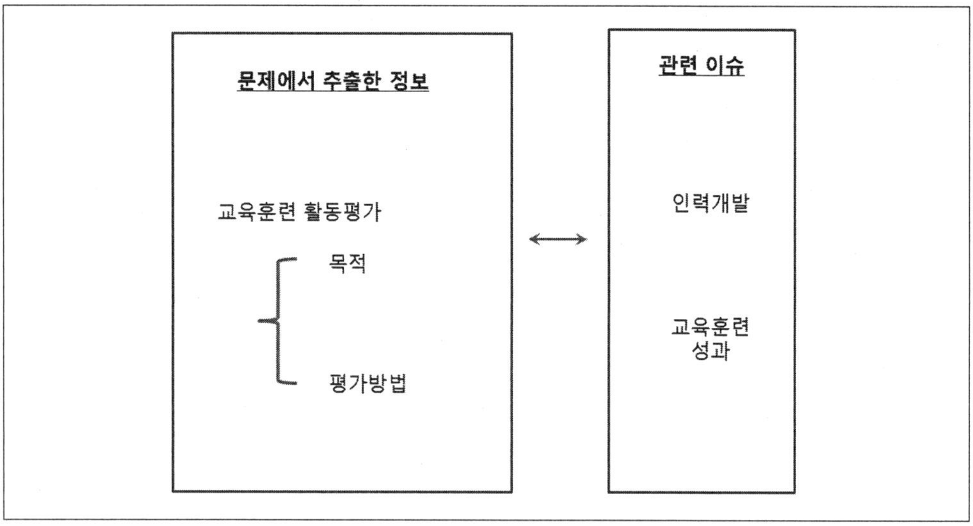


문제와 연관된 이슈와 배경을 기술함을 통하여 효율적인 관리 방안에 대한 방향과 제도 등에 대한 문제제기와 해를 도출할 수 있는 기본적인 아이디어가 구성된다. 이때 수험자들은 어떤 아이디어(idea)를 도출 할 것인가에 대한 기본 준비를 염두에 두고 관련 이슈와 배경 등을 탐색해야 한다.

step 4. 설명, 논증, 그리고 설계에 따라서 아이디어를 도출한다.

이 단계에서는 어떤 아이디어를 도출할 것인가를 문제의 기본정보와 수험자가 제시하는 관련 이슈 및 배경을 연결하여 아이디어를 도출한다. 너무 넓은 범위에서 도출하지 말고 한두 가지 이슈나 배경 등에 그 초점을 맞추어라

| | 전통적 | 현대적 |
|---|---|---|
| 인력개발 | - 직무충실<br>- 직무기술 | - 새로운 가치창출<br>- 새로운 지식습득 |
| 훈련성과 | - 비용 - 효익<br>- 생산성 | - 미래가치창출<br>- 미래생존 |

step 5. 도출된 아이디어로부터 적절한 문제의 해를 제시한다.

- 약술형은 생략

# 연습지 활용

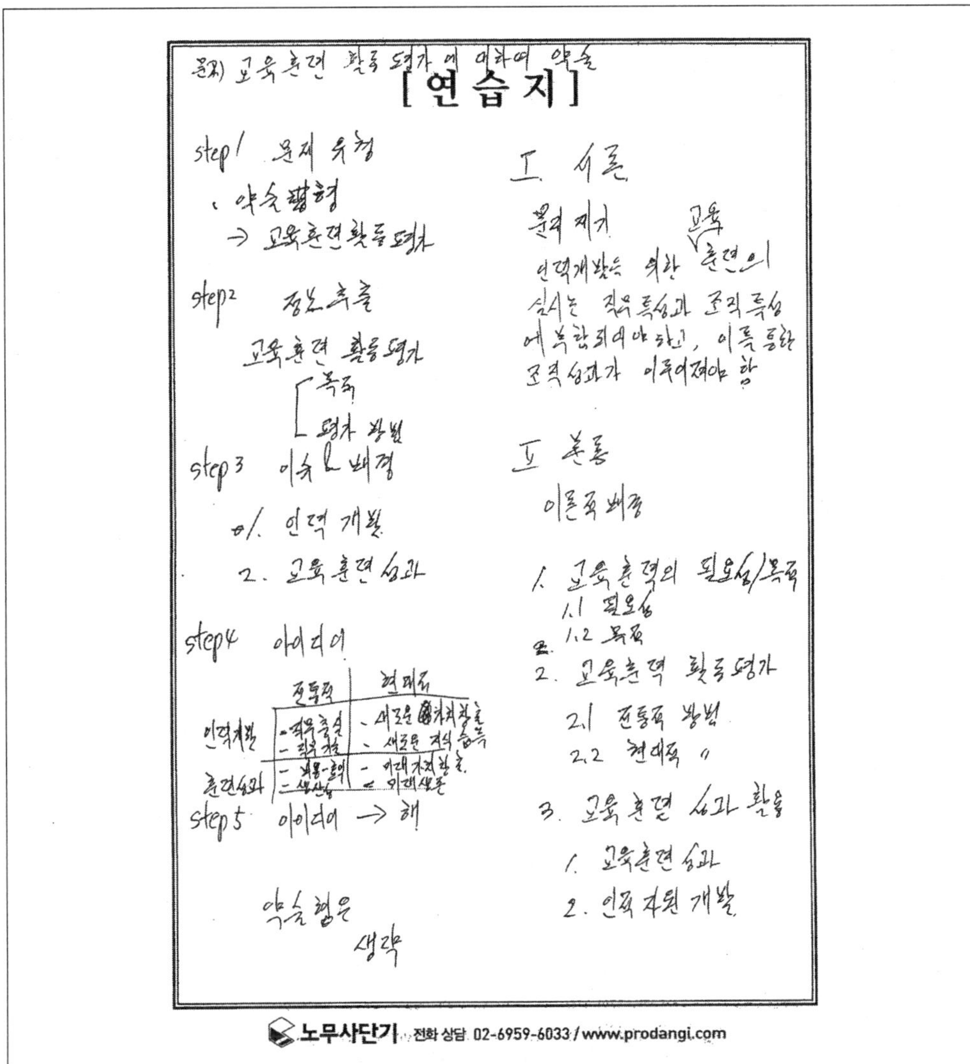
문제) 교육훈련 활용 평가에 대하여 약술

[연습지]

step1 문제 유형
· 약술형
→ 교육훈련활용평가

step2 정보추출
교육훈련 활용평가
[ 목적
[ 평가 방법

step3 이슈 & 배경
1. 인력 개발
2. 교육훈련 성과

step4 아이디어

| | 전통적 | 현대적 |
|---|---|---|
| 인력개발 | - 직무훈련<br>- 직무 개발 | - 새로운 [illegible] 개발훈<br>- 새로운 지식 습득 |
| 훈련성과 | - 비용-효익<br>- 생산성 | - 미래 가치 창출<br>- 미래 생존 |

step5 아이디어 → 해

약술형은 생략

I. 서론
문제 제기
인력개발을 위한 교육훈련의 실시는 직무특성과 조직특성에 부합되어야 하고, 이를 통한 조직성과가 이루어져야 함

II. 본론
이론적 배경
1. 교육훈련의 필요성/목적
1.1 필요성
1.2 목적
2. 교육훈련 활용평가
2.1 전통적 방법
2.2 현대적 〃
3. 교육훈련 성과 활용
1. 교육훈련 성과
2. 인적자원 개발

# 제10장

# 보상 및 임금관리, 복리후생

## 제1절 보상관리와 임금관리

### 1. 보상관리의 의의

- 보상관리는 전사적인 전략과 목표 달성을 위한 중요한 경영 수단이다.
- 보상은 조직원들의 태도와 행동에 중요한 영향을 미치고 또한 기업이 원하는 인재를 끌어들이고 유지하는 주요한 수단이며 방법이다.
- 보상의 의미와 중요성은 기업과 종업원 사이에 서로 대립되는 면이 있게 된다. 노동의 대가인 보상이 종업원의 입장에서는 소득이지만 기업의 경우에는 이것이 비용이기 때문에 흔히 노사 간에 갈등을 불러오는 가장 큰 원인이 된다.
- 기업에서 보상정책을 수립할 때에는 먼저 기업의 목표와 경영전략 그리고 기업문화 등을 고려하여 보상의 목표를 설정하여야 한다. 일반적으로 기업에서 설정할 수 있는 보상시스템의 목표는 다음과 같이 세 가지로 분류된다.
- 보상은 조직이 감당해야할 비용이며 투자이므로 이를 효율적으로 관리할 시스템이 필요하고 이는 조직 전체의 성과에 지대한 영향을 끼친다.

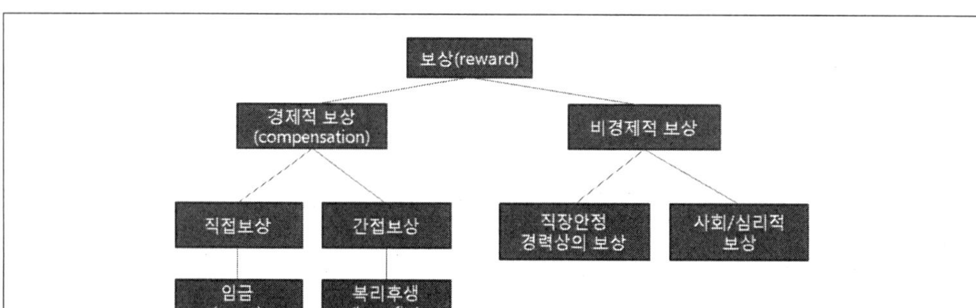


출처 : 이학종·양혁승, 2006, 전략적 인사관리, 전영사

## 2. 보상과 임금의 의의

### (1) 보상의 의의와 유형

보상이란 종업원이 조직에 제공한 노동서비스에 대한 모든 형태의 대가로서 크게 금전적 보상(임금, 상여금, 복리후생 등)과 비금전적 보상(도전감, 책임, 안정, 성취감, 발전기회 등)으로 구분된다.

[그림] 보상체계의 구성

<table>
<tr><td rowspan="7">보 상</td><td rowspan="5">임금</td><td colspan="3">기본급</td><td>기준임금</td></tr>
<tr><td rowspan="3">수당</td><td colspan="2">정상근무수당</td><td rowspan="3">기준외임금</td></tr>
<tr><td colspan="2">초과근무수당</td></tr>
<tr><td colspan="2">특별근무수당</td></tr>
<tr><td>개인</td><td>집단</td><td>조직</td><td>인센티브</td></tr>
<tr><td colspan="4">법정복지후생비</td><td rowspan="2">복지후생비</td></tr>
<tr><td colspan="4">법정외복지후생비</td></tr>
</table>

(출처: 현대인적자원관리, 박영배, 2014년, 청람)

### (2) 임금의 의의

우리나라 근로기준법 제18조에는 '임금이라 함은 사용자가 근로의 대상으로 근로자에게 임금·봉급 기타 여하한 명칭으로 지급하는 일체의 금품'이라고 규정하고 있다. 여기서 일체의 금품이라 함은 반드시 현금으로 지급되지 않아도 무방함을 의미하는 것으로 그 범위가 매우 넓다.

- 우리나라의 근로기준법에는 "임금이란 사용자가 근로의 대상으로서 근로자에게 임금, 봉급, 기타 여하한 명칭으로든지 지급하는 일체의 금품을 말한다."라고 규정한다.
- 임금은 광의로는 정기적으로 지급되는 통상의 임금 및 봉급 등의 경상적 지급 외에 수당, 상여금 등 각종의 임시적 지급가지도 포함하고, 협의로는 각종의 임시적 지급을 제외한 경상적 지급만을 의미한다.

## 3. 임금관리의 내용과 목적

### (1) 임금관리의 내용

임금관리는 임금의 수준, 임금의 체계, 및 임금의 형태를 관리한다. 각각의 내용은 아래의 [표]에 설명하였다.

| 임금관리의 내용 | 기 준 | 보 기 |
|---|---|---|
| 임금수준의 관리 | 전체종업원의 임금수준 결정 | 생계비조사, 임금조사, 지불능력 등 |
| 임금체계의 관리 | 개별임금총액의 형성 | 연공급, 직무급, 직능급, 자격급 등 |
| 임금형태의 관리 | 지급방법 | 고정급, 성과급 |

### (2) 임금관리의 목적

1) 공정성의 확보

종업원들이 노동에 대한 대가로 받는 임금에 대해 조직 외부적으로나 내부적으로, 혹은 개인적으로 공정성을 느낄 수 있도록 모든 종업원들에 대해 공정한 대우를 해주는 것을 말한다.

2) 동기부여와 조직유효성 증대

효과적인 임금관리는 종업원들에게 보다 높은 근로의욕을 갖도록 함으로써 기업의 생산성향상과 품질개선, 고객 및 주주만족의 증대, 효율적인 노무비관리를 가져온다.

3) 안정성의 실현

임금은 종업원들의 기본적인 욕구를 충족시켜 그들이 경제적으로 안정된 생활을 영위할 수 있도록 한다.

4) 조직 사기관리

다양한 임금 체계 등을 통하여 직무의 몰입과 성과 등을 유연하게 관리하여 조직 구성원의 사기를 관리한다.

### (3) 임금관리의 중요성

1) 근로자입장

- 인간의 의식주에 대한 생리적 욕구를 충족시켜주는 가장 기본적인 수단이다.
- 경제적·물질적 생활뿐만 아니라 교육을 비롯한 문화적 생활도 향유할 수 있도록 함으로써 근로자의 생활의 질을 향상시키는 기능을 수행한다.
- 사회적 인정과 위신, 신분, 성공 등을 상징하는 결정적 역할을 함으로써 근로자의 사회적 욕구 및 존경의 욕구를 충족시켜 준다.

2) 기업의 입장

임금은 기업의 고정비용으로써 원가의 상당한 부분을 차지하고, 유능한 인재를 확보하고 조직이탈을 막으며, 노사 간 갈등의 주된 원인이 되기 때문에 임금관리는 기업의 가장 중요한 관리활동 중의 하나이다.

3) 동기부여적 기능

임금이 공정성을 유지하고 종업원의 성과와 보상 간에 명확한 관계가 있고 종업원이 자신의 금전적 보상에 매력을 가진다면, 임금은 동기부여 요인으로서 기업의 경영성과의 증대를 가져오게 된다.

## 4. 임금의 공정성

### (1) 임금 공정성의 의의

종업원들이 그들의 동료나 다른 외부조직에서 비교 가능한 직무를 담당하고 있는 사람들과 비교해서 공정하게 보상을 받고 있음을 느껴야 하는 것을 의미한다. 따라서 기업의 경영자는 임금의 공정성 확보를 위한 노력이 필요하다.

## (2) 임금 공정성의 유형

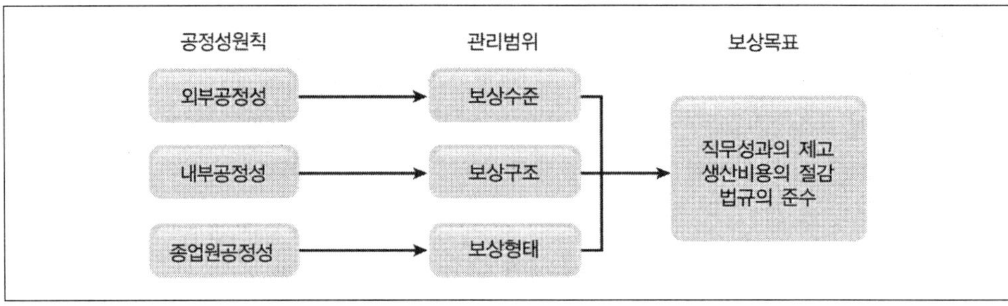


[그림] 보상시스템의 공정성원칙과 관리범위 (출처: 현대인적자원관리, 박영배, 2014년, 청람)

1) 외부공정성

종업원들이 자신의 임금액을 외부조직의 유사한 직무를 수행하는 사람들이 받는 임금액과 비교해서 거의 동일한 수준의 임금을 받는다고 지각할 때의 공정성을 말한다. 이는 우수한 인재를 확보하고 경쟁적 우위를 확보하는데 영향을 미침으로 임금수준관리의 지침이 된다.

2) 내부공정성

동일조직 내에서 상이한 직무를 담당하고 있는 종업원들이 받고 있는 임금에 초점을 둔 공정성을 말한다. 이는 종업원들 간 협력적 태도와 조직몰입 등에 영향을 미친다.

3) 개인공정성

동일 조직 내에서 동일한 직무를 담당하고 있는 종업원들 간이 연공, 공헌, 성과수준 등과 같은 개인적인 특성차이에 따른 임금격차에 대해 지각된 공정성을 의미한다. 이는 작업성과나 공헌에 대한 동기유발에 직접적인 영향을 미친다.

# 제2절 임금체계

## 1. 임금수준

### (1) 의의 : 기업전체의 임금평균수준

- 임금이란 사용자의 입장에서 근로자가 기업에 제공된 노동에 대해 지불하는 대가이며, 근로자의 입장에서 볼 때는 소득이다.
- 임금관리는 사용자와 근로자 사이의 상반되는 이해관계를 조정하여 상호이익의 방향으로 임금제도를 만들고, 이를 기반한 노사협력으로 생산성증진과 근로자의 생활향상을 달성하는 것이다.
- 임금액의 크기로 경영자에 의해 종업원에게 지급되는 평균임금률이다. 일반적으로는 상여금을 포함한 임금총액을 종업원 수로 나눈 1인당 평균임금액을 의미하며, 임금수준을 고찰하는 대상범위에 따라 국가전체, 산업별, 업종별, 기업별, 학력별 임금수준 등으로 나누어 볼 수 있다.

### (2) 임금수준관리의 목적

임금수준관리는 노동시장에서 유능한 종업원을 유인하고 이를 통해 기업이 제품 및 노동시장에서 대외적 경쟁력을 확보하는데 그 목적이 있다.

## 2. 임금수준의 결정요임

임금수준 결정요인은 기업의 지불능력(상한), 최저임금제도, 생계비(하한) 등이다.

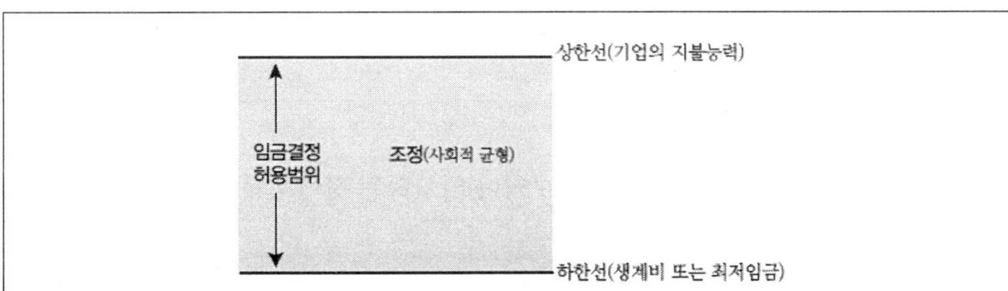


[그림] 임금수준의 결정요인

사회일반의 임금수준 : 시장임금 수준과 균형을 취하지 못하고 낮은 수준을 유지하면, 우수한 인재를 획득하기는 어려울 것이고, 그래서 생산성 향상은 어려울 것이다.

### (1) 기업의 지불능력

기업의 지불능력이라고 하는 것은 단순히 기업이 보상으로 지불할 수 있는 최대한의 재정적 능력이 아니라, 기업이 안정된 성장을 계속할 수 있는 조건하에서 종업원의 표준생계비수준을 기준으로 하여 정해진 임금을 지불할 수 있는 기업의 능력을 말한다.

1) 생산성 기준

① 부가가치기준분석

부가가치란 자본과 노동의 결합에 의하여 새로이 창출된 가치를 말하는데, 이 부가가치 속에는 노동의 요소가 공헌한 만큼의 액수가 포함되어 있다. 이처럼 부가가치 속에 포함되어 있는 노동의 공헌액수를 흔히 인건비라 부르고 이 부가가치에 대한 인건비의 비율을 노동분배율이라고 한다. 이 방법에 따르면 종업원수와 노동분배율이 일정할 경우 임금수준을 올리기 위해서는 부가가치 생산성을 향상시키는 길 밖에 없다.

② 매출액기준 분석

이 방법은 매출액에서 인건비가 차지하는 비율을 가지고 지불능력을 파악하는 방법이다. 부가가치와 달리 매출액을 가지고 임금의 지불능력을 계산하기 때문에, 만일 원가의 구성항목이 많아서 매출액이 많다 하더라도 부가가치가 작은 기업에서는 임금수준 때문에 사용하지 않고 있는 방법이다.

2) 수익성 기준

수익성이란 기업의 지출에 대한 수익의 비율을 말하는데 이를 기준으로 지불능력을 파악하는 데는 손익분기점 분석, 원가구성 분석, 매출총이익 분석 등이 있다.

① 손익분기점분석

㉠ 손익분기점(Break-Even Point)

변동비와 고정비를 합친 총비용과 총수익이 일치하는 점에서의 매출액 또는 매출량을 말한다.

㉡ 분석방법

손익분기점분석이란 매출액과 인건비의 비율을 지불능력의 최고한도로 파악하는 방법으로써 '지불능력의 최고한도=인건비총액 / 손익분기점매출액'으로 나타낼 수 있다. 따라서 매출액만 결정되면 인건비총액을 구할 수 있다.

㉢ 문제점

매출액등의 목표이익액의 달성 여부가 항상 유동적이기 때문에 지불능력의 적정한 도를 정확하게 구하기가 어려우며 고정비와 변동비의 구분이 어렵다는 문제점이 있다.

② 원가구성분석

제조원가 대 노무비의 비율을 구함으로써 원가관리를 통한 수익성분석과 더불어 임금의 지불능력 한도를 살펴보는 방법이다. 그러므로 이 방법을 사용하면 제품 단위당 노무비가 얼마나 들어 있는가를 알 수 있게 된다.

③ 매출총이익분석

㉠ 매출총이익

손익계산의 과정상 매출액으로부터 상품의 매출원가를 공제한 부분을 말한다.

㉡ 분석방법

이 방법에 의하면 매출총이익 중에서 인건비가 차지하는 비율을 얼마로 정할 것인가에 따라 기업의 임금지불능력이 결정된다. 이는 기업의 전략을 안정에 두고 있는 경우 수익성 기준인 이 방식을 많이 취하고 있다.

### (2) 최저임금제도

1) 최저임금제도의 의의

국가가 저임금 근로자의 생활을 보호하기 위하여 노사 간의 임금결정과정에 개입하여 임금의 최저수준을 정하고, 사용자에게 이 수준 이상의 임금을 지급하도록 법으로 강제하는 제도이다.

2) 도입목적과 효과

① 사회정책적인 목적으로써 저임금근로자의 생활을 보호해 주는데 일차적 목적이 있다.

② 기업간 과당경쟁을 통해 임금의 부당한 절하를 방지하고 기업간 공정한 경쟁을 유도하기 위한 목적이 존재한다.

③ 불황기에 임금수준의 절하를 방지하는 결과가 발생한다.

3) 생계비

노동의 재생산이 가능하고 노동자의 가족이 생계까지 가능하게 하는 수준의 임금

① 실태생계비

이론생계비에 대응하는 개념으로써 근로자들의 가계를 조사해서 실제로 가계를 꾸려나가기 위해 식비, 피복비, 주거비, 문화비 및 잡비 등으로 지출된 비용이 얼마인가를 조사하여 산정하는 방식이다. 현실성은 있으나 일반적으로 근로자의 수입한도 내에서 측정되기 때문에 이론생계비보다 낮게 나타나는 한계가 있다.

② 이론생계비

현실적인 소득이나 소비수준과는 무관한 이론상의 가계비용을 파악하는 것으로써, 산정방식은 과학적이고 이상적이라고 할 수 있지만 현실성이 결여된다는 점에서 문제가 있다. 따라서 실태생계비는 노사 임금교섭 시 기업 측에서 근거로 제시하지만 이론생계비의 경우는 노조 측에서 임금교섭의 근거로 많이 이용된다.

## 3. 임금수준의 조정과 목표

### (1) 임금수준의 조정

물가변동, 연공, 인사고과 등에 따라 조정되며 승급, 베이스업(base up) 등이 있다.

### (2) 임금수준의 목표 : 적정성

상한선인 기업의 지불능력과 하한선인 최저임금 상에서 기업이 사회적인 조정과 균형의 기준에 의해서 적정하게 임금을 지불

### (3) 노동시장의 임금수준

기업의 지불능력을 상한선으로, 근로자의 생계비를 하한선으로 하여 범위가 설정되면 그 사이에서 노동시장에서의 임금수준파악이 필요하다. 주로 기준으로 삼는 것으로 동일지역, 특히 동일업종의 임금수준, 노동력의 수요와 공급 상황, 노동조합의 단체교섭력 등이 있다.

## 4. 임금수준 결정의 전략적 대안

### (1) 선도전략

- 노동시장에서 경쟁기업보다 더 높은 수준의 임금을 지급하는 고임금전략으로써 능률을 올리고 결근율과 이직율을 감소시키는 효과가 있다.
- 다만, 비용이 많이 들고 사용자에 대한 종업원의 불평을 회피하기 위하여 임금수준을 증가시키도록 강요할 수 있으며, 향후 타회사로 이직을 증가시키는 부정적인 직무특성을 엄폐할 수 있는 약점도 있다.

### (2) 동행전략

- 경쟁기업과 동일한 수준의 임금을 지급하는 시장임금 전략으로서 가장 일반적으로 사용되고 있는 전략이다.
- 다만, 이는 경쟁기업과 불리한 위치를 피할 수 있지만, 경쟁적인 강점을 제공할 수 있는 것은 아니다.

### (3) 추종전략

- 경쟁기업보다 낮은 수준의 임금을 지급하는 저임금전략이다. 불리한 전략 같아 보이지만 장래에 높은 보상을 약속하고 초기 낮은 임금을 지급한다면 조직몰입과 팀웍을 강화시켜 생산성 증대를 가져올 수 있다.
- 따라서 임금을 제외한 복리후생과 관련되는 부분을 통해 저임금효과를 상쇄시킬 수 있다.

### (4) 혼합전략

종업원 집단이나 직군별로 세 가지 전략을 달리하거나, 종업원에 대해 기본급, 상여금 등의 인센티브 임금, 스톡옵션, 복리후생 등에 대해서 상이한 전략을 사용하는 것으로 흔히 유연전략이라고도 한다.

## 5. 임금체계

임금체계(wage structure)는 임금지급항목의 구성내용 혹은 종업원들의 임금을 결정하는 기준이다.

### (1) 의의 : 개별임금간의 격차를 결정하는 기준

- 임금체계는 일반적으로 임금의 구성내용을 말하는 것이다.
- 임금체계를 광의로 보면 한 개인이 받는 임금을 포괄적으로 전체적으로 지불되는 모든 것을 말한다.
- 임금체계를 협의로 보면 표준적인 근무에 대한 임금을 말한다.
- 임금체계관리란 형식면에서 종업원들에게 지급되는 임금이 어떠한 항목들로 구성되어 있고 또한 내용 성격 면에서 개별임금의 격차가 공정하게 결정되는가를 나타내주는 개념이다.
- 따라서, 임금체계의 관리는 종업원들 간에 공정한 임금격차를 유지함으로써 조직대내적으로 임금공정성을 확보하고 종업원을 동기부여시키며 또한 종업원들에게 안정된 소득을 확보해주는데 그 목적이 있다.

### (2) 임금체계의 유형

- 필요에 대한 지급→생활급
- 결과에 대한 지급→능률급
- 능력에 대한 지급→능력급
- 시간에 의한 지급→시간급

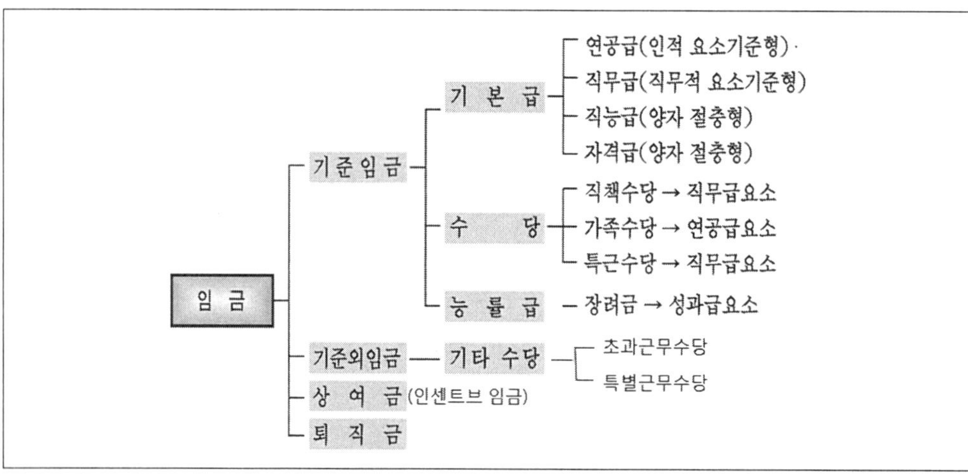

### (3) 임금체계

- 연공급(필요기준), 직무급(직무기준), 직능급(능력기준), 자격급(자격기준), 성과급(업적기준)
- 목표는 공정성이다. 조직 구성원의 직무 수행의 결과에 대한 공정한 평가 기준을 제시하고, 이 기준이 기반하여 임금 수준과 체계 등을 결정한다.

#### 1) 기본급

기본급은 임금체계의 주체를 이루는 것으로서 근로자의 생활보장은 물론이고 가족의 윤택한 생활까지도 보장할 수 있는 정도라야 할 것이다.

#### 2) 연공급

고용의 안정, 노동정착, 사기유지에 도움을 주지만, 동일노동에 동일임금이 지급되지 않음

① 연공급의 의의

임금을 종업원의 근속년수를 기준으로 차별화해서 결정하는 제도로써 높은 충성심과 조직몰입을 촉진시킨다는 점에서 의미 있는 제도이지만 능력지향적 가치관 변화, 시장경쟁의 격화에 따른 기업의 인건비부담의 과중화 등의 요인에 따라 불가피하게 본래의 연공급의 의미는 지양되고 있는 상황이다.

② 특징

- 연공요소가 증가함에 따라 숙련도나 직무수행능력이 신장된다는 논리에 근거를 둔다.
- 장기고용을 전제로 하는 정기승급제도를 채택하고 있어서 생활보장의 성격이 강하다.
- 전통적인 유교사상과 신분사상에 그 뿌리를 두고 있다.

③ 연공급의 장점

- 종업원의 고용안정과 생활보장
- 기업에 대한 귀속의식 고양
- 노사관계의 안정화 도모
- 동양적 풍토에서의 조직의 질서유지와 사기유지

④ 연공급의 단점
- 직무가치나 능력적 요소가 반영되지 않음
- 능력 있는 종업원의 사기저하
- 동일노동 동일임금 실시의 곤란함
- 기업의 인건비 부담 가중

3) 직무급

동일 노동에 동일 임금이 지급되어 임금격차에 대한 불만이 적지만, 공정하고 철저한 직무분석, 직무평가가 전제되어야 한다.

① 직무급의 의의

직무의 중요도, 난이도, 책임도, 작업조건 등을 기준으로 각 직무의 상대적 가치를 평가하고 그 결과에 따라 임금을 결정하는 임금체계로써, 각 직무 간에 공정한 임금격차를 통해 임금배분의 공정성을 실현한다는 논리에 바탕을 두고 있다.

② 선결요건
- 생산이 안정적이어서 직무가 기능적으로 분화되고 표준화 되어야 한다.
- 배치와 승진, 이동이 직무중심으로 적정하게 실시되어야 한다.
- 노사 모두가 직무급을 공평하고 합리적인 임금제도로 인식하고 수용해야 한다.
- 횡단적인 노동시장이 형성되어 있어야 한다.
- 직무분석을 통한 명확한 직무평가가 되어야 한다.

③ 특징
- 노동의 질과 양에 따라 결정되므로 가장 합리적이고 타당한 임금제도라 할 수 있다.
- 아무리 높은 능력이나 자격을 갖고 있다할지라도 그 직무를 맡고 있지 않으면 자격수준은 임금에 반영되지 않는다.
- 자유로운 횡단적인 노동시장 임금의 형성에 바탕을 두고 있다.

④ 직무급의 유형

㉠ 개별 직무급

개별직무마다 각기 다른 임금률이 정해져 있는 형태로 직무평가의 결과로 산출된 평점에 1점당의 단가를 곱하여 임금액을 산출하는 방법이다.

| 직무명 | 직무평가점수(A) | 단가(B) | 월봉(C=A×B) | 연봉(C×12) |
|---|---|---|---|---|
| 인사팀장 | 336 | 9,000 | 3,024,000 | 36,288,000 |
| 인사관리 | 228 | 9,000 | 2,052,000 | 24,624,000 |
| 급여관리 | 180 | 9,000 | 1,620,000 | 19,440,000 |
| . | | | | |
| . | | | | |

ⓛ 직급별 직무급

ⓐ 개념

모든 직무를 적당한 수의 몇 개의 직급으로 묶어 직급별로 임금률을 결정하는 방법으로 단일직무급과 범위직무급으로 구분된다.

ⓑ 구분

단일직무급: 각 직무들에 대한 직무평가의 평점을 일정한 간격을 기준으로 해서 여러 직급으로 분류하고 각 직급마다 하나의 임금률을 설정하여 운영하는 형태이다. 이는 직무가 단순하고 정형적이며 작업성과가 개개인의 숙련정도에 따라 크게 영향을 받지 않는 직무에 적합하다.

| 등급 | 직무평가점수 | 월 봉 | 연 봉 | 해당직무 |
|---|---|---|---|---|
| 1등급 | 180~200 | 1,710,000 | 20,520,000 | 비 서 |
| 2등급 | 201~220 | 1,890,000 | 22,680,000 | 경리담당<br>총무담당 |
| 3등급 | 221~240 | 2,070,000 | 24,840,000 | 인사과장<br>기획과장 |
| 4등급 | 241~260 | 2,250,000 | 27,000,000 | 기술과장<br>구매과장 |
| 30등급 | | | | |

범위직무급: 동일직급 내의 직무에 대하여 일정 범위의 임금률을 설정하여 운영하는 형태이며, 동일직급에 속하는 종업원이라도 숙련, 능력, 업적 등의 차이를 반영하기 때문에 보다 자극적인 성격을 가져 종업원의 동기부여와 성과증진에 기여할 수 있다.

| 등급 | 직무평가점수 | 월 봉 | 연 봉 | 해당직무 |
|---|---|---|---|---|
| 1등급 | 180~200 | 1,539,000 ~ 1,881,000 | 18,468,000 ~ 22,572,000 | 사무보조,비서 |
| 2등급 | 201~220 | 1,701,000 ~ 2,079,000 | 20,412,000 ~ 24,948,000 | 경리담당<br>총무담당 |
| 3등급 | 221~240 | 1,863,000 ~ 2,277,000 | 22,356,000 ~ 27,324,000 | 인사과장<br>기획과장 |
| 4등급 | 241~260 | 2,025,000 ~ 2,475,000 | 24,300,000 ~ 29,700,000 | 기술과장<br>구매과장 |
| 12등급 | | | | |

범위직무급의 장점은 다음과 같다.

- 직무간의 공정한 임금격차를 유지할 수 있기 때문에 임금배분의 공정성을 유지할 수 있다.
- 상대적인 임금이 지급되기 때문에 인건비의 효율성을 증대시키고 이는 합리적인 인사관리를 가능하게 한다.
- 공정한 임금지급을 통하여 유능한 인력의 확보와 활용이 용이하다.

범위직무급의 단점은 다음과 같다.

- 직무분석 및 직무평가들의 절차가 복잡하고 객관적인 기준설정이 어렵다.
- 직무가 표준화 되어 있지 않거나 직무구조와 인적능력구성이 일치하지 않거나, 노동시장이 폐쇄적인 경우에는 성공적 도입이 어렵다.
- 종업원간 차별적 임금의 지급이 가능하다는 것은 노동조합의 반발이 심할 수 있다.

4) 직능급

연공급과 직무급의 절충형태로 사람의 능력에 따라 차별적으로 임금이 지급되는 방식이다.

① 직능급의 의의

직능급은 종업원의 직무수행능력의 발전단계에 따라 일정한 자격기준을 설정하고 이를 기준으로 임금을 결정하는 임금체계이다. 1970년대 이후 일본에서 등장하였으며 직무수행능력이라고 할 때 '능력'이라고 하는 것은 현재적인 능력뿐만 아니라, 앞으로 발휘될 잠재적인 능력도 포함한 종합적인 능력을 의미한다.

② 직능자격제도의 확립

직능자격제도란 연공주의의 장점을 살리면서 능력주의의 합리성을 가미한 제도로서, 각 직종별로 직무수행에 필요한 자격요건으로서의 직무수행능력이 분류되고 등급이 부여된 일정한 직능자격등급을 기준으로 승격, 승진 및 급여 등의 처우를 결정하는 종합적인 인사제도이다.

③ 특징

- 구성원의 능력을 직능고과에 의해 평가하고 그 결과에 따라 임금을 결정하기 때문에 아무리 능력이 우수하더라도 실제로 그 직무를 맡고 있지 않으면 그 직무에 상응한 임금을 지급하지 않는다.
- 직무급과 같이 직무의 확정 및 직무의 표준화를 반드시 필요로 하지 않는다.
- 직무급과 같이 직무평가가 반드시 필요로 한 것은 아니다.
- 종업원의 근속년수, 학력, 경력요인 등도 포함함으로써 다면적인 기능이나 지식 등의 요소에 의존하기 때문에 연공급과 타협적인 성격을 가지고 있다.

④ 직능급의 유형

㉠ 단일형 vs 병존형

- 단일형은 기본급의 전액을 직능급으로 구성해서 지급하는 방법
- 병존형은 일부만을 직능급으로 지급하고 나머지 부분은 연공급이나 직무급으로 지급하는 방법

㉡ 직능등급별 vs 능력평점별

- 직능등급별은 직능을 몇 가지 직급으로 등급화 하여 직급마다 임금률을 설정하여 운영하는 제도
- 능력평점별은 직능고과에 의해 각 개인마다 능력평가점수를 산출하여, 이것에 1점당 단가를 곱하여 임금을 결정하는 제도

㉢ 단일임금률 vs 범위임금률

- 단일임금률은 하나의 직능등급에 대해 하나의 임금률을 설정하여 임금을 결정하는 형태
- 범위임금률은 하나의 직능등급에 대해 임금액의 상한과 하한의 범위가 설정되어 있는 형태

⑤ 직능급의 장점과 단점

㉠ 장점

- 직무수행능력 신장 시 등급상승으로 자기개발의욕을 자극하고 동기유발
- 능력주의 인사관리의 실현이 가능함
- 차별적인 임금지급이 가능하므로 유능한 인재를 유인할 수 있음
- 동양적인 풍토에서 완전한 직무급의 도입이 어려운 한국기업에는 적합한 임금제도임
- 직능급은 직위승진과 직책승진을 분리하여 유연한 인사처우가 가능함

㉡ 단점

- 직능의 평가방법 선정, 평가기준, 임금률 결정 등의 어려움이 있음
- 직능신장을 기대하기 어려운 일용 잡급직이나 운전기사, 수위 등은 도입이 곤란함

5) 능력급

근로자의 속인적 능력의 차이에 따라서 임금격차를 결정하고 각 근로자의 능력과 임금과의 균형을 꾀하려는 것이 이 임금체계의 특징이다.

6) 자격급

기업내의 근로자의 자격취득 기준을 정해 놓고 그 자격취득에 따라 임금지급의 차이를 두는 제도이다.

7) 가족급 및 지역급

가족수당은 제1차 세계대전 이래, 유럽제국에서 처음으로 지급되기 시작한 것으로서 대전 중 생계비의 급등으로 인해서 근로자의 실질임금이 저하되어 그들의 생활을 돕고자 채택되었다. 지역급(지역수당 또는 근무지수당)은 가족급과 함께 생활보장의 일부를 구성하는 것으로 생계비가 지역에 따라 차이가 있을 때, 이를 고려하여 근무지에 따라 지급되는 것이다.

8) 장려급

작업능률에 따라 지급되는 임금으로서 능률급이라고도 한다. 기본급은 확정적 성격의 고정급성격을 가지고 있는데 반하여 장려급은 불확정적 성격, 즉 변동금의 성격을 띠고 있다.

### (4) 기준 외 임금

기준외 임금은 첫째, 소정의 노동시간을 초과하여 제공된 노동에 대하여 지급되는 임금으로서 ① 조출근무, ② 잔업근무, ③ 휴일근무 등에 대한 초과 노동임금과 둘째, 야간의 경우와 같이 규정된 노동시간을 초과하는 것은 아니지만 통상의 노동시간 이외의 특수노동시간에 제공된 노동에 대하여 지불되는 임금이다.

| | 직무급 | 직능급 |
|---|---|---|
| 성 격 | 직무를 중심으로 한 임금 | 직무수행능력을 중심으로 한 임금<br>(직무를 전제로 한 사람에 대한 임금) |
| 필요도구 | 직무분석, 직무평가, 직위분류제도 | 직능분류, 직능자격제도 |
| 임금산정기준 | 직무의 상대적 가치 | 직무수행능력 |
| 전제조건 | 직무의 표준화와 전문화<br>적정배치가 충분히 이루어짐 | 직능이 신장될 수 있는 직종<br>적정배치 충분하지 않아도 됨 |

[표] 직무급과 직능급의 비교

## 6. 임금지급 형태 및 지급방법 관리

### (1) 의의 : 임금산정방식

- 임금형태는 임금의 계산 및 지불방법에 관한 것이다.
- 임금체계는 임금의 구성내용을 의미하는 데 반해 임금형태는 임금을 종업원에게 지급하는 방식을 말한다

1) 목표 : 합리성

임금의 지급은 종업원의 능력, 직무의 특성 기업의 상황에 맞추어서 합리적으로 고려하여 결정하고 지급한다.

2) 임금형태관리의 의의

임금형태는 종업원에 대한 임금의 계산 및 지불방법을 의미하는데, 임금을 지불할 때 무엇을 단위기준으로 산정하는가를 나타내 주는 개념이다. 특히 개인의 성과나 공헌도의 차이에 따라 임금을 차등 지급하는 것이 공정하다고 보는 개인적 공정성 실현과 직접적으로 관련되어 있다.

3) 임금형태관리의 목적

임금형태 관리는 종업원의 동기유발과 기업의 성과증대를 도모할 수 있도록 종업원의 개인적 공정성을 효율적으로 확보하고 관리하는데 그 목적이 있다.

## (2) 임금지급형태 : 시간급, 성과급(개인, 집단), 성과배분제도, 연봉제

1) 시간급 : 능률자극효과 낮음

- 시간급제는 조직의 작업량에 관계없이 조직구성원에게 안정된 임금을 지불한다는 것과 임금계산이 간단하므로 사용하기가 편리하다는 장점이 있다.
- 시간급은 종업원이 정해진 시간만 근무하면 임금을 정액으로 지급받기 때문에 고정급 혹은 정약급이라 하고, 연공급, 직무급, 직능급도 시간급의 형대로 지급된다.
- 근로시간이 시간, 일, 주, 월, 년 단위로 해서 시급제, 일급제, 주급제, 월급제, 연봉제 형태가 있다.

참고

**단순시간급**(simple time rate plan) : 절약임금과 낭비임금이 모두 회사에 귀속됨
- 종업원이 근로를 한 시간을 기준으로 임금을 지급
- 임금 = 실제 작업 시간 × 시간당 임률

**복수(률)시간급**(multiple time rate plan)
- 단순 시간급제의 단점을 보완하기 위하여 두 가지 방법으로 임금률을 적용
- 표준 과업 미달시 = 실제 작업 시간 × 낮은 시간 임률
- 표준 초과시 = 실제 작업 시간 × 높은 시간 임률
- 서비스를 생산하는 업체의 생산기능을 포괄

① 단순시간급((simple time rate plan)

절약임금과 낭비임금이 모두 회사에 귀속됨

- 종업원이 근로를 한 시간을 기준으로 임금을 지급
- 임금 = 실제 작업 시간 ×시간당 임률

② 복수(률)시간급(multiple time rate plan)

- 단순 시간급제의 단점을 보완하기 위하여 두 가지 방법으로 임금률을 적용
- 표준 과업 미달시 = 실제 작업 시간 ×낮은 시간 임률
- 표준 초과시 = 실제 작업 시간 × 높은 시간 임률

2) 성과급 : 시간급보다 근로자에게 합리성과 공평성을 줌

종업원이나 집단 혹은 팀이 수행한 업무(혹은 노동)성과나 업적을 기준으로 임금을 산출하여 지급하는 임금의 형태이다.

① 성과급의 의의

개별종업원이나 집단이 수행한 노동성과나 업적을 기준으로 임금을 산정하여 지급하는 임금형태이다. 성과급은 임금이 투입-산출의 매개체로서 노동능률을 자극한다는 점에서 직무 대비 육체적인 참여에 대해서 일정액을 지급하는 시간급과 대조적이다.

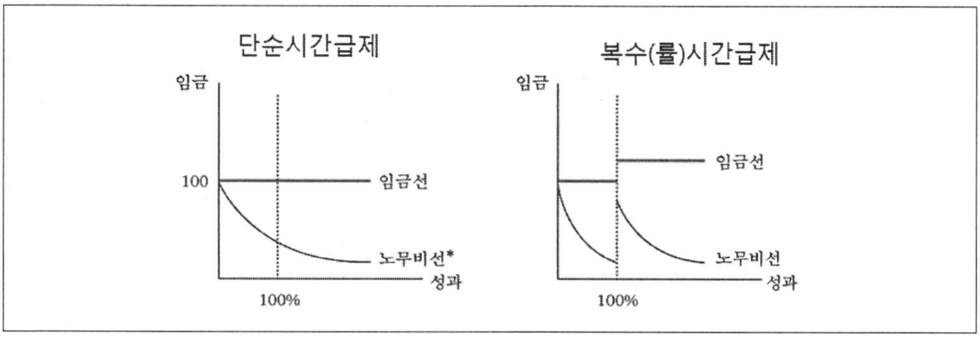


② 특징

- 근로자를 동기부여 시키고 노동생산성을 향상시킨다.
- 차별적으로 지급이 가능하므로 고정급과는 달리 직접노무비를 감소시키는 효과가 있다.
- 성과지향적 경영을 통해 커뮤니케이션을 증대시키며, 직무에 대한 창조적인 관심 증대 및 비능률적인 작업자의 감소 등의 효과가 있다.

③ 성과급제도의 부정적 효과

- 단기간 내에 초대의 산출량을 내기 위해 제품 질의 희생을 조장할 가능성이 있다.
- 성과의 표준설정과 측정의 어려움 및 노사 간의 마찰이 흔히 일어날 수 있다.
- 개별적으로나 집단별 종업원간 협동관계를 저해할 수 있다.

④ 선결조건

- 생산단위의 측정이 용이해야 하며, 작업자의 노력이 생산성의 중요한 결정요인일 것
- 경쟁적이어서 단위당 노무비가 사전에 결정되어 있으며
- 경영자가 성과표준을 임의로 변경하지 않을 것이라는 종업원의 신뢰가 필요

## (3) 개인과 집단의 성과급

### 1) 개인성과급 제도(individual incentive plan)

| 임금률결정방법 / 생산수준과 임금률간의 관계 | 일정시간당 생산단위 | 제품단위당 소요시간 |
|---|---|---|
| 생산수준에 관계없이 일정<br>(고정임금률) | 단순 성과급제도 | 표준시간급제도 |
| 생산수준에 따라 변화<br>(변동임금률) | 복률성과급제도<br>- 테일러식 차별 성과급제도<br>- 메리크식 복률성과급제도<br>- 일급보장 성과급제도<br>- 리틀식 복률 성과급제도 | 할증성과급제도<br>- 할시식 할증급제도<br>- 비도우식 할증급제도<br>- 로완식 할증급제도<br>- 간트식 성과급제도 |

참조 : 김영재 외, 2006, 인적자원관리, 삼영사

개인성과급제도(개인 인센티브제도)는 각 종업원별로 성과급을 적용하는 것으로 각 개인의 임금이 각자의 성과와 작업 능률에 따라 지급되는 제도이다. 생산량 기준으로 다음과 같이 분류된다.

① 단순성과급제도(single price-rate plan)

㉠ 개념

가장많이 사용된 제도로 제품 또는 작업의 단위당 고정된 단일의 임금을 정하고 여기에 실제의 작업성과(생산량 혹은 판매량)을 곱하여 산정한다. 작업성과가 커지면 비례하여 임금도 커진다.

㉡ 산정방식

제품단위당 고정된 단일의 임금을 정하고 여기에 실제의 작업성과(생산량, 판매량)를 곱하여 임금액을 산정한다.

㉢ 특징

간단하고 이해가 쉬워 종업원의 수용도가 다른 성과급제도 보다 높아 노동능률 증진에 주는 자극이 강하지만, 시간당 표준산출량 이하의 생산에 대해 최저임금이 설정되어 있지 않을 경우 초보자나 미숙련공 및 노령자는 상당히 낮은 임금을 받을 수 있으며 수입이 일정치 않아 생활의 안정을 기하기 어렵다.

② 복률성과급(multiple price-rate plan)

종업원의 작업능률을 보다 효율적으로 자극하기 위해 작업성과는 높음과 낮음과 많고 적음에 따라 적용되는 임금률을 달리 계산하는 제도이다. 작업성과의 高低나 多寡에 따라 적용임금률을 달리 산정하는 제도이다.

③ 테일러식 차별 성과급제도

테일러에 의해서 고안된 제도로서 종업원의 하루 표준작업을 과학적인 방법(시간연구, 동작연구 등)으로 산정하여 이를 기준으로 하여 고저 두 종류의 임금을 적용하는 제동이다. 테일러가 고안한 제도로 근로자의 하루표준작업량을 시간연구 및 동작연구에 의해 과학적으로 설정하고 이를 기준으로 하여 高低 두 종류의 임금률을 적용하는 제도이다.

단순성과급제보다 작업능률을 더 강하게 자극함으로써 동기부여효과가 크고, 보다 나은 생산성 향상을 가져올 수 있지만, 숙련 종업원에게만 유리할 수 있으며 종업원들의 노동강도를 지나치게 강요한다는 비판이 있다.

④ 메리크식 복률 성과급제도

테일러의 제자인 메리크(Merrick, D. V.)가 테일러식 차별 성과급제도을 보완하여 임금률을 두 단계에서 세 단계로 구분한 것이다. 테일러식 차별 성과급제도의 결함을 보완하여 임금률을 3단계로 나눈 것이다. 기존 테일러식은 초보자나 저능률 종업원들에게는 임금수입이 적어서 이직을 초래할 수 있었으나 이들에게도 인센티브를 제공할 수 있도록 과업달성의 관계를 3단계로 구분하는 방식이다.

그러나 제도의 복잡성으로 종업원에게 임금계산을 설명하고 이해시키기가 상당히 어렵다는 단점이 있다.

⑤ 일급보장 성과급제도

1907년 영국 멘체스터의 기계 공장에서 사용되어 보급되었다. 일명 맨체스터 플랜(Manchester plan)이라고 한다. 일정한 표준작업량을 정해두고 종업원의 실정 업무(작업)성과가 표준작업에 미달일 때는 보장된 일급(시간급)이 지불되고, 그 이상일 때는 성과급을 지급한다.

이 제도는 미숙련 근로자들에게 예정된 작업성과를 올리지 못해도 최저소득을 보장해주기 위하여 일정한도까지는 보장된 日給을 지급하는 제도이다. 시간급과 성과급의 장점을 절충한 형태로 초보자나 미숙련 근로자에게도 최저한도의 소득을 보장해 준다는 장점이 있다.

⑥ 리틀식 복률 성과급제도

테일러식의 변형으로 리틀(Lytle, C. W.)에 의하여 만들어졌다. 이 제도는 메리크식에서 고능률 종업원(근로자)에게 더 큰 자극을 주도록 표준작업량이 100%를 초과 달성한 종업원에게 높은 임금률을 적용하는 것이다.

이 또한 테일러식의 변형으로서 메리크식에서 고능률 근로자에게 더 큰 자극을 주도록 표준 과업량의 100%를 초과 달성한 자에게 높은 임금을 적용하는 방식이다.

**테일러식 차별성과급제도**

테일러에 의해서 고안된 제도로서 종업원의 하루 표준작업을 과학적인 방법(시간연구, 동작연구 등)으로 산정하여 이를 기준으로 하여 고저 두 종류의 임금을 적용하는 제도이다.

**메리크식 복률성과급제도**

테일러의 제자인 메리크(Merrick, D. V.)가 테일러식 차별 성과급제도를 보완하여 임금률을 두 단계에서 세 단계로 구분한 것이다.

**일급보장 성과급제도**

1907년 영국 멘체스터의 기계 공장에서 사용되어 보급되었다. 일명 맨체스터 플랜(Manchester plan)이라고도 하며, 일정한 표준작업량을 정해두고 종업원의 실정 업무(작업)성과가 표준작업에 미달일 때는 보장된 일급(시간급)이 지불되고, 그 이상일 때는 성과급을 지급한다.

**리틀식 복률성과급제도**

테일러식의 변형으로 리틀(Lytle, C. W.)에 의하여 만들어진 이 제도는 메리크식에서 고능률 종업원(근로자)에게 더 큰 자극을 주도록 표준작업량이 100%를 초과 달성한 종업원에게 높은 임금률을 적용하는 것이다.

성과급제

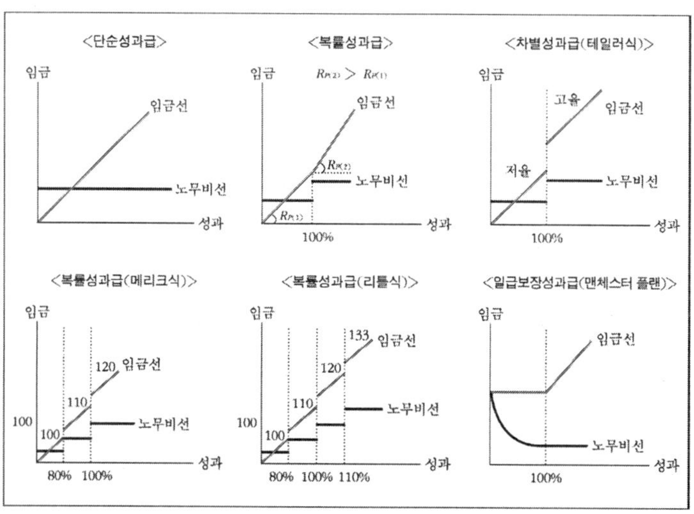

시간기준으로는 다음과 같이 분류된다.

① 표준시간급제(임률 고정)

작업 혹은 제품의 한 단위를 완성하는데 필요한 작업시간을 설정하고 이 시간내에서 작업 혹은 업무를 완성하면 표준시간에 단위시간당 임금률을 곱하여 임금을 지급하는 방법이다.

작업 또는 제품의 1단위를 완성하는데 필요한 표준시간을 설정하고 표준시간 내에 작업을 완성하면 표준시간에 단위시간당 임금률을 곱하여 임금을 지급하는 방식으로써 사이클이 긴 직무와 비반복적이고 많은 기술을 요구하는 직무에 대해서는 단순 성과급제도보다 더 실용적이고 적합하다.

그러나 과업의 표준화가 잘 되어 있지 않을 경우 인센티브소득에 많은 변동을 가져와 공정성을 저해할 수 있다.

② 할증성과급제도(임률 변동)

이 제도는 종업원의 안정적인 소득과 작업능률의 증진을 위하여 표준작업 시간내에 표준작업량을 달성하지 못한 경우에도 일정한 임금을 보장하고, 표준작업 시간내 과업을 달성한 경업 노동(업무)성과가 높은 종업원에게 기본시간급에 일정한 비율의 할증임금을 추가로 지급하는 방법이다.

종업원의 소득안정과 작업능률의 증진을 도모하기 위하여 종업원이 표준작업 시간내 표준 과업량을 달성하지 못하더라도 일정한 임금을 보장해 주고 노동성과가 높은 종업원에 대해서는 일정한 비율의 할증 임금을 추가로 지급하는 제도이다.

③ 할시식 할증급제도(the Halsey premium plan)

1981년 미국의 할시가 만든 방법이고, 표준작업시간을 과거의 경험으로 설정한 다음 절약임금의 1/2 또는 1/3을 해당 종업원에게 추가로 지급하는 방식이다.

표준작업시간을 과거의 경험으로 설정한 다음, 절약임금의 1/2 혹은 1/3을 해당 종업원에게 추가로 지급하는 방식이다.

④ 비도우식 할증급제도(the Bedaux premium plan)

미국의 비도우(Bedaux, 1916)는 표준작업시간을 시간 및 동작연구에 기반하여 설정한 후, 절약임금의 3/4을 종업원에게 추가로 지급하는 방식이다.

표준작업시간을 설정한 다음 절약임금의 3/4, 즉 75%를 종업원에게 추가로 지급하는 방식이다.

⑤ 로완식 할증급제도(the Rowan premium plan)

영국의 로안(Rowan, 1898)에 의해 만들어졌고, 할시식과 같은 원리이지만 노동능률에 따라 절약임금의 배분율이 가변적인 것이 고정식인 할시식과 다른 점이다.

할시식과 같은 원리에 입각하고 있지만 노동능률이 증진함에 따라 절약임금의 배분율을 가변적으로 함으로써 고정식인 할시식과 구분된다. 그러나 일정한도 이상으로 작업능률이 증대되면 할증률의 증가가 감소하므로 근로자 입장에서는 불만을 갖기 쉽다.

⑥ 간트식 성과급제도(the Gantt premium plan)

간트(Gantt, 1901)가 만든 것이고, 작업을 표준시간 내에 달성하지 못할 경우는 시간급만을 지불하고, 과업 미달성자의 최저임금을 보장해주고 표준작업시간 내에 과업을 완수한 경우에는 시간급의 일정률(20%)을 인센티브로 추가하여 지급하는 것이다.

작업을 표준시간 내에 완수하지 못한 때에는 시간급만을 지급하여 과업 미달성자의 최저임금을 보장해 주고 표준작업시간 내에 과업을 완수할 경우에는 시간급의 일정률(20%)을 인센티브로 가산하여 지급하는 방식으로 테일러식이나 메리크식보다는 온정적이고 인간적인 제도라고 할 수 있다.

**할시식 할증급제도**(Halsey premium plan)

1981년 미국의 할시가 만든 방법이고, 표준작업시간을 과거의 경험으로 설정한 다음 절약임금의 1/2 또는 1/3을 해당 종업원에게 추가로 지급하는 방식이다.

**비도우식 할증급제도**(Bedaux premium plan)

미국의 비도우(Bedaux, 1916)는 표준작업시간을 시간 및 동작연구에 기반하여 설정한 후, 절약임금의 3/4을 종업원에게 추가로 지급하는 방식이다.

**로완식 할증급제도**(Rowan premium plan)

영국의 로안(Rowan, 1898)에 의해 만들어졌고, 할시식과 같은 원리이지만 노동능률에 따라 절약임금의 배분율이 가변적인 것이 고정식인 할시식과 다른 점이다.

**간트식 성과급제도**(Gantt premium plan)

간트(Gantt, 1901)가 만든 것이고, 작업을 표준시간 내에 달성하지 못할 경우는 시간급만을 지급하고, 과업 미달성자의 최저임금을 보장해주고 표준작업시간 내에 과업을 완수한 경우에는 시간급의 일정률(20%)을 인센티브로 추가하여 지급하는 것이다..

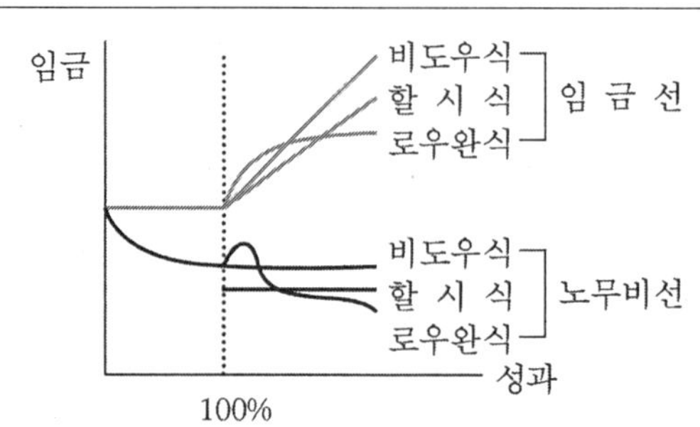

2) 집단성과급 제도(Group incentive plan)

① 개념

집단 혹은 그룹에 대하여 성과급을 적용하는 방법이다. 이 방법은 집단의 성과과 기업의 이익의 증가나 비용의 감소가 있을 경우 종업원에게 정상임금 이상의 부가적 급여를 제공하는 방법이다.

이 제도를 성과배준제도라고 하며, 생산성 이득배분제와 이윤분배제도가 있다.

② 도입목적

집단에 대해서 성과급 임금을 적용하는 것으로 집단의 성과와 관련하여 기업에 이익의 증가나 비용의 감소가 있을 경우 근로자에게 정상임금 이상의 부가적 급여를 제공하는 제도로서 집단성과배분제도와 이윤분배제도로 나눌 수 있다.

### (4) 추가급제 : 시간급제와 성과급제의 절충

1) 할증급

절약임금을 노사간에 분배=분익임금제도=절약임금분배제도

2) 상여금(bonus)

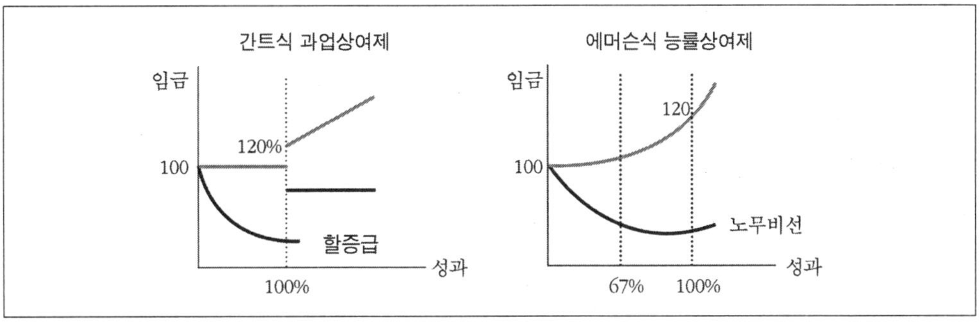


### (5) 집단자극제

- 작업난이도에 따른 불만 감소
- 팀워크 및 협동심 증가
- 개인의 노력과 연관성 낮음

## (6) 순응임금제=슬라이딩 스케일제

생계비 지수, 판매가격, 이익 등에 순응하여 임률 조정

## (7) 성과배분제도

- 이 제도는 기업에서 노사가 공존하기 위하여 창출된 경영성과를 노사간에 적절하게 배분하는 제도이다.
- 집단에 대해서 성과급 임금을 적용하는 것으로 집단의 성과와 관련하여 기업에 이익의 증가나 비용의 감소가 있을 경우 근로자에게 정상임금 이상의 부가적 급여를 제공하는 제도로서 집단성과배분제도와 이윤분배제도로 나눌 수 있다.

1) 이윤(익)분배제도

기본적인 보상이외에 각 영업기마다 결산이익의 일부를 종업원에게 지급하는 제도이다.

① 역사 및 의의

가장 오래된 성과배분제도로 1891년 영국에서 처음으로 실시되었다. 기업에 일정 수준의 이윤이 발생했을 경우 그 일정 부분을 사전 노사의 교섭에 의해 정해진 배분방식에 따라 종업원들에게 상여금을 지급하는 제도이다.

② 목적

종업원들에게 파트너십과 기업의 운명에 함께 동참하는 의식을 고취시키고 낮은 이직률과 함께 종업원들에게 이윤을 증대시키기 위한 추가적인 노력과 상상력의 촉진, 종업원들의 경제적인 안정의 증대에 그 목적이 있다.

③ 유형

- 현금분배제도: 이윤의 일정액을 1년 또는 그 이내에 현금으로 종업원에게 배분하는 제도
- 이연분배제도: 이윤의 일정액을 각 종업원의 계정이 설치되어 있는 공동기금에 예치해 두었다가 종업원의 퇴직, 사망, 해고 시 현금으로 지급하는 제도
- 복합분배제도: 위의 두 유형을 합한 것으로 이윤의 일부는 즉시 현금으로 나머지는 퇴직, 사망, 해고 시에 지급하는 제도이다.

③ 효과와 문제점

- 이윤분배제도는 노사관계의 개선, 장기근속 장려 등의 긍정적인 효과가 있다.
- 하지만, 이윤분배를 위한 공식을 결정하기가 어렵고, 종업원의 참여적 요소가 거의 없다는 집단성과배분제도와 차이가 있다.
- 우리나라에서 이윤분배제도의 도입이 미미한데 그 이유는 회계정보의 불투명함, 복잡한 임금체계, 세제혜택의 부재 등에 기인한다.

2) 집단성과배분제도(생산성 이득배분제도)

① 의의

근로자들이 경영에 참가하여 원가절감, 생산성 향상 등의 활동을 통해 조직성과의 향상을 도모하고 그 과실을 회사와 근로자들이 함께 분배하는 제도로서, 노사공동의 조정위원회 등을 통한 근로자참여제도와 집단보너스제도의 두 가지 요소로 구성된다.

② 유형 및 특징

- 스캔론 플랜 : 위원회 제도를 통한 종업원 참여 및 판매가치를 기초로 한 성과배분
- 럭커플랜 : 부가가치를 기초로 한 성과배분
- 프렌치 시스템 : 모든 비용 절감에 관심

| 구분 | 스캔론 플랜<br>(Scanlon Plan) | 럭커플랜<br>(Rucker Plan) | 임프로쉐어<br>(Improshare) |
|---|---|---|---|
| 배경이론 | 조직개발이론 | 노동경제이론 | 산업공학 |
| 기본철학 | 참가형 경영 | 효율적 경영 | 효율적 경영 |
| 종업원참가<br>제도구조 | 생산위원회<br>조정위원회 | 조정위원회 | 생산성향상팀 |
| 종업원<br>제안제도 | 있음 | 있음 | 없음 |
| 집단보너스<br>기본공식 | 인건비/생산액 | 인건비/부가가치 | 실질노동시간 /<br>표준노동시간 |
| 보너스<br>지급주기 | 월별 또는 분기별 | 월별 또는 분기별 | 주별 또는 격주별 |
| 분배비율<br>(종업원 : 회사) | 75:25 | 50:50 | 50:50 |

③ 집단성과배분 제도와 이윤분배 제도의 공통점과 차이점

㉠ 공통점

- 집단차원의 보상

종업원 개개인에 대해서 보상하는 것이 아니라 집단전체를 대상으로 하는 보상제도이다.

- 공동체의식

기업 측과 종업원과의 협동정신이 강화되어 공동체의식이 높아져서 노사관계 개선에 도움이 되며 기업발전에 대한 자발적인 노력과 참여의식을 이끌어 낼 수 있다.

- 종업원의 참여

'위원회'제도를 통하여 종업원의 직접적인 참여가 가능하다.

㉡ 차이점

| 구 분 | 집단성과배분제도 | 이윤분배제도 |
|---|---|---|
| 목 표 | 회계뿐만 아니라 생산성,<br>비용절감, 출근율 등 다양한 목표가 가능 | 주로 재무적, 회계적인 것을 대상으로 함 |
| 활 용 | 다양한 목표설정이 가능하여<br>노사관리 등의 다양한 접근가능 | 보상관리에 주로 활용 |
| 종업원참여 | 종업원들의 직접적인 참여 수반 | 반드시 필요로 한 것은 아님 |
| 지급시기 | 월 / 분기 | 1년 단위 |
| 외부적요인의<br>영향 | 비 영향 | 영향 |

## (8) 연봉제

- 인재의 과감한 기용이 가능하고 임금관리가 쉽다.
- 개인주의가 나타나고 단기업적을 중시한다.

1) 연봉제의 개념

연봉제는 일급제, 주급제, 월급제와 같은 임금형태의 하나로서 개별 종업원의 임금을 직무수행능력이나 업적 및 공헌도 등을 평가한 결과에 따라 1년 단위로 결정하여 차등 지급하는 임금제도를 말한다.

2) 대두배경

- 치열한 경쟁환경 하에서 생존을 걱정해야 하는 기업은 기존의 연공급과 같은 고정급을 통해서는 종업원의 동기부여와 능력향상, 유능한 인재의 확보가 어렵게 되어 성과급인 연봉제의 도입이 요구 됨
- 종업원들의 고학력화와 가치관의 변화를 통해 개인의 능력이나 업적에 상응하는 보상을 선호함
- 현재 복잡다단한 임금구성항목을 크게 단순화시켜 임금관리의 간소화를 도모하기 위함

3) 특징

- 연봉제는 능력·업적 중심의 변동급
- 개별근로자의 업무성과에 따라 임금이 차별화되는 개별성과급제도
- 임금체계가 기본급, 각종 수당, 상여금 등 복잡한 임금항목들을 연봉이라는 항목으로 통합하기 때문에 임금관리를 단순화시킴

4) 유형

① 구성방식에 따른 분류

㉠ 총액연봉제

임금구성이 기본급, 제수당, 상여금을 하나로 통합해서 연봉하나로만 구성되어 있는 형태로서 임금인상이 전체임금에 적용되고 목표달성 여부가 연봉액의 차이를 크게 결정한다. 주로 최고경영층, 전문직, 기술직 등에 적용된다.

㉡ 부분연봉제

임금구성이 종래의 생활급적인 월 급여에 해당하는 기본연봉과 업적에 대한 상여금에 해당하는 업적연봉으로 구성되어 있는 형태로써 기본연봉은 그대로 둔 채 개인의 성과에 따라 변동하는 상여금만이 차등지급 된다.

주로 우리나라와 일본에서 많이 시행되고 있으며 관리직 사원을 적용대상으로 하는 경우가 많고 영업직, 연구직, 계약직 사원의 경우도 다소 적용되고 있다.

② 인상방식에 따른 분류

㉠ 누적연봉제

실적이 좋은 사람에게는 임금을 더 많이 주고 나쁜 사람이라도 연봉을 삭감하지 않고 전년도 임금수준은 최소한 보장해 주는 방법이다. 그리고 한번 인상된 임금액은 계속 누적된다. 동기부여 효과는 높지만 장기적으로 지속적으로 상승하여 임금관리의 효율성이 떨어질 수 있다.

ⓛ 비누적연봉제

실적이 나쁜 사람의 임금을 줄여서 실적이 좋은 사람에게 주는 것으로 전년도 임금수준에서 올라갈 수도 있고 떨어질 수도 있는 가감급이 동시에 이루어진다. 따라서 매년 0(zero)에서 시작하여 그 해의 실적에 따라 연봉이 결정된다. 누적연봉제와는 달리 동기부여효과는 적지만 임금관리의 효율성이 높다.

5) 장·단점

① 장점

- 실적을 통한 임금의 공정성확보를 통한 동기부여와 능력개발을 촉진
- 해외 및 신규 사업 부분에서 국제적 감각과 능력을 갖춘 우수한 인재의 확보와 유지
- 기존의 고임금 저효율의 임금관리를 효율적인 관리를 가능하게 하고 임금체계 또한 단순화시켜 임금지급이 용이함
- 실적주의를 강화를 통해 경영자에게 준하는 책임감을 부여하고 업무에 더 높은 집중력제고
- 연봉제 대상자의 경우 매년 업무목표를 세우고 연말에 그 달성정도를 평가받게 되는데 이 경우 상사와 부하간의 의사소통이 원활해 짐

② 단점

- 개인의 지나친 경쟁의식을 유발하여 위화감을 조성하고 조직 내 팀워크를 약화시킬 수 있음
- 단기 업적위주의 풍토를 조장함
- 성과에 대한 평가가 객관적이고 공정하지 못하면 연봉제에 대한 불신 때문에 조직동요나 노사 간의 갈등도 증폭 됨
- 우리나라처럼 유교문화를 바탕으로 한 우리나라의 경우 선임자 우대원칙과의 갈등이 유발되어 조직이 안정성을 해칠 수 있음

6) 성공적인 도입과 운영을 위한 과제

① 성과지향적인 가치관과 상호경쟁을 당연한 것으로 받아들이고 성과에 따른 연봉의 차이를 받아들일 수 있는 조직문화가 필요하다.

② 임금제도의 변화가 이루어지기 전에 직무분석과 직무평가는 물론 임금차이의 기준과 범위를 명확히 해야 한다.

③ 연봉제 도입의 목적을 동기부여, 능력주의의 도입이라는 취지를 져버리고 단기적·부차적으로 인건비 통제를 주된 목적으로 해서는 안 될 것이다.

④ 업무의 성격을 무시한 채 모든 종업원에게 일률적으로 적용하기가 힘들기 때문에 일반사무직 보다는 전문, 기술직, 영업직을 대상으로 적용하고 다른 직무로 점차 확대시켜야 할 것이다.

# 제3절 새로운 임금제도

## 1. 스톡옵션 제도(주식매입선택권 제도)

### (1) 의의

회사가 경영자 및 종업원들에게 장래의 일정한 기간 내에 사전에 약정된 가격으로 일정 수량의 자사주를 매입할 수 있는 권리를 부여하는 제도로써 조직구성원이 열심히 노력해서 성과증대에 성공한다면 주가도 동반 상승할 것이라는 것을 가정하고 있다.

### (2) 목적

① 창의적이고 우수한 인재의 확보와 유지
② 업적과 임직원의 보상을 연동시킴으로써 주주와 임직원의 이해를 일치시키고자 함
③ 장기적으로 기업가치를 극대화하기 위해 종업원들을 동기부여시키기 위한 목적

### (3) 특징

① 기업가치의 증가가 시장의 주식가격에 반영되면 그들이 매입한 주식의 가격상승으로 자본이득을 얻게 되어 근로의욕은 더욱 자극 받게 된다.
② 스톡옵션제(주식매입선택권)의 구체적 보상은 장기간이 경과한 후 주식을 매각함으로써 이루어지기 때문에 주가에 근거한 주식 연동형 장기 인센티브제도이다.

### (4) 유형

1) 인센티브 스톡옵션

세제상의 우대조치가 인정되는 스톡옵션으로, 회사가 임직원들에게 미래의 일정기간 내에 약정된 가격으로 일정수의 자사주를 매입할 수 있는 권리를 부여하는 제도이다.

#### 2) 비적격 스톡옵션

세제상의 우대조치를 받을 수 없는 스톡옵션으로 주식의 시장가격과 행사가격과의 차액이 자본소득이 아닌 일반급여소득으로 간주되지만, 회사는 이 금액을 세무상 손금처리할 수 있어 기업의 과세소득이 적어진다는 장점이 있다.

#### 3) 주식평가보상권

권리행사시점 주식의 시장가격과 행사가격과의 차액을 보상위원회의 결정에 따라 현금이나 주식 또는 이들의 혼합형태로 지급한다.

### (4) 효과

임직원에 대한 동기부여 / 기업의 장기적인 주가가치를 제고시키며, 유능한 인재의 확보를 가능하게 한다.

## 2. 기술급

### (1) 의의

종업원이 현재 담당하고 있는 직무가 종업원이 보유한 기술을 요구하지 않더라도, 검정된 모든 기술에 대해서 개인에게 임금을 지급하는 제도이다. 따라서 종업원이 수행하고 있는 기술이 아니라 보유하고 있는 기술의 종류와 수준에 따라 임금이 결정되는 제도이다.

### (2) 특징

① '기술의 폭'을 강조하는데 이는 정량적인 기술의 종류로써 여러 직무분야에서의 기술의 숫자가 증가된 것, 즉 다기술의 습득을 의미한다. 따라서 기술폭의 신장은 종업원의 다방면의 지식이나 기술을 갖출것을 요구하는 제너럴 리스트가 되는 것을 의미한다.

② '기술의 깊이'를 또한 강조하는데 정성적인 기술의 깊이로써 한정된 직무분야에서 기술의 심화정도를 말하는데 종업원이 해당직무분야의 스페셜 리스트가 되는 것이 강조된다.

### (3) 장·단점

1) 장점

- 종업원들이 다양한 기술을 습득해서 여러 직무를 수행할 수 있도록 함으로써 유연성이 증대된다.
- 기술확대로 인해 비정규적인 작업흐름이나 제품변화에 원활하게 적응할 수 있다.
- 종업원에게 조직의 기능과 관리방법 등에 대한 폭넓은 시야를 제공한다.
- 종업원들이 상위수준의 직무로 이동하지 않고서도 소득과 기술을 증대시킬 수 있다.

2) 단점

- 전통적인 임금제도보다 장기적으로 더 많은 임금을 지급함으로써 기업의 인건비 부담이 크다.
- 진부화된 기술의 습득에 대해서도 보상이 될 수 있다.
- 기술의 습득과 성과의 개선은 상이한데 과연 성과와 직결될 수 있을지 의문이다.

## 3. 역량급

### (1) 역량의 개념

성공적인 직무수행을 위해 요구되는 기술, 지식, 동기, 행동, 태도 등을 포함한 개인적인 특성을 말한다.

### (2) 역량급의 개념

1980년대~1990년대 들어서 관리직 및 전문·기술직을 대상으로 설계된 임금제도로써 종업원들의 현재 직무와 상관없이 그들이 보유하고 있는 역량의 범위와 수준에 따라 임금이 결정되는 제도이다.

### (3) 대두배경

기업의 기술 환경의 변화에 따라 계속적으로 변화하는 직무에 대처하기 위해 노력하는 것보다는, 21세기에 요구되는 역할과 역량으로 직무개념을 대체해서 직무수행에 요구되는 기술과 역량을 가지고 있는 개별구성원의 특성에 기초를 둔 임금제도의 필요성이 제기 되었기 때문이다.

#### (4) 장 · 단점

1) 장점

- 종업원들이 다양한 역량을 습득해서 여러 직무를 수행함으로써 노동력의 유연성을 증대시킨다.
- 역량에 상응하는 임금지급은 역량습득과 개발을 촉진시킨다.
- 전체적으로 조직역량을 강화시킴으로써 경재우위를 달성하고 지속적인 학습과 개선을 통해 전략을 강화시킬 수 있다.

2) 단점

역량의 정의가 어려워 자칫 모호한 표현이 될 우려가 있고 역량의 측정 및 타당성, 신뢰성 검증이 어렵다.

## 제4절 임금관리 원칙

### 1. 임금관리의 의의와 3원칙

#### (1) 임금관리의 의의

- 임금은 기업의 입장에서 보면 비용인 반면 종업원의 입장에서 보면 소득의 원천이다. 따라서 기업은 낮은 비용을 추구하게 되고 종업원은 보다 높은 소득을 요구한다.
- 임금관리는 이러한 양자의 상충된 욕구를 바람직한 방향으로 조정하고 관리하는 절차라고 할 수 있다. 이러한 임금관리의 합리적인 목적은 우수한 노동력을 확보하고 작업의욕을 자극하는 한편 건전한 노사관계를 유지함으로써 최종적으로는 기업의 생산성을 증진시키는 데 있다고 할 수 있다.
- 임금은 노사관계와 밀접한 관계를 가지기 때문에 노사관계의 변천사를 눈여겨볼 필요가 있다. 신분관계로 출발한 노사관계는 노동자의 경제안정과 더불어 노동자의 권위가 보장될 수 있도록 법제화되면서 계약관계로 발전하였고, 이는 다시 노사가 대등한 입장에서 관계를 가지는 협력적이고 동반자적인 관계로 발전하였다.
- 따라서 이제 임금은 과거와는 달리 절대적 관계임과 동시에 상대적인 관계로 승화되었으며, 이 두 가지 요건이 모두 충족될 때 비로소 매력 있는 임금이라 할 수 있다.

## (2) 임금관리의 원칙

### 1) 임금수준의 적정성

임금수준의 적정성이다. 이는 자사의 임금과 타사의 임금을 비교해 볼 때 부족한지를 분석해 보는 것이다. 이 때 임금의 대외 비교에 대해서는 동일지역, 동일규모, 동일업종 등에 대한 전제가 있을 때 진정한 의미의 비교가 될 수 있는 것이다. 또한 단순한 비교보다는 초임수준, 노동이동이 가장 심한 입사 3~4년 차의 임금수준, 그리고 임금곡선의 기울기 등의 비교도 뒤따라 주어야 하겠다.

### 2) 임금체계의 공정성

임금체계의 공정성이다. 이는 대내의 형평관계에 대한 내용으로서 조직원들 간에 불평이 없도록 관리해 주는 것이다. 즉 학력간의 임금격차, 호봉간의 임금격차 등을 들 수 있는데, 젊은층은 능력주의를 선호하고 기존 층은 연공주의를 선호하는데 이를 어떻게 잘 조화시키느냐 하는 것이다. 이 공정성 문제는 오늘날 노사관계의 커다란 장애 요인으로 작용하고 있다.

### 3) 임금형태의 합리성

임금형태의 합리성이다. 이는 임금에 대한 미래의 전망을 나타내 보이는 것으로서 이에 대한 관리를 소홀히 하면 근로자는 미래에 대해 불안을 느끼고 조직원 상호간에 결속의식이 결핍되어 결국에는 조직의 효율성이 떨어지게 된다. 퇴직금, 연금 등을 포함한 합리적인 호봉제도가 그 대표적인 관리기준이 될 수 있다. 이상 임금에 대한 세 가지의 원칙을 종합해 보면 아래 [그림]과 같다.

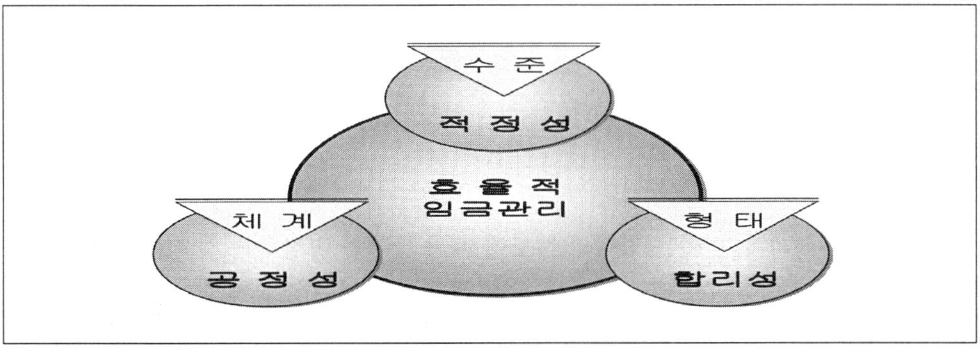


[그림] 임금관리의 합리적 체계

## 2. 임금체계의 설정요소

임금체계를 설정하는 요소는 일반적으로 생계비, 연공, 능력, 직무, 성과 등 다섯 가지로 분류하여 설명하고 있다.

### (1) 생계비

우선 생계비에 대해서 알아보면 연령의 변화에 따라 생계비가 변화하는데 일반적으로 우리의 생활은 독신, 결혼, 자녀교육, 여생의 순으로 일생이 전개되면서 생활비도 그에 따라 달라지기 마련인데, 그에 상응하는 급여를 책정하여 지급하는 형태이다. 이는 일종의 생계비곡선으로서 일본에서는 연령급이라는 형태의 급여체계로 활용되고 있다.

### (2) 연공

이는 근속이 늘어나면 회사에 대한 기여도가 높아진다는 논리에 입각한 임금체계 항목이다. 그러나 기술수준의 급격한 변화의 상황에서 보면 논리성이 좀 부족한 부분이 있다.

### (3) 능력

이는 근속에 상관없이 자기가 맡고 있는 업무에 대한 직무수행 능력의 정도에 따라 급여를 책정해야 한다는 논리이다. 그러나 능력의 측정에는 많은 어려움이 뒤따르기 때문에 '총론찬성 각론반대'라고 하는 이율배반적인 면이 있기도 하다.

### (4) 직무

이는 직무평가 즉 일의 난이도에 따라 급여를 결정하는 방식으로 일을 맡고 있는 사람의 능력과는 상관없이 누가 그 일을 맡고 있느냐에 따라 급여를 결정하는 방식이다.

### (5) 성과

마지막으로 성과이다. 이는 업적의 정도에 따라 급여를 결정하는 것으로서 능률급 형태의 상여금이나 인센티브제도 이외에 근래 성행하고 있는 도급제도가 이에 속한다고 볼 수 있다.

# 제11장

# 복리후생관리

## 제1절 복리후생

### 1. 복리후생의 기본개념

- 복리후생이란 종업원의 노동과 직접적으로 연결되지 않는 간접적 보상으로 기업이 종업원의 생활의 안정과 질을 향상시키기 위해 종업원과 그 가족에게 제공하는 직접적 보상인 임금 이외의 모든 보상과 서비스를 말한다.
- 개별 종업원의 다양한 욕구충족을 위해, 기업의 복리후생시설과 제도 중 일정한 비용 범위 내에서 선택하게 하는 제도
- 복리후생제도 : 간접적 보상, 전체적 보상
- 카페테리아식 복리후생＝변형보상 프로그램

참고

의의

- 종업원의 복지향상을 위하여 시행되는 임금 이외의 간접적인 모든 급부
- 종업원의 노동력을 유지 · 발전시켜 종업원의 능력을 최대로 발휘하게 함으로써 생산성 향상을 도모, 종업원의 경제적 · 문화적 생활양상을 목적으로 하는 제도의 총칭

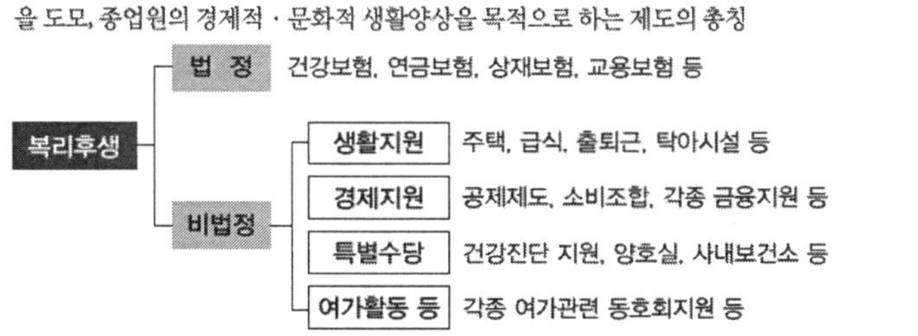


#### (1) 복리후생의 중요성

① 미국의 경우 복리후생비는 임금총액의 40%정도가 된다. 따라서 기업입장에서는 노무비의 통제는 복리후생비의 통제가 없이 불가능하게 되었다. 즉 기업상품의 가격경쟁력에 영향을 미치므로 이의 관리가 중요하다.

② 우수한 종업원의 확보와 유지측면에서 노동시장의 경쟁력확보의 근거가 된다.

### (2) 복리후생의 기능 및 목적

우수인력의 확보, 이직 및 결근의 감소, 동기부여 및 생산성 향상, 기업의 사회적 이미지 개선 등의 기능이 있는데, 특히 복리후생은 임금과는 달리 모든 종업원을 대상으로 균등하게 혜택을 제공하기 때문에 조직 내 인간관계가 원만해지고 협력적 노사관계를 구축하는데 이바지 한다.

1) 복리후생의 기능

① 우수 인력의 확보

- 복리후생은 비과세소득이므로 임금 소득에 비해 유리한 보상일 수 있다.
- 여러가지 유형의 복리후생을 실시하는 기업이 경쟁기업이나 동종 산업에서 다른 기업에 비해 상대적으로 임금 등의 차이가 있어도 우수한 인재를 확보하고 유치하는 데 유리한 입장을 가질 수 있는 방법이 된다.

② 이직 및 결근의 감소

- 복리후생은 단순히 종업원에 대한 혜택뿐만 아니라 그 가족에 대한 혜택까지 포함하고 있으므로 포괄적인 수혜로 인한 기업에 대한 소속감과 가족에 대한 책임감 등으로 인한 효과로 인하여 이직 및 결근이 줄어든다.
- 예를 들어 주택관련 저리 대출, 생활편의 시설, 의료 혜택 등을 제공함으로써 종업원의 사기와 소속감을 통하여 이직 및 결근 등에 대한 효과를 보게 된다.

③ 동기부여 및 생산성 향상

복리후생을 통한 종업원들의 귀속감을 증대시킴으로써 조직목표 달성과 개인들의 성취동기를 높임으로서 생산성 향상과 동기부여를 고취시킨다.

④ 원만한 인간관계와 노사 협력적 노사관계 구축

복리후생은 비 공식적인 조직활동과 의사소통을 지원함으로 써 조직 구성원 사이에 다양한 의사소통 채널을 통한 의사소통이 원만한 인간관계를 유지하게 하고, 다양한 복리후생에 대한 결의를 노사합의를 유도함으로 써 발전적인 노사관계를 구출할 수 있다.

2) 복지후생의 목표와 효과

① 회사측에 대한 효과

- 생산성 향상과 원가절감
- 팀웍의식의 강화
- 인간관계의 개선
- 이직률의 감소
- 종업원의 건설적인 노력 확보가능
- 기업목표와 이념을 보다 잘 주지시킬 수 있음
- 기업 전체의 이미지 개선

② 종업원측에 효과

- 사기제고
- 고충의 감소
- 노사관계의 개선
- 고용의 안정과 수입의 증가
- 회사방침에 대한 의욕의 고취
- 회사에 대한 귀속감 강화

## 2. 복리후생의 유형

### (1) 법정 복리후생제도

국민건강보험 / 연금보험 / 산업재해보상보험 / 고용보험 / 퇴직금

### (2) 비법정 복리후생제도

- 생활원조시설 : 주택, 급식, 통근버스, 구매시설 등
- 금융 및 공제제도 : 주택마련, 자녀교육, 기타구제금융
- 보건위생시설 : 질병의 치료와 예방, 건강유지시설, 보양시설 등
- 문화·체육·오락시설 : 사내 도서관, 교양강좌, 강습회 등

# 3. 복리후생의 설계

## (1) 경영자측면

1) 복리후생의 목적

복리후생은 경영자가 기대하는 복리후생의 목적이나 역할을 잘 수행할 수 있도록 설계하여야 한다.

2) 법적 요구사항

법은 최소한의 사회적 책임수행이라는 측면과 기업의 의무로써 요구된다.

3) 지불능력

기업의 지불능력을 정확히 평가한 후 지불능력의 범위 내에서 적합한 수준과 내용의 복리후생을 정해야 한다.

4) 비용 - 편익관계

복리후생의 도입을 통해 이에 상응하는 수익관계를 살펴보는 것이 우선 고려되어야 한다.

5) 경쟁기업의 수준고려

외부적 공정성을 지키고 우수인재 확보와 이직방지를 위한 방법을 고려해야 한다.

## (2) 종업원측면

1) 공정성 지각

종업원이 받는 복리후생의 혜택수준에 대해서 조직내외부의 수준과 비교해서 공정성이 어긋나지 않도록 해야 할 것이다.

2) 개인적 욕구

종업원의 욕구가 다양화 고차원화 되고 있는 상황에서 종업원들이 중요시하고 있지만 현재 충족되지 못하고 있는 욕구를 파악하는 일이 매우 중요하다.

# 제2절 선택적 복리후생제도

## 1. 선택적 복리후생제도의 기본 개념

### (1) 대두배경

종업원의 의식수준이 향상됨에 따라 종업원들의 복리후생에 관한 욕구가 다양화됨에 따라 복리후생에 대한 종업원의 요구가 다양화되고 치열한 경쟁으로 인해 이에 부합하는 새로운 복리후생제도가 필요하게 되었다.

### (2) 개념

종업원들에게 여러 가지 복리후생 선택안을 제공하고 이 중에서 자신들의 다양한 욕구에 따라 자기가 선호하는 복리후생을 자유롭게 선택할 수 있도록 복리후생의 유연성을 최대로 살리는 제도를 말한다.

### (3) 효과

1) 장점

- 종업원들은 자신의 독특한 욕구를 가장 잘 충족시켜줄 프로그램을 선택할 수 있고 만족도를 증가시킬 수 있다.
- 환경변화에 따른 종업원들의 욕구변화에 대응할 수 있다.
- 종업원과 그 가족이 복리후생제도의 설계에 참여함으로써 복리후생에 대한 이해가 증진된다.

2) 단점

- 관리의 복잡성으로 비용이 증가한다.
- 복리후생비의 총액설정과 가격설정이 어렵다.
- 욕구는 지속적으로 변하기 때문에 종업원이 한번 잘못 선택했다고 판단했을 경우 선택복리후생의 취지를 살리지 못한다.

## 2. 선택적 복리후생제도의 유형

### (1) 선택항목추가형

종업원에게 필요한 최소한의 핵심적인 복리후생항목을 공통항목으로 먼저 제공하고 다음 추가적으로 선택할 수 있는 선택항목을 부여하는 방법이다.

### (2) 모듈형

여러 개의 복리후생이 하나의 패키지형태로 구성되어 이러한 모듈을 몇 개로 구분하고 선택할 수 있도록 하는 방법이다.

### (3) 예산 내 선택형

종업원 개인별로 주어진 예산 내에서 자신이 원하는 대로 복리후생항목과 수혜율을 선택하는 제도이다.

### (4) 선택 지출 계정형

기업이 종업원들에게 제공한 복리 지원금액과 개별 종업원이 각출한 금액을 종업원 개인의 복리계좌에 예치하고 종업원들은 이 계좌의 금액범위 내에서 복리항목을 선택하는 제도이다.

## 3. 효율적인 복리후생제도의 관리방안

### (1) 효과적인 커뮤니케이션

복리후생제도에 대한 안내책자나 제도의 배경 및 취지를 설명하는 책자의 배부, 공개적인 설명회, 종업원 개인별 지출명세서 등의 다양한 커뮤니케이션 활동이 필요하다. 이때 중요한 것은 쌍방향 커뮤니케이션이 필요하다는 것이다.

### (2) 불만의 해소

언제나 모든 종업원들에게 만족을 줄 수 있는 제도는 없으며 복리후생제도도 마찬가지다. 따라서 혜택의 기회에 대한 불만을 지속적으로 찾고 해결할 수 있는 창구를 마련하고 비용분담에 대한 문제를 비용 및 상황분석을 통해 정확하게 설명해 줄 수 있어야 한다.

### (3) 종업원 참여

복리후생제도는 종업원들이 누리는 것이다. 따라서 종업원의 욕구를 반영해 정책으로 펼치는 것이 중요한다. 따라서 노사협의회나 공장위원회 같은 노동자 참여조직기구를 통해 의견을 들어 반영하는 조직구조를 구비하는 것이 중요하다.

### (4) 복리후생비용의 파악

많은 기업이 복리후생제도를 시행하지만 이 비용에 대한 체계적인 관리나 그 효과에 관한 정확한 측정은 잘 이루어지고 있지 않다. 따라서 비용에 대한 파악은 기업의 관리적 필요뿐만 아니라 종업원들에게도 지출상황을 인식시키기 위해서도 필요하다.

### (5) 창출적 효과

기업의 입장에서 복리후생의 실시는 직무몰입, 결근율이나 이직의 감소, 생산성 향상, 사고의 감소 등이 일어날 것을 기대하는 이른바 '창출적 효과'를 유도하려는 것이 보통이지만 실제로 이에 대한 충분한 연구결과가 없는 실정이다.

## # 예상문제 : 프레임웍 연습

## 경영학적 라이팅 모델 : Step by Step Writing and Problem-solving

2차시험의 출제된 문제를 충실히 분석하는 것이 좋은 답안을 작성하는 데 있어서 가장 중요하다. 출제된 문제에 들어있는 정보를 최대한 찾는 것이 가장 중요하다. 또한 출제된 문제와 너무 지나치게 연관 없는 정보는 무의미하다. 출제된 문제 유형이 설명, 논증, 그리고 설계 등 인지를 확인한다. 출제된 문제에서 추출된 정보로부터 이론 및 개념, 관련된 다양한 이슈와 배경 등을 탐색한다. 다음에 설명, 논증, 그리고 설계 등의 문제 유형에 따라서 아이디어를 도출한다. 도출된 아이디어로부터 적절한 문제의 해를 제시하고, 그 해를 검증 혹은 논증하는 과정을 추론한다. 이 후 관련 이론 등을 제시하고 전체적인 글의 내용과 구조를 구성한다.

step 1. 문제의 유형을 분석한다(설명, 논증, 그리고 설계 등).
2. 제시된 문제에서 정보를 최대한 추출한다.
3. 문제와 관련된 다양한 이슈와 배경 등을 탐색한다.
4. 설명, 논증, 그리고 설계에 따라서 아이디어를 도출한다.
5. 도출된 아이디어로부터 적절한 문제의 해를 제시한다.
6. 그 해를 검증 혹은 논증하는 과정을 추론한다.
7. 관련 이론 등을 제시하고 전체적인 글의 내용과 구조를 구성한다.
8. 서론 본론 결론의 각 구성요소를 결정하여 논증이나 검정을 작성한다.

각각의 단계에 따라서 주어진 문제를 분석하고, 그 분석에 의해서 도출된 결과물은 다양한 도형과 기호 등을 사용하여 제시함으로써 이해하기 용이하게 구성하면서, 서론, 본론, 결론 등에 제시할 내용 등을 설계한다. 그리고 각각의 설계에 따라서 글쓰기 그리고 논술을 시작한다.

## 문 1. 임금수준관리 전략 유형과 조직 성과를 비교 설명하시오(25점)

step 1. 문제의 유형을 분석한다(설명, 논증, 그리고 설계 등).

임금수준관리 전략 유형과 조직 성과
→ 임금수준관리 전략 유형과 조직 성과를 비교 설명

step 2. 제시된 문제에서 정보를 최대한 추출한다.

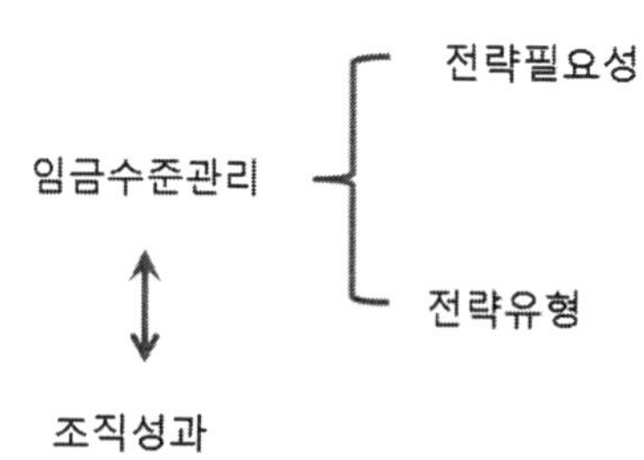


문제에 제시되어 있는 정보를 최대한 추출하여 이를 도식 및 그림으로 표현한다.

step 3. 문제와 관련된 다양한 이슈와 배경 등을 탐색한다.

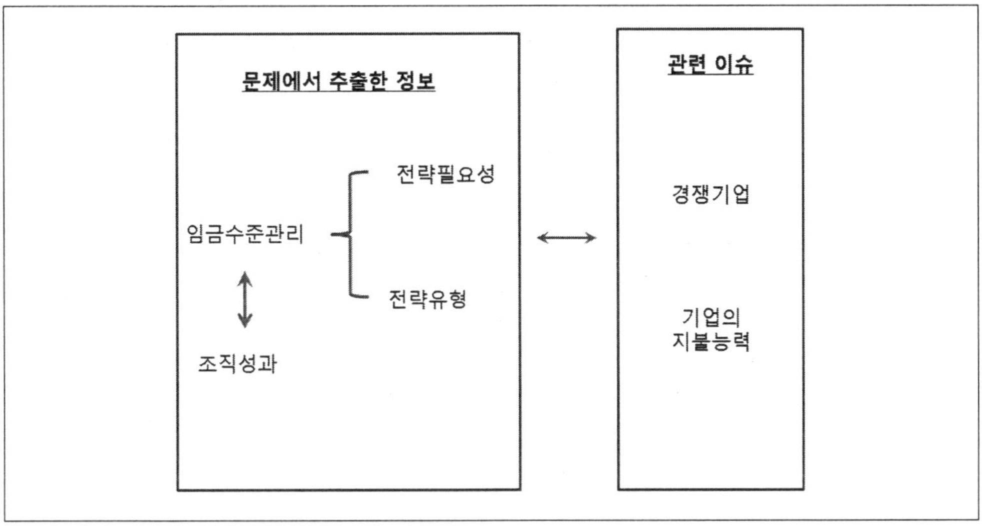


문제와 연관된 이슈와 배경을 기술함을 통하여 효율적인 관리 방안에 대한 방향과 제도 등에 대한 문제제기와 해를 도출할 수 있는 기본적인 아이디어가 구성된다. 이때 수험자들은 어떤 아이디어(idea)를 도출 할 것인가에 대한 기본 준비를 염두에 두고 관련 이슈와 배경 등을 탐색해야 한다.

### 임금수준 결정의 전략적 대안

(1) 선도전략

- 노동시장에서 경쟁기업보다 더 높은 수준의 임금을 지급하는 고임금전략으로써 능률을 올리고 결근율과 이직율을 감소시키는 효과가 있다.
- 다만, 비용이 많이 들고 사용자에 대한 종업원의 불평을 회피하기 위하여 임금수준을 증가시키도록 강요할 수 있으며, 향후 타회사로 이직을 증가시키는 부정적인 직무특성을 엄폐할 수 있는 약점도 있다.

(2) 동행전략

- 경쟁기업과 동일한 수준의 임금을 지급하는 시장임금 전략으로서 가장 일반적으로 사용되고 있는 전략이다.
- 다만, 이는 경쟁기업과 불리한 위치를 피할 수 있지만, 경쟁적인 강점을 제공할 수 있는 것은 아니다.

(3) 추종전략

- 경쟁기업보다 낮은 수준의 임금을 지급하는 저임금전략이다. 불리한 전략 같아 보이지만 장래에 높은 보상을 약속하고 초기 낮은 임금을 지급한다면 조직몰입과 팀웍을 강화시켜 생산성 증대를 가져올 수 있다.
- 따라서 임금을 제외한 복리후생과 관련되는 부분을 통해 저임금효과를 상쇄시킬 수 있다.

(4) 혼합전략

- 종업원 집단이나 직군별로 세 가지 전략을 달리하거나, 종업원에 대해 기본급, 상여금 등의 인센티브 임금, 스톡옵션, 복리후생 등에 대해서 상이한 전략을 사용하는 것으로 흔히 유연전략이라고도 한다.

step 4. 설명, 논증, 그리고 설계에 따라서 아이디어를 도출한다.

이 단계에서는 어떤 아이디어를 도출할 것인가를 문제의 기본정보와 수험자가 제시하는 관련 이슈 및 배경을 연결하여 아이디어를 도출한다. 너무 넓은 범위에서 도출하지 말고 한 두가지 이슈나 배경 등에 그 초점을 맞추어라

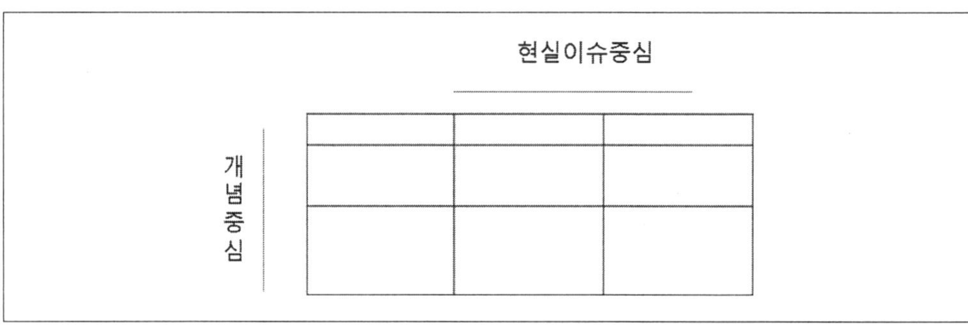


| | 상대 | 절대 | |
|---|---|---|---|
| 경쟁기업 | 경쟁기업대비 높게 | 경쟁기업과 같게 | 경쟁사보다 낮게 |
| 지불능력 | 시장 성숙/성장 | 시장포화상태 | 사정 퇴출 전후 혹은 도입기 |

step 5. 도출된 아이디어로부터 적절한 문제의 해를 제시한다.

약술형은 생략

# 연습지 활용

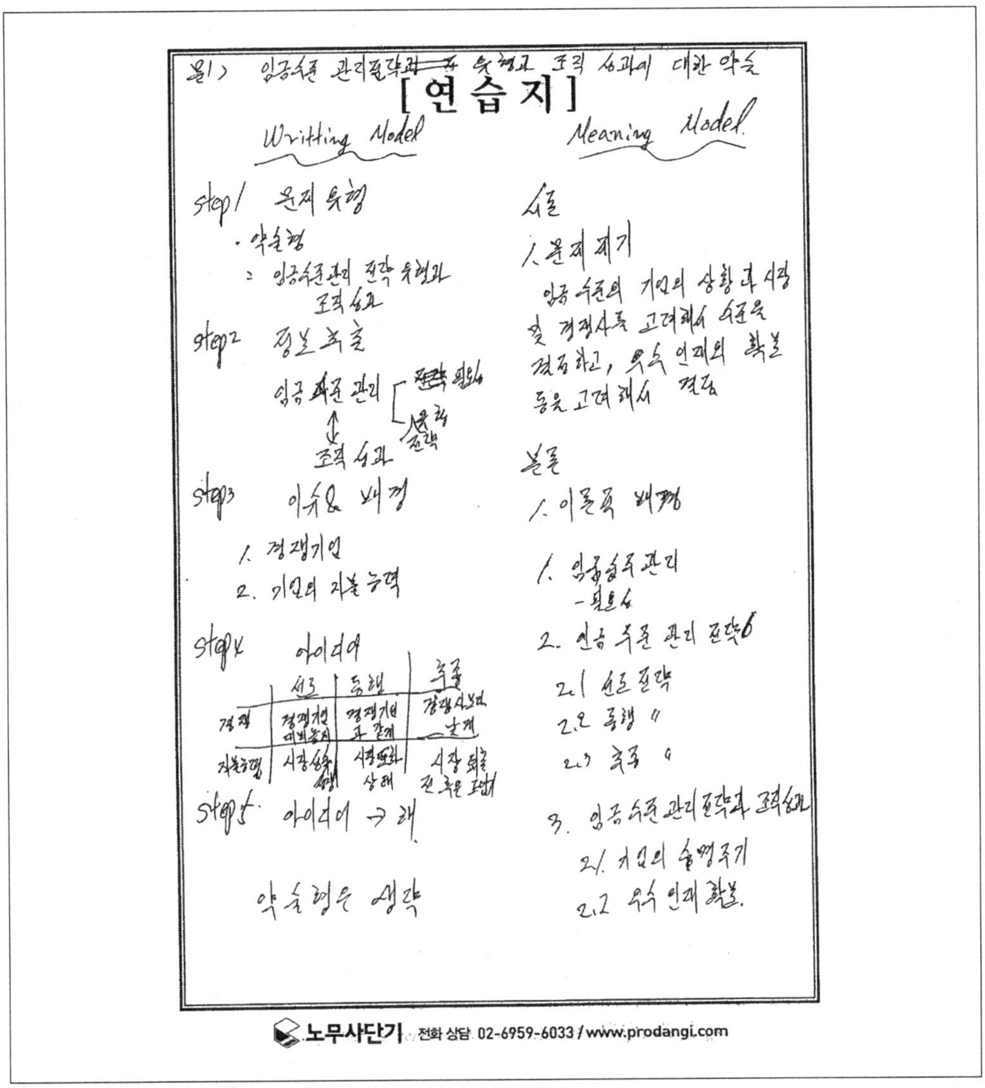

## 문 2. 복리후생관리 설계 방안과 유의점을 설명하시오(25점).

→ 논술을 위한 기본 과정에 맞추어 글 전체에 대한 구성과 방향 등을 Step by step으로 실행한다.

> step 1. 문제의 유형을 분석한다(설명, 논증, 그리고 설계 등).
> 2. 제시된 문제에서 정보를 최대한 추출한다.
> 3. 문제와 관련된 다양한 이슈와 배경 등을 탐색한다.
> 4. 설명, 논증, 그리고 설계에 따라서 아이디어를 도출한다.
> 5. 도출된 아이디어로부터 적절한 문제의 해를 제시한다.
> 6. 그 해를 검증 혹은 논증하는 과정을 추론한다.
> 7. 관련 이론 등을 제시하고 전체적인 글의 내용과 구조를 구성한다.
> 8. 서론 본론 결론의 각 구성요소를 결정하여 논증이나 검정을 작성한다.

step 1. 문제의 유형을 분석한다(설명, 논증, 그리고 설계 등).

> 복리후생관리 설계 방안과 유의점
> → 복리후생관리 설계 방안과 유의점을 설명

step 2. 제시된 문제에서 정보를 최대한 추출한다.

> 복리후생 ─┬ 설계 방안
> 　　　　　└ 유의점

문제에 제시되어 있는 정보를 최대한 추출하여 이를 도식 및 그림으로 표현한다.

step 3. 문제와 관련된 다양한 이슈와 배경 등을 탐색한다.

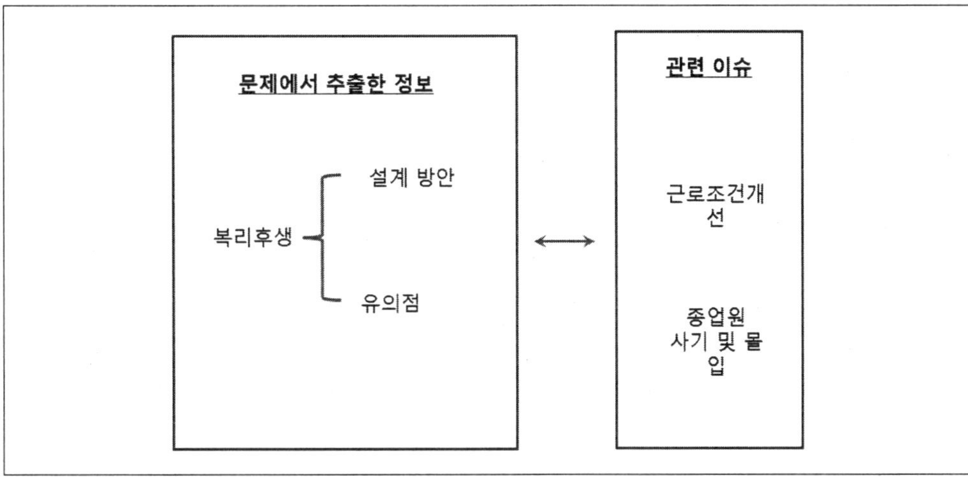


문제와 연관된 이슈와 배경을 기술함을 통하여 효율적인 관리 방안에 대한 방향과 제도 등에 대한 문제제기와 해를 도출할 수 있는 기본적인 아이디어가 구성된다. 이때 수험자들은 어떤 아이디어(idea)를 도출 할 것인가에 대한 기본 준비를 염두에 두고 관련 이슈와 배경 등을 탐색해야 한다.

step 4. 설명, 논증, 그리고 설계에 따라서 아이디어를 도출한다.

이 단계에서는 어떤 아이디어를 도출할 것인가를 문제의 기본정보와 수험자가 제시하는 관련 이슈 및 배경을 연결하여 아이디어를 도출한다. 너무 넓은 범위에서 도출하지 말고 한 두 가지 이슈나 배경 등에 그 초점을 맞추어라

| | 전통적 | 현대적 |
|---|---|---|
| 근로조건 | - 전사업장 동일 | - 직무 및 조직 상황에 따라 조정 |
| 종압원사기 | - 동일한 복리 후생 | - 개인별 맞춤 복리 후생 |

step 5. 도출된 아이디어로부터 적절한 문제의 해를 제시한다.

- 약술형은 생략

# 연습지 활용(각자 실습하시고, 내용은 부록 참조)

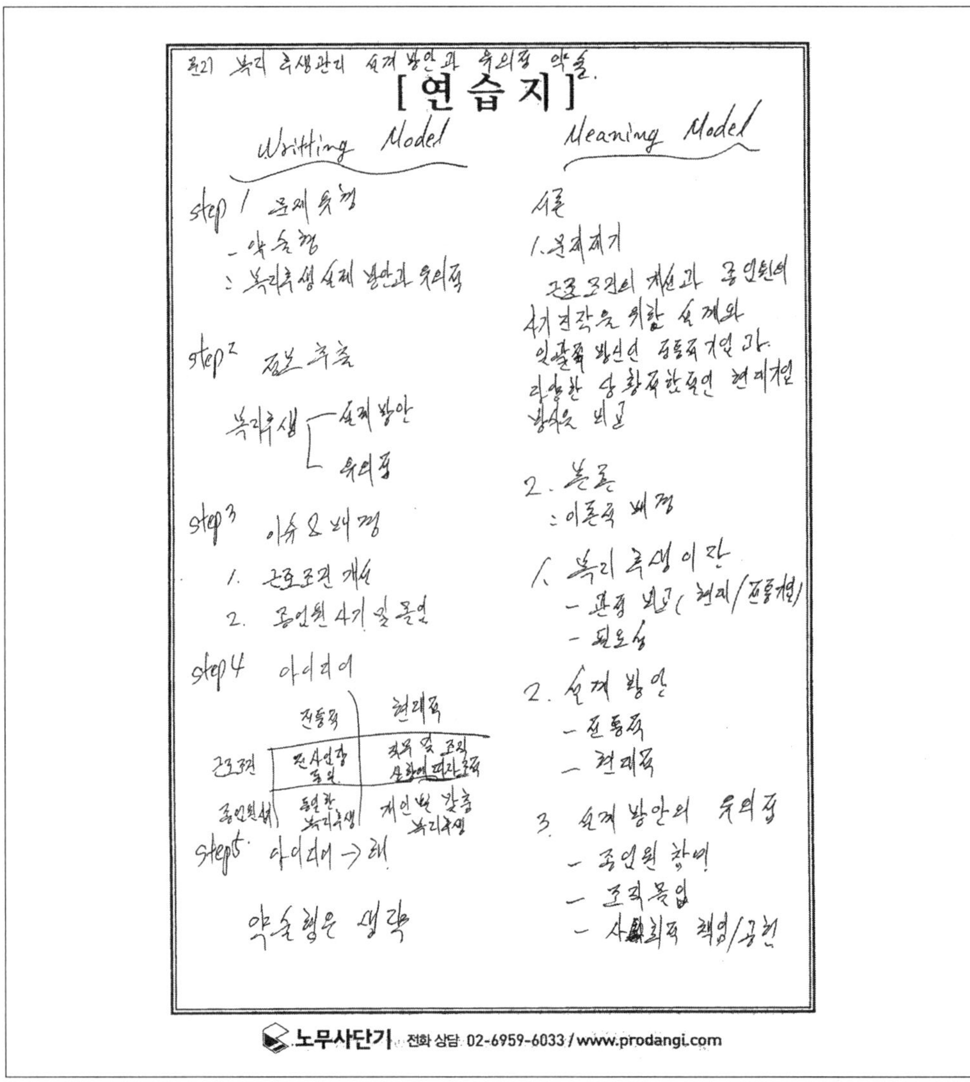
문21 복리후생관리 설계 방안과 유의점 약술.

[연습지]

Writting Model

step 1 문제유형
- 약술형
∴ 복리후생 설계 방안과 유의점

step 2 정보 추출
복리후생 ─ 설계 방안
└ 유의점

step 3 이슈 & 배경
1. 근로조건 개선
2. 종업원 사기 및 몰입

step 4 아이디어

| | 전통적 | 현대적 |
|---|---|---|
| 근로조건 | 전사업장 동일 | 직무 및 조직 상황에 따라 조정 |
| 종업원사기 | 동일한 복리후생 | 개인별 맞춤 복리후생 |

step 5 아이디어 → 해
약술형은 생략

Meaning Model

서론
1. 문제제기
근로조건의 개선과 종업원의 사기진작을 위한 설계와 일률적 방식의 전통적 기업과 다양한 상황을 반영한 현대기업 방식을 비교

2. 본론
∴ 이론적 배경
1. 복리후생이란
- 관점 비교(현대/전통기업)
- 필요성
2. 설계 방안
- 전통적
- 현대적
3. 설계 방안의 유의점
- 종업원 참여
- 조직몰입
- 사회적 책임/공헌

노무사단기 전화 상담 02-6959-6033 / www.prodangi.com

# 제12장

# 유지관리, 이직관리 및 경영참가

## 제1절 유지관리

### 1. 인간관계 관리

**핵심**

**의의**

사람과 사람 사이의 단순한 상호작용으로서의 관계보다는 모든 인간을 하나의 인격체로 이해하고 관리하려는 접근이 필요

**인간관계관리제도**

- 제안제도(Suggestion System) : 조직의 운영이나 직무수행에 관련된 여러 개선안을 조직구성원이 제안하도록 하고, 우수한 제안에 대해서는 적절하게 보상하는 제도
- 인사상담제도(Personnel Counseling) : 종업원의 불평불만으로 신상에 관한 상담에 응하여 이를 해결해 주는 제도
- 사기조사(Morale) : 특정 조직 내에서 조직에 대하여 개인이 갖는 긍정적인 태도나 만족도 정도
- 고충처리제도(Gievances) : 종업원의 불평이나 불만을 모아서, 단체교섭 등과 같은 대항적인 교섭으로 해결하기에 앞서 그 원인을 제거하고자 하는 제도
- 의사소통(Communication) : 생각, 느낌, 정보 및 의견 또는 감정의 교환, 전달을 뜻함

#### (1) 의의

- 인간관계란 단순히 사람과 사람과의 관계가 아니라 사람을 인격적·감정적 존재로 이해하고 관리한다는 철학과 제도 및 기법을 총괄하는 사고방식이다.
- 개인이 조직의 일원으로 인정을 받으면서 생활하기 위해서는 좋든 싫든 간에 그 조직 내의 다른 사람들과 관계를 맺지 않으면 안 되는데, 이렇게 조직의 구성원 사이에 이루어지는 모든 관계를 '인간관계'(human relations)라고 한다.
- 오늘날 기업에서 이와 같은 인간관계가 중시되는 것은 이것이 종업원 개개인은 물론이고 기업 자체의 목표를 달성하는 데에도 영향을 크게 미친다고 생각되기 때문이다.

### (2) 인간관계관리의 필요성

- 사람들은 일상의 많은 시간을 조직 속에서 지내므로 조직 안에서의 인간관계가 보다 중요하다.
- 조직이 커지고 복잡하게 됨에 따라 조직구성원 간에 상호작용은 더욱더 많아지고 복잡해지므로 상호간에 협력과 협동은 더욱 더 중요해진다.
- 조직 내 구성원들이 지속적으로 조직 속에서 머무르고 조직의 성과를 높이기 위해서는 인간관계관리가 무엇보다 중요하다.

## 2. 기 법

### (1) 사기조사=태도조사

- 사기(Morale)란 행동에 방향을 제시하는 공통목적을 가진 개인 또는 단체의 태도나 감정이 어떤 수준에서 계속되는 상태를 말한다.
- 종업원의 사기가 저조하면 의욕이 떨어지고 그로 인해 업무의 효율성이 떨어지고 경영활동이 위축될 수 있다.
- 사기조사는 종업원의 사기를 감소시키는 요소를 찾아내고 이를 개선하여 사기를 진작하기 위한 기법이다.
- 통계적 방법이나 태도·조사 등의 방법이 있다.

### (2) 제안제도

- 제안제도란 조직의 운영에 필요한 다양한 개선안을 종업원으로 하여금 제안하도록 하고, 제안을 심사하고 우수한 제안은 적절한 보상을 하는 제도이다.
- 제안제도는 종업원에게 업무 운영, 제품개발·개선을 위한 의욕을 고취시키고, 동시에 경영에 적극적인 참여를 유도할 수 있는 기능을 가진다.

### (3) 고충처리제도

- 고충(Grievances)은 종업원의 근로조건 등의 불평불만을 말한다.
- 고충이 정식으로 제출될 때에는 상당히 심화된 상태이므로 적극적으로 대처하여 종업원의 고충인 불만을 해소해야 한다.

### (4) 감수성 훈련

감수성훈련은 피훈련자인 종업원 각자가 자기의 행동에 대해 깊이 그리고 객관적으로 인식하고 타인의 행동이 나타내는 의미를 보다 중요하게 받아들임으로써 인간관계를 개선할 수 있는 능력을 개발하는 데 중점을 두는 기법이다.

### (5) 인사상담제도

인사상담제도(personnel counselling)는 직장 내에 전문적인 상담자를 두고 불평불만과 희망사항 그리고 개인적·가정적 고민 등에 대해 상담자와 피상담자가 서로 솔직하게 이야기함으로써 피상담자인 종업원이 지니고 있는 문제점을 파악하여 해결하고, 피상담자로 하여금 직장생활에 쉽게 적응할 수 있도록 지도하는 것을 목적으로 만들어진 제도이다.

### (6) 기타 : 소시오메트릭, ZD(무결점)운동

# 제2절 이직관리

이직이란 종업원이 기업으로부터 이탈하는 것을 말한다. 그런데 이직은 그것을 결정한 주체가 종업원 자신인가, 아니면 기업인가에 따라 자발적 이직과 비자발적 이직으로 구분된다. 그러면 이직관리의 중점은 자발적 이직을 가능한 억제하는 '회피가능이직'을 최소한으로 줄이는 데 있다.

## 1. 이직의 효과

### (1) 긍정적 효과

적정한 이직은 보다 양질의 참신한 인력으로 대체할 수 있는 기회를 제공해 새로운 아이디어나 기술의 도입을 가능하게 해주고 조직분위기를 쇄신시킬 수 있다.

### (2) 부정적 효과

과도한 자발적 이직은 고용정책의 차질에 따른 생산계획의 혼란을 가져와 경영의 안정을 저해해 내부 사기저하로 인해 생산성 감소, 기존투자비용(교육훈련, 경력개발, 모집·선발 등)의 미회수에 따른 비용의 증가를 가져온다.

## 2. 이직의 유형

### (1) 자발적 이직

1) 원인

① 조직전체요인

작업집단과 가까운 외부의 사람들이나 사건에 의해 기본적으로 결정되는 책임 및 승진·임금정책, 그리고 조직의 규모 등 개인에게 영향을 미치는 변수들을 의미한다.

② 작업환경요인

감독자의 스타일, 작업단위의 크기, 동료집단과의 상호작용 등이 있는데 특히 감독자의 스타일은 인간관계에 대한 만족의 정도, 인정이나 피드백의 유무 등에 영향을 미치는 중요한 요소이다.

③ 직무내용요인

일반적으로 정신근로자나 육체근로자의 경우, 모두 직무내용에 대한 불만족이 이직과 상당히 높은 상관관계를 가지고 있는 것으로 알려지고 있다. 따라서 과업의 반복성, 자율성, 책임의 결여와 이직은 지속적으로 정(+)의 관계를 가지고 있다.

④ 개인적 요인

많이 간과되어 오던 요소로써 연령, 근속기간, 직업적성, 개성, 가족에 대한 고충 등이 이직에 중요한 영향을 미친다.

2) 이직분석

기업이 계속적으로 존속 및 성장하는 영속적 기업이 되기 위해서는 유능한 인재가 이직하지 않도록 적극적인 노력을 해야 한다. 흔히 이직분석을 위해 면접과 설문을 한다.

3) 이직대책

- 조직전체원인과 관련해서는 임금 및 복리후생에 대한 대내적 및 대외적 공정성 확보를 비롯한 실제 개선을 통해 종업원 욕구를 충족시킬 수 있어야 한다.
- 직무환경요인의 경우 상사나 동료와의 불화 및 인간관계에 불만이 있을 경우에는 이들의 사회적 관계를 고려한 배치·이동의 실시와 관리자에 대한 교육, 그리고 인사상담제도나 고충처리제도의 도입이 필요하다.

• 과업측면에서 보면 직무특성화이론에 근거하여 무조건적인 자율성, 책임감, 직무 충실보다 개인의 차를 고려한 맞춤식 문제의 해결을 위한 노력이 중요하다.

## (2) 비자발적 이직

1) 비자발적 이직의 유형

정리해고, 명예퇴직, 징계해고, 정년퇴직 등이 존재한다.

2) 퇴직자 전직지원제도(outplacement)

① 개념

기업이 고용조정에 따라 정리해고나 구조조정을 하게 되는데 이 때 해고대상자들에게 해고에 적응할 수 있도록 도와주고 창업이나 직무탐색 등을 통해 다른 직장을 찾거나 경력개발을 지원해 주는 체계적인 퇴직지원프로그램이다.

② 목적

해고자의 일자리 찾기 몰두 / 이직종업원의 자신감 유지, 강·약점 점검 / 새로운 직업을 찾기 위한 효과적 방법계획 / 취업에 필요한 교육훈련

③ 실시단계

충격완화단계(심리안정, 카운슬링) → 개인평가단계(강점, 약점) → 교육훈련단계(일자리탐색, 정보공유, 교육훈련) → 추가지원단계(미취업자)

④ 효과

퇴직자들에게 퇴직으로 인한 심리적 불안을 해소하고 진로개척을 위한 효과적인 안내와 지도를 가능하게 하며, 기업입장에서는 잔류종업원들의 잠정적인 해고대상자 선정에 대한 부정적 이미지를 줄이며 노사협의 시 협력적 노사관계의 토대로 이용가능하면서 종업원을 중시하는 책임감 있는 기업이미지를 통해 사회적으로 좋은 이미지를 구축할 수 있다.

⑤ 유의사항

㉠ 운영의 주체

인사담당부서 또는 회사 외부 컨설턴트, 노사협력기반 하에 시행

㉡ 제도의 설계방향

종업원사기를 증대하고, 퇴직자에 실질적 도움이 되도록 퇴직자 종업원의 요구를 분석하고 여러 유형의 복합적 활용

㉢ 공적 보장제도의 활용

# 제3절 인적자원의 산업안전과 보건위생

## 1. 산업안전과 보건위생의 본질

### (1) 산업안전과 보건위생의 의의

- 안전사고는 예상하지 못하는 상황에서 돌발적으로 발생하여 시설과 설비를 파손하거나 종업원을 사망에 이르게 만드는 모든 사건을 일컫는다.
- 보건위생계획은 종업원의 직업성 질병을 예방하거나 감소시키는 데 목적이 있다. 안전사고는 보통 뜻하지 않은 첫 사건이 원인이 되는 데 반하여, 직업성 질병은 점차적으로 누적된 결과로 발생하게 되는 것이다.

### (2) 산업안전과 보건위생의 중요성

산업안전과 보건위생은 실제적으로 기업의 장기적인 경쟁력에 영향을 미치는 중요한 요인이다.

1) 비용의 문제

안전사고와 직업성 질병은 기업의 눈에 뜨이는 비용과 눈에 뜨이지 않는 비용을 모두 증가시킨다.

2) 노동조합과의 관계

기업이 종업원의 안전사고와 직업성 질병을 중요하게 여기지 않으면 노동조합과의 관계가 악화되고, 종업원의 사기가 저하되며, 심지어는 종업원의 파업으로 이어지기도 한다.

3) 법적 책무

- 기업이 안전사고와 직업성 질병으로부터 종업원을 보호하는 것은 법적으로 반드시 이행하여야 하는 책임과 의무에 해당한다.
- 종업원의 심각한 부상이나 사망이 안전사고나 직업성 질병과 직접적인 관계가 있는 경우에 기업은 법적 책임을 피할 수 없게 된다.

4) 사회적 · 인도적 책임

기업의 사회적 책임은 고객으로부터 벌어들이는 이익에만 국한되지 않는다. 종업원의 산업안전과 보건위생 역시 이제는 사회적 책임의 영역에 포함되어 기업 이미지에 절대적인 영향을 미친다.

## (2) 안전사고의 원인과 예방

1) 안전사고의 원인

안전사고의 원인은 크게 인적 요인과 환경적 요인으로 분류할 수 있고, 환경적 요인은 다시 불안전한 작업환경과 비위생적인 작업환경으로 나누어진다.

아래의 [표]는 이와 같은 분류방식에 따라 안전사고를 불러오는 가장 보편적인 원인들을 보여 준다.

| 인적 요인 | 불안전한 작업환경 | 비위생적 작업환경 |
|---|---|---|
| • 안전장비 미착용<br>• 안전시설 제거<br>• 낡은 안전설비 사용<br>• 장비의 무분별 사용<br>• 장비사용수칙 무시 | • 설비와 장비의 노후화<br>• 작업장의 불안전 설계<br>• 부적절한 장비배치<br>• 안전장비 미지급<br>• 안전설비 부재 | • 물리적 환경 : 소음, 과열, 진동 등<br>• 생화학적 환경 : 먼지, 기체, 화학물질, 세균, 곤충 등<br>• 심리적 환경 : 작업환경으로 인한 긴장, 스트레스, 불안감 등 |

[표] 안전사고의 원인

2) 안전사고의 예방

① 인적 예방대책

- 종업원의 선발 : 기업에서 종업원을 선발할 때 위험한 행동의 성향이 높은 사람은 가급적 피하여 채용하여야 한다.
- 종업원의 교육훈련 : 안전사고에 대한 교육훈련은 그 '전이효과'가 분명하게 나타날 수 있어야 한다.

- 안전수칙과 통제 : 기업에서는 안전수칙을 상세히 열거하여 작업자가 이해할 수 있게 하여야 한다.
- 종업원의 인센티브 : 기업에서 종업원에게 인센티브를 제공할 때 안전사고를 평가항목에 포함하는 것도 좋은 방법이다.

② 환경적 예방대책
- 작업안전환경기준의 설정
- 불안전한 작업환경의 심사
- 개선작업의 진행
- 안전수칙의 제정과 종업원의 통제

## 2. 직업성 질병의 원인과 예방

### (1) 직업성 질병의 일반적 원인과 예방대책

- 기업에서 발생하는 직업성 질병은 비위생적인 작업환경이 원인인 경우가 대부분이다. 즉, 작업환경이 물리적 · 생화학적 · 심리적인 면에서 위생적이지 못하면 종업원의 건강에 문제가 발생하는 것이다.
- 직업성 질병은 많은 경우에 종업원이 종사하는 업종 및 직무와 관계가 있다. 따라서 업종과 직무의 성격에 따라서 발생하는 직업성 질병의 유형이 다르고 그 감염경로와 감염률에도 큰 차이를 보이게 된다.
- 아래의 [표]는 기업에서 직업성 질병을 예방하는 데 활용할 수 있는 가장 기본적인 대책을 보여준다.

- 유독성이 높은 원료를 가급적 안전한 원료로 대체한다.
- 위험성이 높은 생산과정을 자동화과정으로 바꾸거나 원격조정방식으로 조작할 수 있도록 한다.
- 건강에 해로운 생산시설을 다른 설비들과 격리시키고, 위해한 시설에서 작업해야 하는 종업원에게는 건강을 위한 특수장비를 제공한다.
- 개선된 최신의 통풍시스템을 설치한다.
- 호흡기보호장비를 착용하도록 한다.
- 분진을 최소화하기 위해 생산과정에 윤활방식을 도입한다.

- 작업시간과 직무순환을 적절한 수준으로 조정한다.
- 손을 청결히 하고, 상비약품을 사용하는 등 개인위생에 주의하도록 한다.
- 항상 작업장을 청결하게 유지한다.

〈표〉 직업성 질병의 예방대책

### (2) 직무스트레스의 원인과 예방대책

- 기업에서 직무스트레스를 불러올 수 있는 원인을 모두 스트레스의 요인이라고 부른다. 예를 들면 기업의 보상시스템, 직무특성, 개인의 성격 등은 모두 스트레스의 중요한 요인으로 작용한다.
- 직무스트레스의 결과는 아래의 [그림]에서 보는 바와 같이 생리적·심리적 결과, 종업원의 부정적 태도와 행동 등으로 나타난다.
- 최근에는 많은 기업이 '종업원지원프로그램'(employee assistance program)을 운용하여 전체 종업원의 직무스트레스를 체계적으로 관리하기도 한다.

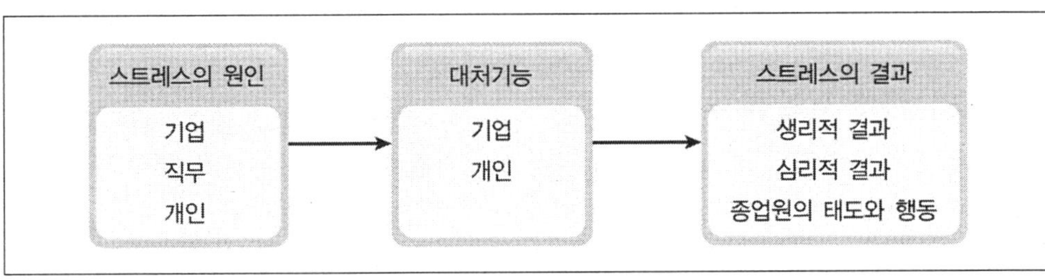


[그림] 직무스트레스의 원인과 결과

# 제4절 경영참가제도

## 1. 의의 및 목적

### (1) 의의 및 도입배경

- 경영참가(management participation)란 근로자인 종업원 또는 노동조합이 기업경영과 관련되어 제기되는 제반의사결정에 참가하여 영향력을 행사하는 과정을 말한다.

• 경영참가 제도는 1차 세계대전 이후에 유럽을 중심으로 나타났는데, 자본과 노동의 대립, 투쟁을 지양하기 위한 경영 민주주의 내지는 산업민주주의 개념의 등장으로 노사협력의 필요성이 증대된데 기인하였고, 이후 서구의 노동의 인간화 운동들과 고도로 발달된 노동조합운동이 경영참가 현상을 촉진시켰다.

### (2) 목적

경영참가는 생산수단의 운영에서 제기되는 기업의 의사결정 과정에 근로자가 참여함으로써 노동의 인간소외 현상을 극복하고 산업민주주의를 실현하며 나아가 경영의 투명성, 효율성, 생산성 향상을 도모하기 위함이다.

## 2. 현대 경영참가제도의 특징

### (1) 경영권에 대한 사전적 규제

이사회 등 경영의사결정 기구에 근로자가 직접 참가하게 됨으로써 과거 사후적, 소극적 참가에서 사전적, 적극적 참여가 활발해졌다.

### (2) 작업현장에서의 참여

근로자 대표가 경영의 최고의사결정 과정에 참가할 뿐만 아니라 일반 근로자들은 작업현장에서 매일 매일의 생활에 영향을 미치는 의사결정에 참가한다.

### (3) 경영성과에의 참여

종업원지주제 등 자율 참여를 통해 과거 경영자의 고유 권한으로 믿어오던 경영성과의 분배 문제에도 참가하게 되었다.

## 3. 경영참가제도의 유형

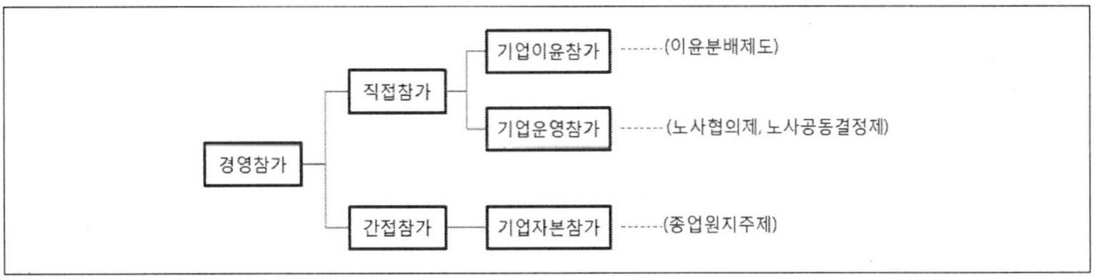


[그림] 경영참가의 기본형태

### (1) 자본 참가

근로자들로 하여금 자본의 출자나 기업경영에 참가시키고자 하는 것으로서 주된 형태로는 종업원 지주 제도가 있다. 이를 통해 근로자들이 주주로서 발언권이 강화되며 경영의 민주화와 투명성이 제고되고, 주식 가치를 높이기 위한 근로자들의 자발적 참여를 기대할 수 있으며, 기업과 종업원간 일체감을 높이는 효과가 있다.

### (2) 이윤 참가

기업의 생산성 향상에 근로자들이 적극적으로 참여하고 그 이윤의 일부를 임금 이외의 형태로 근로자에게 분배하는 방식이다. 이윤의 확정 및 분배의 공정성에 성공여부가 달려있다. 집단성과급를 의미한다.

### (3) 의사결정 참가

1) 노사협의제도

근로자가 경영에 참가하여 정보제공, 의사교환, 문제제기 등 의사결정에 영향을 주지만 최종의사결정은 경영자가 하는 방식이다.

2) 노사공동결정제도

독일에서 발전된 형태로 주요 경영에 대한 의사결정권이 노사 공동에 있는 경우를 말한다.

## 4. 우리나라의 경영참가제도

### (1) 노사협의회

노사 쌍방이 참여와 협력을 통하여 노사공동의 이익을 증진함으로써 산업평화를 도모하고 국민경제 발전에 이바지하고자 1980년 노사협의회법을 제정하였고, 1997년에 근로자참여 및 협력증진에 관한 법률로 제정되었다.

### (2) 임무

협의사항 · 의결사항 · 보고사항

## 5. 제도에 대한 인식과 관련문제

### (1) 경영권 침해라는 주장과 관련

경영자는 종업원의 경영참가로 인하여 경영권이 침해될 수 있다고 주장하나, 근로자의 적절한 발언·참여는 근로의식 고취와 그들의 경험 및 지식을 경영에 반영하는데 크게 유효하다.

### (2) 노조 약화 의도라는 주장과 관련

노동조합은 경영에 대한 참여 및 협조가 노동조합의 정체성을 훼손하여 투쟁·대항적 의식이 약화된다는 우려가 있으나, 기업 및 근로자의 번영은 일체라는 관점이 필요하며 문제는 노동조합 운영의 민주성 확보와 경영참가 기술의 낙후성 극복에 있다.

### (3) 근로자 능력부재 주장과 관련

근로자의 경영능력이 부족하다고 하나, 근로자는 그 나름의 처지에서 경영의 보조자로 계속 활동하고 있으며 활동 및 교육훈련 등으로 능력을 넓혀 가고 있다.

# 제5절 인력자원관리 진단과 감시

인적자원관리의 진행과 실행과정에 대한 진단을 위한 분석방법과 인적자원관리의 감시와 감사에 대한 이해가 필요하다.

## 1. 인적자원관리 분석

인적자원이 조직의 목표 달성에 어느 정도 기여하고 있는지를 알기 위하여 구성원들의 활용정도, 잠재능력의 개발정도, 인적자원부서 기능의 발휘 정도를 측정해야 한다.

## 2. 인적자원관리의 주요 분석지표

| 주요지표 | 비 율 |
|---|---|
| 효율성 지표 | 구성원당 생산량, 구성원당 판매량, 근로시간 당 생산량, 제품당 인거비 등 |
| 이직률 | 부서별, 직급별, 원인별 등 |
| 결근율 | 부서별, 직급별 등 |
| 사고율 | 사고의 빈도, 사고의 강도, 사고의 유형, 사고의 건수 등 |
| 고충처리건수 | 부서별, 직급별, 연령별, 경력별 등 |
| 인력통계 | 부서별, 직급별, 연령별, 학력별, 성별, 근속년수별 등 |
| 휴가통계 | 구성원당 휴가일수, 의병휴가일수, 교육연수 휴가비율, 개인용무 휴가비율 등 |
| 급여통계 | 부서별 직급별 등 |

### (1) 이직률

- 이직률(separation rate)은 가장 일반적으로 사용하는 비율
- 일정한 기간동안 조직구성원이 자의적으로 또는 해임 등으로 기업을 떠난 것을 나타냄

$$이직율(\%) = \frac{이직자수}{평균구성원수} \times 100$$

- 목적에 따라서 이직자를 해임과 자의에 의한 이직, 불가피한 이직 등으로 구분한다.

1) 불만의 증상

- 이직률이 높은 경우 조직구성원들의 직무만족에 문제가 있는 것을 의미하는 경우가 많다.
- 임금, 경영방침, 상사와 동료들과의 관계, 직무내용, 장래성, 그리고 인정과 피드백 등의 요소가 영향을 미친다.

2) 비용 및 업무의 차질

- 이직은 새로운 대체인력인 신규채용을 필요로 한다.
- 모집, 면접, 선발 비용이 발생하고, 인사기록, 교육 훈련, 직무 훈련 등의 업무 차질 등의 비용도 발생함

3) 집단에 미치는 영향

- 조직 구성원사이에서 집단 분위기의 변화, 새로운 구성원과 상호관계와 패턴 변화에 대한 불만 등이 발생한다.
- 이직률이 낮은 것이 반드시 좋은 것만은 아니다. 조직환경 변화에 따른 기업 내부의 변화가 요구되는 경우도 있기 때문이다.
- 이직면접(exit interview)과 이직설문조사(exit questionnaire) 등은 기업에게 유용한 정보를 제공한다.

## (2) 결근율

- 결근율(absenteenis)도 조직의 업무활동에 지장을 주고, 비용을 증가시키는 요인이다.
- 결근율도 조직 구성원들의 불만족 증상으로 집단에 좋지 않은 영향을 역시 줄 수 있다.
- 특정 기간동의 결근율은 다음과 같다.

$$\text{결근율}(\%) = \frac{\text{결근일수}}{\text{평균구성원수} \times \text{근로일수}} \times 100$$

- 결근율과 비슷한 성격을 가지고 있는 것이 지각률(tardiness)이며, 지각률은 늦게 출근하거나 업무에 관계없이 자리를 떠남으로써 손실되는 작업시간을 나타내는 비율이다.

### (3) 사고율

- 사고율은 기업에서 사고가 발생, 조직의 안전관리, 직장교육훈련과 실무관리, 작업집단의 팀워크 등을 나타낸다.

$$재해율(\%) = \frac{재해자수}{상시근로자수} \times 100$$

$$도수율(\%) = \frac{재해건수}{연근로자시간수} \times 1{,}000{,}000$$

$$강도율(\%) = \frac{총근로손실일수}{연근로시간} \times 1{,}000$$

- 도수율(frequency rate)은 사고의 빈도율, 강도율은 1,000 근로시간 중에 일어난 총근로 손실일수를 말한다.

### (4) 고충처리

- 고충처리(complaints and grievances)는 인적자원관리의 효율성을 측정하는 하나의 지표이다.
- 고충은 구두나 서면으로 경영층에 정식으로 표명되었거나, 만족스러운 해결을 보지 못한 불만사항으로서, 고충처리절차에 따라서 노조 혹은 경영층 간의 협의를 통한 해결을 요구하는 사항이다.

# 제13장

# 노사관계관리와 노사협력제도

## 제1절 노사관계관리

### 1. 발전과정

전제적 ⇨ 온정적 ⇨ 근대적 ⇨ 민주적

- 노사관계란 사용자인 업주와 노동자인 종업원과의 관계를 다룬다.
- 노사관계란 노동조합, 기업, 정부, 및 지역사회 등과 관련된 문제를 대상으로 삼는다.

#### (1) 전제적 노사관계

- 자본주의 초기의 전제적 혹은 독재적인 성격의 노사관계
- 노동조건은 사용자의 일방적 의사결정이고, 명령과 절대복종, 및 예속 등의 관계로 인간적인 요소가 결여되었다.

#### (2) 온정적 노사관계

자본주의 발전에 따라 근로자의 협력 없이는 생산성이 떨어지므로, 가부정적 온정주의 기반하여 복지후생시설 등이 마련되는 단계이다.

#### (3) 근대적 노사관계

- 산업혁명을 거치면서 주식회사가 발전하면서 기업의 규모가 커지면서 경영활동의 합리화도 추진되고, 자본의 집중, 경영과 자본의 분화 등이 이루어진 시대이다.
- 노동조합의 출현으로 사용자의 일방적인 지배가 어느 정도 제약을 받기 시작하는 시대이다.

### (4) 민주적 노사관계

- 전문 경영인의 출현, 기계화, 표준화를 통한 생산성의 비약적인 발달, 근로관계법 등이 제정되는 시대이다.
- 사용자와 노동자인 노사관계에 대등한 지위가 인정되는 시기이다.

## 2. 노동조합

### (1) 의의

임금, 근로시간 등의 근로조건에 관해 경영자측과 교섭하는 단체

- 노동자들이 다양한 노동조건 개선, 사회적 지위 향상을 위해 자주적으로 조직하는 단체
- 사업장내에서의 지배관계가 일방적인 상하관계가 아니라 상호 대등한 관계가 될 수 있도록 근로자들이 주체가 되어 조직한 단체를 의미한다. 노동시간, 고용안정, 작업환경 등을 포함해 여러 노동조건 개선 등을 위해 헌신한다.

### (2) 기능

#### 1) 노동시장의 통제기능

노동조합이 노동 시장에서 노동의 수요에 대한 공급을 조절함으로서 임금의 적정수준을 유지하는 것으로 노동시장의 통제 기능

#### 2) 공제기능

노동자에게 닥칠 다양한 어려움(질병, 상해, 재난, 실업 등)을 서로 상부상조를 통해 노동자에게 혜택을 주는 공제 기능은 노동조합의 중요한 기능이다.

#### 3) 경영참가기능

노동조합은 사측과의 교섭을 통하여 다양한 경영활동(작업시간. 상여금, 안전 해고 등)에 참여한다.

### (3) 형태

1) 직업별 노조 : 역사적으로 가장 오래됨

직업별노동조합은 '동일직업' 또는 '동일직종'에 종사하는 노동자들이 자신이 근무하는 기업이나 공장에 관계없이 지역적·횡적으로 조직되는 형태이다.

2) 산업별 노조 : 현대노조의 대표적 유형

산업별노동조합(industrial union)은 직종에 관계없이 동일산업에 종사하는 노동자로 조직된 노동조합을 일컫는다.

3) 일반 노조 : 지역별 노조

- 일반노동조합은(general union) 직종이나 산업에 관계없이 모든 노동자를 폭넓게 규합하는 조직형태이다.
- 일반노동조합은 처음에 작업의 분업화·단순화·표준화가 산업 전반에 확대되면서 등장한 많은 수의 미숙련노동자들이 결집하여 최저생활조건을 확보하기 위한 목적에서 조직되었다.

4) 기업별 노조 : 노조의 파워가 약하다.

- 기업별노동조합(company union)은 동일한 기업에 종사하는 노동자로 조직되는 노동조합을 말한다.
- 직업별 노동조합과 산업별 노동조합이 초기업적인 횡단적 조직형태인데 비하여, 기업별노동조합은 개별적 기업을 존립의 기반으로 하는 종단적인 조직형태라고 할 수 있다.

### (4) 가입방법

1) 숍제도 : 양적인 면, 노조의 안정과 종합원의 확보

① 클로즈드샵(closed shop) : 사용자는 노동조합원만 고용가능

② 유니온샵(union shop) : 사용자가 비조합원 채용이 가능하지만, 일정 기간내 노조 가입 의무화

③ 오프샵(open shop) : 사용자의 채용에 차별 없음, 노동조합의 가입여부는 노동자 자신의 의지에 달렸다.

2) 체크오프제도(check off system) : 질적인 면, 자금 확보, 조합원의 일괄공제제도.

### (5) 권력 확보 과정

- 양적인 면 : 조합원의 확보－숍제도
- 질적인 면 : 자금 확보－체크오프제도(check off system)

## 3. 부당노동행위

### (1) 개별 근로자를 대상으로 한 행위

- 불이익대우 : 근로자의 일정한 행위로 인하여 불공정하게 대우
- 황견계약 : 근로기본권을 제한하는 위법적 계약

### (2) 노동조합을 대상으로 한 행위

- 단체교섭거부
- 지배, 개입, 자금원조

# 제2절 노사협력제도

## 1. 단체교섭제도 : 영・미식

단체교섭은 기업에게 노동력을 제공하는 근로자의 단체인 노동조합이 단결권, 단체행동권, 쟁의권을 배경으로 사용자와 임금, 근로시간, 및 기타 근로조건을 결정하는 과정이다.

### (1) 단체협약

- 교섭권한은 단체협약을 체결하기 위해 교섭하는 권한이다.
- 단체협약의 체결에 관한 교섭행위는 협약체결까지는 노사의 의견을 논의하고 협의 하는 과정이므로 협약사항이 단체교섭사항이 된다.

### (2) 노동쟁의

① 노조의 쟁의행위 : 파업, 태업, 불매동맹, 시위, 준법투쟁 등
② 사용자의 쟁의행위 : 직장폐쇄, 사용자 보이코트

### (3) 노동쟁의의 조정

1) 알선 ⇨ 조정 ⇨ 중재

① 알선

노동위원회의 위원장이 지명한 알선위원이 관계 당사자의 쌍방 또는 일방의 요청에 의거하여 분쟁의 해결을 알선하는 것이다.

② 조정

관계당사자의 일방 또는 쌍방의 요청에 의하여 노동위원회의 직권으로 이루어진다.

③ 중재

- 관계 당사자가 쌍방의 합의하에 중재를 요청했을 때
- 관계당사자 일방이 단체협약에 의해 중재를 요청했을 때
- 행정 관청의 요구나, 노동위원회의 직권에 의해서 중재에 회부한다는 결정을 한 경우

2) 긴급조정 : 공익사업에 관한 것일 때

3) 냉각기간 : 교섭결렬시 쟁의발생신고 후 노사는 쟁의에 들어가기 전에 10일(공익은 15일)간 냉각기간을 갖고 외부 제3자의 조정활동을 거친다.

## 2. 경영참가제도 : 독일식

### (1) 노사협의회 : 단체교섭대상이 되는 근로조건 이외의 문제에 대해 협의

### (2) 단체교섭과의 차이점

- 비노조원도 포함
- 노사간의 이익이 공통되는 것에 관해 협의
- 쟁의권 없음

## 3. 단체교섭의 개념과 방식

- 단체교섭(collective bargaining)은 노동조합과 사용자가 각각 대표를 파견하여 구두나 서면의 방법으로 자유의지에 따라 양자의 권리와 의무에 대해 협의하는 과정을 말한다.
- 노사 양자가 단체교섭의 과정에서 쟁의문제를 해결하기 위해 실제적으로 교섭하는 방식은 다음과 같은 몇 가지를 벗어나지 않는다.

### (1) 분배식 교섭

분배식 교섭(distributive bargaining)은 노사 양자의 주장이나 의견이 전혀 일치하지 않고 어느 한쪽의 이익은 상대방의 손실이 되는 문제를 해결하기 위한 교섭을 말한다.

### (2) 통합식 교섭

통합식 교섭(integrative bargaining)은 노사 양자가 공동으로 상대방의 이익이 되는 문제를 해결하기 위해 벌이는 교섭을 말한다.

### (3) 태도지향식 교섭

태도지향식 교섭은 노사가 서로 상대방의 태도를 변화시키려는 데 중점을 두는 경우에 이루어지는 교섭을 말한다.

### (4) 조율식 교섭

조율식 교섭(intraorganizational bargaining)은 노사 양자의 대표가 수시로 연락하고 접촉하면서 현안문제를 설명하고 양해를 구하는 방법으로 교섭의 역량을 높이면서 의견의 일치를 끌어내는 단체교섭방식이다.

# 제14장

# 글로벌 인적자원관리

## 제1절 글로벌 기업의 전개과정과 문화환경

### 1. 글로벌 기업의 전개과정과 세계중심기업의 특징

#### (1) 본국중심기업

- 본국중심기업(ethnocentric corporations)은 '본국지향적'인 기업을 일컫는다.
- 이러한 기업은 생산활동이 본국을 중심으로 이루어진다.
- 본국중심 기업은 국제업무를 담당하는 종업원을 모두 본국에서 모집하고 양성한다.

#### (2) 현지중심기업

- 현지중심기업(polycentric corporation)은 '현지국지향적'인 기업을 말한다. 이와 같은 기업의 생산활동은 여러 국가에서 각각 독립적으로 이루어진다.
- 현지중심기업은 이익중심점(profit center)으로 준독립적인 위치에 있게 되는 여러 해외지사들로 느슨하게 연결된 기업집단이라고 할 수 있다.
- 본사의 최고경영진은 본국에서 충원하지만 현지국 자회사의 주요 직위는 현지인이 담당하게 된다.

#### (3) 지역중심기업

- 현지중심기업은 시간이 지나면서 글로벌한 조정과 통제가 필요해짐에 따라 지역중심기업(regiocentric corporation)으로 발전한다.
- 지역중심기업은 해외활동의 범위를 지역별로 나누고, 한 지역에 다수의 국가를 포함시켜 연구개발·생산·판매가 어느 정도 독립성을 가지고 이루어지도록 하는 기업조직 형태이다.

• 지역중심기업은 "지역 내의 사람들은 주변국가가 무엇을 원하는지 잘 알고 있다."는 믿음을 가지고 있으며 특정 지역에 대해 매우 의존적이 되기 때문에 지역 본사의 경영진은 지역자회사의 협조적인 사람들로 구성된다.

## 2. 세계중심기업의 특징

(1) 세계중심기업(geocentric corporations)은 '세계지향적'인 존재로서 전 세계적인 접근을 통해 통합적으로 경영시스템을 창출하는 데 궁극적인 목적이 있다.

(2) 세계중심기업은 '모든 것은 하나를 위해, 하나는 전체를 위해'라는 사고와 "우리는 전 세계의 어디에서라도 문제를 해결하기 위해 다 같이 노력한다."는 믿음을 가지고 경영활동을 수행한다.

(3) 세계중심기업에서는 항상 최고의 인재들이 현지국의 법률과 정책의 테두리 안에서 문제를 해결하기 위해 심혈을 기울이며, 보상시스템을 통해 특정 국가에 대한 편견을 버리고 전 세계에 초점을 두고 설정된 목표를 달성하는 데 최선을 다할 수 있게 동기부여된다.

# 제2절 인적자원의 문화다양성 관리

## 1. 문화다양성의 양면성

문화다양성은 기업에 대하여 불리하게 작용할 수도 있고 유리하게 작용할 수도 있다. 아래의 [표]는 문화다양성의 이러한 양면성을 보여준다.

| 종업원의 문화다양성 | |
|---|---|
| 장점 | 단점 |
| • 의미의 확대 다양한 과점 참신한 아이디어의 창출다각적 해석<br>• 대안의 확대 창의성의 증가 융통성의 증가문제해결기술의 증가 | • 이질성의 증가 모호성 복잡성 혼란성<br>• 의미수렴의 어려움 커뮤니케이션의 어려움 합의의 어려움<br>• 행동수렴의 어려움 특정행동에 대한 합의의 어려움 |

| 특정 국가 또는 문화권에서의 경영활동 | |
|---|---|
| 장 점 | 단 점 |
| • 외국고용인들에 대한 이해의 증가<br>• 외국동업자들과의 협조능력의 증가<br>• 외국고객들에 대한 마케팅능력의 향상<br>• 외국의 정치, 사회, 법률, 경제 및 문화환경에 대한 이해의 증가 | • 기업정책의 지나친 일반화<br>• 기업실무의 지나친 일반화<br>• 조직과정의 지나친 일반화<br>• 자민족중심주의 |

〈표〉 문화다양성의 장점과 단점

### (1) 문화다양성의 단점

- 문화다양성은 종업원의 자유로운 의사소통을 어렵게 한다. 또한 각자 다른 문화적 배경을 가지는 종업원은 서로를 이해하는 데 어려움을 느끼며, 같은 페이스나 방식으로 일하려 하지 않는다.
- 문화다양성은 기업이 자기의 경영방식을 문화적으로 지나치게 일반화할 때 문제를 불러일으킨다.
- 문화다양성은 또한 기업이 공식적이든 비공식적이든 어떠한 협약에 도달해야 하는 경우에 문제를 일으킨다.
- 문화다양성은 전체적인 조직과정(organization procedures)을 개발하는 데 어려움과 복잡성을 가중시킨다.

### (2) 문화다양성의 장점

- 문화다양성은 기업이 경영의 관점, 아이디어의 폭, 제품계열, 마케팅전략 등을 확장시키려고 할 때 가장 유리하게 작용한다.
- 문화다양성은 새로운 프로젝트에 착수하거나, 새로운 아이디어를 창출하거나, 새로운 마케팅계획과 기업운영계획을 수립하거나, 새로운 관점에서의 사업동향을 평가하는 데 있어서도 큰 도움이 된다.
- 문화다양성은 다양한 관점과 시각을 통하여 문제를 해결할 수 있게 하며, 문제해결을 위한 의사결정에 부정적으로 작용하는 '집단사고'와 같은 장애요인을 극복하는 능력을 향상시킨다.
- 전체적으로 볼 때 문화다양성은 복잡한 문제를 해결하는 데 요구되는 창의성과 융통성 그리고 문제해결기술과 능력을 증가시킨다. 그리고 상이한 문화적 배경을 가지는 현지 동업자와의 협조능력과 커뮤니케이션의 패턴과 역동성(dynamics)에 대한 인식을 제고시킨다.

## 2. 문화차이에 대한 긍정적 인식

- 경영자가 문화다양성의 양면성을 동시에 인식하지 못하는 이유는 어디에 있는가? 그것은 경영자가 문화(culture)의 관념(idea)을 이해하지 못하거나 잘못 이해하고 있기 때문이다.
- 문화는 인간행동을 설명하는 데 있어서 경영자나 종업원이 쉽게 응용할 수 있는 성질의 것이 아니다. 따라서 '문화의 관념'이 주어지지 않는 상태에서는 문화를 기업기능의 변화를 설명할 수 있는 것으로 이해하기가 어렵다.
- 애들러(N.J. Adler)는 조직개발에 관한 두 차례의 연구에서 경영자들이 문화다양성이 기업에 미치는 영향을 어떻게 지각하고 있는지를 조사하였다.
- 아래의 [그림]은 조사결과로 나타난 응답자들의 '문화다양성의 영향에 대한 지각'을 보여준다.
- 이 연구에서 우리는 글로벌 경영자가 문화다양성이 기업에 미치는 영향을 인식하기 위해서는 먼저 문화의 관념에 대한 이해가 선행되어야 함을 알 수 있다. 따라서 경영자는 문화가 어떻게 형성되고, 종업원의 행동에 어떻게 영향을 미치며, 또한 그것이 어떻게 기업행동에 반영되고 지속되는지를 먼저 이해하여야 한다. 그럼으로써 문화다양성이 기업에 미치는 영향을 인식할 수 있고, 그러한 인식에 기초하여 조직 내외에 존재하는 문화차이를 보다 효과적으로 관리할 수 있게 된다.

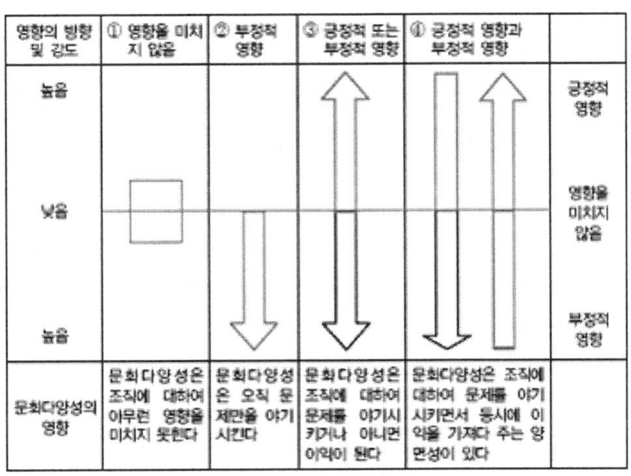


[그림] 기업에 대한 문화다양성의 영향, 참조 : 「현대인적자원관리」(박영배, 2014), 청람

# # 예상문제 : 프레임웍 연습

## 경영학적 라이팅 모델 : Step by Step Writing and Problem-solving

2차시험의 출제된 문제를 충실히 분석하는 것이 좋은 답안을 작성하는 데 있어서 가장 중요하다. 출제된 문제에 들어있는 정보를 최대한 찾는 것이 가장 중요하다. 또한 출제된 문제와 너무 지나치게 연관 없는 정보는 무의미하다. 출제된 문제 유형이 설명, 논증, 그리고 설계 등 인지를 확인 한다. 출제된 문제에서 추출된 정보로부터 이론 및 개념, 관련된 다양한 이슈와 배경 등을 탐색한다. 다음에 설명, 논증, 그리고 설계 등의 문제 유형에 따라서 아이디어를 도출한다. 도출된 아이디어로부터 적절한 문제의 해를 제시하고, 그 해를 검증 혹은 논증하는 과정을 추론한다. 이 후 관련 이론 등을 제시하고 전체적인 글의 내용과 구조를 구성한다.

step 1. 문제의 유형을 분석한다(설명, 논증, 그리고 설계 등).
2. 제시된 문제에서 정보를 최대한 추출한다.
3. 문제와 관련된 다양한 이슈와 배경 등을 탐색한다.
4. 설명, 논증, 그리고 설계에 따라서 아이디어를 도출한다.
5. 도출된 아이디어로부터 적절한 문제의 해를 제시한다.
6. 그 해를 검증 혹은 논증하는 과정을 추론한다.
7. 관련 이론 등을 제시하고 전체적인 글의 내용과 구조를 구성한다.
8. 서론 본론 결론의 각 구성요소를 결정하여 논증이나 검정을 작성한다.

각각의 단계에 따라서 주어진 문제를 분석하고, 그 분석에 의해서 도출된 결과물은 다양한 도형과 기호 등을 사용하여 제시함으로써 이해하기 용이하게 구성하면서, 서론, 본론, 결론 등에 제시할 내용 등을 설계한다. 그리고 각각의 설계에 따라서 글쓰기 그리고 논술을 시작한다.

## 문 1. 종업원의 자발적 이직의 개념, 원인, 긍정적 및 부정적 효과(기업, 이직자, 잔류자 관점), 그리고 효과적인 관리 방안에 대해 논하시오(2014년 기출).

step 1. 문제의 유형을 분석한다(설명, 논증, 그리고 설계 등).

> 종업원의 자발적 이직의 개념, 원인, 긍정적 및 부정적 효과(기업, 이직자, 잔류자 관점), 그리고 효과적인 관리 방안
> → 종업원의 자발적 이직의 개념, 원인, 긍정적 및 부정적 효과(기업, 이직자, 잔류자 관점), 그리고 효과적인 관리 방안에 대한 논증

step 2. 제시된 문제에서 정보를 최대한 추출한다.

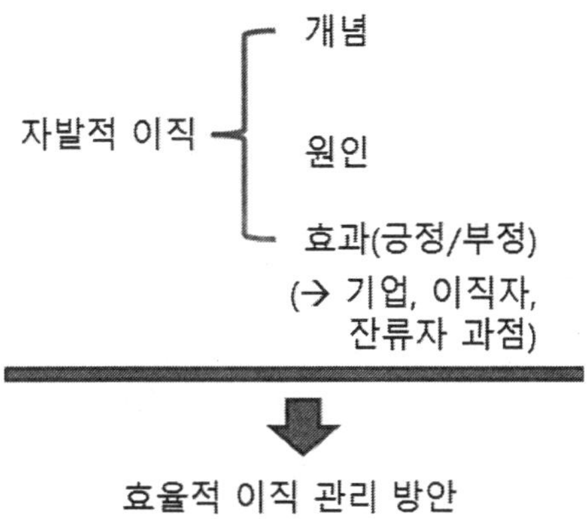


문제에 제시되어 있는 정보를 최대한 추출하여 이를 도식 및 그림으로 표현한다.

step 3. 문제와 관련된 다양한 이슈와 배경 등을 탐색한다.

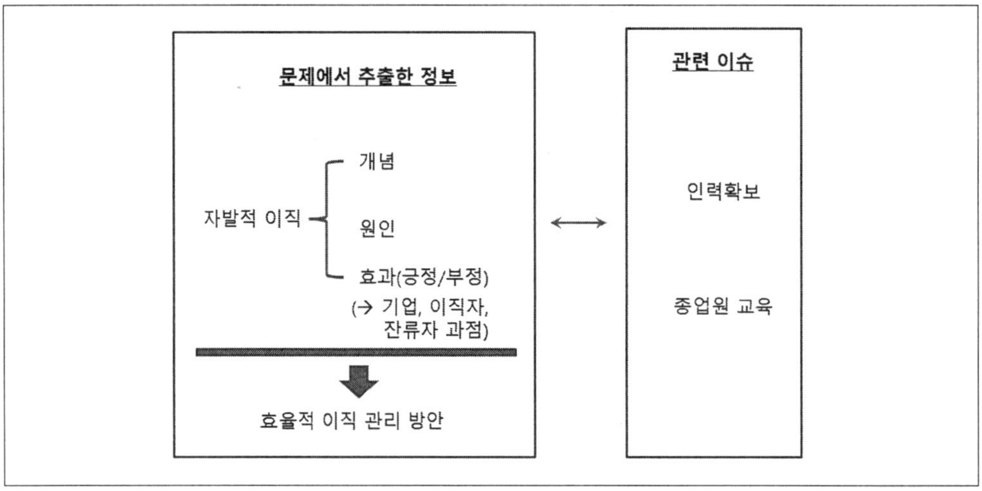


문제와 연관된 이슈와 배경을 기술함을 통하여 효율적인 관리 방안에 대한 방향과 제도 등에 대한 문제제기와 해를 도출할 수 있는 기본적인 아이디어가 구성된다. 이때 수험자들은 어떤 아이디어(idea)를 도출 할 것인가에 대한 기본 준비를 염두에 두고 관련 이슈와 배경 등을 탐색해야 한다.

step 4. 설명, 논증, 그리고 설계에 따라서 아이디어를 도출한다.

이 단계에서는 어떤 아이디어를 도출할 것인가를 문제의 기본정보와 수험자가 제시하는 관련 이슈 및 배경을 연결하여 아이디어를 도출한다. 너무 넓은 범위에서 도출하지 말고 한 두가지 이슈나 배경 등에 그 초점을 맞추어라.

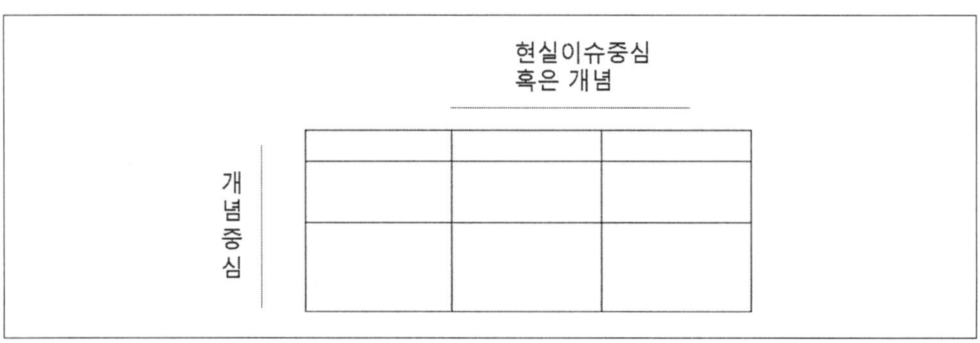

| | 전통적 | 현대적 |
|---|---|---|
| 인력확보 | - 정형화된 업무기반 확보 관리 | - 비정형화된 업무 기반의 유연한 확보관리(적시 확보 어려움) |
| 종업원교육 | - 효율성 중심의 직무 교육 | - 맞춤식 유연교육과 모바일 등 활용 |

step 5. 도출된 아이디어로부터 적절한 문제의 해를 제시한다.

• 적시 확보를 위한 이직 풀 관리

: 미래 인력 확보를 위한 이직 인력풀 유지 관리

• 맞춤식교육

: 미래의 경력과 비정형화된 업무 수행을 위한 맞춤식 교육

: 모바일 기기 활용을 위한 공간 및 시간 제약 극복

**김 병 석** 박사

**약 력**

- 경희대학교 경영학 석사
- 한양대학교 경영학 박사
- 서울과학기술대학교 강사
- KG패스원 강사
- 전) 세종법학원 경영학 강사
- 현) 법무경영교육원 인사노무 강사
- 현) 전문단기 공인노무사 경영학 및 인사노무 강사

**김박사 인사노무관리**
**with 경영학적 논술과 글쓰기 시리즈 I**
– 논술과 아이디어, 디자인 및 프레임웍 –

초판인쇄 2017년 2월 5일
초판발행 2017년 2월 13일

저 자 김 병 석
발 행 인 鄭 相 薰
발 행 처 考試界社

서울특별시 관악구 봉천로 472
코업레지던스 B1층 102호 고시계사

대 표 817–2400 팩 스 817–8998
考試界 · 고시계사 · 미디어북 817–0418~9
www.gosi–law.com / www.eduall.kr
E–mail : goshigye@chollian.net



**정가 18,000원** ISBN 978-89-5822-540-9 93320